Wittenberg - Worms - Wartburg

Luthers Wormsreise und der Lutherweg 1521

Reiner Cornelius

Titelbild: Auf der Burg Herzberg

Impressum

Text, Gestaltung, Karten: Dr. Reiner Cornelius

Karte Vorsatz: Sebastian Steude

Inhaltliche Beratung: Verein christlicher Wanderer e.V.

Fotos: siehe Bildnachweis

Lektorat: Dr. Gabriele Meyer

Herausgeber: Lutherweg in Hessen e.V.

Schützenweg 9, 36272 Niederaula

Druck und Bindung:
Werbedruck GmbH Horst Schreckhase, Spangenberg

ISBN: 978-3-9812981-7-8

Inhaltsverzeichnis

Lutherweg 1521

Einleitung

In Wittenberg schlug Martin Luther seine Thesen an das Portal der Schlosskirche (30. Okt. 1517). - Auf dem Reichstag in Worms weigerte er sich, seine Schriften zu widerrufen, was ihm die Ächtung einbrachte (April/Mai 1521). - Auf der Wartburg fand Luther Zuflucht und Zeit für die Übersetzung des Neuen Testaments (Mai 1521). Wenn man den Thesenanschlag als Startschuss für die Reformation betrachtet, dann war Luther mit seiner Wormsreise auf der Zielgeraden.

Die Fahrt zum Reichstag führte Luther quer durch Deutschland: von der sächsischen Elbstadt Wittenberg bis an den Rhein (siehe Karte unter der Vorderklappe). Auf dieser Strecke liegen bedeutende Lutherstätten. Man denke an Leipzig, wo Luther sich Wortgefechte in Sachen Ablasshandel lieferte, oder an Erfurt, wo er nach Abbruch seines Studiums ins Kloster eintrat. Nicht zu vergessen die Wartburgstadt Eisenach, wo Luther zur Schule gegangen ist. Auch auf dem hessischen und rheinhessischen Streckenabschnitt gibt es einiges in Sachen Luther und Reformation zu erkunden, nicht nur weil der hessische Landgraf, Philipp der Großmütige, Partei für die Sache der Reformation ergriffen hatte. In Hersfeld kam es zu einem Pfaffensturm. In Alsfeld predigte ein Schüler Luthers evangelisch. In Frankfurt druckte und verkaufte man Luthers Schriften. Und in Oppenheim am Rhein versuchte Martin Bucer, der „Erfinder" der Konfirmation, Luther in „letzter Sekunde" davon abzuhalten, zum Reichstag zu fahren. Ja und dann die Tage in Worms, Verhöre beim Kaiser, Treffen mit dem hessischen Landgraf und anderen Fürsten. Schließlich die Rückfahrt, auf der Luther vom Abt der Hersfelder Reichsabtei bewirtet wurde und wo er trotz kaiserlichen Verbots predigte. Kurz darauf der Überfall im Thüringer Wald und die Verschleppung Luthers auf die Wartburg. All dies ist durch Briefe Luthers und andere Urkunden dokumentiert. Darüber hinaus ranken sich um Luthers Wormsreise zahlreiche Legenden, von denen viele einen wahren Kern besitzen.

Luther, der in einem „Rollwägelein" reiste, hat für den 600 km langen Weg nach Worms 14 Tage gebraucht. Ich war zwischen Wittenberg und Worms über zwei Jahre hinweg zu Fuß und mit dem Rad unter-

Luthers Rollwägelein, nebst Luther sind v. links zu sehen: der Reichsherold, der Augustiner Petzensteiner, Justus Jonas, Nikolaus von Amsdorf

wegs. Was ich auf diesen Fahrten Interessantes erlebt und erfahren habe, ist auf den folgenden Seiten in Wort und Bild dargestellt. Natürlich stehen dabei Luther und die Reformation im Vordergrund, wozu auch der Austausch gehört, den ich mit engagierten Christen über ihre Projekte und zu Fragen der Reformation hatte. Doch um mit den Worten Luthers zu sprechen, war mir auch das „in der Welt sein“ wichtig. Neben Lutherstätten, Kirchen und ehemaligen Klöstern habe ich Schlösser und Burgen besichtigt. Und ich habe bei meinen Streifzügen nicht nur mit Pfarrern, sondern auch mit SchäferInnen, Käsefabrikanten und Winzern gesprochen. Schließlich habe ich über die große Vielfalt der Natur und Landschaften gestaunt, die es auf dieser Ost-West-Deutschen Route zu sehen gibt.

In meinem Bericht nimmt der Abschnitt Wartburg– Worms einen besonderen Stellenwert ein, denn hier wird Luthers Reiseweg von einem markierten Pilger- und Wanderweg, dem Lutherweg 1521, nachgezeichnet. Dieser Weg ist zum einen auf Worms ausgerichtet, wo Luther standhaft blieb, zum anderen auf die Wartburg, wo Luther das Neue Testament übersetzte. Diese doppelte Zielausrichtung und das Nachvollziehen einer authentischen Reise Luthers – der für die Reformation entscheidenden - das macht die Lutherroute 1521 einzigartig.

Einige werden sich fragen, warum ausgerechnet ein Lutherweg auch als Pilgerpfad firmiert. Schließlich, so die landläufige Meinung, hat sich Luther nicht gerade positiv über das Pilgern geäußert. Lassen wir dazu zunächst Luther selbst (siehe Kasten) und dann den hessischen Pilgerpfarrer Dr. Manfred Gerland zu Wort kommen.

Luthers Kommentar zur Pilgerfahrt nach Santiago de Compostela, zu den Reliquien des Heiligen Jakobus: „Darum lass man sie (die Reliquien des heiligen Jakobus) dort liegen und lauf nicht dahin, denn man weiß nicht ob (dort) St. Jakob oder ein toter Hund oder ein totes Ross liegt…“. Doch dann schränkt Luther seine Aussage wieder ein: „Das sage ich nicht darum, dass Wallfahrten böse seien, sondern dass sie zu dieser Zeit übel geraten.“ Und noch einmal Luther: „Zu der Zeit, dass das Evangelium anging, saßen die Apostel und ihre Jünger nicht auf Schlössern, Stiften und Klöstern und marterten die Leute mit Briefen und Geboten…, sondern zogen um in die Länder als (wie) die Pilgrim (Pilger)….“

M. Gerland: „Christen, die auf Luthers Spuren durchs Land pilgern, machen deutlich, dass das reformatorische Anliegen … nicht nur in Sitzungsräumen vonstatten geht, sondern auch durch das Unterwegssein inspiriert wird. Die Pilger können ganz persönliche Fragen auf dem Weg bewegen. Sie können spirituelle Erfahrungen machen, sich aber auch den großen gesellschaftlichen und kirchlichen Fragen stellen. Ich bin sicher: Würde Luther die heutige Pilgerbewegung sehen, er wäre dabei und würde sie nach allen Möglichkeiten fördern.“ Pilgern auf dem Lutherweg 1521 hat also wenig mit den mittelalterlichen Wallfahrten gemein. Unser Lutherweg ist für Menschen ganz unterschiedlicher Intentionen gedacht: für kulturhistorisch Interessierte, für Abenteuerlustige, für Menschen, die zu sich selbst finden wollen, die Gott suchen. Was der Lutherweg 1521 Pilgern und Wanderern bietet und in welche Phasen sich die Fahrt gliedert, habe ich versucht, in einer sieben Stufen umfassenden Lutherwegpyramide darzustellen.

Der Heilige Jakobus, Willem Vrelant, 15. Jh.

1. Der Aufbruch

2. gefühltes Unterwegssein

3. Besuch authentischer Lutherstätten

4. Begegnung und Austausch mit Menschen am Weg

5. Stadt, Land, Fluss – Kultur und Natur - Freude an der Schöpfung

6. Selbstfindung oder spirituelle Erfahrung, Hoffnung auf innere Wandlung

7. Ankommen, Abschied von den Weggenossen, mit neuer Kraft Rückkehr in den Alltag

Praktisches

Der Abschnitt Wittenberg – Eisenach, der überwiegend durch ebene Landschaften und Flusstäler führt, lässt sich am besten mit dem Rad erkunden. Man kann auch mit der Bahn oder dem Auto von Stadt zu Stadt fahren und an interessanten Punkten Halt machen. Die Bahn verläuft auf weiter Strecke parallel zur Wormser Lutherroute. Wanderer oder Pilger, die zu Fuß unterwegs sind, starten in Eisenach, denn dort beginnt der eigentliche Pilgerweg, der Lutherweg 1521. Man kann natürlich auch von Worms zur Wartburg ziehen. Man folgt so Luthers Rückreise. Der Lutherweg 1521 ist hervorragend markiert und mit zahlreichen Wegweisern versehen, und das in beiden Richtungen. Mit dem vorliegenden Buch kann man sich in den Lehnstuhl setzen und die Wanderung oder Pilgerfahrt inhaltlich vorbereiten. Stadtpläne und Übersichtskarten sowie zahlreiche Informationen und Tipps helfen bei der Reiseplanung. Und damit auf der Tour auch wirklich nichts schief läuft, habe ich zusammen mit dem Verein „Lutherweg in Hessen e.V." einen kleinen Pilgerführer veröffentlicht, mit Wanderkarten und einem umfangreichen Serviceteil.

***Unermüdliche** können auch die gesamte Wormser Lutherroute erwandern oder als Pilgerfahrt erleben. Man folgt von Wittenberg bis Leipzig der Via Imperia, einem Nord-Südpilgerweg (bisher nicht markiert, aber als gpx-track verfügbar) und von Leipzig bis Eisenach dem Ökumenischen Pilgerweg.*

So, nun geht es los!
Unsere Reise beginnt in Jüterbog, einer kleinen Stadt nördlich von Wittenberg. Dort folgen wir der Spur des Ablasshändlers Johann Tetzel.

Lutherrose

Johann Tetzel und die Sache mit dem Ablass

Ostern 1517 in Jüterbog, dem östlichen Außenposten des Erzbistums Magdeburg. Der Ablasshändler Johann Tetzel war im Auftrag von Erzbischof Albrecht mit großem Tross in die Stadt gekommen. Am westlichen Stadttor kam Tetzel eine Prozession mit Kreuz und Fahnen entgegen. Glockengeläut begleitete Tetzels Weg durch die Straßen der Stadt. Die päpstliche Ablassbulle, die den Ablass aller Sündenstrafen verkündete, wurde auf einem Samtkissen vor ihm her getragen. Der feierliche Zug kam am Franziskaner-Kloster und am Rathaus vorbei und steuerte dann auf die Nikolaikirche zu. Dort wurde ein Kreuz mit dem Wappen des Papstes aufgerichtet und Tetzel begann, den herbeigeströmten Menschen die Qualen auszumalen, die sie im Fegefeuer erwarteten.

Ablasskrämer Tetzel: „Wenn das Geld im Kasten klingt, die Seele in den Himmel springt."

Angst und Schrecken breiteten sich aus. Doch dann rühmte Tetzel die Kraft des Ablasses. Natürlich konnte es den Erlass von Fegefeuerzeiten nicht umsonst geben: päpstlicher Generalablass zehn Gulden, sechs Gulden für Ehebruch, acht für Mord, neun für Kirchenraub und Meineid. Als er daraufhin in die entsetzten Gesichter der Armen schaute, fügte er generös hinzu, dass dies nur die Preise für die Adligen seien. Selbstverständlich seien die Preise für Ablässe sozial gestaffelt. Ja und dann hätte er auch noch ein Sonderangebot: Verstorbene Verwandte, die im Fegefeuer schmorten, könne man für einen Gulden frei kaufen. So oder so ähnlich verlief 1517 das Jüterboger Ablassfest.

„Ablass ist der Nachlass zeitlicher Strafe vor Gott für Sünden, deren Schuld schon getilgt ist; ihn erlangt der … Gläubige … durch die Hilfe der Kirche, die im Dienst an der Erlösung den Schatz der Sühneleistungen Christi und der Heiligen autoritativ verwaltet und zuwendet." Codex Iuris Canonici von 1983, das Gesetzbuch des römisch-katholischen Kirchenrechts, Canon 992 .

Engel holen arme Seelen aus dem Fegefeuer. Armenseelenhäuschen am Battenstein-Kreuzweg in Hilders/Rhön.

Ablasskrämerei

Kein Wunder, dass von überall her Leute herbeiströmten, auch aus der sächsischen Universitätsstadt Wittenberg, in der Martin Luther Professor für Bibelauslegung war. Zwei Tage benötigten die Wittenberger, um zu Fuß nach Jüterbog zu gelangen. Einen ganzen Tag verbrachten sie bei dem Ablassfest in Jüterbog. Und so waren sie, den Rückweg mitgerechnet, fast eine Woche unterwegs. Doch die Strapazen lohnten sich. Schließlich konnte man beim Tetzel erwerben, was es sonst nur in Rom gab: einen päpstlichen Generalablass für Sündenstrafen. Das konnte man sich nicht entgehen lassen. Mit Ablassbriefen für das eigene Seelenheil in der Tasche und mit dem Gefühl, auch noch etwas für die verstorbene Tante getan zu haben, kehrten die Wittenberger zurück in ihre Elbstadt.

Martin Luthers Unbehagen mit dem Ablasshandel

Martin Luther wurmte das mächtig, denn die Vergebung der Sünden war genau das, worum er ständig gerungen hatte. Wie bekomme ich einen gnädigen Gott? Sicher nicht allein durch eine Geldspende. Aber noch war Luther nicht generell gegen den Ablass. Schließlich hatte die Kirche Sündern schon immer Ablass gewährt. Und die katholische Kirche tut das heute noch (siehe Kasten S. 7).

Doch man musste oder muss etwas dafür tun: eine Wallfahrt unternehmen, bestimmte Gebete sprechen oder andere fromme Werke tun. Hinzu kommen Beichte und Buße. Erst wenn man all dies getan hat, wird der Ablass wirksam. Nein, mit all dem war Luther vertraut und das akzeptierte er vorerst auch. Was ihn bedrückte waren vielmehr die Auswüchse des Ablasses, der preiswerte Erlass von Fegefeuerzeiten. Wie es zu den Auswüchsen kam und welche Ränke dahinter steckten, erfährt man im rechten Info-Kasten.

Der Anschlag der 95 Thesen

Lange zögerte Luther, die Auswüchse des Ablasshandels öffentlich zu diskutieren. Erst ein halbes Jahr später, am 31. Oktober 1517, war es soweit. Luther schlug seine 95 Thesen an die Tür der Schlosskirche. Doch er wandte sich damit nicht an das Volk. Die Thesen waren in Latein formuliert. Luther wollte mit Schriftgelehrten und Kirchenmännern diskutieren und sich so selbst Klarheit verschaffen. Denn er wetterte nicht nur gegen den Ablasshandel, Luther stellte das Recht des Papstes, Sündenstrafen zu erlassen, generell in Frage. Der 31. Oktober war für den Thesenanschlag gut gewählt, denn am darauf folgenden Tag war Allerheiligen, ein hohes kirchliches Fest, zu dem auch zahlreiche auswärtige Theologen erwartet wurden. Schließlich war Wittenberg eine Universitätsstadt.

Luthers Thesenanschlag, nach Gemälden von Lucas Cranach d.Ä. und Ferdinand Pauwels

Der klamme Erzbischof und der geldgierige Papst

Ein Blick hinter die Kulissen

Tetzel operierte vor allem im Territorium des Erzbistums Magdeburg. Auftraggeber war Albrecht von Brandenburg, Erzbischof von Magdeburg und Mainz, Administrator des Bistums Halberstadt und zugleich Kurfürst von Mainz. Eine enorme Ämterhäufung, wenn man bedenkt, dass Albrecht , als er zum Erzbischof von Mainz gewählt wurde, gerade einmal 24 Jahre alt war. Albrecht war allerdings kein gewöhnlicher Emporkömmling, er war der Bruder des Kurfürsten von Brandenburg. Und der hatte dafür gesorgt, dass Albrecht standesgemäß unterkam.

Die Sache mit der Wahl Albrechts zum Erzbischof von Mainz hatte jedoch einen Haken. Die Mainzer verlangten für die Amtsübernahme eine „Mitgift", das Palliengeld. Das mussten Bistümer an den Papst entrichten, wenn ein neuer Bischof eingesetzt wurde. Erst nach getätigter Zahlung wurde die Wahl des Bischofs vom Papst bestätigt, und zwar durch die Überreichung eines gesegneten Wollbandes, das Pallium. Da nun der amtierende Papst, Papst Leo X., sich in den Kopf gesetzt hatte, in Rom einen monumentalen Dom zu errichten, einen Dom, wie ihn die Welt noch nicht gesehen hatte, den Petersdom, brauchte der Papst Geld, sehr viel Geld. Und so forderte er für das Mainzer Pallium die erkleckliche Summe von 20.000 Gulden. Die Mainzer gaben die Forderung des Papstes an Albrecht weiter. Albrecht besaß aber keine Reichtümer. Und als es um Geld ging, versagte ihm auch sein Bruder die Unterstützung. Also musste Albrecht, wenn er Erzbischof werden wollte, sich Geld leihen.

Die Bank der Fugger war dazu bereit. Doch das Darlehen war innerhalb von acht Jahren plus Zinsen zurückzuzahlen. Wie er das machen sollte, wusste Albrecht nicht, denn dadurch stieg die Summe, die er aufbringen musste auf 30.000 Gulden. Da machte ihm Papst Leo X. ein verlockendes Angebot: Er, Leo X., würde einen neuen Ablassbrief herausgeben. Albrecht sollte diesen Ablass in seinem Gebiet unter die Leute bringen. Mit diesem Ablass ließen sich locker 30.000, ja wenn es gut ging 60.000 Gulden aufbringen. Albrecht blieb nichts anderes übrig, als einzuwilligen. Zur Organisation des Ablasshandels hatte er einen gewissen Johann Tetzel engagiert, einen Dominikaner-Mönch aus Pirna, der schon in Sachsen und Schlesien erfolgreich Ablassbriefe unter die Leute gebracht hatte. Und so klapperte Tetzel die letzten Winkel des Erzbistums Magdeburg ab, auch den Außenposten Jüterbog.

Albrecht von Brandenburg, Erzbischof von Magdeburg und Mainz. Gemälde von Lucas Cranach d. Ä.

Papst Leo X . Gemälde von Raffael /Firenze um 1519

Auf den Spuren Tetzels oder: Jüterbog am Vorabend der Reformation

Anreise

Jüterbog liegt an der Bahnlinie Berlin-Wittenberg-Leipzig. Die kleine Stadt hat etwa 12.000 Einwohner. Der ICE hält da natürlich nicht, aber mit dem Regional-Express ist Jüterbog von Berlin oder von Wittenberg aus im Zwei-Stunden-Takt zu erreichen. Mit dem PKW gelangt man über die A1 Berlin-München (Abfahrt Niemegk) und auf der B 102 nach Jüterbog.

Bevor wir uns in Wittenberg umschauen, sollten wir einen Ausflug nach Jüterbog unternehmen, dort, wo Tetzel zum Ärger Luthers sein Ablassfest zelebriert hatte. Jüterbog ist eine bemerkenswerte Stadt, die viel von ihrem vorreformatorischen Erbe bewahrt hat: die Stadtmauer, die Stadttore, die Klosterkirchen, das zur Lutherzeit erbaute Rathaus und vor allem die Nikolaikirche, wo Tetzel die Ablassbriefe verkauft hat. Der Pfarrer der Nikolaigemeinde, Bernhard Gutsche, organisiert Ausstellungen und Veranstaltungen zur Reformation und hat einen Luther-Tetzel-Weg ausgewiesen, der den Weg nachzeichnet, den die Wittenberger genommen haben, um in Jüterbog an Tetzels Ablassfest teilzunehmen.

Der Jüteboger Pfarrer führt durch die Nikolaikirche

Ich bin mit Bernhard Gutsche verabredet, dem Pfarrer von Jüterbog. Ich hatte ihm von meinem Vorhaben erzählt, den Spuren Luthers zu folgen, von Wittenberg über Leipzig, Erfurt und Eisenach nach Worms. Dass ich zuvor den Luther-Tetzel-Weg erkunden wollte, hatte ihn gefreut. Und als ich ihn bat, mich durch die Jüterboger Nikolaikirche zu führen hatte er gleich „ja" gesagt. An Fronleichnam – im protestantischen Brandenburg ein Werktag - stehe ich vor dem Portal der Nikolaikirche und schaue zu den Spitzen der beiden Kirchtürme hinauf. Die Mauern hat man mit Findlingsblöcken gegründet und mit Feldlesesteinen hochgezogen. Wie ein Bollwerk scheinen die nach Westen gerichteten Türme alles Bedrohliche abzuwehren: Dämonen, den Teufel und... Hier also hat Tetzel Ostern 1517 seine Ablassbriefe verkauft.

Ich drücke die Klinke des Portals, doch die Kirchentür ist verschlossen. Als ich mich umdrehe, steht der Pfarrer vor mir. „Sie sind sicher Herr Cornelius, Gutsche ist mein Name, herzlich willkommen in Jüterbog. Ja, die Nikolaikirche ist unter der Woche nur nachmittags offen. Aber jetzt bin ich ja da", sagt Gutsche, während er die Tür aufschließt.

„Wissen Sie, wir haben eine Menge Schätze in der Kirche. Ohne Aufsicht können wir leider niemanden hineinlassen. Wir sind heilfroh, dass wir überhaupt Ehrenamtliche finden, die diese Aufgabe übernehmen. So, und jetzt zeige ich Ihnen unsere Schätze. Treten Sie näher."

Das Innere der Kirche wirkt auf mich einerseits erhaben, andererseits freundlich, ja fast heimelig. Die Rippen des Kreuzgewölbes sind ausgesprochen schön gestaltet, vor allem im westlichen Teil der Kirche, am Eingang. Auf bunten Wellenornamenten sitzt ein Kranz von Kreuzblumen. Grün, Blau, Orange und Rotbraun wechseln miteinander. Alles erscheint ruhig und klar, nicht überschwänglich oder gar grell. Die Farben verleihen dem Raum etwas Besinnliches und zugleich Fröhliches. Es lädt zur freudigen Andacht ein.

Öffnungszeiten der Nikolaikirche

*Von Karfreitag bis 31. Oktober Di.- So. von 13 bis 17 Uhr; Sa. schon ab 10 Uhr.
Gruppen können unter der Telefonnummer 03372-432509 einen Termin vereinbaren.*

„Das Farbenspiel beeindruckt jeden, der das erste Mal in unsere Kirche kommt. Die Bemalung im Westteil ist 100 Jahre vor der Reformation entstanden, zwischen 1420 und 1440. Damals wurde das Kirchenschiff zu den Türmen hin verlängert. Im mittleren Teil der Kirche ist die Bemalung mit Ziegelrot, Braun und Grau deutlich zurückhaltender. Das ist das ursprüngliche Kirchenschiff, das 1320-1340 errichtet wurde. Im Chor, den man 1475 angebaut hat, wird es wieder bunter. Das leuchtende Orange stellt das Licht der aufgehenden Sonne dar. Chor und Altar befinden sich ja auch im Ostteil der Kirche."

Unglaublich, welche Mühe man sich damals gegeben hat, denke ich, als ich die vielgliedrigen Ornamente betrachte. Die mittelalterlichen Künstler haben zudem überlebensgroße Wandbilder von Kirchenlehrern, Propheten und Kaiser Barbarossa geschaffen. Die Farben sind verblasst. Und so drängen sich Barbarossa und die Kirchenmänner nicht plakativ in Szene, sondern erinnern dezent an die katholische Zeit der Kirche.

„Sagen Sie, wie kommt so ein kleines Landstädtchen zu einer so schönen und großen Kirche?", frage ich.

Die Nikolaikirche in Jüterbog

„Als die Nikolaikirche 1488 geweiht wurde, war Jüterbog eben kein Städtchen, sondern eine durch Privilegien reich gewordene Stadt. Mit 4.000 Einwohnern war Jüterbog damals doppelt so groß wie Wittenberg. Jüterbog war ein Vorposten des Erzbistums Magdeburg, eine Enklave zwischen Preußen und Sachsen. Und die Magdeburger Erzbischöfe unterstützten ihre Stadt. Selbstverständlich haben sie auch dafür gesorgt, dass die Jüterboger geistlich nicht darben mussten. Drei Klöster gab es hier, dazu sieben Kirchen und Kapellen. Für den Bau und die Ausstattung der Nikolaikirche hatten die Erzbischöfe sogar extra Ablässe ausgestellt."

„Wie? Auch Bischöfe durften Ablässe ausstellen?"
„Ja, mit Ablässen wurden Kirchen, Klöster und Hospitäler finanziert,

Pfarrer Bernhard Gutsche in der Nikolaikirche

mitunter sogar der Straßen- und Brückenbau. Mit dem Erwerb eines Ablassbriefs reduzierte man nicht nur die Fegefeuerzeiten, man hatte zugleich das Gefühl, etwas Wohltätiges getan zu haben. Heute erleichtert man sein Gewissen, indem man spendet."

Wir sind während des Gesprächs in Richtung Altar gegangen und nehmen in den vorderen Reihen des Kirchengestühls Platz, wo wir uns gegenüber sitzen wie in einem Eisenbahnabteil. Ich will gerade meiner Verwunderung Ausdruck geben, da zeigt Pfarrer Gutsche nach hinten.

„Ich weiß, was Sie sagen wollen. Schauen Sie, die Kanzel steht in der Mitte der Kirche. Damit auch die Leute auf den vorderen Bänken die Predigt gut verfolgen können, hat man zusätzlich rückwärtige Sitzflächen angebracht."

Kirchen ohne Kirchenbänke
Altäre statt Emporen

„Stammt die Kanzel aus der vorreformatorischen Zeit? Sie ist so reich verziert."
„Nein! Das ist eine Renaissance-Kanzel aus dem Jahr 1608. Die Predigt bekam ihre große Bedeutung ja erst mit der Reformation. Für Laien gab es vor der Reformation übrigens kein Kirchengestühl. Die Liturgie wurde stehend verfolgt. Und es gab auch keine Emporen. Dafür befanden sich an den Seitenwänden und im Chorumgang eine ganze Reihe Altäre, so um die dreißig."

„Wer hat die Altäre gestiftet?"
„Zu Geld gekommene Bürger, Adlige, Bruderschaften und Handwerksgilden. Und jeder Altar hatte seinen Heiligen, der in Form einer Statue

verehrt wurde. Natürlich durften auch Maria, die Mutter Gottes, und der Gekreuzigte nicht fehlen. Die vorreformatorischen Altäre sind verschwunden. Aber zwei aufklappbare Altaraufsätze, landläufig als Flügelaltar bezeichnet, sind erhalten. Dazu besitzen wir mehrere altkatholische Madonnen, Heiligen- und Christusstatuen. In Wittenberg hat der reformatorische Bildersturm nahezu alles vernichtet. In Jüterbog überstürzte man nichts. Und was man nicht mehr brauchte, weil es altmodisch erschien, verstaute man in der Sakristei. Mit dem reichen Schatz aus vorreformatorischer Zeit haben wir die Möglichkeit, uns ein Bild vom Glauben und Denken am Vorabend der Reformation zu machen, von den Wurzeln unserer beiden großen Konfessionen"

Einblicke in die Glaubenswelt am Vorabend der Reformation

„Könnte man dazu nicht ebenso in eine katholische Kirche gehen?"

„Nein, so einfach ist das nicht. Sicher gibt es katholische Kirchen mit spätmittelalterlichem Inventar. Aber bedenken Sie, die vorreformatorische Kirche war nicht das, was heute die katholische Kirche ist. Mit der Reformation hat sich auch die katholische Kirche stark gewandelt. Und auch die Aufklärung im 17. und 18. Jahrhundert ist nicht spurlos an der katholischen Kirche vorbei gegangen. Nein, die Frömmigkeit im Spätmittelalter war von einer Beseeltheit und Dinglichkeit, wie wir sie uns heute kaum noch vorstellen können.

Ein schönes Beispiel ist unser Himmelfahrts-Christus. Schauen Sie mal zum Gewölbe hinauf und zwar dorthin, wo die Rot-Braun-Bemalung an die bunte Rankenbemalung grenzt. Sie sehen, dass sich dort ein Loch befindet. Und durch dieses Loch verschwand am Himmelfahrtstag der auferstandene Christus. Er fuhr – in Form einer Statue, bewegt von einer Seilwinde - vor aller Augen von der Erde in das himmlische Reich Gottes. Die Macht des Bösen war damit gebannt. Doch noch immer saß der Satan im Himmel. Deshalb ließ man nun eine tönerne Teufelspuppe herab, die von den Kirchenbesuchern voller Wut zerschlagen wurde. Dann regnete es aus dem Himmelsloch Rosinen, Nüsse und Oblaten. Die Figur des Himmelfahrts-Christus stammt aus dem Jahr 1500. Luther ging damals auf die Gelehrtenschule in Eisenach."

Der Jüteboger Himmelfahrts-christus, geschaffen um 1500

„Existiert der Himmelfahrts-Christus noch?"

„Ja, und er kann auch wieder durch das Himmelfahrtsloch auffahren. Ich kann Ihnen die Figur jetzt leider nicht zeigen. Wir haben sie in der Sakristei verstaut. Wir schauen uns dafür im Chor um, dort warten jede Menge Statuen und zwei Altaraufsätze."

Von Flügelaltären, Reliquienlöchern und der Realpräsenz der Heiligen

„Das hier ist der Aufsatz des ehemaligen Hauptaltars, Baujahr 1430", sagt Gutsche. „Er wurde 150 Jahre nach Luther abgebaut und zerlegt. Wir haben, was noch vorhanden war, wieder zusammengesetzt und hier aufgestellt."
Die Außenklappen zeigen die biblische Geschichte von der Schöpfung bis zu Mose. Bernhard Gutsche klappt die Außenflügel auf. Es erscheint der Leidensweg Christi, daneben sind Darstellungen vom Leben des Heiligen Mauritius und des Heiligen Nikolaus zu sehen.

„Aber das ist noch nicht alles", sagt Gutsche, „jetzt klappe ich die Festtagsseite auf. Mittelalterliche Frömmigkeit bedeutet auch immer Inszenierung."
Nun erscheinen geschnitzte Figuren: Maria mit dem Kinde, flankiert von Mauritius und Nikolaus, rechts außen sind die Heilige Margarete und die Heilige Dorothea dargestellt. Und mit Ausnahme der Madonna finden sich diese Figuren alle unten im Reliquienschrein wieder. Nur stehen dort keine Statuen sondern Büsten.
„Und, fällt Ihnen an den Büsten etwas auf?", jetzt ist es Gutsche, der eine Frage stellt. „Da sind Löcher drin!" - „Genau, darauf wollte ich hinaus. Das sind nämlich Reliquienlöcher. Dort hinein hat man die Reliquien der Heiligen gelegt, Haare, Zähne oder Knöchelchen. Damit waren die Heiligen in der Kirche präsent, real und nicht etwa symbolisch. Und jetzt verstehen Sie sicher auch, warum dort keine Büste der Madonna steht. Von der Mutter Gottes konnte es keine Reliquien geben, die ist schließlich leiblich gen Himmel gefahren."

Martyrium des Heiligen Sebastian. Obwohl von Pfeilen getroffen, lächelt er.

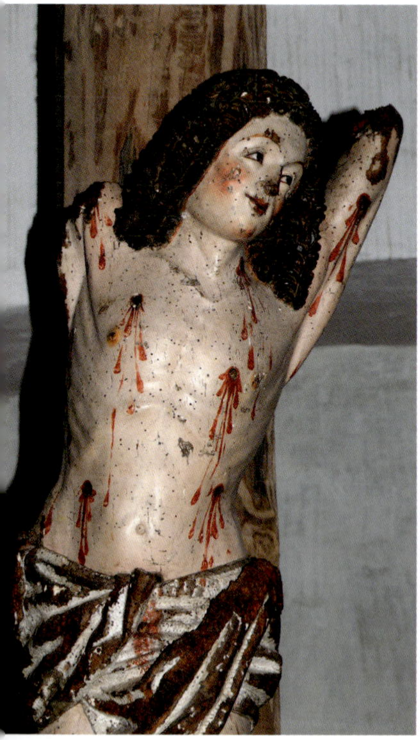

Weiter geht's im Chorumgang. Gutsche präsentiert kleine und lebensgroße Christusfiguren: Christus voller Blut und Wunden, Christus rastend mit Dornenkrone, Christus als Leichnam, daneben bunt bemalte Madonnen und einen mild lächelnden Heiligen Sebastian, der von Pfeilen durchbohrt das Martyrium erleidet. Dazu ein weiterer, nicht ganz so aufwändiger, dafür aber sehr eindrucksvoller Flügelaltaraufsatz mit der Madonna und dem Kinde im Zentrum.

„So, und jetzt kommen wir zum Allerheiligsten", sagt Gutsche, „ich meine die Hostie, die sich dort in dem Sakramentshäuschen befindet. Sie symbolisiert den Leib Christi. Ach was sage ich, nicht symbolisiert: Wo sich die Hostie befindet, da ist der Gekreuzigte real zugegen. Nach römisch-katholischer Lehre geschieht während des Abendmahls eine unumkehrbare Wandlung von Brot und Wein in den Leib und das Blut Christi. Danach ist Jesus Christus ganz gegenwärtig: mit Leib und Seele, als wahrer Gott und Mensch, als Gekreuzigter und Auferstandener. Partikel der Hostie darf man daher nicht achtlos wegwerfen. Sie müssen aufgesammelt und verzehrt werden. Sie verstehen jetzt, warum man Oblaten verwendet, die krümeln nicht. Die Gegenwart Christi blieb - und bleibt auch für die heutigen Katholiken - nach der Heiligen Messe erhalten. Die Hostie wurde daher in einem reich verzierten Sakramentshäuschen aufbewahrt, das man dort aufstellte, wo das Abendmahl gefeiert wurde. Heute bewahren die Katholiken die Hostien in einem verschließbaren Kasten auf, einem Tabernakel. Ja, und da haben Sie sie wieder: die Beseeltheit, die Dinglichkeit, die sich in diesem Fall bis in die Jetztzeit hinüber gerettet hat."

Außenklappe des Altaraufsatzes mit biblischer Geschichte

„Die Sache mit der Hostie erinnert mich an die Auseinandersetzung Luthers mit dem Schweizer Reformator Zwingli. Zwingli vertrat die Ansicht, dass die Oblate den Leib von Jesus Christus symbolisiert. Luther beharrte auf der Realpräsenz."

„Ja, Luther war eben kein Revolutionär. Er war ein konservativer Reformer. Er stand in der Tradition der Glaubens- und Kirchenerneuerer wie dem Heiligen Franziskus oder dem Gründer des Zisterzienser-Ordens Bernhard von Clairvaux. All diesen Reformern lag daran, das Beiwerk zu beseitigen, das den eigentlichen Glauben zu überwuchern drohte. Und noch etwas wird hier deutlich: Im Spätmittelalter gab es eine Fülle von Glaubensansätzen. Jeder Orden hatte seine eigenen Vorstellungen. Und man tolerierte sich. Erst wenn Machtansprüche berührt wurden, fand die Toleranz ihre Grenzen. Dann wurde der Vorwurf der Ketzerei erhoben."

Zum Abschluss unseres Kirchenrundgangs führt mich Gutsche in die Taufkapelle, einen Anbau an der Südseite des Kirchenschiffs. Hier kann man in spätmittelalterlichen Malereien schwelgen. Auf dem malachitfarbenen Grund des Deckengewölbes sind heilige Leute dargestellt: die vier Evangelisten sowie die Propheten Elias, Jonas und der König David. An den Wänden befinden sich Marienbilder, daneben Bildnisse von Heiligen und ein Prozessionszug.

Heilige Dorothea mit Reliquienloch

„Und jetzt schauen Sie sich mal den großen eisenbeschlagenen Kasten an", sagt Gutsche, „was meinen Sie, was das ist?" - Schweigen.
„Der Legende nach ist dies ein Tetzelkasten. In dieser Eichentruhe soll Tetzel das Geld aufbewahrt haben, das man den armen Sündern beim Verkauf der Ablassbriefe abgenommen hat. Der Kasten ist aber das älteste Mobiliar der Nikolaikirche, er stammt aus dem 13. Jahrhundert. Zudem konnte Tetzel eine dermaßen große und schwere Truhe kaum mit auf seine Fahrten nehmen. Aber vielleicht hat er ja während seines Aufenthaltes in Jüterbog das eingenommene Geld in diesem Kasten deponiert. So, und nun kommt der krönende Abschluss: Wir steigen auf die Kirchtürme hinauf. "
„Auf die Kirchtürme? Ah ja, es sind ja zwei."
Als wir auf die Plattform des Südturms heraustreten, ist mir leicht

Der Tetzelkasten in der Taufkapelle der Nikolaikirche

schummrig, nicht wegen des Treppensteigens, sondern weil die Dächer von Jüterbog plötzlich tief unter mir liegen. Ich bin eben dabei, meine Höhenangst zu überwinden, da sagt Gutsche: „Und jetzt machen wir die Schwindelprobe. " - „Wie bitte?"

„Folgen Sie mir über das Brückchen zum Nordturm!" - „Muss das sein?"
„Ja, sonst fehlt Ihnen der Überblick."
„Ach du lieber Himmel!" Aber dann schreite ich über das Bogenbrückchen, das den Süd- mit dem Nordturm verbindet. „Dort hinter den Hügeln liegt das Kloster Zinna", sagt Gutsche und zeigt nach Norden. „Da müssen Sie hin! Und dann gibt es natürlich in unserer Stadt einiges zu sehen: die Liebfrauenkirche, die Mönchenkirche, das Rathaus, die Mauertürme..."

Was es mit dem Kloster Zinna und den Sehenswürdigkeiten in Jüterbogs Altstadt auf sich hat, kann man an anderer Stelle nachlesen. (Lutherweghefte, Cornelius in Vorbereitung)

Wehrtürme des westlichen Stadttors von Jüterbog

Kloster Zinna

Über den Luther-Tetzel-Weg nach Wittenberg

Pfarrer Gutsches Luther-Tetzel-Weg (LTW) führt durch eine weite, von Feldfluren und Kiefernwäldern geprägte Landschaft, den Niederen Fläming. Dennewitz, Gölsdorf, Seehausen, Naundorf, Zahna, Bülzig, Zörnigall und Labetz: So heißen die Dörfer, durch die der Wanderer oder Radler kommt. Überall warten mittelalterliche Feldsteinkirchen.

„Extra muros" und die Kirche von Gölsdorf

Besonders beeindruckt hat mich die Kirche von Gölsdorf. Der Kirchhof gibt sich ungewöhnlich karg, er wird vegetationsfrei gehalten. Pflanzenwuchs, und zumal wilder, wird hier nicht geduldet. Mitten in dem geharkten Boden heben sich unregelmäßig verteilt Gräber ab, alte wie neue, dazu ein gusseiserner Sarkophag für einen gefallenen Rittmeister. Die Kirchhofmauer ist niedrig, dennoch setzt sie ein klares Signal, eine Grenze für den Mensch und die Natur, ein Schutz vor Entweihung und Überwuchern.

Wie anders sind da die Parkfriedhöfe in den Städten. Zwar sind auch sie von einer Mauer umgeben, aber dort wachsen Bäume und Gebüsch, da gibt es Lichtungen mit Wildblumen und Vogelgesang. Für die Städter ist die Natur seit der Romantik etwas, wonach man sich sehnt, womit man eine Verbindung anstrebt, auch im Tod. Ein Freund von mir hat sich bereits einen Baum in einem Friedwald ausgesucht, unter dem er seine Asche verscharrt haben möchte. Es gibt ihm ein gutes Gefühl, später Teil einer friedvollen Natur zu sein. Für die Menschen in den Dörfern war die Natur bis vor wenigen Jahrzehnten noch etwas, gegen das man ankämpfen musste. Man musste ihr etwas abringen, nur so

*Der **Luther-Tetzel-Weg**: 46 km ohne nennenswerte Steigungen, überwiegend asphaltierte Radwege, ab und an wenig befahrene Straßen. Start: Nikolaikirche Jüterbog, Ziel: Lutherhaus in Wittenberg. Fahrtzeit ohne Pausen: ca. 3 Stunden. Markierung: Luther-Tetzel-Weg.*

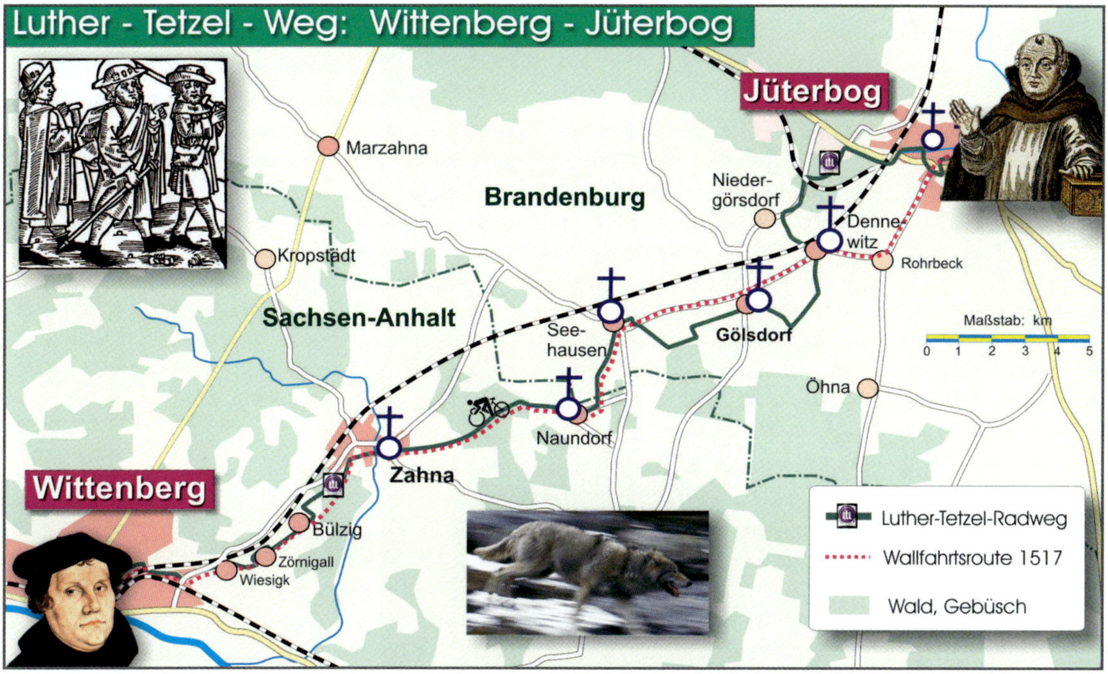

kam man zu Brot. Ließ man im täglichen Ringen um die Ernte nach, so drang die Wildnis wieder vor. Rasch war das Feld wieder überwuchert. Für die Bauern zur Zeit Luthers barg die Einöde hinter den bebauten Feldern weitere Gefahren. Wölfe drangen in die Nachtpferche ein und rissen Lämmer. Landsknechte und Räuberbanden zogen marodierend durch die Lande. In Tümpeln, hinter alten Eichen oder auf Hügeln lauerten Geister und Dämonen. Unbeherrschbare Kräfte trieben ihr Unwesen. Dem waren die Dörfler schutzlos ausgeliefert.

Die Städte hatten sich dagegen mit schützenden Mauern umgeben. Jüterbog hatte sein Befestigungssystem zur Zeit Luthers noch einmal mächtig verstärkt. Und Wittenberg glich einer Festung, die von einem breiten, mit Elbwasser gefüllten Graben umgeben war. Doch wenn die Städter reisen wollten, mussten sie ihre schützenden Mauern verlassen und durch die feindliche Natur ziehen. Gleich vor den Toren der Stadt, gut sichtbar auf einem Hügel, führte der Weg an der Richtstätte vorbei, am Galgen, am Rad, am Pfahl des Scheiterhaufens. Wer die Stadt verließ, begab sich „extra muros" – außerhalb der Mauern.

Als die Wittenberger 1517 in Scharen nach Jüterbog zogen, um bei Tetzel einen vollkommenen Ablass zu erwerben, wussten sie, dass sie sich in Gefahr begaben, dass sie ein Wagnis eingingen. Extra muros wurde ihnen bewusst, dass sie sich in der Hand Gottes befanden. Seiner Fügung mussten sie sich anvertrauen. Und sie hoff-

Die Kirche von Gölsdorf (Brandenburg)

ten, dass man ihnen in einem der Dörfer entlang des Weges eine Herberge gewährte. Innerhalb eines Tages war die Strecke bis Jüterbog kaum zu schaffen. Eine Übernachtung auf freiem Feld, in der Einöde, der Furcht erregenden Wildnis: kaum auszudenken.

Als sich die Wittenberger dann mit einem Ablass in der Tasche wieder auf den Heimweg machten, sahen sie die Welt in einem etwas helleren Licht. Zwar lauerten auf dem freien Feld noch immer Gefahren, Bestien, Räuber, Dämonen. Extra muros war noch immer die feindliche Welt, die es möglichst schnell zu überwinden galt. Doch zumindest hatte man etwas gegen die innere Bedrohung getan, gegen die eigene Sündhaftigkeit, gegen die Schuld und die Scham. Das stärkte das Gottvertrauen und damit die Tapferkeit.

Und heute?

„Extra muros ist man frei – nicht, um tun und lassen zu können, was man will, sondern frei 'mit sich und seinem Herrgott', frei für Erfahrungen, die man nur selbst machen kann, frei auch von den anderen und was sie vorgegebenen haben. Der Weg, der aus den Mauern der Ordnung herausführt, ist gefährlich und beschwerlich, aber auf ihm beginnt etwas Neues."

Pfarrer Bernhard Gutsche

Wittenberg, Impulsgeber der Reformation

Siegel der Wittenberger Universität mit Bildnis von Friedrich dem Weisen

Wittenberg hat heute knapp 47.000 Einwohner und damit ein anderes Format als Jüterbog. Als Luther nach Wittenberg kam, hatte das Elbstädtchen gerade einmal 2.000 Einwohner. Jüterbog, der Außenposten des Erzbistums Magdeburg, war damals doppelt so groß. Doch im Hinblick auf das geistige Leben war Wittenberg auf der Überholspur. Dies lag zum einen daran, dass der Kurfürst von Sachsen, Friedrich der Weise, Wittenberg im Jahre 1484 zu seiner Residenz erkoren hatte und dass zum anderen derselbe Kurfürst 1502 in Wittenberg eine Universität gründete, die „Leucorea".

Es war die erste Landesuniversität Deutschlands, eine dem Humanismus aufgeschlossene Universität, mit einem jungen, dynamischen Lehrkörper. Luthers Thesenanschlag im Jahre 1517 machte Wittenbergs Universität mit einem Schlag berühmt. Zuhauf schrieben sich die Studenten in die Theologische Fakultät der Leucorea ein. Man wollte am Puls der Zeit sein. Die publizistische Aktivität von Luther verstärkte diesen Trend. Zudem begannen ehemalige Wittenberger Studenten mit dem Aufbau von Druckereien, in denen sie die reformatorischen Schriften vervielfältigten. Hinzu traten Verleger wie Christian Döring, der 1522 den Erstdruck von Luthers Neuem Testament managte. Auch gelernte Drucker wie Hans Lufft ließen sich in Wittenberg nieder. Lufft gab 1534 die erste Gesamtausgabe der Lutherbibel heraus, von der 100.000 Exemplare verkauft wurden. In Wittenberg arbeiteten zeitweise um die 30 Druckereien. Die Stadt blühte kommerziell und intellektuell auf. Von Wittenberg gingen Impulse aus, die ganz Europa verändern sollten. Am Anfang dieser Entwicklung stand Luthers Thesenanschlag.

Leucorea ist aus dem Griechischen abgeleitet (Leucos = weiß und Oros = Berg), was Wittenberg bzw. Weißenberg meint.

Wittenberg und die Elbbrücke, Zeichnung aus dem Reisealbum des Pfalzgrafen Ottoheinrich 1536

Vom Thesenanschlag (1517) zur Vorladung Luthers vor den Reichstag in Worms (1521)

Verhör in Augsburg. Drohte eine Verhaftung? Luther flieht. Doch vorerst Entwarnung. Für den Papst gab es 1518 wichtigere Dinge als „das Mönchsgezänk" in Wittenberg.

Obwohl Luther seine 95 Thesen in Latein geschrieben hatte, breiteten sie sich wie ein Lauffeuer in ganz Deutschland aus; irgendjemand hatte die Thesen ins Deutsche übersetzt, und Luther traf offensichtlich den Nerv der Zeit. Nun nahm die Sache ihren Lauf: Im Juni 1518 wurde Luther nach Rom vorgeladen. Man warf ihm Ketzerei vor. Jemand hatte ihn mit gefälschten Thesen angezeigt. Luther wusste um die Gefahr. Aus Rom wäre er womöglich nicht mehr lebend herausgekommen. Das war auch Kurfürst Friedrich bewusst. Und da Luther sein bestes Pferd im Stall war, verhinderte er dessen Auslieferung. Luther wurde empfohlen, gesundheitliche Gründe vorzuschützen, aufgrund derer er nicht nach Rom reisen könne. Da der Papst den Kurfürsten für die anstehende Kaiserwahl brauchte, gab er dem Einwand statt.

Man einigte sich darauf, Luther auf deutschem Boden zu verhören, auf dem Reichstag in Augsburg, im Haus der Fugger. Das als „väterlich" bezeichnete Verhör dauerte drei Tage, vom 12. bis 14. Oktober. Luther widerrief seine Thesen nicht. Am 20. Oktober wurde er nachts geweckt und gedrängt zu fliehen. Die sächsische Delegation glaubte, dass Luther verhaftet werden sollte. Ein Vertrauter geleitete Luther durch ein Seitentor der Stadtmauer, wo ein Pferd bereit stand. Ein Reitknecht führte Luther ins sichere Sachsen. Der Kardinal schäumte, doch der Papst ließ die Angelegenheit Luther ruhen. Er nahm Rücksicht auf Friedrich den Weisen.

Luther ließ sich durch das Augsburger Abenteuer nicht beirren und verfasste ein Buch nach dem anderen. Hatte er sich bisher noch zurückhaltend über den Papst geäußert, so nahm er in diesen Schriften kein Blatt mehr vor den Mund. Seine innere Einstellung hatte sich geändert. Jetzt wollte er es wissen. In einer Disputation in Leipzig im Frühjahr 1519 (siehe unten) ging er so weit zu sagen, dass auch Konzile irren könnten.

Kurfürst Friedrich der Weise, Gemälde von Lucas Cranach d. Ä.

Ein Jahr später änderte sich die politische Lage. Der Papst erhielt wieder mehr Handlungsfreiheit. Und da ein gewisser Dr. Eck in Rom gegen Luther polemisierte, erwachte beim Papst das Interesse am Fall Luther neu. Im Oktober 1520 erhielt Luther vom Papst die berühmte Bannandrohungsbulle. In ihr verdammte der Heilige Stuhl 41 aus dem Zusammenhang gerissene Sätze Luthers. Und man verlangte binnen 60 Tagen Luthers Unterwerfung, andernfalls würde man ihn aus der Kirche ausschließen. Darüber hinaus gab der Papst die Anweisung, Luthers

Schriften öffentlich zu verbrennen, nicht nur in Rom, sondern auch in deutschen Städten.

Anfang Dezember 1520 versammelten sich zahlreiche Studenten und Professoren vor dem Wittenberger Elstertor. Das Gerücht ging um, dass Dr. Luther Schriften des Papstes verbrennen wollte. Gegen neun Uhr tauchten Freunde Luthers auf und zündeten einen Holzstoß an. Kurz darauf kam Luther selbst, unter dem Arm Schriften zum päpstlichen Recht, die er ins Feuer warf. Dann hielt er die päpstliche Drohschrift hoch und warf sie hinterher. Es wurden keine Reden gehalten, alle starrten nur in die Flammen. Schließlich zogen sich die Professoren wieder in die Universität zurück.

Das war offene Auflehnung, das war Ketzerei. Und Luther wusste: Jetzt wurde es gefährlich, brandgefährlich. Denn schon einmal hatte ein deutscher König einem Reformator freies Geleit zugesichert und es nicht gehalten. Gemeint sind der König Sigismund und der tschechische Reformator Jan Hus. Hus kam nach der Zusicherung des freien Geleits nach Konstanz zu einem Konzil, auf dem er seine Lehren rechtfertigen sollte, und landete ohne viel Federlesens auf dem Scheiterhaufen. So weit zu den Ereignissen am Vorabend der Reformation. In Wittenberg haben

Der Kirchenbann *schloss den Betroffenen ohne zeitliche Begrenzung aus der Gemeinde aus. Zu Luthers Zeiten zog dies automatisch die Reichsacht nach sich, d. h. man wurde geächtet, bzw. für vogelfrei erklärt. Der Geächtete konnte von jedermann getötet werden. Sein Leichnam blieb unbeerdigt. Sein Vermögen verfiel, jedermann konnte es an sich bringen.*

Luthers Bücher vor der Wormsreise:
Von der Freiheit des Christenmenschen
Von dem babylonischen Gefängnis der Kirche
An den christlichen Adel deutscher Nation

Anreise

Wittenberg ist bequem mit dem ICE Berlin-Leipzig zu erreichen. Mit dem PKW gelangt man über die A 1 Berlin-München, Abfahrt Coswig, und weiter auf der B 187 nach Wittenberg.

Unterkunft

In Wittenberg gibt es mehrere Hotels und Pensionen. Anfragen über Touristinformation, Schlossstr. 2, 06886 Lutherstadt Wittenberg, Tel. 03491-498610, E-Mail: info@lutherstadt-wittenberg.de

wir die Gelegenheit, die Schauplätze des Geschehens in Augenschein zu nehmen.

Reformationsstätten in Wittenbergs Altstadt

Ob man über den Luther-Tetzel-Weg von Jüterbog aus nach Wittenberg kommt oder mit dem ICE anreist, die ersten Sehenswürdigkeiten, auf die man stößt, sind die ehemaligen Universitätsgebäude des Augusteums, zu denen auch das Lutherhaus gehört. Die Stelle, wo Luther die Bannandrohungsbulle verbrannt hat, liegt um die Ecke. Seine 95 Thesen hat Luther am Portal der Schlosskirche am anderen Ende der Altstadt angeschlagen. Ein Blick auf den Stadtplan zeigt, dass die Reformationsstätten alle auf einer Linie liegen, der ost-westlich verlaufenden Achse der Altstadt: Collegienstraße - Markt - Schlossgasse. Die Umrisse der Stadt zur Zeit Luthers lassen sich noch gut erkennen. Ein Grünzug zeichnet den Verlauf des Stadtgrabens nach. Das Elstertor befand sich ungefähr dort, wo heute Collegien-, Luther-, Weserstraße und die Straße „Am Hauptbahnhof" in einem Kreisel zusammenstoßen, ein verkehrsreicher Platz, der für die Erinnerungskultur nicht geeignet ist.

Ein Blick in die Wohnung und den Hörsaal von Dr. Luther

Im Augusteum (Collegienstraße 45) herrscht dagegen Ruhe. Ein Durchgang führt in eine geräumige Hofanlage, die auf drei Seiten von Gebäuden umschlossen ist. Doch halt, nicht so schnell! Werfen Sie im Durchgang einen Blick nach oben. Neben einer Balkeninschrift prangt die Lutherrose, einst ein Siegel, das Luther für seinen Briefverkehr verwendet hat, heute ein Symbol der evangelisch-lutherischen Kirche. Wenn man den Hof betritt, fällt der Blick zuerst auf ein repräsentatives Gebäude mit Treppenturm – Luthers Wohnhaus. Von 1525 bis zu seinem Tod im Jahre 1546 lebte Luther dort mit seiner Familie. Eingezogen war er bereits 1524, ein Jahr, bevor er Katharina Bora heiratete. Der Kurfürst hatte ihm das Haus zur Verfügung gestellt.

Luther verbrennt die Bannandrohungsbulle des Papstes, Gemälde von Karl Aspelin (1885)

Luther kannte das Augusteum bereits von seiner Zeit als Augustiner-Mönch. Sein Beichtvater und Förderer Johann von Staupitz, Prior des Augustiner-Konvents und Gründungsprofessor der Leucorea, hatte Luther 1508 nach Wittenberg zum Theologiestudium geschickt. Die Augustiner-Eremiten hatten von Friedrich dem Weisen das Gelände hinter dem Elstertor zum Aufbau einer eigenen Bildungsstätte erhalten. Kloster und Universität sollten eine enge Bindung eingehen. Die Mönchstudenten nahmen im sogenannten „Schwarzen Kloster" ihre Mahlzeiten ein, dort schliefen sie und dort hörten sie ihre Vorlesungen, und zwar in einem Saal im ersten Geschoss, in dem später auch Luther seine Lehre veranstaltete. Die Bezeichnung „Schwarzes Kloster" kam von den schwarzen Kutten, die die Augustiner trugen.

Das Kloster hatte nicht lange Bestand. Am 24. Januar 1522 trat in Wittenberg eine neue Gemeindeordnung in Kraft, nach der die Einnahmen des Klosters und der Kirchen in einen „gemeinen Kasten" flossen. Mit diesem Geld wurden die Pfarrer besoldet und Waisen und arme Handwerker unterstützt. Zugleich wurde Mönchen und Mönchstudenten das bisher übliche Betteln untersagt. Das „Schwarze Kloster" war damit praktisch aufgehoben, die mönchische Bildungsstätte säkularisiert (verweltlicht). Und so konnte Friedrich der Weise das Klostergebäude Luther vermachen. Heute beherbergt das Lutherhaus ein reformationsgeschichtliches Museum mit Lutherstube, zahlreichen Requisiten aus der Lutherzeit und Luthers Hörsaal. Unten, auf einer Rasenfläche im Hof, schreitet eine bronzene Katharina Bora schwungvoll durch einen metallenen Rahmen.

Im Haus von Philipp Melanchthon, dem Vize-Reformator

Auf der Collegienstraße gelangt man zum Fridericianum, dem ehemaligen Uni-Hauptgebäude. Auf dem Weg dorthin kommt man am Melanchthon-Haus vorbei, (Collegienstr. 60). Philipp Melanchthon erhielt 1518 im Alter von 21 Jahren einen Ruf als Professor für Griechisch und Philosophie an der Leucorea. Seitdem galt: Wo Luther war, war Melanchthon nicht weit. Melanchthon, der eigentlich Schwarzerde hieß, war ein enger Freund und Mitstreiter Luthers. Mit Fug und Recht wird ihm der zweite Platz unter den deutschen Reformatoren zugesprochen. Er war der Denker im Hintergrund und hat Luther bei der Übersetzung des Neuen Testaments aus dem griechischen Urtext beraten. Obwohl Melanchthon auch für die theologische Fakultät eine Lehrbefugnis erhielt, blieb er Zeit seines Lebens der philosophischen Fakultät treu. Melanchthon war in erster Linie Humanist. Und von dieser Position aus hat er das theoretische Gebäude des Protestantismus entworfen. Im Melanchthon-Haus werden Leben und Werk des „Vize-Reformators" dargestellt. Der kometenhafte Aufstieg der Leucorea zur damals größten Universität Deutschlands ist nicht zuletzt Philipp Melanchthon zu verdanken. Gegen Ende seines Lebens waren in der Leucorea 3.000 Studenten eingeschrieben.

Hinrichtung von Hus in Konstanz während eines Konzils, Spiezer Chronik 1485

Wenn Melanchthon sich nach dem Frühstück von seiner Frau und seinen Kindern verabschie-

Katharina Bora und Martin Luther (Gemälde von Lucas Cranach. Ä.) vor ihrem Haus in Wittenberg, Collage

dete und zur Arbeit ging, konnte er es gemächlich angehen. Das Unihauptgebäude befand sich um die Ecke in der Collegienstraße 62. Wer heute über den Durchgang neben der Löwen-Apotheke den Campus der Leucorea betritt und universitäre Betriebsamkeit erwartet, wird enttäuscht. Als Wittenberg im Zuge des Wiener Kongresses (1815) an Preußen fiel, wurde die Leucorea nach Halle verlegt, wo man zwei Jahre später die Universität Halle-Wittenberg gründete. Wittenberg bekam vom Gründungskuchen nur ein Predigerseminar ab und dabei ist es bis heute im Wesentlichen geblieben. Trotz Reformationsjubiläum konnte man sich in Sachsen-Anhalt nicht zur Wiederbelebung der Leucorea durchringen. Der Verlust der Universität ist spürbar. Mit Universität stünde Wittenberg ganz anders da.

Im Hauptgebäude der Leucorea - Stippvisite bei der Lutherweggesellschaft

Da ist es schön zu hören, dass die Lutherweg-Gesellschaft e.V. ihren Sitz im Fridericianum hat (Collegienstr. 62). Die Gesellschaft versucht, die vielfältigen Aktivitäten, die entlang der Lutherwege in Sachsen-Anhalt, Sachsen, Thüringen, Hessen und Bayern entstanden sind, zu vernetzen.

In der Geschäftsstelle der Gesellschaft tagt gerade das 15 Mitglieder starke Präsidium: Theologen, Pfarrer, Vertreter von Wandervereinen und Touristiker. In einer Sitzungspause habe ich Gelegenheit, den Präsidenten der Gesellschaft, Pfarrer Dr. Ekkehard Steinhäuser zu sprechen. Steinhäuser ist stellvertretender Leiter der Forschungsstelle Religiöse Kommunikations- und Lernprozesse der theologischen Fakultät der Martin-Luther-Universität Halle-Wittenberg. Sein Arbeitsplatz befindet sich – wie nicht anders zu erwarten – in Halle. In Wittenberg hält er sich auf, wenn es um die Lutherwege oder um das Reformationsjubiläum geht. Aufgrund seines Forschungsschwerpunkts „Kulturtourismus und Religion“ ist Steinhäuser geradezu prädestiniert als Präsident der Gesellschaft.

„Herr Dr. Steinhäuser, in Spanien pilgern jährlich Tausende nach Santiago de Compostela, zum Grab des Apostels Jakob, darunter viele evangelische Christen. Warum ist das ihrer Meinung nach so?“

Steinhäuser: „Es hat den Anschein, als würde die Bedeutung der ortsgebundenen Kirchengemeinden in unserer schnelllebigen und mobilen Welt abnehmen. Die Gemeindepfarrer erreichen mit den geistlichen Angeboten immer weniger Menschen. Andererseits scheint das Bedürfnis nach Spiritualität ungebrochen. Die Menschen wenden sich anderen Angeboten zu, u.a. dem Pilgern. Das wirft die Frage auf, ob sich hier eine neue Sozialform von christlicher Gemeinde entwickelt, eine Kirche in Bewegung.“

„Ist es nicht vielleicht auch die Abenteuerlust, das exotische Erleben, dass so viele Menschen auf dem Camino unterwegs sind?“
Steinhäuser: „Sicherlich, da ist bei vielen ein ordentlicher Schuss Abenteuerlust dabei. Aber warum auch nicht? Es bleibt immer ein Aufbruch aus dem Alltag. Man kommt auf neue Gedanken und Ideen. Und es geht auch nicht immer nur um Exotik. Denken Sie an all die Jakobswege, die in Deutschland aus dem Boden schießen und auf denen inzwischen überall Menschen unterwegs sind. Genau so wird es ab dem Reformationsjubiläum auch auf den Lutherwegen sein.“
„Aber ist denn das Pilgern im Hinblick auf das Reformationsjubiläum angemessen?“

Lutherrose am Eingang zum Lutherhaus

Denkmal von Philipp Melanchthon und Melanchthonporträt von Lucas Cranach d. Ä. (1532)

Pilger auf dem Lutherweg 1521

Steinhäuser: „Also erstens sind die Lutherwege nicht nur für Pilger gedacht. Die Initiatoren wollen alle Menschen ansprechen, die sich für Luther und die Reformationsereignisse interessieren, sei es aus religiösen oder kulturhistorischen Motiven. Durch die Beschäftigung mit Luthers Lebenslauf, seinem Gedankengut und durch den Besuch von Kirchen bringen wir Menschen dazu, sich mit den Themen der Reformation auseinanderzusetzen und vielleicht auch wieder die Frage nach dem Sinn des Lebens und nach Gott zu stellen. Und dann bedenken Sie: Pilgern umfasst heute ein weites Spektrum spiritueller Ansätze und Motivationen."

Ein Präsidiumsmitglied, das unser Gespräch mitbekommen hat, tritt hinzu. Es ist Pfarrer Dr. Manfred Gerland, der hessische „Pilgerpfarrer" und geistliche Betreuer des hessischen Lutherweg-Projektes.

Gerland: „Ja, da hat Dr. Steinhäuser recht, viele Pilger sind zunächst einmal auf der Suche nach sich selbst, andere sind unterwegs, um Leid zu verarbeiten, eine schwere Krankheit, oder den Tod eines geliebten Menschen. Ja und dann gibt es natürlich auch die klassischen Pilger, die von vornherein aus religiösen Motiven unterwegs sind."

„Der klassische Pilger, der Wallfahrer - das bringt mich auf die Frage: Hat Luther das Pilgern nicht grundsätzlich abgelehnt?"

Steinhäuser: „Nein, ganz und gar nicht. Luther lehnte eigentlich nur das mit der Wallfahrt und dem Pilgern verbundene Ablasswesen, die Heiligen- und Reliquienverehrung ab. Wir sollten beim Reformationsjubiläum und auf den Lutherwegen ohnehin nicht das Trennende der Konfessionen hervorheben und auch nicht von evangelischen Pilgerwegen sprechen. Die Lutherwege sind für alle da, für Protestanten, Katholiken und auch für Menschen, die nicht mehr Mitglied einer Kirche sind."

Pilgern in Waldhessen

Gerland: „Beim hessischen Lutherweg, bei dem der Aspekt des Pilgerns eine große Bedeutung hat, setzen wir daher auf das ökumenische Pilgern. Auf dem Weg von der Wartburg nach Worms..."

In diesem Augenblick klatscht der Sitzungsleiter in die Hände und bittet die Präsidiumsmitglieder, wieder ihre Plätze einzunehmen. Die Sitzung geht weiter.

„Dr. Steinhäuser, ich danke Ihnen für das Gespräch. - Manfred, wir sehen uns auf der Wartburg." Als Mitglied des hessischen Lutherwegvereins kenne ich Dr. Gerland recht gut und ich bin auch schon manches Stück Weg mit ihm zusammen gepilgert.

Cranachhof am Markt 4, eingeblendet Lucas Cranach d. Ä. (Selbstbildnis)

Stadtkirche und Marktplatz

Auf dem Weg zur Schlosskirche kommt man an der Stadtkirche St. Marien vorbei. Hier wurde Weihnachten 1521 – Luther saß derweil auf der Wartburg - vor 2.000 Gläubigen eine evangelische Messe abgehalten, in Lateinisch und Deutsch und ohne liturgische Gewänder. Die Wittenberger bezeichnen ihre Stadtkirche daher gern als „Mutterkirche der Reformation". Doch evangelisch gepredigt wurde zuvor auch schon in anderen Kirchen, in Kemberg, quasi „um die Ecke", oder im hessischen Hersfeld. Die Bezeichnung „Mutterkirche" ist dennoch berechtigt, weil von Wittenberg die Impulse für die Reformation ausgingen. Die Innenausstattung der Stadtkirche ist bis auf ein Cranach-Altarbild eher karg, was nicht zuletzt an dem Bildersturm liegt, den im Januar 1520 eine neue Gemeindeordnung entfachte. Diese beinhaltete neben dem „gemeinen Kasten" (siehe oben), ein Verbot von religiösen Bildern und Statuen.

Über einen Durchgang gelangt man von der Kirche auf den geräumigen Marktplatz, der von dem Rathaus und seinen Renaissancegiebeln beherrscht wird. Die Ratsherren wussten, was sie Luther und Melanchthon schuldig waren. Und so haben sie den beiden mitten auf dem Platz zwei aufwändige Denkmale errichtet.

Gegenüber dem Rathaus hatte Lucas Cranach der Ältere, der Hofmaler Friedrichs des Weisen, seine Malerwerkstatt aufgebaut, zunächst im Hof des Hauses Markt 4, dann im Hof der Schlossstraße 1, dem Haus mit der Apotheke. Am Markt 4 wurde im September 1522 das von Luther auf der Wartburg übersetzte Neue Testament gedruckt, und zwar in einer für die damalige Zeit ungeheuer hohen Auflage von 3.000 Exemplaren. Innerhalb von drei Monaten war die Auflage vergriffen, sodass das Neue Testament neu aufgelegt wurde.

Die Cranach-Höfe und die Reformationsdrucke

Cranach-Stiftung
Wittenberg, Markt 4,
Tel. 03491-4201911,
E-Mail:
info@cranach-stiftung.de

Beim Propheten Micha heißt es in 4,1-4E:
"Sie werden ihre Schwerter zu Pflugscharen und ihre Spieße zu Sicheln machen. Kein Volk wird gegen das andere das Schwert erheben, und sie werden fortan nicht mehr lernen, Krieg zu führen. Ein jeder wird unter seinem Weinstock und Feigenbaum wohnen, und niemand wird sie schrecken."

Im Cranach-Haus am Markt 4 befindet sich ein Museums-Shop, das Cranach-Lädchen. Dort versorgen ehrenamtlich tätige Seniorinnen interessierte Touristen mit Cranach-Souvenirs und Informationen rund um das Cranach-Haus. Zu DDR-Zeiten waren die Gebäude arg heruntergekommen. Als am 7. November 1989 in den Friedensgebeten zur Rettung der Wirkungsstätten von Lucas Cranach aufgerufen wurde, gründete sich eine Bürgerinitiative, die Spenden für das Projekt sammelte. Aus der Bürgerinitiative wurde ein Förderverein, der eine Cranach-Stiftung ins Leben rief. Die Stiftung hat sich um die Sanierung der Gebäude Markt 4 und Schlossstr. 1 gekümmert und mit Ausstellungen, dem Aufbau einer Malschule und dem Museums-Shop sowie Hoffesten dem Projekt Leben eingehaucht.

Emblem der unabhängigen Friedensinitiativen in der DDR

Der Hof am Markt 4 ist etwas eng und dunkel. Kein Wunder, dass der erfolgreiche Cranach sich bald eine repräsentativere Immobilie „an Land zog", den Hof des Grundstücks Schlossstraße 1. In dem geräumigen und hellen Hof in der Schlossstraße befindet sich eine Werkstatt, in der Texte Luthers und Illustrationen gedruckt werden. Zudem gibt es dort eine Hofwirtschaft und ab Mitte 2016 eine Cranach-Herberge.

Schloss und Schlosskirche

Vom Marktplatz gelangt man über die Schlossstraße zur Schlosskirche, dem End- und Höhepunkt der Stadterkundung. Hier soll Luther seine 95-Thesen angeschlagen haben; „soll", weil es unterschiedliche Meinungen dazu gibt, ob er sie wirklich angeschlagen hat, oder ob er sie nur „mit der Post" verteilt hat. Das alte Portal ist nicht mehr vorhanden. Der Preußenkönig Friedrich Wilhelm IV. stiftete 1858 zum 375. Geburtstag Luthers eine bronzene Thesentür, die in der Manier des Historismus gestaltet wurde. Ende des 19. Jahrhunderts wurde das gesamte Äußere der Schlosskirche in einer Spielform des Historismus, der Neogotik, umgestaltet. Zudem setzte man dem Kirchturm eine Pickelhaube auf, die man mit den Zeilen: „Ein feste Burg ist unser Gott, ein gute Wehr und Waffen" verzierte Das Innere der Kirche wurde – Gott sei Dank - nach historischen Aufzeichnungen gestaltet.

Das neue Thesen-Anschlag-Portal an der Schlosskirche, gestiftet vom preußischen König 1858.

Friedrich der Weise sorgte für eine enge Verbindung der Schlosskirche mit seinem Prestigeobjekt, der Leucorea. In der Schlosskirche wurde den Studenten ihre Promotionsurkunde überreicht.

Professoren hielten dort ihre Antrittsreden und wurden, wenn sie als Würdenträger galten, in der Kirche beigesetzt. So auch Martin Luther und Philipp Melanchthon. Mit der Schließung der Leucorea im Jahr 1817 verlor die Schlosskirche ihren Status als Universitätskirche. Im Jahr 1949 wurde sie zur Pfarrkirche einer ca. 1000 Mitglieder umfassenden Gemeinde. Während der DDR-Zeit schrumpfte diese Gemeinde arg zusammen. Doch noch einmal sollte sich in dem Schloss-Kirchen-Ensemble Großes ereignen: Auf dem evangelischen Kirchentag im Jahre 1983 ließ Friedrich Schorlemmer, der damalige Pfarrer der Schlosskirche, in Anwesenheit des westdeutschen Bundespräsidenten Richard von Weizsäcker ein Schwert zu einer Pflugschar umschmieden, eine gewagte Demonstration der DDR–Friedensbewegung.

Schlosskirche Wittenberg

Inzwischen ist aus der Schlosskirche ein Wallfahrtsort für Touristen geworden. Im Erdgeschoss des Schlosses entsteht derzeit ein Informations- und Begegnungszentrum, das über einen Durchgang mit der Schlosskirche verbunden wird. In den oberen Etagen wird das Predigerseminar einziehen, dessen Dozenten und Vikare in dem neu erbauten Südflügel unterkommen. Schließlich wird im Schloss eine reformationsgeschichtliche Forschungsbibliothek etabliert. Hoffen wir, dass dies neuen Schwung in das ehrwürdige Gemäuer bringt.

Luthers Aufbruch nach Worms

Der ernvheste Herr Caspar Sturm,
des Heilligen Reichs gewesner Alter Erenherold.
(Selbstbildniß in dessen Wappenhandschrift, im Besitz des Vereins Herold.)

Reichsherold Caspar Sturm, Selbstbildnis

Frühjahr 1521. Am Dienstag den 26. März, unmittelbar vor Ostern, klopft der Reichsherold Caspar Sturm an Martin Luthers Tür und überbringt ihm eine Vorladung. Luther soll auf dem Wormser Reichstag erscheinen und dort vor dem Kaiser und den versammelten Kurfürsten seine Schriften widerrufen. Der Kaiser hatte Luther eine Frist von 21 Tagen gesetzt. Angesichts einer Entfernung von ca. 600 Kilometern und in Anbetracht der damaligen Straßenverhältnisse war diese Frist knapp bemessen. Doch Luther hatte die Ruhe weg. Am Ostersonntag predigte er noch einmal in der Wittenberger Schlosskirche. Am Ostermontag regelte er dies und das. Und erst am Dienstag nach Ostern, es war der 2. April, machte er sich in einem Rollwägelein auf den Weg. Das Rollwägelein hatte ihm der Wittenberger Goldschmied und Bibelverleger Christian Döring spendiert. Für die Pferde hatte der Rat der Stadt gesorgt. Begleitet wurde Luther von seinem Ordensbruder Petzensteiner, von seinem Freund und Hochschullehrer Nikolaus von Amsdorf und von einem Vertreter der Studentenschaft, Peter Swaven. Zunächst ging es nach Leipzig und von dort über Erfurt, Eisenach und Frankfurt nach Worms.

Von Wittenberg nach Leipzig

620 km nach Worms
72 km nach Leipzig
37 km nach Bad Düben

Luther brauchte bis Leipzig drei Tage. Der ICE benötigt für die gleiche Strecke knapp eine halbe Stunde. Die alte Straße Wittenberg-Leipzig querte zunächst das mehrere km breite Elbtal, dann führte sie durch die hügelige Dübener Heide nach (Bad) Düben, einer kleinen Stadt an der Mulde, in deren Umfeld sich die Geschichte mit Michael Kohlhase abgespielt hat. Von (Bad) Düben an fuhren Luther und seine Begleiter dann innerhalb eines Tages durch ebenes Land bis vor die Tore Leipzigs (siehe Bild S. 21).

Ich bin der Strecke Wittenberg-Leipzig mit dem Rad gefolgt, bis kurz vor Bad Düben auf dem Lutherweg Sachsen-Anhalt. Gegen zehn Uhr morgens rolle ich vom Marktplatz aus durch die Elbstraße hinunter Richtung Fluss. Ja, es geht richtig bergab. Sechs Meter liegt die Wallanlage tiefer als die Altstadt. Die Elbe liegt nochmals 6-8 Meter tiefer. Wittenbergs Gründungsväter haben sich einen hochwassersicheren Platz ausgesucht. Zwischen Elbstraße und Schloss hat man die Wallanlage in einen Luthergarten verwandelt und in dessen Zentrum einen Platz angelegt, der in Form der Lutherrose gestaltet wurde. Von diesem Platz aus führen sieben Wege in alle Welt. „Auch wenn ich wüsste, dass morgen die Welt zugrunde geht, würde ich heute noch einen Apfelbaum pflanzen", soll Luther gesagt haben. Im Wittenberger Luthergarten pflanzt man zwar keine Apfelbäume, aber 500 Laubbäume, und für die übernehmen Kirchen aus aller Welt die Patenschaft. Als ich am Lutherrosenplatz vorbeikomme, stehen dort junge Asylanten aus Eritrea und unterhalten sich.

Luthers Abreise von Wittenberg, Gemälde von Carl August Schwerdgeburth (1785-1878)

Die Elbbrücke

Vom Luthergarten ist es nicht weit zur Elbbrücke, von der man noch einmal einen schönen Blick auf die Silhouette der Stadt, auf das Schloss, den markanten Turm der Schlosskirche und auf die Doppeltürme der Stadtkirche St. Marien hat. Die Elbe hatte ich mir angesichts der 581 Kilometer, die der Fluss hier bereits hinter sich hat, größer vorgestellt. Der Rhein, den ich gegen Ende meiner Wormsfahrt bei Flusskilometer 482 überqueren werde, ist da von anderem Kaliber. Aber der Rhein kommt ja auch aus den Alpen und nicht aus dem Riesengebirge. Bei Oppenheim, wo Luther über den Rhein gesetzt hat, gab und gibt es bis heute keine Brücke. Wer über den Strom will, musste und muss sich auch heute noch einem Fährmann anvertrauen. An der Wittenbergischen Elbe lagen die Dinge anders. Bereits 1451 ließ Friedrich der Sanftmütige, der Großvater von Friedrich dem Weisen, eine Holzbrücke errichten. Als die Brücke im März 1488 durch ein Hochwasser zerstört wurde, wurde sie sofort repariert und zugleich verstärkt. Es entstand ein Bauwerk, das immerhin fast 150 Jahre Bestand hatte.

Heute überspannen zwei nagelneue Brücken die Wittenberger Elbe: eine vierspurige Straßenbrücke mit Radweg und die Brücke der ICE-Strecke Berlin-Leipzig. Weiter geht's durch das breite Elbtal an den Rand der Dübener Heide, wo die kleine Stadt Kemberg liegt. Schon von weitem ist der 86 Meter hohe Turm der Kirche „Unserer lieben Frau" zu sehen.

Kemberg und die Hochzeit des Pfarrers (1522)

Kirche geöffnet Ostern-Erntedank Mo.-Fr. 10.00 - 16.00, Sa. u. So. 14.00 – 17.30 oder nach Vereinbarung: D. Schröter Tel. 034921-20407 oder 0173-7839783.

In der Kemberger Marienkirche hat Luther sieben Mal gepredigt, was weniger an seiner Vorliebe für den Ort lag, als vielmehr an Pfarrer Bartholomäus Bernhardi, einem alten Schulkameraden und Studienfreund aus der Eisenacher und der Erfurter Zeit. Bernhardi avancierte in Wittenberg zunächst zum Professor für Physik, dann zum Dozenten für Theologie und schließlich, im Winter 1518/19, sogar zum Rektor der Leucorea. Was Bernhardi bewogen hat, 1519 die Pfarrstelle in Kemberg zu übernehmen, ist nicht bekannt. Vielleicht lag es an einer Frau. Jedenfalls hat er dort geheiratet, was ihm mehr Ärger einbrachte

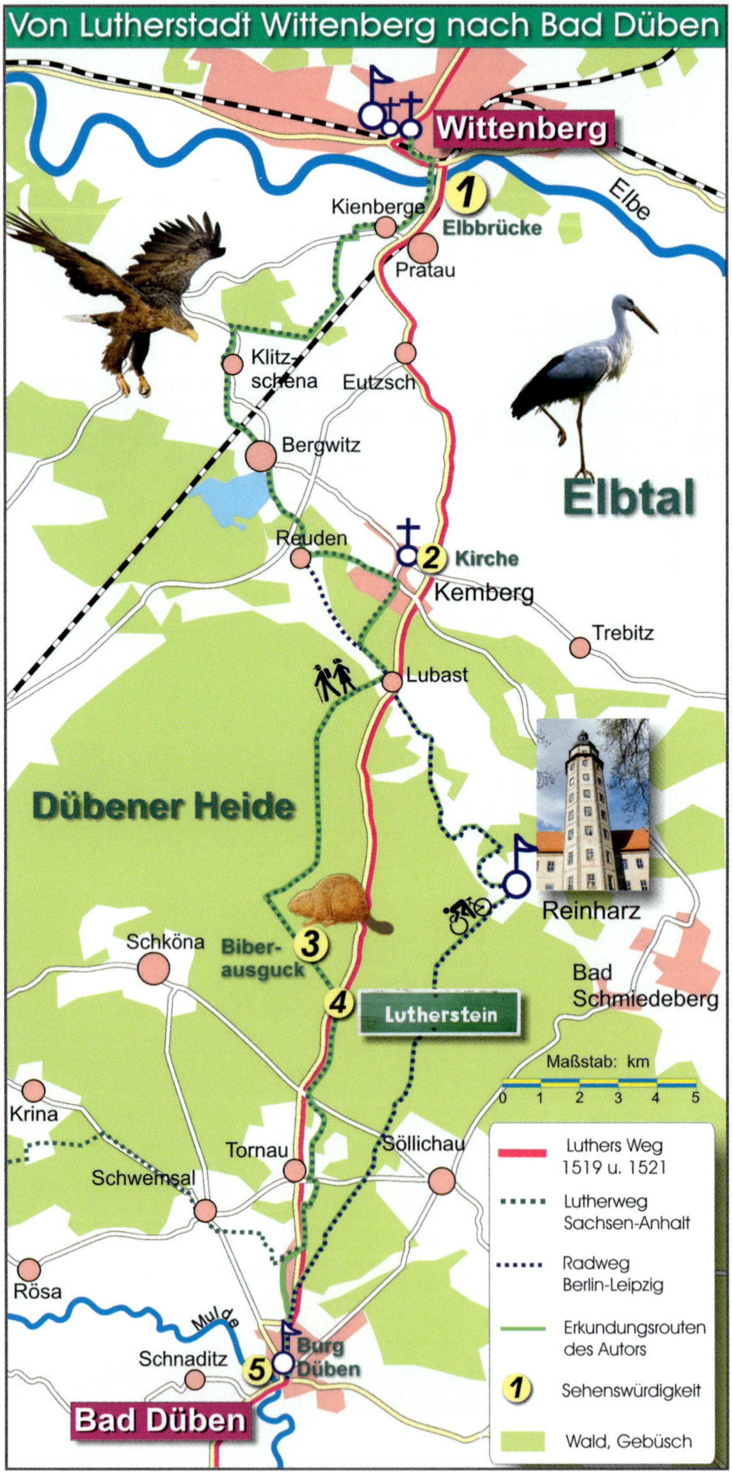

als seine evangelischen Predigten. Als Luther am 18. Februar 1546 während eines Besuchs in Eisleben starb, wurde sein Leichnam nach Wittenberg überführt. Am Abend des 21. Februars erreichte der Leichenzug Kemberg, wo man den Sarg über Nacht in der Kirche aufbahrte.

In die Dübener Heide

Nach Kemberg geht es richtig in die Natur, in die Dübener Heide. Stundenlang wandert man durch Wald. Von Heidelandschaft mit Wacholderbüschen und Schäfchen dagegen keine Spur. Die Nordsachsen meinen, wenn sie Heide sagen, zumeist auch Wald und nicht lila blühende Heidekrautfluren. Dafür kommt man durch schöne Wiesentäler mit Bachläufen und Teichen. Und es geht ordentlich bergauf und bergab. Doch es sind keine richtigen Berge, über die der Lutherweg führt, sondern Hügelketten, die die eiszeitlichen Gletscher hinterlassen haben. Mitten in der Dübener Heide eine Überraschung. Ich stoße auf einen Biberbeobachtungsstand. Die von der Elbe stammenden Nager haben sich nahe am Lutherweg an einem Waldbach angesiedelt und den mit Hilfe eines Damms aufgestaut. Ein Bibersee, dazu die kegelförmigen Stümpfe von gefällten Bäumen, ein Bild, das mich an Amerika erinnert. Dabei stammen die Biber in der Dübener Heide von den Elbbibern ab. Nicht weit vom Biberbiotop entfernt verläuft die B2 Berlin-Leipzig. Dort, wo der Lutherweg die Straße kreuzt, befindet sich ein Findling, der Lutherstein. Hier hat Luther - der Legende nach - wenn er von Leipzig kam, gerastet. Und als er 1521 mit seinem Rollwägelein nach Worms unterwegs war, sollen Wittenberger Studenten ihm bis an diese Stelle das Geleit gegeben haben. Vom Lutherstein ist es nicht mehr weit bis nach Bad Düben.

Bad Düben liegt an der Mulde, einem Fluss, der aus dem Erzgebirge kommt und bei Dessau in die Elbe mündet. Auf einem Hügel über dem Fluss steht die Burg Düben. Zu Luthers Zeiten war dort ein gewisser von Zaschwitz Burgherr. Um 1533, die Luther-Bibel war gerade im Druck, kam es in dem südlich der Burg gelegenen Dorf Wellaune zu einer Auseinandersetzung, die in die Literatur eingehen sollte.

*In der **Burg Düben** befinden sich das Stadt- und Landschaftsmuseum der Dübener Heide. Tel. 034243-23691, geöffnet Di - Do 09.00 - 16.00, Sa 13.00 -17.00 Uhr, So 11.00 - 17.00*

Die Burg Düben und die Angelegenheit mit Michael Kohlhase

Der aus Cölln bei Berlin stammende Pferdehändler Michael Kohlhase, war mit Pferden unterwegs zur Leipziger Herbstmesse. Vor dem Gasthaus von Wellaune wurden ihm von Leuten des Dübener Burgherren von Zaschwitz die Pferde abgenommen. Man beschuldigte Kohlhase, er hätte die Pferde gestohlen. Kohlhase musste seinen Weg zu Fuß nach Leipzig fortsetzen. Nach der Messe sprach Kolhase beim Junker Zaschwitz vor. Der willigte ein, die Pferde zurückzugeben. Allerdings bestand er auf 6 Groschen Futterkosten. Da Kohlhase darauf nicht einging, wurden ihm die Pferde nicht ausgehändigt. Im Mai des Folgejahres kam es auf der Burg Düben zu einem Rechtstermin, bei dem es um die Rückgabe der Pferde und um Schadenersatz ging. Kohlhase erhielt zwar seine Pferde zurück, eines war jedoch in einem so schlechten Zustand, dass es tags darauf verendete.

Burg Düben mit Kohlhase-Bildnis (Kupferstich, anonym), Collage

Im Februar 1534 kam es zu einem erneuten Rechtstermin in Jüterbog, der ebenfalls kein Ergebnis brachte. Daraufhin kündigte Kohlhase dem Junker Zaschwitz und dem ganzen Land Sachsen die Fehde an. Auf Druck der Grundherren von Nordsachsen traf man sich im Dezember 1534 zu einem dritten Einigungsversuch. Nach zähen Verhandlungen gab es auch ein Ergebnis, das der Kurfürst von Sachsen aber nicht unterschrieb. Stattdessen richtete am 8. Dezember 1534 Martin Luther einen Brief an Kohlhase, in dem er ihm empfahl, von Gewalt abzusehen:

Luther an Kohlhase: Es „ist ja wahr, dass Euch Euer Schaden und Schande billig wehe tun soll und Ihr schuldig seid, dieselbige zu retten und zu erhalten, aber nicht mit Sünden oder Unrecht. Was gerecht ist, wirst du gerecht zu Ende führen, sagt Moses; Unrecht wird durch ander Unrecht nicht zurecht bracht. [...] Was ihr mit Recht ausführen moget, da tut ihr wohl; könnt ihr das Recht nicht erlangen, so ist kein anderer Rat da, denn Unrecht leiden. [...] So rate ich, nehmt Friede an, wo er Euch werden kann, und leidet lieber an Gut und Ehre Schaden, denn daß Ihr Euch weiter sollt begeben in solch Fürnehmen" [Vorhaben].

Doch wie wir aus der Erzählung „Michael Kohlhaas" von Heinrich von Kleist wissen, schaukelte

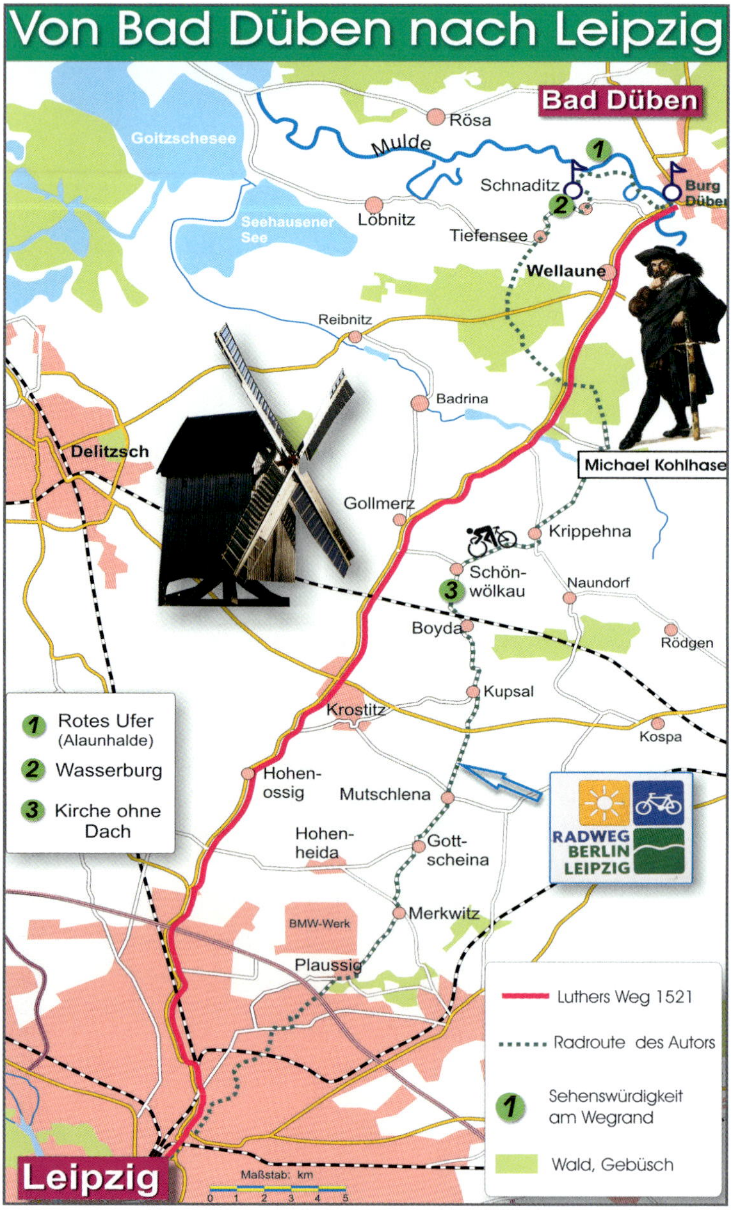

sich die Angelegenheit hoch. Kohlhase heuerte starke Männer an und überzog die Gegend zwischen Jüterbog, Wittenberg und Düben mit einer Serie von Überfällen. An die 40 Männer, die man der Mitgliedschaft in Kohlhasens Bande verdächtigte, wurden von sächsischen Schergen festgesetzt und hingerichtet. Im Februar 1540 wurde Kolhase im Land Brandenburg, das ihn bisher gedeckt hatte, gefasst und im März auf dem Rad hingerichtet.

Von Bad Düben bis Leipzig erstreckt sich weites, fruchtbares Land. Am Weg liegen kleine Dörfer: Boyda, Kupsal, Mutschlena, Gottscheina, Orte slawischen Ursprungs. Apfelbäume und Birken säumen Straßen und Feldwege. Nichts deutet auf die Nähe einer Großstadt hin. Leipzig kommt für den aus Norden kommenden Reisenden wie in früheren Zeiten ganz unvermittelt in Sicht.

Durch das ländliche Vorland von Leipzig

Über Schnaditz und Tiefensee gelange ich auf wieder auf den Radweg Berlin-Leipzig. Vor mir erstreckt sich weites, fruchtbares Land. In Schönwölkau komme ich an einer restaurierten Kirchenruine vorbei. Die Kirche stammt aus dem 17. Jahrhundert. Im Jahr 1969 stürzte das Gewölbe ein. Seitdem muss die Kirche ohne Dach auskommen. Nach der Wende wurden zumindest das Mauerwerk und der Kirchturm mit privaten Spenden saniert. So können die Schönwölkauer wieder ohne Angst vor Steinschlag auf den Kirchhof gehen und die Gräber ihrer Angehörigen pflegen. Leipzig ist nicht mehr weit. Doch der Radweg führt weiterhin durch kleine Dörfer. Apfelbäume und Birken säumen Straßen und Feldwege. Nichts deutet auf die Nähe einer Großstadt hin. Leipzig kommt für den aus Norden kommenden Reisenden wie in früheren Zeiten ganz unvermittelt in Sicht.

Auf Luthers Spuren in Leipzig

Kartengrundlage Leipziger Stadtplan von 1749

Als Luther am 4. April 1521 in Leipzig ankam, hatte er sicherlich gemischte Gefühle. Drei Jahre zuvor, im Sommer 1519, hatte er dort an einer Disputation (Podiumsdiskussion) teilgenommen, bei der er einem gewissen Dr. Eck gegenüber stand. Eck, mit richtigem Namen Johannes Mayer, war Professor für Theologie in Ingolstadt und stammte aus Egg an der Günz, daher sein Alias. Er war ein hervorragender Rhetoriker und Deutschlands führender Verfechter des Heiligen Stuhls. Zudem hatte Dr. Eck Luther 1518 in Rom beim Papst angeschwärzt, was Luthers Vorladung zu einem Kardinal-Verhör auf neutralem Boden bei den Fuggers in Augsburg geführt hatte. Luther und Eck standen seit dem Anschlag der 95 Thesen in Briefwechsel und waren sich schon vor der Disputation nicht grün.

Als Eck am 22. Juni 1519 nach Leipzig kam, wurde er vom Bürgermeister empfangen, der ihn in seinem Haus im Thomanergässchen einquartierte, einer bevorzugten Wohngegend, direkt neben der Thomaskirche. Dr. Eck in einem Brief an zwei Ingolstädter Professoren bezüglich seiner ersten Eindrücke in Leipzig:

„Zunächst ist mir das Starkbier schlecht bekommen; zwischen Pfrümd und Gera habe ich keinen Schluck genommen, der mir geschmeckt hätte. Auch in Leipzig fand ich stets für mich ungenießbares Bier, so dass ich sechs Tage lang auf Bier verzichtete und es mir damit besser ging. (…) Hier sind viele liebenswerte Frauen; Leipzig ist überhaupt eine liebenswerte Stadt!“ (aus dem Lateinischen übersetzt)

Als Luther von diesem Brief erfuhr, schrieb er auf Deutsch: *„Wenn du die Augen so fleißig in die Bücher kehrtest, als du sie auf die Veneres Venereas (Amoretten, Liebschaften) zu Leipzig haftestest, davon du schreibst gen Ingolstadt, und der Trunke dich mäßigt, so möchtest du zuletzt erkennen dein falsch und ungelehrt Herz und Feder. Ich hofft, es sollt dir auch besser sein, du hättest ein Eheweib, denn ein solch berühmt keusch Leben.“* Aus: Von den neuen Eckischen Bullen und Lügen (WA 6, 583)

Leipziger Disputation Sommer 1519. Links am Katheter Dr. Eck, rechts Dr. Luther. In der Mitte mit langem Bart Herzog Georg. Gemälde von Julius Hübner 1863.

Einen Tag nach Eck kamen die Wittenberger. Im ersten Wagen saß Dr. Karlstadt, der Dekan der theologischen Fakultät, im zweiten saßen Luther, Philipp Melanchthon und Herzog Barnim von Pommern, der 19 Jahre alte Ehrenrektor der Universität. Der Zug wurde von 200 bewaffneten Wittenberger Studenten begleitet. Luther und seine Kollegen nahmen bei Melchior Lotter in der Hainstraße Quartier, einem Buchdrucker, der eine Dependance in Wittenberg hatte. Es wäre übertrieben zu behaupten, dass die Wittenberger in die Höhle des Löwen gefahren sind. Aber die theologische Fakultät der Universität Leipzig war den Thesen Luthers alles andere als wohlgesonnen. Zudem war der sächsische Herzog, Georg der Bärtige, ein erbitterter Gegner der reformatorischen Lehren. Andererseits war es Herzog Georg um die „Wahrheit" zu tun und er wünschte, dass sich auch die Gelehrten der Universität Leipzig mit konträren Positionen auseinandersetzten.

Die Disputation wurde am 27. Juni mit einem Gottesdienst in der Thomaskirche unter Mitwirkung des Thomanerchores eröffnet. Um 9 Uhr ging es dann über die Burgstraße zur nahegelegenen Pleißenburg, dem herzoglichen Schloss, in dessen Hofstube die Rededuelle stattfanden. Dort hatte man für die Disputanten zwei Katheder aufgestellt. Der für Dr. Eck war mit dem Bild St. Georgs geschmückt, der für die Wittenberger mit dem Bild St. Martins. Vier Notare schrieben die Ausführungen mit. Der Leipziger Professor Petrus Mosellanus (er stammte von der Mosel) eröffnete die Veranstaltung mit einer einstündigen Rede, selbstverständlich in Latein.

Vier Tage lang dauerte die Disputation. Zuerst stritten Eck und Karlstadt über das Verhältnis von freiem Willen und göttlicher Gnade. Dabei machte Karlstadt keine gute Figur; er hatte Schwierigkeiten, frei zu reden und las vom Blatt ab. Eck hatte daher mit Karlstadt leichtes Spiel. Luther machte vieles wieder Wett, nicht nur, dass er besser reden konnte, angriffslustig und schlagkräftig war, er wurde zudem ständig mit Zetteln unterstützt, die ihm Melanchthon, der hinter Luthers Katheder saß, zusteckte. Auch Dr. Eck hatte solche Zuflüsterer und zwar vier Leipziger Theologen. Doch die schliefen oft ein und waren, angeblich auch im wachen Zustand, nicht sehr helle. Wie zu erwarten, kam es zwischen Luther und Eck zu ordentlichen Wortgefechten, vor allem zur Frage der Hoheit des Papstes. Zudem sagte Luther, dass die Lehre der Hussiten viel Wahres enthalte. Damit hatte Dr. Eck Luther da, wo er ihn haben wollte. Luther zweifelte nicht nur an der Unfehlbarkeit des Papstes, er hieß auch die Lehren eines Ketzers für wahr, und dies in aller Öffentlichkeit. Eck hatte nun etwas in der Hand, womit er in Rom gegen Luther vorgehen konnte. Bei der Diskussion über den Ablass und das Fegefeuer gab es dagegen kaum noch inhaltliche Kontroversen.

Luther im Verlauf der Disputation:
„Auch Konzile können irren!" und
„Über die Buße und das Fegefeuer weiß ich selbst beinahe nicht, wieweit wir (Luther und Eck) nicht einer Meinung waren... Über den Ablass stimmen wir nahezu überein".

Letzteres muss man sich mal vergegenwärtigen: Da sorgen Luthers 95 Thesen zum Ablasshandel für Aufruhr und dann stellt sich heraus, dass die Positionen zwischen den Reformatoren und dem Heiligen Stuhl sich in dieser Angelegenheit kaum unterscheiden. Gestritten wurde über die Unfehlbarkeit des Papstes und über den direkten Zugang zu Gott, ohne Vermittlung einer Priesterkaste.

Am 15. Juli hielt der Rektor der Universität Leipzig die Schlussrede. Der Thomanerchor und die Stadtpfeifer gaben ihr Bestes, die Disputation war beendet, und zwar ohne eindeutigen Sieger. Das aber war zu erwarten, schließlich enden fast alle theologischen Auseinandersetzungen so. Doch Luther war bedrückt. Er hatte sich in die Gegnerschaft zum Papst drängen lassen. Nun gab es keinen Weg mehr zurück. Und so nahmen die Dinge ihren Lauf. In mehreren Schriften griff Luther nun die Autorität des Papstes an. Der Papst drohte ihm mit dem Kirchenbann und der Kaiser lud Luther vor den Reichstag in Worms, wo er seine Positionen widerrufen sollte.

Georg der Bärtige, Herzog von Sachsen. Gemälde von Lucas Cranach d. Ä.

Jetzt, wo Luther auf dem Weg nach Worms war, ging ihm das sicher alles noch einmal durch den Kopf. Nicht nur die gefühlte Niederlage bei der Disputation, auch die damalige Einstellung der Leipziger hatte Luther Probleme bereitet. Am 20. Juli 1519, 5 Tage nach dem Ende der Disputation hatte Luther an seinen Freund Spalatin geschrieben:

„Die Leipziger haben uns weder begrüßt noch besucht, sondern uns wie die verhasstesten Feinde behandelt. An Eck haben sie gehangen, haben ihn begleitet, mit ihm geschmaust, ihn eingeladen, ... kurz, was sie nur ersinnen konnten, haben sie getan, uns zu kränken. Doch hat uns Dr. Auerbach eingeladen, ein Mann von größter Unparteilichkeit..."

Da muss es Balsam für seine Seele gewesen sein, dass ihn jetzt, im Frühjahr 1521, der Magistrat von Leipzig empfing und ihm im Rathaus den Ehrenwein kredenzte. Luther war inzwischen zum Promi aufgestiegen. Herzog Georg der Bärtige sperrte sich dagegen weiterhin gegen das reformatorische Gedankengut. Luther musste noch 18 Jahre warten, bis Leipzig sich der Reformation öffnete. Am 17. April 1539 starb Georg der Bärtige und sein lutherisch gesinnter Bruder Heinrich über-

1 Hauptbahnhof
2 Hauswandbild
3 Nikolaikirche
4 Altes Rathaus
5 Auerbachs Keller
6 Thomaskirche
7 Modernes Rathaus Standort Pleißenburg

nahm die Regierungsgeschäfte. Er führte umgehend die Reformation ein und lud Luther und Philipp Melanchthon für Pfingstsonnabend den 25. Mai nach Leipzig ein. Luther sollte zuerst in der Nikolaikirche predigen. Doch da er kränkelte, sagte er den Nikolaikirchen-Gottesdienst ab und beließ es bei einer Nachmittagsvesper in der Thomaskirche.

25 Jahre Friedliche Revolution - die Revolution, die aus der Kirche kam

Mein erster Anlaufpunkt in Leipzig war die Nikolaikirche, wo Ende der 80er Jahre mit den montäglichen Friedensgebeten die Wende in der DDR eingeläutet wurde. Die Nikolaikirche liegt im Zentrum der Altstadt, vom Hauptbahnhof aus in 10 Minuten zu erreichen. Fußgängerübergänge führen vom Westportal des Bahnhofs über den mehrspurigen Stadtring zur Nikolaistraße. An der Häuserfront der „Altstadt" lohnt ein Abstecher nach rechts. In einer Baulücke hat dort der Künstler Michael Fischer das bunte und sehr eigenwillige „Bild zur deutschen Einheit – 20 Jahre Friedliche Revolution" an die Häuserfronten gemalt (www.fischer-art.de). Links ist die Leipziger Montagsdemonstration vom 9. Oktober 1989 dargestellt. Damals formierte sich nach dem Gebet in der Nikolaikirche ein Demonstrationszug, an dem 70.000 Personen teilnahmen. Christian Führer, Pfarrer in der Nikolaikirche, schrieb später dazu auf der Homepage der Leipziger Nikolaikirchengemeinde:

„ ...Und als wir, mehr als 2.000 Menschen, aus der Kirche kamen - den Anblick werde ich nie vergessen -, warteten Zehntausende draußen auf dem Platz. Sie hatten Kerzen in den Händen. Und wenn man eine Kerze trägt, braucht man beide Hände. Man muss das Licht behüten, vor dem Auslöschen schützen. Da kann man nicht gleichzeitig noch einen Stein oder Knüppel in der Hand halten.

Und das Wunder geschah: Der GEIST JESU der Gewaltlosigkeit erfasste die Massen und wurde zur materiellen, zur friedlichen Gewalt. Armee, Kampfgruppen und Polizei wurden einbezogen, in Gespräche verwickelt, zogen sich zurück. Es war ein Abend im GEIST unseres HERRN JESUS, denn es gab keine Sieger und Besiegten, es triumphierte niemand über den anderen, keiner verlor das Gesicht. Es gab nur das ungeheure Gefühl der Erleichterung. Nur wenige Wochen dauerte die gewaltlose Bewegung und brachte doch die Partei- und Weltanschauungsdiktatur zum Einsturz."

Das haben wir miterlebt. Tausende in den Kirchen. Hunderttausende auf der Straße um das Stadtzentrum. Nicht eine zerstörte Schaufensterscheibe. Die unglaubliche Erfahrung der Macht der Gewaltlosigkeit. Sindermann, der dem Zentral-Komitee der SED angehörte, sagte vor seinem Tod: „Wir hatten alles geplant. Wir waren auf alles vorbereitet. Nur nicht auf Kerzen und Gebete."

Es war eine Revolution, die aus der Kirche kam, eine friedliche Revolution, eine „Revolution" im Sinne der Bergpredigt, so Christian Führer. Und in diesem Sinne ist man auch heute noch in der Nikolaikirche aktiv. Vor der Kirche steht seit 1999 eine Säule, aus der ein Kranz von Palmblättern emporragt. Die Säule ist eine Nachbildung der Pfeiler im Kircheninneren. Sie erinnert daran, dass der Geist des Gebets aus dem Innern der Kirche nach draußen getragen wurde. Unablässig drängen Besucher in die Nikolaikirche, nachmittags, wenn viele Touristengruppen unterwegs sind, gleich pulkweise. Ist es die Erinnerungskultur, die die Menschen in die Kirche führt? Dass man dort sein möchte, wo Geschichte geschrieben wurde? Oder hat sich herumgesprochen, dass die Ausstattung außergewöhnlich ist?

Das ungewöhnliche Innere der Nikolaikirche

Ende des 18. Jahrhunderts wurde das Innere des gotischen Kirchenschiffs durch den Stadtbaumeister Johann Dauthe klassizistisch umgestaltet. Dauthe hat die gotischen Pfeiler mit Hilfe von Stuck aufwändig dekoriert. Den Säulenschäften verpasste er rosa Rillen. Aus den Kapitellen ließ er hellgrüne Palmblätter sprießen. Und die Gewölbedecke besetzte er mit Kassetten, in denen weiße Rosetten prangen. Weiß, rosa, hellgrün: Das sind die Grundtöne der Gestaltung, die Matrix, in die sich die Gemälde einpassen, die das Kircheninnere schmücken. Viele hasten durch die Kirche. Die Palmenkapitelle, das Altarkreuz und die Gemälde im Chor stehen im Blitzgewitter der Digitalkameras und Smartphones.

Ausschnitt aus dem „Bild zur deutschen Einheit – 20 Jahre Friedliche Revolution" von Michael Fischer-Art

In der Nikolaikirche

Doch es gibt auch Besucher, die auf den Bänken Platz nehmen und in Ruhe verharren.

Mit Pfarrer Bernhard Stief im Café der Begegnung / Nikolaitreff

Wenn man die Kirche betritt und sich gleich links hält, gelangt man zu einem Raum, in dem die Nikolaigemeinde einen Büchertisch eingerichtet hat. Hier erhält man den Kirchenführer, Postkarten, Lektüre zu den Ereignissen von 1989, Bücher, Eintrittskarten für Kirchenkonzerte sowie touristische Informationen. Ich erkundige mich an der Büchertheke, wie ich zum „Café der Begegnung“ komme. Ich bin dort mit Bernhard Stief verabredet, dem Pfarrer der Nikolai-Gemeinde. „Richtung Altarraum, dann links in das Seitenschiff, da befindet sich das Café.“

Der Nikolaitreff, Anlaufstelle für einsame Menschen am Rande der Gesellschaft. Ehrenamtliche helfen in praktischen Lebensangelegenheiten.

Am Kirchengestühl entlang, einer Hinweistafel nach, durch eine Tür und einen Flur, und schon riecht es nach Kaffee. In einer Kochnische sind zwei Frauen dabei, Geschirr wegzuräumen, derweil Kaffee in eine Kanne tropft.
„Sind Sie Herr Cornelius? Wir erwarten Sie schon. Pfarrer Stief wird gleich kommen. Ich begleite sie schon mal zu dem Tisch, den der Pfarrer für das Gespräch reserviert hat.“ Eine der Damen führt mich in einen Raum von der Größe eines herrschaftlichen Wohnzimmers. Dann platziert sie mich an einen Fenstertisch. Ich lasse meinen Blick umherschweifen. An den Tischen sitzen einige offensichtlich sozial bedürftige Männer. Einer ist anscheinend obdachlos. Als er aufbricht, greift er nach einem Stock und hievt einen großen Rucksack auf die Schultern.

Am Nebentisch findet ein Beratungsgespräch statt. Aktenordner werden durchblättert, Formulare werden hin und her geschoben.

Die beiden Damen von der Kochnische kommen herein „Pfarrer Stief hat eben angerufen, er ist unterwegs. Damit sie schon mal versorgt sind, bringe ich Ihnen den Kaffee und ein paar Kekse. Das ist unser Begrüßungsset, das erhalten alle Gäste."
„Sie sind hier sicher ehrenamtlich tätig?" - „Ja klar!"
„Und ist es schwierig genügend Helfer zu finden?"
„Na ganz so einfach ist das nicht. Schau 'n Sie, wir haben das Jahr über und die ganze Woche geöffnet, von Montag bis Freitag, immer ab 12 Uhr mittags und dann bis 5 oder 6 Uhr abends. Am Wochenende und an den Feiertagen ist geschlossen. Wir haben ja auch mal etwas vor."

Nikolaikirche und Nikolaisäule

In diesem Augenblick trifft Pfarrer Bernhard Stief ein und die beiden Frauen wenden sich anderen Gästen zu. Stief stammt aus dem Erzgebirge. Ja, das Erzgebirge wäre selbst in der DDR-Zeit ein Hort der evangelischen Frömmigkeit gewesen. Woran das läge? Vielleicht an der Abgeschiedenheit, an den langen Wintermonaten, am Bergbau? So richtig weiß es auch Bernhard Stief nicht.
„Haben Sie unser Café denn gleich gefunden?", will er wissen.
„Also, ich wollte vorhin über die Außentür hinein, aber die war verschlossen."
„Ja, wir wollen, dass die Besucher des Cafés den Weg durch die Kirche nehmen. Sie sollen realisieren, dass unser Café eine kirchliche Einrichtung ist. Und vielleicht nimmt der eine oder die andere dann auch an einer Andacht teil."
„Als was ist das Café der Begegnung oder der Nikolaitreff - so nennen Sie es ja auch - denn gedacht? Hat es etwas mit Armenspeisung oder Wärmestube zu tun?"

Die Friedliche Revolution geht weiter, auch über die Friedensgebete in der Nikolaikirche

„Nein, das sind Aufgaben der Diakonie oder kommunaler Behörden. So etwas können wir als Kirchengemeinde nicht leisten. Wir wollen über den Nikolaitreff mit Menschen in Kontakt kommen, die einsam sind und soziale Probleme haben. Die meisten, die hierher kommen, haben nichts mit der Kirche zu tun. Aber sie haben gehört, dass man sich hier austauschen kann und dass wir ihnen helfen, z.B. welche Behörden sie bei bestimmten Problemen ansprechen sollen, welche For-

Beim Friedensgebet
Ein Montag im März 2013 in der Nikolaikirche, zu der Zeit, als in Kiew für die Unabhängigkeit der Ukraine demonstriert wurde. Die „Stiftung Friedliche Revolution" hatte zum Friedensgebet eingeladen. Und natürlich ging es um die Vorgänge in der Ukraine. Die Orgel spielte, wir sangen Lieder aus dem Gesangbuch und beteten zusammen. Dazu trugen Mitglieder der Stiftung Gedanken zur Menschenwürde vor, informierten über die Vorgänge auf dem Maidan, wobei sie Ukrainer zu Wort kommen ließen. Gegen Ende beteten wir das Vaterunser, das ein ukrainischer Junge in seiner Sprache vortrug.

mulare sie benötigen, wie die auszufüllen sind usw. Wir geben Hilfestellung in praktischen Lebensangelegenheiten. Viele überwinden so ihre Befangenheit gegenüber der Kirche..."

Neben uns wird es laut. Eine Gruppe junger Frauen ist gekommen. Sie setzen sich an den Nebentisch zu den beiden Männern und schon ist ein lebhaftes Gespräch im Gange. „Sehen Sie, da findet Austausch statt. Also, um auf das eben Gesagte zurückzukommen: Gäste, die öfter im Nikolaitreff sind, beginnen sich zu öffnen. Daher bieten wir jeden Dienstag eine Andacht und seelsorgerische Gespräche an."

„Gibt es noch andere Bereiche, in denen sich die Gemeinde sozial engagiert?"

Die Nikolaikirchenleitung meistert den Spagat zwischen Kulturtourismus und Andacht

„Ja, da ist die „Friedliche Revolution", die von unserer Kirche ausging. Wir wollen nicht nur die Erinnerung wach halten, sondern auch die Arbeit an der „Friedlichen Revolution" weiterführen. Im Vordergrund stehen hier die Friedensgebete. Wir haben dazu einen Trägerkreis gegründet, dem die verschiedenen Gruppen angehören, die die Gebetsveranstaltung ausrichten. "

„Was sind das für Gruppen?" - „Die Stiftung Friedliche Revolution, die Jüdisch-Christliche Arbeitsgemeinschaft, der Behindertenverband, die Erwerbsloseninitiative, die AIDS-Hilfe, Tierschützer und nicht zuletzt die Kirchengemeinde selber. Wir haben kein Problem, den Jahreskalender zu füllen. "

„Herr Stief, Sie sprachen von der großen touristischen Bedeutung der Nikolaikirche. Auf der Homepage der Gemeinde steht aber auch, dass die Kirche ein „Ort der Stille und Besinnung" sein soll. Wie lässt sich das vereinen?"

Nikolaikirchen-Pfarrer Bernhard Stief im Gespräch mit dem Autor

Öffnungszeiten der Nikolaikirche:
Mo - Sa 10 – 18 Uhr;
Sonntagsgottesdienst 09 Uhr 30 (Gemeinde),
Universitätsgottesdienst 11 Uhr 15, 17 Uhr (Röm.-Kath.),
Friedensgebete Mo 17 Uhr;
Kirchenführung Di, Do, Fr 17 Uhr, Sa 11 Uhr

„Also, unsere Kirche ist gemäß unserem Slogan „Offen für alle“, auch für Kunstbeflissene, für Musikliebhaber, für Touristen. Wir veranstalten Konzerte. Wir machen Kirchenführungen. Unser Kantor führt die Orgel vor. Bei Gottesdiensten, den Friedensgebeten oder Andachten bitten unsere Ehrenamtlichen die Touristen, die Kirche zu verlassen. Das klappt auch immer recht schnell und gut.“

„Aber…“ – „Ich weiß, was Sie sagen wollen. Selbstverständlich können die Touristen auch am Gottesdienst oder an den Friedensgebeten teilnehmen. Wir sehen die große Anziehungskraft der Nikolaikirche in vielerlei Hinsicht als Chance. Wir bringen tausende Besucher mit der Botschaft von Jesus und der besonderen Geschichte unserer Kirche in Berührung. Wir können die Bedeutung unserer Kirche als Ort der Begegnung und des Gesprächs deutlich machen. Kirche und Kunst, Musik und Evangelium finden hier zusammen. Und damit bewirken wir zugleich, dass die Kirche auch als Institution ins Gespräch kommt, dass sie wieder als Teil der Gesellschaft aufgefasst wird.“
„Herr Pfarrer Stief, ich danke Ihnen für dieses Gespräch.“

Leipzig Multi-Kulti

Der Naschmarkt und Auerbachs Keller

Das prosperierende Leipzig Fassade der Commerzbank

Von der Nikolaikirche zum Marktplatz und dem Alten Rathaus, wo Luther der Ehrenwein kredenzt wurde. Der Weg dorthin führt über die Einkaufsmeile Leipzigs, die Grimmaische Straße. An der Rückseite des Rathauses steht die Alte Börse, davor erstreckt sich der Naschmarkt, wo man im Freien Kaffee trinken oder etwas essen kann, das Ganze unter dem wohlwollenden Blick des jungen Johann Wolfgang Goethe. Die Goethe-Statue blickt auf den Eingang der berühmten Mädler-Passage, einen mondänen „Basar“ aus der Kaiserzeit. In der Passage befindet sich der Zugang zu Auerbachs Keller, wo Goethe während seiner Studentenzeit verkehrte.

„Ich muss dich nun vor allen Dingen in lustige Gesellschaft bringen“, sagt Mephisto zu Doktor Faust und führt ihn in Auerbachs Keller, wo die Zecher zusammensitzen. Goethe schiebt den Trunkenbolden den Satz unter: „Mein

Goethe blickt über den Naschmarkt zum Auerbachs Keller

Leipzig lob ich mir! Es ist ein klein Paris und bildet seine Leute."

Goethe, Mephisto und Faust sind die Stars in Auerbachs Keller, dem Traditionsgasthaus, das Dr. Heinrich Stromer, alias Dr. Auerbach, im Jahr 1525 gegründet hatte. Doch inzwischen ist hier auch Luther eingezogen. Im Herbst 2011 hat man ein Lutherzimmer eingerichtet. Der Legende nach soll „Dr. Auerbach" Luther beherbergt haben, als dieser am 3. Dezember 1521 inkognito von der Wartburg nach Wittenberg hastete, um den Übereifer der Reformatoren zu zügeln.

Ganz so weit hergeholt ist die Legende von dem „Geheimen Treffen" nicht. Stromer war eigentlich kein Gastwirt, sondern Professor und ein weithin gerühmter Arzt, zu dessen Klientel Fürsten und Bischöfe gehörten. Stromer unterhielt auch gute Beziehungen zu Kardinal Albrecht von Magdeburg, in dessen Auftrag der Ablassprediger Tetzel durch die Lande zog. 1518 hatte Stromer bei Albrecht noch Ablässe für seine oberpfälzische Heimatstadt Auerbach erwirkt. Doch im darauf folgenden Jahr hatte Stromer an der Leipziger Disputation teilgenommen, wo er Luther persönlich kennen und achten lernte. Es dauerte nicht lang und Stromers Haus wurde zum Anlaufpunkt von Lutheranern. Als an Pfingsten 1539 die Reformation in Leipzig offiziell eingeführt wurde, war Luther selbstverständlich Gast bei Dr. Stromer.

In Auerbachs Keller erfährt man täglich um 14 Uhr dreißig Minuten lang Wissenswertes über Luther, wahlweise mit sächsischem Schmorbraten oder Mephisto-Kuchen.
Tel. 0341-216100

Auerbachs Keller ist eine von 12 Stationen des sächsischen Lutherwegs, der in der Innenstadt keiner vorgegebenen Route folgt. Festgelegt sind nur die „Lutherstationen", zu denen auch das Alte Rathaus gehört. Dort findet man neben Stadtgeschichtlichem die Ausstellung „Reformation in Leipzig und Anfänge des Buchdrucks". Das Renaissancegebäude, das mit seinen Arkaden die Ostseite des Marktplatzes begrenzt, ist jedoch nicht das Haus, in dem Luther 1521 empfangen wurde. Das heutige Alte Rathaus wurde 10 Jahre nach Luthers Tod errichtet. Zuvor stand dort das „Uralte Rathaus", ein etwas bescheidenerer spätgotischer Bau.

Johann Sebastian Bach, die Leipziger Thomaskirche und die lutherische Kirchenmusik

Schräg gegenüber vom Alten Rathaus erhebt sich der Turm der Thomaskirche. Hier fand wie gesagt die feierliche Eröffnung der Leipziger Disputation statt, hier hat Luther zur Einführung der Reformation in

Sachsen gepredigt und hier hat Johann Sebastian Bach 27 Jahre lang als Kantor des Thomanerchors gewirkt hat, von 1723 bis zu seinem Tod im Jahr 1750. Musik spielte für die Lutheraner eine große Rolle.

Mephisto und Faust am Eingang von Auerbachs Keller

Martin Luther: „Ich liebe die Musik und es gefallen mir die Schwärmer nicht, die sie verdammen. Weil sie erstens ein Geschenk Gottes und nicht der Menschen ist, zweitens weil sie die Menschen fröhlich macht, drittens weil sie den Teufel verjagt, viertens weil sie unschuldige Freude weckt. Darüber vergehen die Zornanwandlungen, die Begierde, der Hochmut. Ich gebe der Musik den ersten Platz nach der Theologie. (....)". (WA 30/2, 696: Über die Musik)

Und Bach? Der war der Kirchenmusiker der Reformation. Dem Leipziger Universitätsprediger Peter Zimmerling zufolge hat Bach seine Kantaten und Passionen als musikalische Bibelauslegung verstanden. Für Bach habe die Musik wie für Luther Verkündigungscharakter. Sie wolle Glauben wecken und festigen. Und so schließt Bach seine Kompositionen immer mit den Worten ab: „Soli Deo Gloria" (Ehre sei Gott allein).

Thomaskirche im Sommer 2014, noch mit dem Pauliner-Altar

Eine der wenigen Äußerungen Bachs zu seiner Musik: „Der Generalbass ist das vollkommenste Element der Music, (....) damit diese eine wohlklingende Harmonie gebe zur Ehre Gottes und zulässiger Ergötzung des Gemüthes. (...) Wo dies nicht in Acht genommen wird, da ists keine eigentliche Music, sondern teuflisches Geplerr und Geleyer." (Aus Spitta: Johann Sebastian Bach, Bd. 2, 915 f).

Vor der Thomaskirche befindet sich ein überlebensgroßes Denkmal von Bach. Im Innern der Kirche, im Chorraum hat er seine letzte Ruhestätte gefunden. Bach war nach seinem Tod auf dem Spitalfriedhof der Johanniskirche begraben worden. Mit der Bombardierung Leipzigs im Dezember 1943 wurde die Johanniskirche

Das neue Rathaus von Leipzig, erbaut anstelle der Pleißenburg

zerstört. Der Sarkophag mit den Gebeinen Bachs blieb unversehrt. Nach dem Krieg entschloss man sich, Bachs sterbliche Überreste umzubetten. 1949 wurden die Gebeine in die Thomaskirche überführt und unter den Stufen zum Chorraum beigesetzt.

Eine Station der 1521-Luther-Leipzig-Erkundung steht noch aus: die Stelle, wo die Leipziger Disputation stattfand, die Pleißenburg. Doch die Pleißenburg existiert schon lange nicht mehr. Zwei Jahre nach Luthers Tod, im Jahr 1548, ließ der neue Herrscher, Moritz von Sachsen, die Burg abreißen und an ihrer Stelle eine Festung errichten. Als die Festung in die Jahre kam, wurde sie als Verwaltungsgebäude, Kaserne und Kornspeicher genutzt. Auch die Kunstakademie bedachte man mit einigen Räumen, in denen ein gewisser Johann Wolfgang Goethe im Zeichnen unterrichtet wurde. Ende des 19./Anfang des 20. Jahrhunderts, als Leipzig sich zur Großstadt entwickelte, war Schluss mit der Beschaulichkeit. Die Festung wurde abgebrochen und an ihrer Stelle entstand ein monumentaler Bau, eine Verwaltungsburg im Stil der wilhelminischen Zeit, das Neue Rathaus, dem der Architekt als Reminiszenz an die Pleißenburg einen 117 m hohen Turm verpasste.

548 km nach Worms
51 km nach Naumburg
37 km nach Weißenfels

Von Leipzig nach Naumburg

Luther hat Leipzig über das Ranstädter Tor verlassen. Bis kurz vor Weißenfels ist das Land flach und fruchtbar, soweit das Auge reicht Feldfluren, mittendrin Dörfer und das Städtchen Lützen. Auf einem Sims am Rathaus von Lützen steht eine lebensgroße Statue von Gustav-Adolf, dem schwedischen König und Parteigänger der Protestanten im Dreißigjährigen Krieg. Im November 1632 traf Gustav-Adolfs Heer vor den Toren von Lützen auf die Truppen Wallensteins. Bevor es zur Schlacht kam, hatte Gustav-Adolf in einer Andacht um den Segen Gottes gebeten. Danach sang die ganze Armee ein - wie Friedrich Schiller schreibt - „rührendes Lied“. Die Gebete wurden nicht erhört; der schwedische König kam bei der Schlacht ums Leben, die Schlacht ging verloren.

Ein Ort weiter, in Röcken, wurde Friedrich Nietzsche, religionskritische Philosophen geboren, auf den wir in Naumburg wieder stoßen. Im nächsten Ort, in Rippach, erinnert eine Tafel am Gasthaus zum Schwanen, dass hier am 1. Mai 1813 Napoleon durchgezogen ist. Einen Tag später traf sein Heer in Großgörschen auf preußische und russische Truppen. Napoleon gewann die Schlacht, musste sich aber zurückziehen. Im Oktober desselben Jahres kam es zur Leipziger Völkerschlacht, in dem Napoleons Heer vernichtend geschlagen wurde. Irgendwie muss die Gegend um Leipzig die Feldherren angezogen haben. Etwas Erfreulicheres: In Poserna, einem Nachbarort von Rippach wurde 1763 Johann Gottfried Seume geboren, der Autor des berühmten „Spaziergangs nach Syrakus im Jahre 1802“.

Vor der Schlacht: Bitte um Gottes Segen. Welche Seite erhört Gott?

Sehenswürdigkeiten

1: Gustav-Adolf-Statue am Rathaus

2: Friedrich-Nietzsche-Gedenkstätte

1: Gustav-Adolf-Gedächtniskirche. Hier wurde der gefallene König aufgebahrt.

2: Braunkohle-Tagebau-Seen

3: Gedenkstätte. Napoleons Heer traf hier im Mai 1813 auf die Truppen Preußens und Russlands.

4: Geburtsort des Schriftstellers Johann Gottfried Seume.

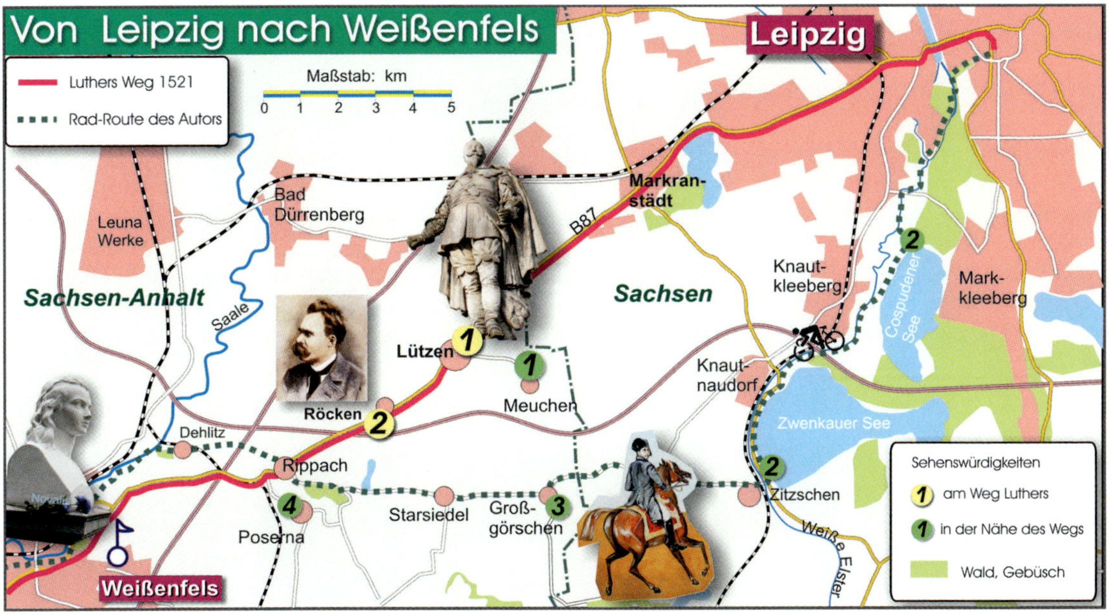

Die blaue Blume, Symbol der Romantik für Sehnsucht, Liebe und das Streben nach dem Unendlichen. In Weißenfels stößt man auf den, der der blauen Blume das literarische Leben eingehaucht hat, auf Novalis.

In Weißenfels

Ohne es zu bemerken muss ich auf der Fahrt nach Rippach Höhe gewonnen haben, denn es geht plötzlich steil bergab. Ich sause ins Tal der Saale hinunter, nach Weißenfels. Über der Stadt thront das Schloss Neu-Augustusburg. Man fragt sich, wer um Himmels Willen hatte es nötig, an dieser Stelle so einen riesigen Bau zu errichten? Die Antwort lautet: Prinz August, der zweitgeborene Sohn des sächsischen Kurfürsten Georg I. (1585-1656). Die Kurfürstenwürde und 90 % des Landes hatte der Erstgeborene geerbt. Und da der Zweitgeborene nicht ganz übergangen werden sollte, erhielt er ein eigens für ihn geschaffenes Herzogtum, das Herzogtum Sachsen-Weißenfels. Da sein Herzogtum kleiner war als ein heutiger Landkreis, tröstete sich August mit dem Bau einer monumentalen Residenz. Das Herzogtum hatte fast zweihundert Jahre Bestand (1656-1746). Johann Adolf II., der letzte Herzog, starb kinderlos, womit Sachsen-Weißenfels an Kursachsen zurückfiel. In der Gruft der Schlosskirche kann man sich 38 herzogliche Prunksärge anschauen.

Als Luther durch Weißenfels fuhr, gab es das Schloss noch nicht. Auch das mit einem Erker verzierte Geleithaus (2), das am Eingang von Alt-Weißenfels steht, hat Luther nicht gesehen, denn es wurde erst 1552

Öffnungszeiten von Schloss Neu-Augustusburg: *April bis Sept. Di - So 10 - 17 Uhr, Okt. - März bis 16 Uhr*

Schloss Neu-Augustusburg mit Herzog August von Sachsen-Weißenfels

errichtet. Seit 1555 erwarben hier Kaufleute militärischen Schutz für ihre Reise nach Leipzig. Berühmt wurde das Geleithaus, als am 7. November 1632 im Erkerzimmer die Leiche des bei der Schlacht von Lützen gefallenen schwedischen Königs Gustav Adolf II. obduziert und einbalsamiert wurde.

Makabres „Sightseeing": Das Zimmer, in dem Gustav Adolfs Leichnam obduziert wurde.

Luther hat nicht in Weißenfels übernachtet, aber er soll während einer Rast in der Weißenfelser Stadtkirche, der Marienkirche, gepredigt haben (1). Die Kirche steht am Marktplatz, und als ich in Weißenfels bin, ist gerade Markttag. Im „Warme-Lädchen" werden „frische DDR-Brötchen" verkauft. Nebenan gibt es Thüringer Bratwurst und Fischbrötchen zu zivilen Preisen. Südländer werben mit großen Auslagen für Gardinen, Haushaltwaren und Billigschuh- Preisknallern. Doch es gibt auch heimische Anbieter: Rentner mit Kartoffeln, Lageräpfeln und Salatpflanzen.

Erker am Geleithaus

Die Kirche hat leider geschlossen. Da ich später noch einen Termin mit dem Stadtpfarrer habe, erkunde ich zunächst die weltlichen Sehenswürdigkeiten der Stadt. Ich werfe einen Blick auf die farbenfroh restaurierten Kavaliershäuser in der Marienstraße, dann folge ich der Großen Burgstraße zum Geleithaus. Auf dem Weg wird das Erbe der DDR deutlich. Leer stehende Häuser warten auf Investoren, daneben Baulücken, die durch Abriss entstanden sind. Gegenüber der geschlossenen Gaststätte „Alt Weißenfels" führt eine Treppenstiege zum Schloss hinauf (3). Im Schlossmuseum geht es nicht nur um verstorbene Prinzen und Herzöge (geöffnet Di-So 10-17Uhr, im Winter bis 16 Uhr). Auch eine Ausstellung zur Schuhproduktion kann besichtigt werden. Und da werden die Probleme von Weißenfels noch einmal deutlich. Zu DDR-Zeiten befand sich in der Stadt das Schuhkombinat „Banner des Friedens", in dem über 6000 Arbeiter beschäftigt waren. Mit dem Anschluss an die BRD brach die Schuhproduktion zusammen. Hinzu kamen Massenentlassungen im benachbarten Chemiewerk Leuna. Ein Unglück bleibt selten allein. Im Jahr 2007 verlor Weißenfels seine Funktion als Kreisstadt. Im Zuge der Gebietsreform hatte man aus den ehemaligen Landkreisen Zeitz, Naumburg und Weißenfels den Burgenlandkreis gebildet. Das große Los zog die Nachbarstadt Naumburg. Sie erhielt den Zuschlag für den Sitz der Kreisverwaltung.

Heinrich Schütz, einer der drei großen Musiker des Barock

Weißenfels bleibt der Trost, dass man zwei große Söhne hatte: den Komponisten Heinrich Schütz

(1585-1672) und Novalis, den Dichter der frühen Romantik. Sie kennen Heinrich Schütz nicht? Dann schauen Sie sich den Briefmarkenblock der Deutschen Post an, auf dem die drei großen Musiker und Komponisten des Barock geehrt werden: Bach, Händel und Schütz. Schütz ist in Weißenfels aufgewachsen und hat die Saalestadt als Ruhesitz gewählt. In der Nikolaistraße 13 hatte er dazu ein schmuckes Haus erworben (4). Schütz hatte in Venedig studiert. Aus Italien brachte er die Technik des Generalbasses mit, das heißt die Melodiebegleitung mit Akkorden und Bassläufen. Schütz wurde Hofkapellmeister von Sachsen und am dänischen Königshaus. Eine Ausstellung im Weißenfelser Schütz-Haus macht das Leben und Schaffen des Komponisten erlebbar. Zudem finden dort Kammerkonzerte und alljährlich ein Heinrich-Schütz-Musikfest statt.

Novalis, Shooting Star der Frühromantik

Nicht weit vom Schütz-Haus befindet sich der Alte Friedhof, der zu einer Parkanlage umfunktioniert wurde. Dort soll in einer verschwiegenen Ecke das Grab von Freiherr Friedrich von Hardenberg liegen, der unter dem Künstlernamen „Novalis" berühmt wurde. „Wisst Ihr, wo das Grab von Novalis liegt?", frage ich eine Gruppe Jugendlicher, nachdem ich suchend im Park umhergeirrt bin.

„Wer?" - „Der Novalis!" - „Nee, kenn' wir nich!" Ich verlasse mich auf meine Intuition und wende mich dem Gebüsch zu, hinter dem die Jugendlichen hervorgekommen sind. Dort stoße ich auf einen kleinen Platz, auf dem sich die Büste eines langgelockten Jünglings befindet. Ich stehe vor dem Grab von Novalis (5). Neben die Büste hat jemand eine blaue Textilblume gelegt. „Zu Füßen" des feinfühligen Romantikers liegt eine leere Flasche Wodka. Das Haus, in dem Novalis lebte, befindet sich ganz in der Nähe, genauer gesagt an der Ecke Saalstraße/Klosterstraße (6). Hier wuchs er heran und hier starb er mit gerade 28 Jahren an Tuberkulose. Gegenüber, in der Saalstraße, befinden sich die Gebäude des ehemaligen Klosters Sankt Klaren (7). Um einen Blick in den Kreuzgang werfen zu können, muss man allerdings etwas Glück haben. Die Pforte des ehemaligen Klosters ist nämlich nur donnerstags von 14 - 18 Uhr und jeden ersten und dritten Sonntag von 10 - 12 Uhr geöffnet, und das auch nur von April - Okt. Ich habe Pech.

Schütz-Haus, Kontakt:
Tel. 03443 302835
E-Mail: info@schuetzhaus-weissenfels.de,
www.schuetzhaus-weissenfels.de,
Öffnungszeiten:
Di-So 10-17Uhr.

Beim Weißenfelser Pfarrer

Macht nichts, ich habe ja noch den Termin mit Pfarrer Martin Schmelzer. Schmelzer empfängt mich in seinem Pfarrhaus in der Gustav-Adolf-Straße. Das Pfarrhaus steht, wie es sich gehört, direkt neben einer Kirche.

„Das ist die Lutherkirche", erklärt Schmelzer, „die wurde 1928 gebaut, weil hier eine neue Siedlung entstand und die Plätze in der Stadtkirche St. Marien knapp wurden."
Schmelzer führt mich in sein Haus. „Meine Frau, unsere zwei kleinen Kinder und ich fühlen uns in dem Haus sehr wohl", sagt Schmelzer, als er mich in sein Arbeitszimmer bugsiert. „Die Kirche und das viele Grün drum herum, dazu ein schöner Garten!"

Novalis-Büste

„Sie sind sicherlich nicht nur für die Lutherkirche zuständig?"
„Natürlich nicht. Ich bin für die gesamte Kernstadt verantwortlich, das heißt, auch für die Stadtkirche unten am Markplatz. Und dann kommen die Gottesdienste im Nachbardorf Burgwerben, in der Hospitalkirche St. Laurentius in der Weißenfelser Neustadt und in weiteren Pflegeheimen hinzu. "

Ich frage Schmelzer, ob das nicht ein wenig viel wäre. „In meiner Heimatstadt Bad Hersfeld, die fast genauso viel Einwohner hat wie Weißenfels, haben wir allein in der Kernstadt sechs Pfarrstellen."
„Sie dürfen die westdeutschen Verhältnisse nicht auf Sachsen-Anhalt übertragen", entgegnet Schmelzer, „ich kenne die Verhältnisse bei Ihnen, ich habe einige Semester in Göttingen studiert. Sie müsse bedenken, die atheistische Politik der DDR hat ihre Spuren hinterlassen."
„Wie hoch ist der Anteil evangelischer Christen in Weißenfels, 10 %?"
- „Falsch, 5 %!"

Und dann berichtet Schmelzer vom Niedergang der einst so lebendigen Arbeiterstadt nach der Wende, von dem katastrophalen Anstieg der Arbeitslosigkeit und dem darauffolgenden Weggang großer Teile der jungen Bevölkerung. Natürlich gebe es auch in Weißenfels wohlhabende Bürger, aber ebenso viele Menschen ohne Perspektive, und gerade an die sei es schwer heranzukommen. Aber Schmelzers Einsatz trägt erste Früchte. In Weißenfels gibt es wieder eine evangelische Jugendarbeit, bei den Erwachsenen hat sich ein Gesprächskreis gebildet, die Laienspielgruppe „Verkündigung" probt für Aufführungen und Konfirmanden fahren mit ihrem Pfarrer in Freizeiten. „Da wächst was!", sagt Martin Schmelzer. „Und wenn ich wieder mal eine Enttäuschung verarbeiten muss, dann gehe ich in unseren Garten. Da wächst immer etwas."

„Da wächst was!"

In der Stadtkirche St. Marien

Gegen Ende unseres Gesprächs ruft Pfarrer Schmelzer das Gemeindeamt in der Marienkirchgasse 3 an und bittet, dass man mir die Marienkirche aufschließt. Gleich zwei Männer öffnen mir die Kirchentür. Ich bin überrascht von der reichen Ausstattung, von der reich verzierten Barockkanzel und dem überschwänglich gestalteten Altar. Rechts und links vom Altar stehen zwei Statuen: Gustav-Adolf, der Schwedenkönig und Martin Luther. Einen Schatz stellt die Ladegast-Orgel aus dem Jahr 1682 dar. Friedrich Ladegast hat auch die Orgel in der Leipziger Niko-

***Die Weißenfelser Stadtkirche** ist Mo, Di und Do von 10 – 16 Uhr und Fr von 10 – 14 Uhr geöffnet. Gottesdienst von Ostern bis Erntedank So 10 Uhr 15. Die Kirche kann nicht beheizt werden.*

Klosterkirche und Schloss Goseck

laikirche gebaut. Immer dienstags zur Marktzeit (um 12 Uhr) können Kirchenbesucher dem Orgelspiel der Weißenfelser Organisten lauschen.

Durchs Saaletal nach Naumburg

Ich starte an der Weißenfelser Pfennigbrücke und folge der Markierung des Saaletalradwegs. Kurz hinter der Brücke, in der Parkanlage am Saaleufer, stehen Männer reiferen Alters, die auf mich den Eindruck machen, als wüssten sie nicht so recht, was sie mit ihrer Zeit anfangen sollen. Sind es Langzeitarbeitslose oder Frührentner, denen der Lebensmut fehlt? Eine viertel Stunde später führt der Radweg durch eine Einfamilienhaussiedlung. Ein Rentner sitzt vor seinem Haus und streicht den Gartenzaun. Er hat seine Aufgabe gefunden. Es ist wohl wie Pfarrer Schmelzer sagt: In Weißenfels gibt es sehr unterschiedliche soziale Gruppen.

Hinter Leißling geht es mitten durch die Saaleaue. Keine Straße stört die Idylle. Nur die Bahn rauscht ab und an durch das Tal. Die Höhen am westlichen Talrand sind nicht sonderlich hoch, aber sehr steil, an einigen Ecken schaut der blanke Fels hervor. Und auf der Kante dieses Höhenzugs schaut das Schloss Goseck hervor, ehemals ein Kloster, das – wie könnte es im protestantischen Sachsen anders sein - der Reformation zum Opfer fiel. Die Klosterkapelle blieb erhalten und wurde als Schlosskirche umgebaut. Schloss, Kapelle und Landschaft: alles ausgesprochen sehenswert. Schräg unterhalb vom Schloss befindet

Epitaph auf Goseck

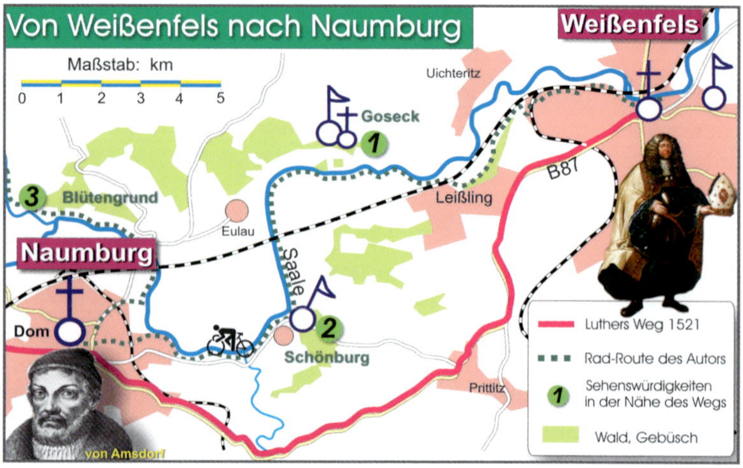

sich ein Weinberg, der Gosecker Dechantenberg. Den Wein vom Dechantenberg kann man im Torhaus des Klosters Pforta kaufen. Es sind trockene Weine: Riesling, Silvaner und Weißer Burgunder, deren Trauben auf Buntsandsteinterrassen reifen. Der Riesling kann mit den Spitzenweinen Rheinhessens ohne Weiteres mithalten, was sich gegen Ende der Wormsreise überprüfen lässt.

Es dauert nicht lang und ich mache in der Ferne ein weiteres Gemäuer aus, der Karte nach die Schönburg. Unter der Burg halte ich an einem Brunnen an, dessen Wasser aus einem Felsen hervorsprudelt. Eine Frau ist dabei, Kanister mit Quellwasser zu füllen. „Einen Augenblick", sagt sie, „ich bin gleich fertig." Dann nimmt sie die Kanister und lädt sie in ihren Caravan.
"Sie brauchen kein Wasser zu trinken", sagt die "Brunnenfrau" bevor sie losfährt.
"Oben auf der Burg gibt es eine ausgezeichnete Gaststätte. Übrigens, auf der hat sich der Friedrich Nietzsche, als er noch Schüler war, oft mit seinen Freunden getroffen und dort überLiteratur, Philosophie und Musik diskutiert." Aber weder Nietzsche noch eine Gaststätte können mich im Moment auf die Burg locken. Ich bin gespannt auf Naumburg, das ich in einer viertel Stunde zu erreichen hoffe.

In Naumburg

Um von Weißenfels nach Naumburg zu gelangen, musste Luther mit seinem Rollwägelein wieder auf die Hochebene hinauf und das, obwohl Naumburg auch im Tal der Saale liegt. Aber in dem Talabschnitt Weißenfels-Naumburg gab und gibt es bis heute keine Straße. Nur die Bahn und ein Radweg führen durch das Tal, an dessen Westhängen die ersten Weinbergterrassen auftauchen.

Bereits in den Außenbezirken wird deutlich, dass Naumburg einen anderen Charakter hat als Weißenfels. Naumburg wirkt gediegener, reicher. Am Altstadtring dann eine Überraschung: Ich muss wegen einer Straßenbahn anhalten. Es ist ein etwas altmodisches Gefährt, das über verzogene Gleise rumpelt. Doch vor dem Grün der Wallanlagen und den Giebeln der Altstadt macht sich der Oberleitungs-Triebwagen richtig gut. Vom Stadtring ist es nicht mehr weit zum Marktplatz (1). Es ist schön, dort in einem der Straßencafés zu sitzen und dem Treiben auf dem Platz zuzusehen. Es ist Sonntag. Touristen kommen und gehen, Kinder spielen am Brunnen, Ältere sonnen sich auf Bänken. Der Blick schweift von der gotischen Wenzelskirche (5) zur romanischen „Hohe Lilie", heute Stadtmuseum (2). Vis à vis steht das Rathaus mit seinem prachtvollen Renaissanceportal. Im Naumburger Rathaus wurde Luther auf seiner Reise nach Worms vom Bürgermeister empfangen und zum Essen eingeladen.

Das touristische Highlight von Naumburg ist der Dom Peter und Paul (3). Eigentlich ist er gar kein Dom mehr, denn das Bistum Naumburg wurde 1564 aufgelöst. Interessant ist, dass die Naumburger 1542 den Reformator Nikolaus von Amsdorf als Bischof einsetzten, jenen Amsdorf, der Luther auf seiner Reise nach Worms begleitet hat. Klaus von Amsdorf war der erste evangelische Bischof Deutschlands. Für kulturhistorisch interessierte Touristen spielt die Frage, ob Dom oder „Dom"

Stadtmuseum "Hohe Lilie" mit Stifterfigur Uta

keine Rolle. Sie wollen Uta und Ekkehard sehen. Schilder weisen den Weg.

Eine Besichtigung des „Doms“ nebst Klostergebäuden und Domgarten (4) kostet einige Euro. Die meisten der Besucher sind ja auch nicht zum Beten hier. Alles drängt in den Westchor, zu den 12 lebensgroßen Stifterfiguren. Und alle verharren bei Ekkehard und Uta, den Stars unter den Statuen. Die Figuren wurden um das Jahr 1250 von einem unbekannten Meister geschaffen, der seine Modelle niemals gesehen hatte, denn Uta von Ballenstedt und ihr Mann Ekkehard II., der Markgraf von Meißen, waren bereits 200 Jahre zuvor verstorben. Uta und Ekkehard gegenüber steht ein anderes Herrscherpaar: der Markgraf Hermann von Meißen, Ekkehards älterer Bruder und seine Frau Reglindis, eine polnische Königstochter. Die übrigen Stifterfiguren stellen Adlige aus der Umgebung dar. Weshalb all diese Personen verewigt wurden? Die Bezeichnung „Stifter“ sagt es bereits: Sie haben den Kirchenbau mit größeren Geldsummen unterstützt.

Der Dom von Naumburg

Anstöße für die Beschäftigung mit Nietzsche gibt die neben dem Nietzsche-Haus gelegene Nietzsche-Gedenkstätte. Geöffnet: Di - Fr 14 - 17Uhr, Sa u. So 10 – 17 Uhr, Tel. 03445-201638.

Naumburgs Dom ist ein Magnet. Tausende kommen alljährlich, um die kulturhistorischen Schätze zu bewundern. Der Dom als Museum. Da fragt man sich: Gibt es sie noch, die Andacht im Dom? Nun, sie kommt als wöchentliches Mittagsgebet daher (donnerstags von 12 -12 Uhr 30), auch mal als Peter-und-Paul-Andacht oder als musikalischer Gottesdienst.

Der Ruf „Gott ist tot!“ kommt aus der südöstlichen Ecke der Naumburger Altstadt, aus dem Haus in der Weingartenstraße 18 von dem Nihilisten Friedrich Nietzsche (1844-1900), dem Verfasser von „Also sprach Zarathustra“. Nietzsche hat den größten Teil seiner Kindheit und Jugend in Naumburg verbracht, wo er die nahe gelegene Landesschule Pforta besuchte. Nach langjähriger Krankheit erlitt er als 45-jähriger einen Zusammenbruch. Seitdem wurde er von seiner Mutter in Naumburg in dem Haus in der Weingartenstraße gepflegt (6). Nietzsche attackierte die christliche Religion. Alle religiösen Spekulationen sind seiner Ansicht nach psycholo-

„Wohin ist Gott? rief er, ich will es euch sagen! Wir haben ihn getödtet, – ihr und ich! ... Wohin bewegen wir uns? Fort von allen Sonnen? Stürzen wir nicht fortwährend? Und rückwärts, seitwärts, vorwärts, nach allen Seiten? Gibt es noch ein Oben und ein Unten? Irren wir nicht wie durch ein unendliches Nichts? Haucht uns nicht der leere Raum an? Ist es nicht kälter geworden? Kommt nicht immerfort die Nacht und mehr Nacht? (...) Gott ist todt! Gott bleibt todt! Und wir haben ihn getödtet! Wie trösten wir uns, die Mörder aller Mörder?"

Friedrich Nietzsche: Die fröhliche Wissenschaft, Drittes Buch, Aphorismus 125 „Der tolle Mensch" (KSA 3, S. 480 ff.).

gisch erklärbar und die Aufgabe der Religion sei es, der Legitimation der Moral zu dienen. Religion und Moral setzt er den "Willen zur Macht" und den „Übermenschen" entgegen.

Dass Nietzsche mit seinem gottlosen Ansatz große Probleme hat, wird in dem Text im obigen Kasten deutlich. Vielleicht hat Nietzsche Gott einfach in der falschen Ecke gesucht.

Wie dem auch sei, nach dieser schweren philosophischen Kost kommt das nächste Kapitel sicher recht. Es führt uns mitten durch das weinseelige Saale-Unstrutland. Naumburg verabschiedet sich mit dem Marientor, einem vollständig erhaltenen Stadttor (7), das man auf dem Weg zum Saaleradweg passiert.

Friedrich Nietzsche, Portrait von Edvard Munch 1906

Abstecher nach Freyburg und dem Blütengrund

Von Naumburg ist es nicht weit nach Freyburg. Egal ob man mit dem Rad, dem Auto oder mit der Bahn unterwegs ist, den Abstecher sollte man wagen (es existiert eine direkte Bahnverbindung). Freyburg ist das Zentrum der Weinbauregion Saale-Unstrut, ein Weinbergstädtchen mit historischem Kern. Die Unstrut hat sich hier tief in ein Kalkplateau eingegraben. Die nach Süden gerichteten Hänge sind extrem steil und zum großen Teil mit Reben bedeckt. Im Ort befindet sich das Stammhaus der Rotkäppchen-Sektkellerei. Selbstverständlich kann man an einer Kellerei-Führung teilnehmen, inklusive Verkostung. Und Freyburg hat noch mehr zu bieten. Hoch über der Stadt thront das Schloss Neuenburg mit dem Dicken Wilhelm, einem mächtigen Turm aus dem 12. Jahrhundert. Auch große Teile der Schlossgebäude stammen aus der Zeit der Ritter.

Radler fahren am besten über den Blütengrund. Der Weg führt an Weinbergen mit Weinberghäuschen und Weinbergvillen entlang. Man kann in Ausflugsgaststätten, Kellereien und Straußenwirtschaften einkehren. Ich habe das steinerne Bilderbuch bewundert und mir in der Weinbergsvilla des Leipziger Malers Max Klinger Gemälde angeschaut. Noch eine halbe Stunde über den Unstrutradweg und man hat Freyburg erreicht. Mehr dazu an anderer Stelle. (Lutherweghefte, Cornelius in Vorbereitung)

Schloss Freyburg über den Unstrut-Weinbergen

Burgen, Wein und Solebäder
Durchs Saaletal und entlang der Ilm

Von Naumburg aus ist Luther durchs Saaletal gefahren. Er kam am Kloster Pforta vorbei und an einem Klosterweinberg, dem Pfortenser Köppelsberg. Bei Kösen ging es über die Kösener Saalebrücke, eine steinerne Brücke, Baujahr 1454. Luthers nächstes Ziel war Weimar. Ob er dazu über Eckartsberga gefahren ist, also auf der Strecke, die heute die B87 nachzeichnet, oder dicht an (Bad) Sulza vorbei, das weiß man nicht so genau. Auf jeden Fall musste er in Kösen aus dem enger werdenden Saaletal heraus, denn sonst hätte er noch zweimal den Fluss queren müssen.

Die Strecke oberhalb von Naumburg ist der romantischste Abschnitt des Saaletals. In dem tief eingeschnittenen Tal, das der Fluss im Laufe von Jahrtausenden geschaffen hat, ziehen sich Weinreben die Hänge empor. Auf Felsen hoch über dem Fluss thronen Burgen, stehen Ausflugslokale und der Blick geht weit übers Land. Es ist unmöglich, an dieser Stelle auf all die Sehenswürdigkeiten einzugehen, die es hier zu entdecken gilt. Ich beschränke mich hier auf die Sehenswürdigkeiten, die direkt an oder in unmittelbarer Nähe von Luthers Reiseroute lagen. Auch auf meinen Besuch bei einem Thüringer

493 km nach Worms
75 km nach Erfurt
51 km nach Weimar

Winzer gehe ich ein. Schließlich war Luther ein großer Freund des vergorenen Traubensaftes.

Schulpforta

Über Schulpforta nach Bad Kösen

Erste Station hinter Naumburg ist das ehemalige Kloster Pforta, das im 12. Jahrhundert von den Zisterziensern aufgebaut wurde. Es entwickelte sich prächtig und hatte vier Jahrhunderte Bestand. Das Ende der Klosterherrlichkeit kam wie so oft mit der Reformation. Die Klosterimmobilien und das Klostervermögen fielen Kurfürst Moritz von Sachsen zu. Drei Jahre später ließ der Kurfürst in den Klostergebäuden ein Internat einrichten, das er mit dem Klostervermögen finanzierte. Aus dem Kloster an der Pforte wurde Schulpforta. In Schulpforta wurden begabte Jungen, unabhängig von ihrer Herkunft und dem Vermögen ihrer Eltern, kostenlos zu Beamten, Lehrern und Pfarrern ausgebildet. Unter den Internatsschülern finden sich große Namen wie Friedrich Gottlieb Klopstock, Johann Gottlieb Fichte und Friedrich Nietzsche.

Das Torhaus des Klosters ist ein eindrucksvolles Gebäude mit Staffelgiebel und Erker. Zwei Statuen flankieren die Durchfahrt. Dargestellt sind ein fiktiver Klostergründer (rechts) und der Schulgründer Kurfürst Moritz von Sachsen (links). Bevor ich mich auf den Klosterrundgang mache (siehe www.landesschule-pforta.de), statte ich der Vinothek (auf Deutsch Weinladen) des Landesweingutes Kloster Pforta einen Besuch ab. Sie befindet sich am Torbau. Dort probiere ich den Spätburgunder von der Lage Köppelsberg, den alten Klosterweinberg, und den Riesling von der Steillage Saalhäuser.

Die Reformation macht aus dem Kloster Pforta Schulpforta

Auf dem Klosterrundgang komme ich an der Klostermühle, der Klosterkirche nebst Kreuzgang, dem großen Fürstenhaus und an dem „Gotischen Haus" vorbei, das etwas verloren vor dem Besucherzentrum steht. Beeindruckt hat mich die Größe des Klosterareals, das rundum von Mauern umgeben ist. Heute leben und lernen in Schulpforta begabte Schülerinnen und Schüler ab der 9. Klasse, und zwar aus ganz Deutschland. Und dies, obwohl es sich um eine Schule des Landes

Sachsen-Anhalt handelt und kein Schulgeld erhoben wird. Die Internatskosten werden zum Teil durch Stipendien abgedeckt.

Als ich wieder am Torhaus anlange, schaue ich noch einmal in die Vinothek und frage nach dem schnellsten Weg nach Bad Kösen.
„Der schnellste ist nicht immer der beste Weg", bekomme ich zur Antwort, „aber wenn es unbedingt rasch gehen soll, dann folgen Sie der schmalen Straße entlang der Kleinen Saale ".
„Die Kleine Saale, ist das der Mühlgraben, der die Turbine der Klostermühle antreibt?"
„Ja, aber der Weg über die Saalehäuser ist schöner und nur wenig länger. Dafür kommen Sie an der besten Lage unseres Weingutes vorbei und in unserer Saalhäuser Weinstube können Sie sich noch einen kleinen Steillagen-Riesling genehmigen."
„Und wie komme ich dorthin?"
„Sie sind doch über das Fischhaus geradelt?" – „Ja" – „Dann fahren Sie einfach wieder dorthin zurück, dann auf der Fußgängerbrücke über die Saale und schließlich links am Fuß der Weinberge auf dem Radwanderweg Saale-Unstrut entlang."

Ich habe diesen Rat befolgt und nicht bereut. Nach einem kurzen Anstieg durch eine Datschenzone öffnet sich das Terrain und ein perfekt nach Süden ausgerichteter Steilhang liegt vor mir, im unteren Viertel mit Reben bestanden. „Saale-Unstrut-Wein", prangt in großen Lettern am oberen Rand des Weinberges, sodass man die Schrift von den durchs Tal brausenden ICEs problemlos entziffern kann. Das ist die Lage „Saalhäuser", eine Spitzenlage mit tiefgründigem, aber steinigem Kalkboden, auf dem Riesling und Zweigelt angebaut werden.

Saalhäuser Steilhang, erstklassige Weinlage und ein Naturschutzgebiet von nationalem Rang

30 Höhenmeter ziehen sich die Rebzeilen hinauf. Auf den restlichen 75 Höhenmetern wird es zu steil für den Weinanbau. Teilweise schauen mannshohe Kalkfelsen hervor. Dort ist das Reich der Natur, einer ganz besonderen Natur. Dort wachsen Sträucher, die sonst in den Waldsteppen der Ukraine vorkommen wie die Kornel- und die Weichselkirsche, dort blühen Blumen, die eigentlich am Mittelmeer zu Hause sind, unter ihnen viele Orchideen. Unten, am Wegrand, kurz über der Saale, steht ein wie gemalt aussehendes Weinberghäuschen. Aber es ist verschlossen und nichts deutet auf eine Weinstube hin. Auf die stoße ich, nachdem ich an einer großen, über und über blühenden Weichselkirsche vorbeigefahren bin. Wein habe ich in Schulpforta genug genossen, dennoch halte ich an. Hinter der Weinstube führt nämlich ein grün markierter Wanderweg durch den Weinberg hinauf zum Napoleonstein. Und der steht ganz oben, an der Abbruchkante des Hangs. Diesen extraordinären Aufstieg kann ich mir nicht entgehen lassen.

Der Wanderweg geht gleich auf den ersten Metern zur Sache. Treppenstufen führen zum Weinberg hinauf. Dann geht es neben den Rebzeilen auf der Direttissima bis an den Rand der Naturzone. Dort steht, Gott sei Dank, eine Bank. Ich blicke auf die Saale und die Saalhäuser, die zusammen den Wirtschaftshof des Landesweingutes bilden. In der vorreformatorischen Zeit gehörten die Saalhäuser zum Naumburger Augustinerkloster St. Moritz, das hier seine Weinberge hatte. Als das Kloster im Zuge der Reformation aufgelöst wurde, richtete man in den

Die Saalebrücke von Bad Kösen

Saalhäusern eine Gastwirtschaft ein, die richtig gut gelaufen sein soll. Was ich auf dem Weg zum Napoleonstein erlebt habe, kann man an anderer Stelle nachlesen. (Cornelius in Vorbereitung)

In Bad Kösen quere ich die Saale auf der Brücke, über die Luther gefahren ist, so jedenfalls denke ich. Doch Wikipedia belehrt mich eines Besseren. Die jetzige Brücke sei Ende des 19. Jahrhunderts erbaut worden, nachdem die mittelalterliche Brücke durch ein Hochwasser schwer beschädigt worden war. Gut, trotzdem ist das für mich die Lutherbrücke. Von Türmchen und Balustraden blickt man hinunter auf einen breiten Fluss, der über ein Wehr schießt. Am östlichen Brückenkopf dreht sich ein unterschlächtiges Mühlrad. Ich folge der Loreleypromenade, die entlang dem Mühlgraben zum Wehr führt. Plötzlich ziehe ich unwillkürlich den Kopf ein. Über mir verläuft ein Holzgestänge, das sich knarrend und klackend hin und her bewegt. Sicherlich war da noch reichlich Platz über meinem Kopf, aber... Das Gestänge kommt aus einem großen Holzschuppen am anderen Ufer des Mühlengrabens, in dem sich zwei Mühlräder drehen. Die Drehung wird in einen horizontalen Schub übersetzt, den das Gestänge aufnimmt. Wohin führt das Gestänge? Und wozu ist es gut? Ich frage einen Passanten, der sich als Kurgast zu erkennen gibt.

„Sie brauchen nur dem Pfad neben den Stangen zu folgen, dann kommen Sie zu dem Soleschacht neben dem Gradierwerk."

Luther fuhr über die Brücke von (Bad) Kösen

Ich deute auf mein Rad und das Gepäck. „Nu, da fahrn Se eenfach über die Käthe-Kruse-Straße, ach was sag ich, über die Rudolf-Breitscheid-Straße hinauf, vorne am Beginn der Promenade."

Der Rat ist gut. Im Nu bin ich oben am Schachtgebäude, wo man sehen kann, wie der horizontale Gestängeschub in einen vertikalen Hub übersetzt wird. Und mit dem wird salzhaltiges Wasser aus einem 150 m tiefen Schacht auf das benachbarte Gradierwerk befördert. Die Sole sickert dort durch Lagen von Schlehdorn, wodurch eine feuchte, salzhaltige Luft entsteht, die den Bronchien der Kurgäste gut tut. Die

Fördertechnik ist ein Denkmal, das in Aktion ist und dazu einen Nutzen hat.

Bei der Rückfahrt über die Käthe-Kruse-Straße komme ich am „Romanischen Haus“ vorbei, angeblich der älteste nichtkirchliche Bau Deutschlands. Immerhin datiert das Haus auf Anfang des 12. Jahrhunderts. Damals gehörte es zum Kösener Vorwerk des Bistums Naumburg. Heute befindet sich hier eine Käthe-Kruse-Puppen-Ausstellung. Bad Kösen war bis Ende des Zweiten Weltkriegs Hauptort der Käthe-Kruse-Puppen-Produktion. Die aus Breslau stammende Käthe begann 1904 als 21-Jährige für ihre Töchter Puppen zu basteln, weil ihr „die Gekauften“ nicht gefielen. 1912 zog sie mit ihrem Mann von Berlin nach Bad Kösen, wo sie eine Puppenmanufaktur aufbaute, die Weltruhm erlangte. Als ihr Betrieb in der DDR verstaatlich werden sollte, verließ Käthe Kruse Bad Kösen Richtung Westen. Erst nach der Wende kam sie in Bad Kösen wieder zu Ehren. Die Ausstellung umfasst inzwischen um die 230 Puppen.

In der Burgschänke der Rudelsburg

Unten am Mühlgraben folge ich wieder der Loreleypromenade. Der Weg führt an einer Gaststätte mit einem Freisitz voller fröhlicher Menschen vorbei. Radfahrer bitte absteigen, die Kellner müssen die Schnitzel und Getränke über die Promenade balancieren! Die Promenade wird zum Wanderweg, der am Ufer der Saale entlang führt. Links, direkt neben dem Weg erheben sich felsige Steilhänge. Drüben, am anderen Ufer, erstreckt sich der Kurpark. Für einen Euro kann man mit einer Seilfähre auf die andere Seite gelangen. Man braucht nur zu winken, dann wird man von der Fährfrau abgeholt.

Zur Rudelsburg

Ich bleibe am östlichen Ufer. Mein nächstes Ziel ist die Rudelsburg. Der Anstieg zur Burg ist an zwei Stellen richtig steil und felsig. Mit Gepäck kommt man da leicht an seine Grenzen. Aber die Mühen lohnen. Hinter dem letzten Steilanstieg wird der Blick frei ins Saaletal. Von einer Balustrade schaut man hinunter auf den Fluss und die doppelgleisige Bahnstrecke. Ein ICE kurvt durchs Tal. Auch die Rudelsburg ist zu sehen. Sie steht ein paar hundert Meter entfernt auf einem Felsvorsprung, der senkrecht zur Saale abbricht. Als ich mich umdrehe, blicke ich in den Rachen eines steinernen Relief-Löwen. Das Relief dient dem Gedenken an die in den beiden Weltkriegen gefallenen Kösener Corps-Studenten. Neben dem doppelmannshohen Löwen findet sich ein Vers von Theodor Körner, dem Held der deutschen Befreiungskriege vom „napoleonischen Joch“.

Sie hielten aus in Kampf und Sturmeswettern
Und standen treu bei Tugend, Recht und Pflicht.
Das Schicksal kann die Heldenbrust zerschmettern
Doch einen Heldenwillen beugt es nicht.

Während der DDR-Zeit wurde das Denkmal von Grünzeug überwuchert. Als sich im Zuge der Wiedervereinigung die Corps wieder etablierten, wurde der „Löwe“ restauriert.

Franz Kugler, ein Berliner Student, dichtete auf der Rudelsburg das Lied „An der Saale hellem Strande“.

Die Burg hat dank den Ehrenamtlichen des Heimatvereins von April bis Oktober von 10-17 Uhr, an Sonn- und Feiertagen sogar bis 18 Uhr geöffnet.

Burg Saaleck

Von Saaleck kommt eine Straße herauf, die am „Löwen“ vorbei durch das Gelände der verfallenen Vorburg zur Kernburg führt. Auf dieser Strecke stehen weitere Burschenschaftsdenkmale: ein Obelisk zu Ehren von Kaiser Wilhelm I., ein Jung-Bismarckdenkmal mit Dogge und ein Mahnmal für die Gefallenen des deutsch-französischen Krieges 1870/71. Auch in der Burgschänke sind die Insignien der Burschenschaften präsent. Unter einem Elchgeweih und zwei sich kreuzenden Klingen hängen Bilder promovierter Corps-Mitglieder sowie die Portraits von Kaiser Wilhelm II. und Bismarck. Woher kommt die starke Präsenz der Burschenschaften? Angefangen hatte alles, als man 1824 auf dem Gelände der Burgruine ein Ausflugslokal einrichtete. Eine romantische Ruine und dazu ein Lokal, das zog die Studenten aus der nah gelegenen Universität Jena an. Knapp 50 Jahre darauf – Deutschland war geeint und hatte wieder einen Kaiser – baute man Teile der Rudelsburg wieder auf. Jetzt nahm das Kösener Studenten-Corps die Burg in Beschlag. Zu den Feiern kamen nun auch die Alten Herren. Reden wurden geschwungen, deutsche Lieder gesungen, wobei man sich betont kaisertreu gab. So nimmt es kein Wunder, dass Otto von Bismarck und Kaiser Wilhelm II. in diesem Corps Mitglied wurden. Auf den Mauern der Rudelsburg sind alle hervorstehenden Ecken mit Tauben besetzt. Überall gurrt es. Plötzlich, wie auf Befehl, stürzt sich die Schar in die Tiefe und dreht einige Runden über dem Saaletal, um sich gleich wieder die besten Plätze auf dem Gemäuer zu sichern.

Burg Saaleck

Ich rausche mit dem Rad die Straße hinunter nach Saaleck. An einer kurvigen Engstelle geht es über eine Schlucht. Eine Infotafel spricht gar von einem „Canyon“, der die Bergrücken trennt, auf denen die Rudelsburg und die Burg Saaleck stehen. Hinter dem „Canyon“ lasse ich mein Rad im Wald zurück und steige zur Burg Saaleck hinauf. Hier kann man nicht mit dem Auto vorfahren, hier gibt es auch keine Gastwirtschaft, nur einen Kiosk. Dafür kann Saaleck mit zwei mächtigen Rundtürmen punkten.

Nachdem man einen geringen Eintritt bezahlt hat, kann man den vorderen Turm besteigen. Wer dort oben entspannt in die Landschaft schauen will, muss schwindelfrei sein. Der Blick geht hinunter auf das Dorf Saaleck und auf eine große Saaleschleife. Am felsigen Prallhang gegenüber, direkt an der Hangkante befindet sich das „Himmelreich“, eine beliebte Ausflugsgaststätte. Auf der Hochebene hinter dem „Himmelreich“ ist Luther mit seinem Rollwägelein lang gefahren.

Bad Sulza und der Winzer von Sonnendorf

Von Saaleck ist es nicht mehr weit bis zur Mündung der Ilm. Saaleaufwärts geht es nach Jena, über das Ilmtal hinauf nach Weimar. Kurz nachdem ich in das Ilmtal eingebogen bin, überschreite ich die Grenze nach Thüringen. Mein erster thüringischer Ort ist Bad Sulza, das Weinbauzentrum Thüringens, wo ich mitten im Ort Quartier nehme. Als ich am nächsten Morgen das Fenster öffne, blicke ich auf einen steilen Weinberg.

Beim Frühstück frage ich den Wirt, ob er den Weinberg bewirtschafte. Nein, die Stadtweinberge werden durch Hobbywinzer vom Weinbauverein betreut. Wenn ich zum Weinfest wiederkäme, könnte ich im Biergarten des Gasthauses deren Wein probieren. Ich schaue ich mich in der kleinen Stadt um. Es gibt einen Ratskeller, einen Marktplatz und einen Kurpark mit Konzertmuschel und Trinkhalle, in letzterer gibt es weder Bier noch Korn, sondern Bad Sulzaer Sole. In der Touristeninformation frage ich, ob es in Bad Sulza auch professionelle Winzer gebe. Ja, da wäre erstmal das kleine Weingut Bock & Töchter in der Ludwig-Wiegand-Straße 19 (Tel. 036461-38987). Der Winzer produziere Bio-Wein von den Trauben des Stadtweinbergs.

Ich hätte da hinter dem Schwimmbad einen richtig großen Weinberg gesehen.
„Den bewirtschaftet das Thüringer Weingut in Sonnendorf." - „Also ein staatliches Unternehmen, wie das Landesweingut Schulpforta?"
„Nein, das Thüringer Weingut ist privat. Früher wurden die Flächen von unserer LPG bewirtschaftet. Heute ist dort ein Herr Clauß Chef und Inhaber. "
„Und wo liegt das Weingut?" - „Gleich hinter Bad Sulza, oben auf dem Berg, in dem Ort Sonnendorf"
„Da kommt man doch sicher auch zu Fuß hin?" – „Klar, da führt unser Weinwanderweg hinauf und auf dem Rückweg kommen Sie an der „Sonnenburg" vorbei, das ist eine Ausflugsgaststätte."
„Können Sie mir die Telefonnummer von Herrn Clauß geben?"
„Na klar: 036461 20600." Ich klingele an: Ja, heute Nachmittag um zwei hätte er für eine Kellerführung Zeit.

Ich bin überrascht, Sonnendorf ist kein Touristenort, sondern ein echtes Dorf, dessen einzige Zugangsstraße am Ortsende in einen Feldweg übergeht. Das Weingut

Blick vom Himmelreich auf die Rudelsburg

der Familie Clauß befindet sich im ersten Gehöft auf der linken Straßenseite. Rund um den großen Hof gruppieren sich renovierte Gebäude. Man merkt, hier steckt viel Arbeit drin. Der Winzer erwartet mich in seinem Verkaufsraum. Als Erstes erkundigt er sich, ob ich bei Wein bestimmte Vorlieben hätte. Auf meine Antwort bekomme ich einen Grünen Veltliner und einen Riesling serviert. Der Veltliner schmeckt angenehm frisch. Der Riesling ist rassig und einen Hauch trockener als der Saalhäuser. Ich bin erstaunt, welch saubere Weine es in der Region Saale-Unstrut gibt.

Schwäbischer Weintechniker heiratet Thüringer Weinprinzessin

„Wir bauen unsere Weine bis auf einige Ausnahmen trocken aus", sagt Clauß, „damit kommt der Saale-Unstrut-Charakter am besten zum Tragen."
„Ich habe mit Saalewein bisher einen lieblichen Müller-Thurgau verbunden".
„Das war auch lange Zeit so. Doch inzwischen hat sich einiges getan. Davon abgesehen, der Müller-Thurgau wird an Saale, Unstrut und Ilm seine Bedeutung erhalten."
„Weil er früher reift?"

Mit dem Winzer Andreas Clauß im Keller des „Thüringer Weinguts"

„Ja, die klimatischen Bedingungen sind hier nicht so günstig wie an Rhein und Mosel. Es gibt Jahre, in denen wir mit den anspruchsvolleren Rebsorten wie Riesling und Spätburgunder Probleme haben. Zudem ist der Müller-Thurgau mit seinem zarten Muskataroma ein prima Schoppenwein, vorausgesetzt er wird nicht mit Süße erschlagen. Aber kommen Sie, wir gehen jetzt in den Weinkeller."

Im Souterrain reihen sich die Fässer, in denen Rotweine reifen, runde, hüfthohe Fässer und mannshohe Fässer mit ovalem Zuschnitt.

„Sind das die Barriquefässer?", ich deute auf die runden Fässer, die so aussehen, als ob man sie im leeren Zustand eben noch rollen könnte.
„Ja, die sind aus Eiche und werden aufwändig per Hand gefertigt. Sie geben dem Wein feine Holz- und Röstnoten. " - „Röstnoten?"
„Ja, die Fässer werden innen abgeflammt und je nach Röststärke ergeben sich beim Wein unterschiedliche Röstaromen. Ich zapfe ihnen mal einen Schluck vom Frühburgunder ab, der ist

bald fertig.“
„Hmmh, der ist prima! Der schmeckt richtig gut nach Traube.“
„Sehen Sie, ich verwende Barrique-Fässer, mit denen das Traubenaroma verfeinert und nicht übertönt wird. Und jetzt schauen Sie mal mit um die Ecke.“

Dort stehen die großen Fässer. Andreas Clauß hat mit Kreide auf jedem Fass den Jahrgang und die Traubensorte vermerkt: Regent, Cabernet Dorsa, Pinotin.
„Die unterschiedlichen Jahrgänge und Rebsorten erfordern unterschiedliche Reifeverfahren, große Fässer, kleine Fässer, junge und ältere Fässer. Wir holen so das Beste aus dem Traubensaft heraus.“

Dann führt mich Clauß hinauf in eine Halle, wo glänzende Stahltanks stehen, viele um die vier oder gar fünf Meter hoch. Hier wird weißer Traubensaft vergoren.
„Weißwein macht den größeren Teil unserer Produktion aus. Und dabei spielen Müller-Thurgau, Riesling, Gutedel, Weiß- und Grauburgunder die wichtigste Rolle. Dazu bauen wir die guten alten aromatischen Rebsorten wie Traminer, Scheurebe und Muskateller an. Und dann experimentieren wir mit säurearmen französischen Rebsorten: Chardonnay, Chasselas, Sauvignon Blanc und Auxerois. Ach ja, und auf unserem Terrassenweinberg an den Dornburger Schlössern arbeiten wir mit der Neuzüchtung Johanniter.“

„Das ist ja Wahnsinn, wie bekommen Sie denn das alles voneinander getrennt?“
„Na, mit den vielen Stahltanks, die Sie hier sehen.“
„Sie sind Schwabe?“
„Ja, hört man das noch? Ich bin schon über 20 Jahre hier.“
„Und warum sind Sie ausgerechnet in Bad Sulza hängen geblieben?“

„Ich habe mich nach der Wiedervereinigung bei der hiesigen Agrargenossenschaft als Weintechniker beworben. Die hatte zu DDR-Zeiten den Sonnenberg mit Reben bepflanzt. Die Ernte wurde damals immer nach Schulpforta gebracht und dort wurde daraus der Wein gemacht. Nach der Wende sollte der Wein in Thüringen hergestellt werden. Und dafür haben sie mich gebraucht. 1994 habe ich die Geschäftsführung und kurz darauf den Betrieb übernommen. Und ich habe die hiesige Weinprinzessin, die Kathrin geheiratet und mit ihr unseren Familienbetrieb aufgebaut.“

Inzwischen sind wir wieder im Verkaufsraum angekommen. Dort entdecke ich neben Stapeln von Weinflaschen einen großen Stoß Apfelsaft-Kartons.

„Der Saft hier, kommt der von eigenen Bäumen?“
„Ja, von unseren Streuobstwiesen. Wir haben rings um Sonnendorf 25 Hektar Weideland, von denen das meiste mit Apfel-, Kirsch- und Zwetschgenbäumen bepflanzt ist. Wenn Sie noch etwas Zeit haben, fahren wir mal kurz raus. Ich kann Sie dann auch oben bei der Sonnenburg absetzen. Von dort aus sind Sie im Nu unten in Bad Sulza.“

Ein paar Minuten später fahren wir über die Höhe.

Auf den Streuobstwiesen des Thüringer Weinguts

Wein vom Sulzaer Biowinzer

„Sehen Sie, der Südosthang ist mit Wein bepflanzt, der Nordwesthang mit Obstbäumen. Da hinten stehen übrigens unsere Rinder."
Clauß hält an einer Weide an, auf der zahllose Kirschbäume blühen. Die pechschwarzen Rinder haben sich unter einem Kirschbaum niedergelegt und kauen wieder. Als sie Clauß sehen, stehen sie auf und kommen an den Zaun. Neben Kühen und Kälbern ist auch ein Bulle dabei.
„Das sind aber schöne Tiere. Bleiben die im Winter draußen?"
„Na klar, das sind Robustrinder aus Wales. Das sind unsere Landschaftspfleger. Die Herde soll langsam wachsen."
„Und die Streuobstwiesen, was bringen die für Ihren Betrieb?"
„Also ich finde es einfach gut, dass unser Weingut von so schönen Flächen umgeben ist. Wenn unsere Kunden hier spazieren gehen, dann freuen sie sich darüber. Die meisten kommen gerne wieder. Guter Wein und schöne Landschaft gehören zusammen."

Der Weg nach Weimar

Luther ist sicherlich nicht durch (Bad) Sulza gefahren, aber wahrscheinlich nahe daran vorbei. Von der „Hauptstraße", der via regia, zweigte eine geleitfreie (mautfreie) Seitenstraße ab, die sich auf einem Höhenzug Richtung Weimar zog. Die „Winstraat", so wurde diese Straße genannt, bog zwar vor Weimar wieder auf die via regia ein, aber wer wie Luther nach Weimar wollte, für den war dies die Vorzugsstraße, weil von ihr aus ein günstiger Zuweg in die Stadt existierte. Die via regia führte in großem Abstand an Weimar vorbei. Weimar war zu Luthers Zeiten noch ein relativ unbedeutender Ort.

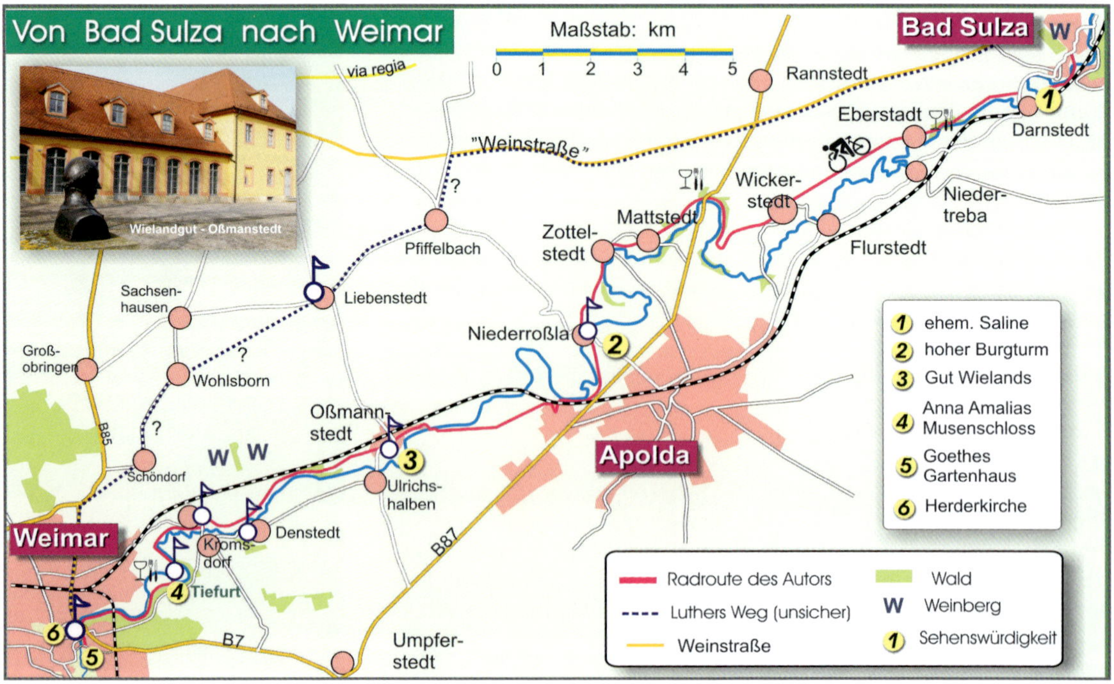

IIch radele auf dem Ilmtal-Radweg nach Weimar. Es ist keine aufregende, aber eine schöne Strecke. Die Fernstraßen meiden das Tal und ziehen wie anno dazumal über die breiten, von Äckern eingenommenen Höhenrücken. Das Ilmtal mit seinen Wiesen und der munteren Ilm ist daher relativ ruhig, und da der Radweg bis auf wenige Abschnitte steigungsarm ist, kann man Natur und Landschaft genießen. Neun Ortschaften liegen am Wegrand. Sie haben trotz Kollektivierung und Stadtnähe (Apolda, Weimar) viel von ihrem dörflichen Charakter bewahrt. Und es gibt auch einige Sehenswürdigkeiten. Kurz hinter Bad Sulza, in Darnstedt, kommt man an den Fördertürmen einer alten Solebohrung vorbei. In der Ortsmitte von Niederroßla stößt man auf eine ehemalige Wasserburg. Und in Oßmanstedt befindet sich das Gut, in dem der Vater der Weimarer Dichtkunst, Christoph Martin Wieland, sein Domizil hatte. Wielands Begräbnisstätte liegt im Gutspark.

Frühlingsboten am Wegrand

Anna Amalias Musenhof

Obwohl es jetzt nicht mehr weit bis Weimar ist, radelt man noch immer durch die freie Natur. Ab und an hört man am Hang über dem Weg einen ICE vorbeirauschen. Oberhalb der Bahnstrecke tauchen die Weinberge von Weimar auf. Sie wurden in den letzten Jahren von Georg Prinz zur Lippe, dem Besitzer des Meißener Weinguts Schloss Proschwitz, angelegt. Auch auf der gegenüberliegenden Seite des Tals geht oder vielmehr ging es adelig zu. Davon zeugt der markante Turm der Burg Denstedt. In Kromsdorf fährt man an einem Renaissanceschloss vorbei, das ich als solches beinah nicht erkannt hätte, dann steuert der Radweg auf das Tiefurter Sommer-Schlösschen der Herzogin Anna Amalia (1739-1807) zu. Das Schlösschen, ursprünglich Pächterhaus eines herzoglichen Gutshofs, ist ein schlichter Bau. Doch zu Zeiten Anna Amalias war dies ein Vorposten der Weimarer Klassik. Mit der Unterstützung von Christoph Wieland hatte die Herzogin einen Musenhof etabliert, zu dem alles kam, was in Weimar Rang und Namen hatte: Schriftsteller, Hofdamen, Schauspieler, Musiker und Wissenschaftler. Goethe und Schiller waren zugegen, dazu Herder und natürlich Wieland. Man las Bücher, rezitierte Gedichte und diskutierte über Theateraufführungen. Während der Sommermonate traf sich der illustre Kreis auf Schloss Ettersburg oder eben in dem idyllisch gelegenen Tiefurt. Im Tiefurter Schlosspark, nahe der Ilm, befindet sich ein Tempel, der durch das Gemälde „Weimarer Musenhof" von Theobald von Oer (1807-1885) berühmt wurde. Friedrich Schiller liest aus seinem Werk. Herzogin Amalia, Goethe (in Napoleonpose) und Wieland hören andächtig zu.

Weimarer Musenhof, Gemälde von Theobald von Oer. Schiller rezitiert, Goethe, in Napoleonpose, hört zu.

Luther-Tryptichon in der Herderkirche

In Weimar

Von Tiefurt bis Weimar sind es nur noch 3 km. Auf Waldwegen radele ich am Ufer der Ilm entlang, bis nach einer Flussbiegung prächtige Bauten in Sicht kommen. Plötzlich und ohne „Vorwarnung“ (Straßen, Gewerbegebiete etc.) bin ich am Rand der Weimarer Altstadt. Straßenfrei geht es unter Ilmbrücken hindurch, unter der Kegelbrücke und der Sternbrücke. Letztere führt hinüber zum Stadtschloss. Über diese Brücke ist Anna Amalia mit ihrer Kutsche nach Tiefurt gefahren. Eigentlich müssten Lutherwegradler dem Ilmtalradweg hier Ade sagen. Doch wenn man dem Radweg noch ein kurzes Stück folgt, kommt man zu Goethes Gartenhäuschen (1). In dem berühmten Häuschen befindet sich ein Museum und hier herrscht gewöhnlich Andrang. Ja, Goethe steht für Weimarbesucher an erster Stelle, nach einem gewissen Abstand folgt Schiller und dann der Rest der Weimarer Klassik mit Herder und Wieland. Dass Weimar auch Bezüge zu Luther und zur Reformation hat, ist weniger bekannt.
Luther hat in Weimar oft übernachtet und mehrfach gepredigt.

Zudem hat Lucas Cranach der Ältere, den wir bereits als Hofmaler von Friedrich dem Weisen kennen gelernt haben, sein letztes Lebensjahr in Weimar verbracht. Und in jenem Jahr hat Cranach für die Stadtkirche St. Peter und Paul - besser bekannt als Herderkirche- einen Flügelaltar geschaffen, auf dem neben dem Herzogpaar auch Luther dargestellt ist. Noch vor dem Abschluss dieses Werks starb Cranach. Sein Sohn, Lucas Cranach der Jüngere, vollendete das Gemälde.

Das Weimarer Cranachhaus steht auf dem Marktplatz, gegenüber dem Rathaus. Es ist ein großer, reich verzierter Renaissancebau. Lucas Cranach der Ältere war, als er dort einzog, bereits 80 Jahre alt, aber immer noch Chef seiner Malerschule und künstlerisch aktiv. Über die Kaufstraße gelangt man zur Herderkirche, wo sein letztes, von seinem Sohn vollendetes Werk steht. Zu Goethes Zeiten hat Johann Gottfried Herder dort gepredigt, ein Theologe, Dichter und Denker, einer der wichtigen Männer der Weimarer

Klassik. Herder wurde in der Stadtkirche bestattet. Auch Herzogin Anna Amalia hat hier ihre letzte Ruhestätte. Zudem befindet sich in der Kirche ein Epitaph von Lucas Cranach d.Ä. Begraben liegt er auf dem Kirchhof, der nahegelegenen Jakobuskirche.

Kreuzigungsszene mit Martin Luther und Lucas Cranach dem Älteren. Zentrales Gemälde des Cranach-Flügelaltars in der Herderkirche, geschaffen von Lucas Cranach dem Älteren und dessen Sohn, Lucas Cranach dem Jüngeren.

Das Schiff der Herderkirche ist im Innern recht schlicht gehalten. Dafür haben die Weimarer Herzöge einiges in den Chor gepackt, vor allem ihre Grabdenkmale. Den Blick zieht jedoch Cranachs dreiflügeliges Altargemälde auf sich. Im Mittelpunkt steht die Kreuzigung Christi. Unter dem Kreuz stehen Johannes der Täufer, Cranach der Ältere und Martin Luther, der, wie kann es anders sein, die Bibel in der Hand hält. Cranach betet. Ein Blutstrahl Christi trifft ihn auf den Kopf, was als

Sachsen-Herzog Johann Friedrich der Großmütige nebst Gattin, linker Altarflügel

Gnadenbeweis gedeutet wird. Im linken Seitenflügel sind der Herzog und seine Gattin beim Beten dargestellt. Im rechten Flügel beten die Söhne der Herzogsfamilie. In der Herderkirche existiert noch ein interessantes Reformationsbild, ein dreifacher Luther, ein Tryptichon. Links Luther als Mönch, in der Mitte Luther als Reformator und Hochschullehrer, rechts als Junker Jörg. Das Mönchsportrait ist von dem Weimarer Rats- und Weinmeister Veit Thim 1572 signiert.

Wieso, wird sich mancher Leser fragen, ist Cranach im hohen Alter nach Weimar umgezogen? Das lag an Johann Friedrich dem Großmütigen. Nach Johann dem Beständigen (seinem Vater) und Friedrich dem Weisen (seinem Onkel) hatte er die Regierungsgeschäfte übernommen. Johann Friedrich war wie sein Vater und sein Onkel ein Förderer des Protestantismus. Mehr noch, er setzte sich an die Spitze des Schmalkaldischen Bundes, eines Bündnisses der protestantischen Landesfürsten gegen den katholischen Kaiser Karl V. In den Jahren 1546-47 kam es zum Schmalkaldischen Krieg, der mit der Schlacht am Mühlberg (an der Elbe) mit einem Sieg des kaiserlichen Heers endete. Johann Friedrich wurde zunächst zum Tode verurteilt, dann aber zu lebenslanger Haft begnadigt. Zudem verlor er die Kurfürstenwürde und einen großen Teil seiner an der Elbe gelegenen Erblande und damit auch seine Residenzen in Torgau und Wittenberg. Nach fünf Jahren Gefangenschaft kam Johann Friedrich wieder frei und wählte Weimar als Ersatzresidenz. Lucas Cranach war mit seinem Herzog in die Gefangenschaft und nach Weimar gegangen.

KZ Buchenwald

Neben der Begeisterung über das klassische Weimar und den Cranachaltar darf man nicht vergessen, dass sich zur Zeit des Nationalsozialismus auf dem Hausberg Weimars, dem Ettersberg, das Böse etabliert hatte. Von 1937 bis 1945 befand sich dort oben das KZ Buchenwald, das größte Konzentrationslager auf deutschem Boden. 56.000 Menschen kamen dort durch Folter, Auszehrung und Erschießungskommandos ums Leben. Es soll an dieser Stelle nicht auf die Gräuel des KZs Buchenwald eingegangen werden. Dazu sei auf das Buch „Konzentrationslager Buchenwald 1937-1945" von Harry Stein hingewiesen. Erschütternd sind die Schicksale zweier Pfarrer, zweier Märtyrer: Paul Schneider, ein evangelischer Pfarrer aus dem Hunsrück und Otto Neururer, ein Katholik aus dem Tiroler Pitztal. Ihre aufopferungsvolle Leidensgeschichte kann man bei Wikipedia nachlesen.

Erfurt

Luthers Empfang in Nohra, der Grenze des Erfurter Territoriums. Gemälde von Eduard Kaempffers Lutherzyklus im Erfurter Rathaus (1892)

Samstag, 6. April 1521. Luther war auf der Straße nach Erfurt unterwegs. Weimar lag gerade eine Stunde hinter ihm, da stieß er auf eine große Ansammlung von Menschen, die ihn mit Hochrufen empfingen. Es waren Erfurter Professoren, Magister und Studenten - unter ihnen an die 40 Reiter -, die Luther bis zur Grenze des Erfurter Territoriums entgegengekommen waren. Crotus Rubeaneus, der Rektor der Universität, trat hervor, überbrachte den Willkommensgruß und lobpreiste Luther in den höchsten Tönen: Das Studium an der Erfurter Universität, der Kontakt mit dem humanistisch gesinnten Lehrkörper und seine Zeit als Mönch im Erfurter Augustinerkloster hätten Luthers Lebensweg in die entscheidende Bahn gelenkt. Auch Eobanus Hessus, ein dichtender Professor, richtete einige Worte an Luther, dann ging es mit großem Getöse nach Erfurt.

Ungefähr drei Stunden hat es gedauert, bis der Zug den äußeren Befestigungsring der 20.000 Einwohner zählenden Stadt erreichte. Sie fuhren über den Wallgraben, passierten eine Bastei und zogen dann durch das Schmidtstedter Tor in die Vorstadt. Dort war dann „rings alles besetzt von dem bunten Haufen des Volkes, Mauern, Türme und Weg, Häuser Straßen und Tor", berichtet Eobanas Hessus. Einen Straßenzug weiter passierte „der ungeheuer angeschwollene Zug" die Brücke über die „Wilde Gera" und zwang sich danach durch das Torhaus des inneren Befestigungsrings. Jetzt war man im Herzen der Stadt. Über

Großer Empfang für Luther, weit vor den Toren Erfurts

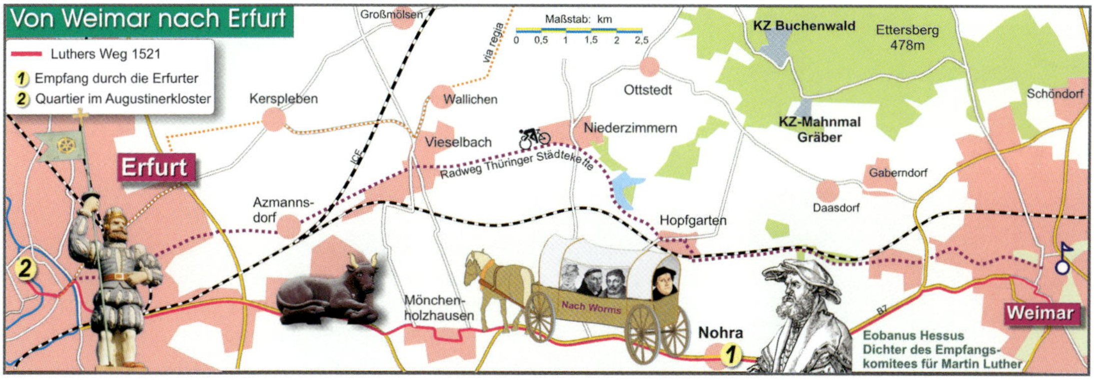

Erfurt zu Luthers Zeiten. Aus Schedels Weltchronik 1493.

die Auguststraße (heute Bahnhofstraße) ging es zur Kaufmännerkirche und von dort aus zum Augustiner-Kloster, wo Luther Quartier nahm.

Triumphaler Zug durch die Stadt und Einzug Luthers in sein Heimatkloster

Nachdem Luther die Nacht in seinem Heimatkloster verbracht hatte, predigte er morgens in der Klosterkirche. Es war der Sonntag nach Ostern, auch Weißer Sonntag genannt. Luther sprach über den Ostergruß „Friede sei mit Euch". Auf seine Worms-Reise ging er mit keinem Wort ein. Luther blieb noch eine weitere Nacht in der Stadt, denn zu Erfurt hatte er eine besondere Beziehung.

Ob Luther über die Krämerbrücke oder über die Johannisstraße zum Augustinerkloster gefahren ist, wissen wir nicht. Auf jeden Fall war schon damals auf der Krämerbrücke einiges los, nicht nur, was den Verkehr angeht - die Fernstraße „Via Regia" führte dort über den „Breiten Strom" -, auf der Brücke herrschte auch ansonsten reges Leben. Rechts und links der Fahrbahn hatten sich Buden etabliert, in denen gehandelt, gezecht und gegessen wurde. Ende des 15. Jahrhunderts brannten die Buden ab und an ihrer Stelle errichtete man Fachwerkhäuser. Die neue Krämerbrücke wurde ihrer Bestimmung übergeben, als Luther drei Jahre alt war. Schon vorher hatte man an den Brückenköpfen jeweils eine Tordurchfahrt und eine Kirche errichtet, auf der östlichen Seite St. Aegidien und auf der Westseite die Benediktikirche.

Die Krämerbrücke

Die dreistöckigen Brückenhäuser bilden eine enge Gasse, in der sich heute Laden an Laden reiht. Es gibt ein Geschäft für Linkshänder, „um die Ecke" bietet man Senf und Gewürze in nahezu orientalischer Vielfalt an. Man kann in Kunsthandwerkstationen stöbern, sich in Galerien umschauen oder sündhaft teure, dafür handwerklich hergestellte Schokolade erstehen. Zudem gibt es Vinotheken, in denen auch Bier ausgeschenkt wird. Am Wochenende strömen Touristen in Scharen über die Brücke. Zur Adventszeit, wenn gegen 20 Uhr der Weihnachtsmarkt schließt und alles zu den Glühweinbuden auf dem Wenigenplatz strömt, ist auf der Krämerbrücke der Teufel los. Die Benediktikirche existiert nicht mehr. Sie musste im 19. Jahrhundert mitsamt dem Tor einem Wohnhaus weichen. Die Aegidienkirche dagegen blieb unangetastet, wurde aber als Lager, Geschäft und Wohnraum zweckentfremdet. Seit 1960 wird sie wieder als Kirche genutzt, und zwar von einer methodistischen Gemeinde. Sonntags kann man gegen einen Obolus den Kirchturm besteigen.

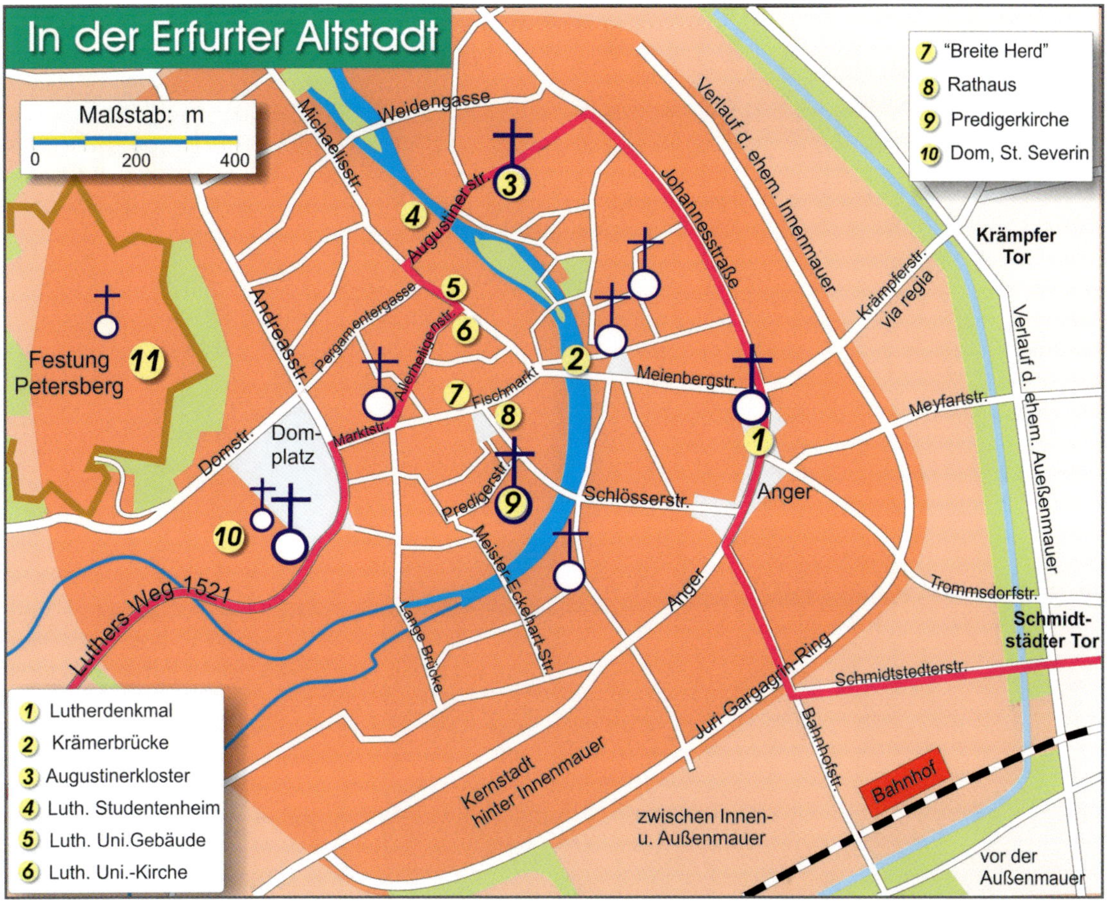

Luther als Student

Von der Aegidienkirche aus führt heute ein schöner Fußweg entlang dem „Breiten Strom" in Richtung Augustinerkloster. Ich habe den Weg über die Michaelisstraße gewählt. Auf dieser Straße kommt man nämlich am Collegium Maius vorbei, dem Hauptgebäude der ehemaligen Universität Erfurt. Hier hat sich Luther 1501 als Siebzehnjähriger in der Artistenfakultät immatrikuliert. Natürlich hat sich Luther nicht mit Seiltanzen oder Jonglieren beschäftigt. In der Artistenfakultät wurden den Studenten Grundkenntnisse in den damals üblichen Disziplinen vermittelt, den Sieben Freien Künsten. Es war ein Grundstudium, das die Voraussetzung für den Lehrerberuf und die Zulassung zum Studium der drei höheren Wissenschaften bildete: für Jura, Medizin und Theologie, und Luther sollte auf Geheiß seines Vaters Jurist werden.

Luthers Lehrveranstaltungen fanden in der Georgenburse statt, und die befand sich nur drei Minuten vom Unihauptgebäude entfernt an der Ecke Michaelis-/Augustinerstraße. Bursen waren von Professoren privat geführte Studentenwohnheime, in denen auch studiert wurde. Eines der Häuser der Georgenburse steht noch und dient als ökumenische Bildungs- und Begegnungsstätte. Im Dachgeschoss hat man eine Pilgerherberge eingerichtet.

Luthers Abschied von seinen Studienkollegen an der Klosterpforte, Eduard Kämpffer1893, Rathaus Erfurt

In der Artistenfakultät „jonglierte" man mit den sieben freien Künsten Grammatik, Rhetorik, Dialektik, Arithmetik, Geometrie, Musik und Astronomie

Die Augustinerstraße führt, wie man sich denken kann, zum Augustinerkloster. Auf der Lehmannbrücke über den Breiten Strom, an der Nikolaikirche vorbei, und schon wäre Luther am Kloster gewesen. Aber zunächst hatte Luther mit dem Kloster „nichts am Hut". Das sollte sich erst nach Abschluss des Grundstudiums ändern.

Im Januar 1505 hatte Luther das erste Examen in der Tasche, und im Sommersemester begann er mit dem Jurastudium. Ende Juni ist er nach Mansfeld zu seinen Eltern gefahren. Der Legende nach passierte auf dem Rückweg etwas, was seine bisherigen Pläne über den Haufen warf. Kurz vor Erfurt geriet er in ein Gewitter. Luther bekam schreckliche Angst und rief zur Heiligen Anna, der Mutter Marias: „Hilf du, heilige Anna, ich will ein Mönch werden!" Zwei Wochen später klopfte er an die Pforte des Erfurter Augustinerklosters und bat um Aufnahme. Von der Georgenburse zum Augustinerkloster war es nur ein Katzensprung. Doch zwischen dem Studentenleben und dem Mönchsdasein lagen Welten. Weshalb Luther letztlich ins Kloster ging, ist bis heute nicht geklärt. Das Gewitter allein wird sicher nicht der Grund gewesen sein.

Augustinerkloster Erfurt

Luther als Mönch

Um Mönch zu werden, musste Luther zunächst ein Probejahr absolvieren. Danach erfolgte die feierliche Aufnahme in den Orden. Die Zeremonie begann im Kapitelsaal, dem Versammlungsraum der Mönche. Luther musste im Unterkleid erscheinen, dann wurden ihm die Mönchskleider angelegt, die man mit Weihwasser besprengte. Danach ging es in die Augustinerkirche, wo er das Mönchsgelübde ablegte. Nachdem er die Formel gesprochen hatte, warf sich Luther als Zeichen der Demut und des Gehorsams vor dem Prior in Kreuzeshaltung auf den Boden. Schließlich bekam er von den Mönchen den Friedenskuss, womit er in deren Gemeinschaft aufgenommen war. Luther erhielt nun auch eine eigene Zelle, die jedoch nicht als Schlafraum diente. In den Mönchszellen, die durch Gitterfenster jederzeit einsehbar waren, wurde gebetet, gelesen und geschrieben. Die Zellen waren Orte der Zwiesprache mit Gott und der theologischen Studien. Und damit kein persönliches Besitzdenken aufkam, wurden die Zellen öfter gewechselt. Luther war in einer Zeit in das Kloster eingetreten, in der die Handhabung der Ordensregeln besonders streng ausgelegt wurde. 1474 hatte sich das Erfurter Kloster einer Reformbewegung angeschlossen, die gegen das klösterliche Lotterleben, das sich langsam eingeschlichen hatte, anging.

Luther nahm die strengen Ordensregeln sehr ernst. Darüber hinaus zwang er sich Bußübungen auf. Der Grund: Er hatte schreckliche Angst. Ihn plagte die Frage: „Wie kriege ich einen gnädigen Gott?“ Luthers Beichtvater und Ordensvorsteher Johann von Staupitz empfahl Luther schließlich, Theologie zu studieren. Und dazu versetzte er ihn 1508 nach Wittenberg, wo er bereits im März 1509 den Grad des „Baccalaurius biblicus“ erwarb.

Der Baccalaurius war ein akademischer Titel, der höher angesiedelt war als der heutige Bachelor. Der Baccalaurius durfte bereits lehren, allerdings nur unter der Aufsicht eines Magisters.

Danach kam Luther noch einmal ins Erfurter Kloster zurück. Erst 1511 ging er endgültig nach Wittenberg, wo er promovierte und die Professur für Bibelauslegung als Nachfolger von Staupitz übernahm. Die Antwort auf die Frage nach der Gnade Gottes fand Luther in Wittenberg, während des sogenannten Turmerlebnisses. Beim Nachdenken über den Bibelvers aus dem Brief an die Römer (Röm 1,17) entdeckte er, was er als Mönch vergeblich gesucht hatte: dass Gottes Gerechtigkeit ein Gnadengeschenk sei, das dem Menschen durch den Glauben an Jesus Christus gegeben werde. Keinerlei Eigenleistung könne dieses Geschenk erzwingen.

Die Klosterkirche und das Gelände außerhalb der Klausur sind frei zugänglich. Ein Blick in den Kreuzgang, den Kapitelsaal und in die Zelle Luthers ist nur im Rahmen einer Führung möglich, für die man in dem Café „Klosterstube“ Karten bekommt. In der Klosterkirche geht der „Guide“ ausführlich auf die drei mittleren Chorfenster mit ihren über 700 Jahre alten Glasmalereien ein. Besonders interessant ist das vom Altar aus gesehen linke Fenster. Es zeigt Löwen- und Papageienpaare in Kombination mit verschiedenen Pflanzenmotiven: stilisierte Lilien, Weinlaub und eine Rose. Lilie und Rose stehen für die Reinheit Marias. Der fruchtbringende Weinstock verweist auf Christus, ebenso die Löwen (Christus der Löwe aus Juda). Die Papageien soll man als Aufforderung ansehen, die Stimme der Apostel nachzuahmen. Papageien waren bereits im Mittelalter beliebte Haustiere, allerdings nur an weltlichen und geistlichen Fürstenhöfen. Man hielt vor allem die sprachbegabten afrikanischen Graupapageien. Luther hatte während der Stundengebete das Papageienfenster immer vor Augen. Dabei muss es ihm die Rose angetan haben. Jedenfalls malte er sie ab, fügte ein Herz und ein Kreuz hinzu und fertig war die Lutherrose, die er fortan als Siegel benutzte.

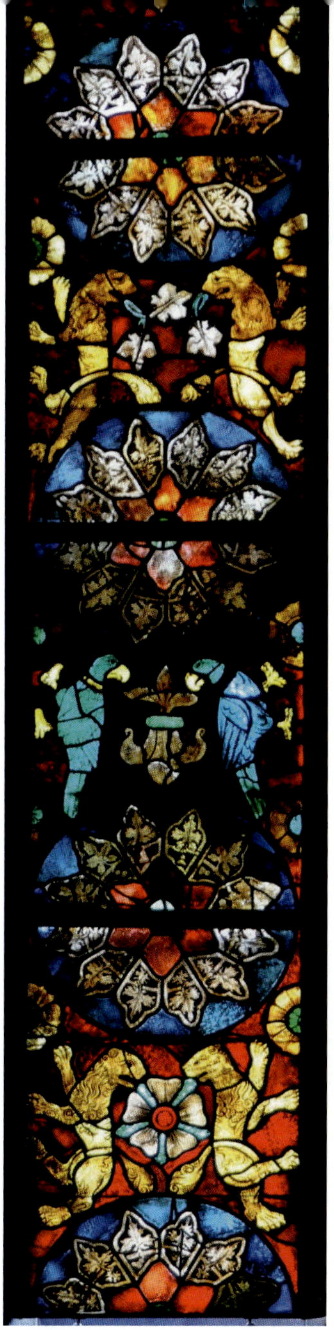

Pagageienfenster der Augustinerklosterkirche

**„Denn darin wird offenbart die Gerechtigkeit, die vor Gott gilt, welche aus dem Glauben kommt und zum Glauben führt; wie geschrieben steht (Hab 2,4):
Der Gerechte wird aus dem Glauben leben.“**

Luthers Zelle nebst Luther als Mönch. Kopie aus dem Luthertryptichon der Herderkirche Weimar

Mich hat zudem der Kapitelsaal beeindruckt, ein stimmiger Raum mit zwei spitzbogigen Fenstern, die das Morgenlicht hereinlassen. Vier Kreuzrippengewölbe gliedern den Raum. Die Gewölbe ruhen auf den Seitenwänden und auf einem einzigen Pfeiler in der Mitte des Raums, sodass der Saal trotz Gliederung als Einheit wahrgenommen wird. Im Winter finden hier Gottesdienste statt, an denen vor allem Besuchergruppen teilnehmen. Eine Pfarrgemeinde gibt es hier nicht mehr, die Augustinergemeinde ist vor einigen Jahren der benachbarten Predigergemeinde zugeordnet worden. Wir haben es also mit einer „touristischen" Gemeinde zu tun, die sich wie in Pilgerorten immer wieder neu zusammensetzt.

Meister Eckhart, Pilgerweisheiten und die Predigerkirche

Luther steht in Erfurt während des Reformationsjubiläums im Rampenlicht. Doch es gab in Erfurt noch einen Theologen, der ebenfalls unsere Aufmerksamkeit verdient: der Dominikaner Meister Eckhart, der 200 Jahre vor Luther lebte. Eckhart war Querdenker, ein philosophierender Theologe. Vieles von dem, was er sagte und schrieb, ist bis heute bedeutsam, auch im Hinblick auf das Pilgern. Meister Eckhart (1260-1328) trat mit 15 Jahren in Erfurt in den Dominikanerorden ein. Der Orden ermöglichte ihm ein Studium, das ihn wohl auch nach Köln führte. Seine nächste Station war Paris, wo er an der damals bedeutendsten Universität der westlichen Welt, der Sorbonne, lehrte. Als er 1294 nach Erfurt zurückkehrte, wurde er dort zum Prior des Dominikanerklosters ernannt. Später stieg er zum Leiter der nord- und mitteldeutschen Ordensprovinz auf. 1302 war er wieder an der Universität Paris, wo er den Titel „Magister" (Meister) zugesprochen bekam. In Köln wurde er 1325 von zwei Mitbrüdern wegen seiner in einigen Punkten von der päpstlichen Linie abweichenden Lehrmeinung der Ketzerei beschuldigt. Der Erzbischof von Köln eröffnete ein Inquisitionsverfahren, das nach langem Hin und Her der Papst - der residierte damals in Avignon - an sich zog. Eckhart ging nach Avignon, um sich zu verteidigen. Er starb jedoch, bevor sein Verfahren abgeschlossen war. Der Prozess wurde nach seinem Tod fortgesetzt und endete mit dem Verbot seiner Schriften.

*Die **Klosterstube** hat Mo – Sa von 11 – 17 Uhr geöffnet. Öffnungszeiten der **Augustinerkirche** Mo - Sa 9 – 18 Uhr, So 11 – 18 Uhr. Mittagsgebet: Mo - Sa 12 Uhr, freitags mit Friedensgebet im „Ort der Stille" im Haus der Versöhnung. Abendgebet: Mo - Sa 18 Uhr in der Augustinerkirche oder in der Elisabethkapelle. Zusätzlich gibt es Abendmahlgottesdienste, siehe www.augustinerkloster.de oder Telefon: 0361-5766021*

Vom Erfurter Dominikanerkloster, dem Heimatkloster Eckharts, sind die Klosterkirche und der Ostflügel der Klausur mit Kapitelsaal und Refektorium erhalten. Meister Eckhart hat dort seine Vorstellung von der unmittelbaren Beziehung der Gläubigen zu Gott entwickelt, ohne Vermittlung durch Priester, allein aus individueller Erfahrung. Eckhart nennt das „Gottesgeburt in der Seele". Möglich sei dies, wenn der

Mensch sich zunächst selber erfahre und dann in der Seele Raum schaffe und alles entferne, was Gott im Wege stehe. Man müsste alle Zielvorgaben aufgeben, sei es für das Diesseits oder das Jenseits. Man lässt los und wird gelassen. Auf Eckhart geht der Begriff Gelassenheit zurück.

„Nimm dich selber wahr, und wo du dich findest, da lass dich" (Zitat Meister Eckhart, Erfurter Reden)

Loslassen, sich selbst erfahren und der Aufbruch zur individuellen Gotteserfahrung, das sind Begriffe, die auch in der neuen Pilgerszene eine Rolle spielen. Der Pilger bricht aus dem Alltag auf. Auf den ersten Kilometern sind seine Gedanken noch bei der Arbeit. Er denkt an die, die er zu Hause gelassen hat. Doch allmählich verblassen diese Bilder. Je größer die Mühen, die er auf sich nimmt, desto rascher und gründlicher schafft er in seiner Seele Raum für Neues, für Gott.

Der Mensch, der die Gottesgeburt in der Seele erlebt habe, so Eckhart weiter, führe dennoch kein zurückgezogenes Leben, sondern sei sozial aktiv, und zwar ohne dafür einen Lohn zu erwarten. Die Sache mit dem direkten Zugang zu Gott und die guten Werke, die Gläubige ohne Eigennutz tun, das sind auch Aussagen Luthers. Auch dass Gottes Gnade ein Geschenk ist, bringt Eckhart zum Ausdruck. Er bleibt dabei nicht stehen. Seine Gedanken gehen weiter, viel weiter. Er befasste sich mit der Menschwerdung Christi, mit der Dreifaltigkeit und mit der Frage nach dem Wesen Gottes. Er hat dafür sehr unkonventionelle Antworten, die zum Teil recht kühn sind, besonders wenn man bedenkt, dass man zur damaligen Zeit wegen Häresie (Ketzerei) auf dem Scheiterhaufen landen konnte. Auch wenn der Zugang zu Eckharts Werk nicht einfach ist, den kleinen Schlenker zu seinem Heimatkloster sollte man sich gönnen.

Fenster der Augustinerklosterkirche, neben Papageienfenster

Der Weg zur Klosterkirche der Dominikaner, Predigerkirche genannt, führt über die Michaelisstraße zum Benediktsplatz, wo man rechts abbiegt und auf den Fischmarkt zusteuert. Der Fischmarkt ist mit seinen reich verzierten Bürgerhäusern und dem neogotischen Rathaus ein Touristenmagnet. Überall stehen Gruppen, die den Erläuterungen von Stadtführern lauschen. Ich komme gleich noch einmal darauf zurück. Jetzt geht es erst mal über die Schuhgasse zur Kirche von Meister Eckhart. Es ist die längste Kirche Erfurts, über 76 m lang. Dafür ragt der Glockenturm wie bei allen Klosterkirchen nicht sonderlich hervor. Vor dem Hauptportal hat man sieben Zitate aus Meister Eckharts „Erfurter Reden" in den Boden eingelassen. Eines dieser Zitate wurde bereits genannt. Die übrigen findet man unter www.predigergemeinde.de. Bei den Erfurter Reden handelt es sich um die Aufzeichnung von Unterweisungen der Erfurter Ordensbrüder durch Meister Eckhart. Da der Text nicht in Latein, sondern in Mittelhochdeutsch verfasst wurde, waren die „Erfurter Reden" wohl auch für „gewöhnliche" Menschen außerhalb des Klosters bestimmt. Der Text ist ein einzigartiges Dokument aus der Glaubenswelt des Mittelalters und es ist ein Text mit Gedanken, die wie gesagt auch in die heutige Zeit passen.

Die Erfurter Reden Meister Eckharts, ein mittelalterliches Dokument zu ungewöhnlichen Weisheiten

Die Predigerkirche und die anschließende Klausur sind authentische Wirkungsorte Eckharts. Wenn Sie die Kirche betreten, lassen Sie das langgestreckte Kirchenschiff erst mal auf sich wirken. Dreißig himmelwärts strebende Säulen tragen ein Kreuzgewölbe, aus dem kunstvoll gestaltete Schlusssteine hervorragen. Richten Sie dann den Blick zu

Die Predigerkirche *ist von April bis Oktober geöffnet und zwar Di - Samstag 11 - 16 Uhr, So 12 - 16 Uhr. Der Gottesdienst findet am Sonntag um 10 Uhr statt, im Winter im Refektorium.*

den Fenstern des Chors, durch die die Morgensonne hereinscheint. Von dort kommt Jesus Christus zu den Gläubigen. Im Chor befinden sich der Hauptaltar und das Chorgestühl, das den Ordensbrüdern, die dem Altar möglichst nahe sein wollten, vorbehalten war. Und damit die Mönche bei ihren Stundengebeten nicht gestört wurden, hatte man das Chorgestühl an den Seiten und zum Westportal hin mit Wänden, Chorschranken genannt, abgeschirmt. Der Chor, das Chorgestühl und die Chorschranken wurden Ende des 13. Jahrhunderts errichtet, also zu Meister Eckharts Zeit. Anfang des 15. Jahrhunderts hat man eine zusätzliche Barriere errichtet, eine doppelwandige, mehrere Meter hohe und begehbare Mauer, Lettner genannt. Natürlich hat man in diesen Sperrriegel auch ein Tor eingelassen, welches von zwei Statuen „bewacht" wird, vom Erzengel Gabriel, der Maria die Geburt ihres Sohnes ankündigt, und von Maria selber. Hinter dem Lettner stößt man auf die Chorschranke. Und auch die kann man durch ein Tor passieren. Danach schreitet man zwischen den Reihen des Chorgestühls hindurch, einem Ort von historischer Dichte und Authentizität. Vom Chorgestühl blickt man zum Hochaltar, dem ein Flügelaltar mit Schnitzwerk aufsitzt. Dahinter ragen die bunten „Trümmerglasfenster" auf, die so heißen, weil sie aus Scherben von Fenstern kriegszerstörter Kirchen zusammengesetzt sind.

In der Erfurter Predigerkirche

An den Fensterbänken des Eckhauses Barfüßerstraße / Meister-Eckhart-Straße steht geschrieben:

Die wichtigste Stunde ist immer die Gegenwart.
Der bedeutendste Mensch ist immer der, der mir gerade gegenüber sitzt.
Meister Eckhart

Ob es sich hier wirklich um Zitate von Meister Eckhart handelt? Auf jeden Fall sind es bedenkenswerte Aussagen.

Ich bin mit Dr. Holger Kaffka, dem Pfarrer der Predigerkirche verabredet. Wir treffen uns im Pfarrhaus in der Predigerstraße 4, einem schönen Haus aus der Zeit des Barock. Kaffka stammt aus Dresden und teilt sich die Pfarrstelle mit seiner Frau Ulrike.

„Herr Kaffka, ich war vergangenen Sonntag beim Gottesdienst ihrer Frau im Refektorium. Der Raum war bis auf den letzten Platz besetzt. Ist das immer so?"

„Jetzt am Ende des Jahres kommen mehr Menschen zum Gottesdienst als im Sommer. Aber unsere Gottesdienste sind allgemein gut besucht, für gewöhnlich nehmen zwischen 150 und 300 Personen daran teil."

„Wie groß ist die Predigergemeinde?"
„Wir haben dreitausend Mitglieder, circa 180 ehrenamtliche Mitarbeiter und 88 Konfirmanden."
„Mann, davon können viele Gemeinden nur träumen."
„Dazu muss man ehrlicherweise sagen, dass die Predigergemeinde eine Innenstadtgemeinde ist, in der sich das aufgeschlossene und gebildete Bürgertum konzentriert. Ja, und die Gemeinde ist stolz darauf, dass die Predigerkirche die Heimatkirche von Meister Eckhart ist, dem großen mittelalterlichen Mystiker."
„Wie bringen Sie Kirchenbesuchern den großen Mystiker näher?"
„Also zunächst einmal kann man mittels Kirchenführungen in die Welt Meister Eckharts eintauchen. Sie waren ja auch schon in der Kirche und von dem hohen Chor mit dem Chorgestühl beeindruckt."
„Weiß man, wo Meister Eckhart dort saß?"
„Ja, wenn Sie den Raum durch den Lettner betreten, gleich rechts, auf dem ersten Sitz. Das war sein Platz, als er Prior des Klosters war."
„Wieso hat er als Prior ganz hinten und nicht vorne gesessen?"
„Weil die Dominikaner ein Bettelorden waren. Da war Demut angesagt. Aber zu ihrer Frage, wie wir den Leuten Meister Eckhart näherbringen: Wir haben eine ganze Reihe von Veranstaltungen zu Meister Eckhart gemacht, sogar eine Lesung in Mittelhochdeutsch. Die Gemeinde und unser Meister-Eckhart-Initiativkreis haben Broschüren zu Meister Eckhart verfasst. Auch einen Meister-Eckhart-Tag für Kinder hat es gegeben. Ja, und dann lohnt sich natürlich ein Blick auf unsere Homepage."
„Herr Kaffka, noch eine ganz andere Frage. Auf der Mauer längs der Predigerkirche habe ich im Sommer eine ganze Reihe von jungen Leuten auf Sitzkissen Kaffee trinken gesehen. Hat das etwas mit ihrer Gemeinde zu tun?"

„Nein, das waren Gäste vom Café „Klara Grün". Wir haben denen erlaubt, sich auf unsere Mauer zu setzen, damit sie ihren Kaffee in der Sonne genießen können. Allerdings müssen die Gäste ihr Getränk selbst über die Straße tragen."
„Pfarrer Kaffka, ich danke Ihnen für dieses Gespräch."

Sitz von Meister Eckhart im Chorgestühl der Predigerkirche

Mit Pfarrer Kaffka im Gespräch über die Predigergemeinde

Pfarrer Dr. Kaffka

Der Fischmarkt und die Bilder im Rathaus

Über die Predigerstraße geht es zurück zum Fischmarkt. Auf dem Weg dorthin kommt man an besagtem Café vorbei. Ich habe mich dort sofort wohl gefühlt. Die Besonderheiten: der Schoko-Joghurt-Kuchen, garniert mit Physalis und Früchteteekrümeln, die große Tasse Kaffee mit Öko-Milch vom Demeterhof Hauteroda, die nagelneue Espressomaschine neben Omas Schrank und dann die beiden Macher des Cafés, Martin Sawatzki und Stephan Möller. „Lass es Dir schmecken!", sagt Martin, als er mir den Kuchen bringt, und wie zur Bestätigung: „Den Kuchen hat Stephan selber gebacken." An den Wänden hängen Fotografien von indischen Gurus und nepalesischen Kindern. Dazu ein Regal mit Kunsthandwerk aus einem tibetischen Kinderdorf in Dharamsala (zu Deutsch Pilgerherberge), dem indischen Exil des Dalai Lama. Martin und Stephan, beide um die 40, sind, bevor sie das Café gegründet haben, durch die Welt gefahren und haben dabei mit der Präsentation von Automodellen ihren Lebensunterhalt verdient. Und so weltoffen wie ihre frühere Lebensweise, so ist auch die Atmosphäre in ihrem Café. Ich habe in Klara Grün sofort Kontakt bekommen, u.a. mit dem Erfurter Autor Olaf Trunschke. Was der Name Klara Grün bedeute, will ich wissen, als ich bezahle. „Als wir uns Gedanken über die Gründung unseres Cafés gemacht haben, bin ich mit meiner Freundin in den Harz gefahren", erzählt Martin, „Dort war die Sicht klar und die Wälder waren grün. Und dann kam die Erleuchtung. Na klar! Klara Grün."

Jetzt nur noch die Schuhgasse hinunter, dann ist man auf dem Fischmarkt. Dort zieht „das Haus zum breiten Herd" die Blicke auf sich, weniger wegen der großen Terrasse eines italienischen Restaurants , die sich bis vor das benachbarte Gildehaus erstreckt - es gibt im direkten Umfeld des Fischmarktes drei „Italiener" - nein, das Bemerkenswerte ist die unglaublich bunte Fülle der Hausfassade. Gleich über den Fenstern des Restaurants gibt es eine Darstellung der fünf Sinne: eine Frau, die an Blumen riecht, sich im Spiegel betrachtet, Laute spielt und auf dem nächsten Bild Wein trinkt, während ein Affe grinsend eine Orange verspeist. Gaffköpfe, umrankt von bunten Ornamenten, schauen auf die Passanten herunter. Und auf dem Giebel hält ein Landsknecht mit einer Lanze in der Hand die Wacht. Das Haus zum breiten Herd ist Ende 1584 erbaut worden, also in dem Jahrhundert, in dem Luther gelebt hat.

Öffnungszeiten von Klara Grün, Predigerstr. 12: Mo-Sa, 12 Uhr 6 bis 19 Uhr 2

Auch an der Fassade des „Hauses zum Roten Ochsen" auf der Westseite des Fischmarktes gibt es einiges zu sehen. Über dem Erdgeschoss befindet sich ein Fries, auf dem die Musen und die antiken Planetengötter dargestellt sind. In der Mitte dieser illustren Gruppe ruht ein roter Ochse mit goldenen Hörnern. Das aus dem Jahr 1562 stammende Gebäude wird heute als Kunsthalle genutzt.

Stephan Möller (oben) u. Martin Sawatzki (unten) im Café Klara Grün

Aller guten Dinge sind drei. Gegenüber dem Roten Ochsen steht das Rathaus, dessen Fassade mit mächtigen Arkaden, hohen Maßwerkfenstern, Staffelgiebel und Dachreiter daher kommt. Es ist, als ob die Stadtoberen zeigen wollten, dass man sehr wohl mit der Baukunst früherer Zeiten mithalten und sie sogar übertrumpfen kann. Dazu hat der Architekt Anleihen bei der Baukunst des Spätmittelalters gemacht. Doch auch das ungeübte Auge erkennt sofort, dass das Gebäude alles andere als mittelalterlich ist. Es wurde Ende des 19. Jahrhunderts im Stil der Neogotik errichtet, zur Zeit der Wiedergeburt des Deutschen Reichs.

In dieser Manier sind auch das Treppenhaus und der große Festsaal gestaltet, mit Säulen, Täfelung und vor allem mit großformatiger Historienmalerei. Sicherlich, die etwas schwülstige Art der Malerei entspricht nicht unserem Zeitgeschmack. Aber das Ensemble ist sehenswert, für uns vor allem wegen der Darstellung von Luthers Erfurter Zeit. Ich melde mich beim Pförtner und staune, dass ich weder Eintritt zahlen noch auf eine Führung warten muss. Beim Aufstieg in den ersten Stock kommt man u.a. an Szenen zu Faust und zur Tannhäuser-Sage vorbei. Im Flur vor dem Festsaal dann der Zyklus „Luther in Erfurt": Luther als Bettelmönch, Luther in seiner Klosterzelle, Luthers Empfang in Nohra und verschiedenes mehr. Aus dem Festsaal dringt Musik. Vorsichtig öffne ich die Tür zum Saal. In dem von der Sonne durchfluteten Raum spielen ein Pianist und ein Posaunist vor leeren Rängen. Ich schlüpfe in den Saal hinein und höre den beiden eine Zeit lang zu. Auch als ich die gewaltigen Wandgemälde, auf denen die Geschichte Erfurts dargestellt wird, in Augenschein nehme, scheint dies die Musiker nicht im Geringsten zu stören. Als sie eine Pause machen, komme ich mit ihnen ins Gespräch. Der Posaunist ist Berufsmusiker, der Pianist Nervenarzt. Die beiden üben für ein Schumann-Konzert, das am nächsten Tag stattfinden soll.

Ausschnitt aus dem Fries am Haus „Zum Roten Ochsen“

Ein Kaufhaus des Herzens und die Offene Arbeit Erfurt

Vom Fischmarkt aus starte ich zum katholischen Zentrum Erfurts, zum Dom und zur Pfarrkirche St. Severin. Trotz Luther ist die Stadt nie in Gänze protestantisch geworden. Der Weg führt über die Marktstraße, die Teil der Fußgängerzone ist. Kurz vor der Allerheiligenkirche kommt mir eine Straßenbahn entgegen. Als ich nach rechts ausweiche, bimmelt es hinter mir. Ich flüchte auf den Bürgersteig. Und schon rattert, nahezu auf Tuchfühlung, die Linie 4 (Hauptfriedhof) an mir vorbei. An der Kirche zweigt die Allerheiligenstraße im spitzen Winkel rechts ab. Dort ist es ruhiger. Keine Geschäfte mehr, kein Gedränge und keine Straßenbahn, dafür schöne alte Häuser mit tollen Portalen. „1533“, ist über einem Fenster zu lesen. Ich bin neugierig, wo die Straße hinführt. Also doch noch ein klitzekleiner Abstecher. Und der lohnt.

Giebel am „Breiten Herd“

Im Festsaal des Erfurter Rathauses

An einem taubenblauen Haus in der Allerheiligenstraße 9 hängt ein Transparent: „Herzlich willkommen – Kirche, Kultur, Kaffee – Offene Arbeit – evangelische Stadtmission". Rechts daneben erhebt sich ein schmales, gelb gestrichenes Haus. Unter dem Giebel steht in Schnörkelschrift „Evangelisches Vereinshaus". Ich drücke auf die Klinke der Eingangstür des blauen Hauses. Die Tür ist offen. Um die Ecke und durch einen schmalen Flur – taubenblau gestrichen- gelange ich in einen geräumigen Hinterhof. Rechts, an einer Tür des gelben Hauses, steht: „Kaufhaus des Herzens". Die Tür ist verschlossen. Es ist ja auch Sonntag. Links ein zweistöckiges, von wildem Wein beranktes Hinterhaus. Aus einem der oberen Fenster hängt ein Plakat „Atomkraft, Nein Danke". Daneben steht „Offene Arbeit Erfurt." Der Eingang ist - Nomen est Omen- offen. Ich halte mich rechts und lande in der Küche. Eine Frau drapiert Käsescheiben auf einen Teller. Ich soll nach nebenan gehen, dort wäre der Brunch. Im „Speisesaal" sitzen nur noch drei Männer. Einer ist Veganer. Er ist mit seinem frugalen Mahl beschäftigt und dabei sehr kommunikativ. Die beiden anderen – es sind Hauptamtliche der Offenen Arbeit Erfurt - hören zu.

Als sich der Veganer Nachschub holt, spricht mich der Ältere der beiden an. Er sei Diakon und Sozialpädagoge und heiße Wolfgang Musigmann. Musigmann klärt mich auf: Der Brunch finde jeweils am 1. Sonntag im Monat statt. Er sei Teil der Offenen Arbeit des Evangelischen Kirchenkreises Erfurt, die noch auf die DDR-Zeit zurückgehe. Was es denn mit dem Kaufhaus des Herzens auf sich habe, frage ich.

„Das ist ein Sozialkaufhaus der evangelischen Stadtmission. Die nimmt Spenden aller Art entgegen: Kleidung, Möbel, Hausrat, Bücher und so weiter. Bedürftige können dann im Kaufhaus die Sachen für einen geringen Betrag erwerben. Die Stadtmission betreibt übrigens auch noch das „Restaurant des Herzens". Im Dezember und im Januar gibt es dort für Einsame und Bedürftige täglich ein Mittagessen sowie Kaffee und Kuchen."

Vom Kaufhaus und dem Restaurant des Herzens und der offenen Arbeit Erfurt

„Ist das auch Teil der Offenen Arbeit?"
„Nein, unsere Arbeit zielt nicht auf spezielle Gruppen ab, sondern richtet sich an Jedermann. Wer zu uns kommt, wird auch nicht in erster Linie betreut. Stattdessen fordern wir auf, aktiv zu werden und mitzugestalten. Wir bestimmen auch nicht einfach, was gemacht wird. Bei uns geht es basisdemokratisch zu."
„Und was kommt aus diesem basisdemokratischen Prozess heraus? Was macht Ihr konkret?"

„Uns geht es zuallererst um Begegnung und Freizeitgestaltung. Bei uns kann man Einradfahren, Karate lernen oder Indiaca spielen. Wir haben eine Kreativwerkstatt, eine Krabbelgruppe, einen Folk-Stammtisch. Wir zeigen Filme, es gibt Live-Musik, wir veranstalten Freizeiten und, und, und... Wir sprechen Menschen unabhängig von ihrem Alter und ihrer Konfession an. Und natürlich sind wir auch für die sogenannten Atheisten offen, die ja in Erfurt die Mehrheit bilden. Übrigens, viele der „Atheisten", die sich bei uns engagieren, würden gut in die Kirche passen, vor allem im Sinne der Bergpredigt. Ja und damit habe ich auch schon einen weiteren Aspekt unserer Arbeit angetippt: Handeln im Hinblick auf Gerechtigkeit, Frieden, Gewaltfreiheit und auf den Schutz der Umwelt. Wir haben bereits eine ganze Reihe heißer Eisen angepackt, wie die Bewältigung der DDR-Zeit oder den Umgang mit der rechten Szene. Derzeit beschäftigen wir uns intensiv mit der Flüchtlingsproblematik. Bei uns geht es aber auch um Seelsorge und Spiritualität. Wir haben Gesprächskreise, veranstalten Gottesdienste und Rüstzeiten."

Wolfgang Musigmann, Urgestein der Offenen Arbeit Erfurt

„Das ist ja Wahnsinn, was Ihr alles macht! Wie finanziert Ihr die Arbeit?"
„Also grob geschätzt kommen die Mittel zu je einem Drittel aus dem städtischen Haushalt, von der evangelischen Kirche und von Spendern."

Als ich Musigmann sage, dass ich auf den Spuren Luthers bin, meint er, dass ich hier an der richtigen Ecke wäre, nämlich mitten im alten Universitätsviertel. Drei Häuser weiter, an der Ecke Allerheiligenstraße – Michaelisstraße, stehe die ehemalige Universitätskirche, die Michaeliskirche, in der Luther während seiner Studentenzeit regelmäßig an der Messe teilgenommen habe. „In die Michaeliskirche habe ich hineingeschaut, als ich auf dem Weg zum Augustinerkloster war. Ich weiß nicht, woran ich es festmachen soll, aber irgendwie hatte ich den Eindruck, dass es keine so ganz richtige Kirche mehr ist, jedenfalls keine Pfarrkirche."
„Die Michaeliskirche ist eine „Patchwork-Kirche", in der auch die Offene Arbeit des Öfteren Veranstaltungen organisiert." - „Eine Patchwork-Kirche?"
„Also in der Michaeliskirche produzieren unterschiedliche Initiativen ganz unterschiedliche Veranstaltungen. Aber sowohl die Veranstalter als auch die Veranstaltungen passen letztlich irgendwie gut zusammen, genau wie die Teile eines Flickenteppichs, also eines Patchworks. Also, ich könnte Ihnen noch viel erzählen. Aber schauen Sie zu Hause doch einfach mal in unseren Internetauftritt hinein." Ok, das war das Zeichen zum Aufbruch. Wolfgang Musigmann wird zu Hause erwartet. Ich verabschiede mich und mache mich nun endlich auf dem Weg zum Dom.

Luthers Unikirche St. Michaelis, als Patchwork-Kirche wieder am Puls der Zeit

Erfurts Dom

Zurück zur Marktstraße und auf ihr zum Domplatz, auf dem zur Adventszeit der Weihnachtmarkt stattfindet. Von dem Platz führt eine breite Treppe zum Dom und zu St. Severin empor, die nebeneinander auf einem Hügel thronen. Es ist beeindruckend, dort hinaufzusteigen: Die vielen Kirchenbesucher, das Kruzifix, das gotische Doppel-Portal mit den klugen und den törichten Jungfrauen, der Himmelskönigin und den 12 Aposteln - unter ihnen Jakobus mit der Pilgermuschel. Und direkt anschließend St. Severin mit ihren drei Türmen, ein klerikales

Postkarte zum Martinstag aus den 1930er Jahren, daneben der katholische Dom und die katholische Pfarrkirche St. Severin

Zentrum, ein Hauch vom katholischen Süden inmitten protestantischer Kernlande. Dom und St. Severin stehen Besuchern zur Besichtigung offen. Und es wird kein Eintritt erhoben, auch nicht für den Dom, obwohl der eine bemerkenswerte Ausstattung aufweist: das komplett erhaltene Chorgestühl aus der ersten Hälfte des 14. Jahrhunderts, die mittelalterlichen Glasfenster im Chor, das monumentale Wandgemälde vom Heiligen Christophorus , die Statuen des Apostels Johannes und des Heiligen Laurentius sowie die mittelalterliche Kerzenhalterfigur. Der Mariendom und St. Severin bleiben trotz staunender Touristenscharen Orte der Andacht; als ich St. Severin besuche, verharrt dort eine Gruppe katholischer Vikare im Gebet.

Öffnungszeiten des Doms:
Nov.-April Mo-Sa 9.30 - 17.00, So u. feiertags 13 - 17 Uhr, Mai-Okt. eine Stunde länger.
Öffentliche Führungen täglich um 14 Uhr.
Anmeldung:
Tel. 0361 6461265

Neben dem Kirchhügel erhebt sich der Petersberg, dessen Plateau von einer Festung eingenommen wird, auf der sich einst die Truppen Napoleons festgesetzt hatten. Zur Zeit der Befreiungskriege lieferten sich die Besatzer mit der preußischen Armee heftige Artilleriegefechte. Dabei wurde das Wohnviertel unterhalb der Severinkirche zerstört. Der mit Betonsteinen ausgelegt Teil des Domplatzes markiert den Bereich, auf dem einst die zerstörten Wohnhäuser standen. Der Aufstieg zur Festung lohnt. Von dort oben hat man einen schönen Blick auf Erfurt, nicht zu vergessen das Café/Restaurant Glashütte Petersberg.

Luthers Weg nach Gotha

418 km nach Worms
63 km nach Eisenach
26 km nach Gotha

Am Montag, den 8. April reiste Luther nach Gotha ab. Die Straße führte damals nach Schmira hinauf und dann über die weite, ebene Feldflur geradewegs nach Westen Richtung Gotha. Als der junge Martin Luther von Eisenach kam, um in Erfurt zu studieren, hat ihn in Schmira der Anblick der vor ihm liegenden Stadt sicherlich überwältigt. Hinter turmbewehrten Mauern tat sich ein Gewirr von Dächern auf, das von den Türmen zahlreicher Pfarrkirchen und Klöster, vom Dom und den

Dreispitzen von St. Severin überragt wurde. „Effordia turrita", die Turmbewehrte, hat Luther Erfurt später genannt.

Abstecher nach Neudietendorf

Ich fahre mit der Bahn nach Gotha, weil ich in Neudietendorf einen Zwischenstopp einlegen will. Der Grund: In Neudietendorf hat sich Mitte des 18. Jahrhunderts eine Herrnhuter Brüdergemein(d)e etabliert. Diese Gemein(d)e existiert noch heute. Ihr Gemeindezentrum befindet sich in der Nähe des Bahnhofs, im Bereich der Zinzendorfstraße und der Kirchstraße. (Brüdergemeine ist kein Schreibfehler, die Herrnhuter halten bis heute an dieser altertümlichen Schreibweise fest.)

Die Herrnhuter wollten im streng lutherischen Herzogtum Gotha eine Niederlassung gründen und hatten nach einer passenden Immobilie gesucht. Bei dem damaligen Dietendorf waren sie auf ein geeignetes Objekt gestoßen, einen alten Gutshof, der eine Zeit lang als Wollmanufaktur gedient hatte. Der Kauf des Alten Hofs war die eine Sache. Die Auseinandersetzung mit dem Gothaer Herzog über die freie Ausübung des Herrnhuter Kultus mit eigener Kirche, eigenem Pfarrer und eigenem Friedhof war die andere. Es hat 18 Jahre gedauert, bis den Herrnhutern dort das Recht zugesprochen wurde, nach ihren Vorstellungen zu leben, zu arbeiten und zu glauben. Im Gegenzug wurde die Brüdergemeinde Teil der Gothaer Landeskirche. Eigentlich hatte die Brüdergemeine vor, die neue Ansiedlung „Gnadenthal" zu nennen. Doch schließlich gab man sich mit der neutralen Bezeichnung Neudietendorf zufrieden.

Ich biege in die Kirchstraße ein. Ein Gebäude, das meinen Vorstellungen von einer Kirche entspricht, kann ich jedoch nicht entdecken. Doch da ist ein schlichter dreistöckiger Barockbau mit einem Dachreiter. Vielleicht bin ich dort richtig. Die Eingangstür ist offen. Eine steile Holz-

Die Herrnhuter Brüdergemein(d)e

Anfang des 18. Jahrhunderts fanden grausam verfolgte Hussiten Aufnahme auf dem Oberlausitzer Gut des Grafen von Zinzendorf. Neben Zinzendorfs Gut, das unter dem Hutberg lag, gründeten die Glaubensflüchtlinge die erste Herrnhuter Gemein(d)e, wobei sie von dem pietistisch orientierten Zinzendorf geistig und materiell unterstützt wurden. Zinzendorf hat unzählige Kirchenlieder geschrieben, darunter so bekannte wie „Jesu, geh voran". Von ihm stammt auch das Tischgebet „Komm Herr Jesus, sei Du unser Gast und segne, was Du uns bescheret hast".

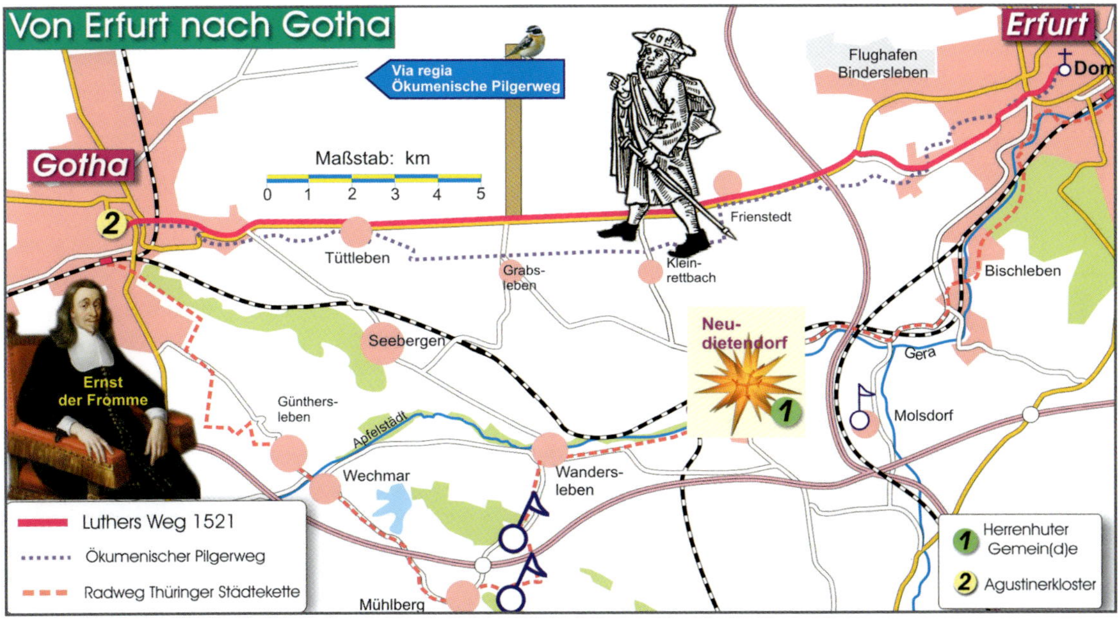

Gottesacker der Brüdergemeinde im Schmuck der Blausternblüte, im Hintergrund das Gemeindehaus

treppe führt zur Wohnung des Pfarrers hinauf. Auf mein Läuten kommt keine Reaktion. Also poltere ich die Treppe wieder hinunter. Im Parterre geht es links zum Konfirmandenraum, rechts zum Betsaal. Also bin ich richtig. Aber die Türen sind verschlossen. Und so begebe ich mich vorerst wieder auf die Straße.

Schräg gegenüber steht ein langgestreckter Bau mit einer großen Toreinfahrt. Ich schaue zu der über der Einfahrt thronenden Turmhaube hinauf, da sehe ich im Augenwinkel eine Frau aus dem Gemeindehaus kommen. Sie geht in meine Richtung. „Entschuldigen Sie, können Sie mir sagen, was es mit diesem Turm auf sich hat?", frage ich. „Das ist der Ladeturm der ehemaligen Siegellackfabrik", bekomme ich zur Antwort. „Über den hat man früher die Rohstoffe in den Speicher gehievt. In dem Fabrikgebäude ist heute unsere Kindertagesstätte, die „Arche", untergebracht."

„Sagen Sie, sind Sie von der Brüdergemeine?" – „Ja."

„Können Sie mir vielleicht den Betsaal zeigen?" – „Na klar! Kommen Sie mit, ich schließe auf. Übrigens, ich heiße Gisela Findeis. Sind Sie Tourist?"
„Ja, so etwas Ähnliches. Ich bin in Wittenberg gestartet und bin auf Luthers Spuren unterwegs nach Worms."
Der Betsaal ist ein großer rechteckiger Raum ganz in Weiß und ausgefüllt mit Bankreihen, wobei die Bänke – auch sie sind weiß gestrichen - mich eher an eine Gartengarnitur erinnern als an Kirchenbänke. Eine Kanzel und einen Altar suche ich vergebens. Es gibt auch keine Bilder oder sonst irgendwelchen Schmuck. Dafür dringt durch die großen Fenster viel Licht herein. Der Kontrast zu den mittelalterlichen Gotteshäusern in Erfurt könnte kaum größer sein. Dort stimmungsvolle Sakralbauten mit reichem, im Dom sogar überbordendem Bildschmuck, hier ein nüchterner Zweckbau für Gottesdienste und andere Gemeindeversammlungen.
„Der Prediger sitzt da an dem Tisch", sagt Frau Findeis und zeigt auf die Mitte der Fensterseite. „Von dort aus leitet er den Gottesdienst. Das Kreuz ist ein Zugeständnis an die landeskirchliche Gemeinde, die den Saal ebenfalls nutzt. Unser Pfarrer betreute bis vor kurzem auch die lu-

Der erste ***Herrnhuter Stern*** *wurde um 1821 in einem Internat in Niesky (Landkreis Görlitz) gebastelt. Niesky wurde von böhmischen Glaubensflüchtlingen gegründet, die sich der Herrnhuter Gemein(d)e anschlossen. Damals wurde der Stern zum Dreikönigsfest aufgehängt, heute leuchtet er in der Adventszeit. Der Grundkörper des Sterns ist aus 8 gleichseitigen Dreiecken und 18 Quadraten zusammensetzt. Auf jedes der Dreiecke und Quadrate wird eine dreieckige bzw. viereckige Pyramide aufgesetzt, die Strahlen des Sterns.*

therische Ortsgemeinde. Jetzt ist er leider krank und der landeskirchliche Pfarrer kommt zu uns."
„Warum ist Ihr Betsaal so schlicht gestaltet?"
„Also für uns ist das ganze Leben ein Gottesdienst, beim Arbeiten und Essen genauso wie beim Beten. Deshalb sprechen wir auch nicht von Gottesdienst, sondern von Versammlungen."
„Aber wie ich sehe, haben Sie auch eine Orgel."
„Wieso aber? In den Brüdergemeinden wird viel gesungen. Es gibt bei uns sogar eine besondere Gottesdienstform, die Gebetssingstunde. Zu einem Bibelwort werden Verse ausgesucht und zu einer „Liederpredigt" zusammengestellt. Martin Luther hat gesagt: „Wer singt, betet doppelt". Aber schauen Sie mal hier. So haben sich die Schwestern früher gekleidet, mit Hauben und Bändchen. Und dort auf dem Plakat sehen Sie mich als Siebzehnjährige in der Herrnhuter Tracht."
„Setzen Sie auch heute noch ab und an das Häubchen auf, etwa zu Feierlichkeiten?"
„Nein, diese Zeiten sind vorbei. Aber an Weihnachten, beim Austeilen der Christnachtkerzen wird die Haube noch getragen. Die Brüdergemeinden halten an ihrem Glauben an Jesus Christus unseren Herrn und an den grundsätzlichen Lebenseinstellungen fest, aber sonst gehen wir mit der Zeit."

Gisela Thies, später verheiratete Findeis, als 17-Jährige in der Tracht der Brüdergemeine

„Nach der Wende sind viele Thüringer nach Westdeutschland gegangen. Wie viele Gemeindemitglieder haben Sie in Neudietendorf heute noch?"
„Nun, das dürften noch so um die 70 sein."
„Und deutschlandweit, wie viele Mitglieder gibt es da?"
„5750. Weltweit sind es über eine Million. Die größte Brüdergemeinde lebt in Tansania. Auch in Südafrika sind unsere Brüder und Schwestern vertreten. Wir setzen dort wie anderswo Zeichen für das Zusammenleben unterschiedlicher Kulturen und wir kennen auch keine Rangordnungen. Nelson Mandela hat seinen Regierungssitz in Kapstadt übrigens nach unserer Missionsstation in Genadendal umbenannt.

Auf dem Herrnhuter Gottesacker sind alle gleich

Das mit dem Verzicht auf Rangordnungen gilt auch für unseren Gottesacker, den Sie sich anschauen sollten, er befindet sich gleich hinter unserem Gemeindehaus. Die Grabsteine sind alle gleich. Da gibt es nur den Namen des Verstorbenen, sein Geburts- und Sterbedatum und einen Bibelvers. Im Frühjahr blühen auf dem Friedhof tausende von Schneeglöckchen, Blausternchen und Lerchensporn. Früher gab es auf dem Gottesacker eine Brüder- und eine Schwesterseite. Aber das haben wir inzwischen aufgegeben. Bei neuen Gräbern ist inzwischen auch eine individuelle Bepflanzung gestattet. Übrigens, unsere Gräber werden nicht aufgelöst. Daher befinden sich auf dem Gottesacker viele alte Gräber. Das älteste Grab stammt aus dem Jahr 1743.

Ach, und da ist noch etwas, was sie sich zumindest von außen anschauen sollten: das Zinzendorfhaus, unser ehemaliges Schwesternhaus. Heute ist es eine Tagungs- und Begegnungsstätte der Evangelischen Kirche Mitteldeutschlands, womit unsere enge Verbindung mit der Landeskirche zum Ausdruck kommt. Gegenüber gibt es noch weitere landeskirchliche Institutionen: ein Predigerseminar, ein Pädagogisch-Theologisches Institut, eine Medienzentrale und verschiedenes mehr. Sie sehen, in Neudietendorf ist kirchlich einiges los."

Schloss Friedenstein, Südosttrakt

Das stimmt und man kann hier, wenn man so eine nette und kompetente Gesprächspartnerin wie Gisela Findeis hat, ohne weiteres einen ganzen Tag verbringen.

In Gotha

Zu Luthers Zeiten war Gotha ein Marktort mit einer Burg namens Grimmenstein und einem Augustinerkloster, nicht mehr und nicht weniger. In dem Kloster hat Luther mehrmals übernachtet und gepredigt, auch auf seiner Wormsreise. Knapp hundert Jahre später, gegen Ende des Dreißigjährigen Krieges, wählte Ernst I., Herzog von Gotha-Sachsen, genannt der Fromme, Gotha zu seiner Residenz. Ernst hatte anlässlich einer Erbteilung das Herzogtum zugesprochen bekommen. Und da in dem neugeschaffenen „Ländchen" noch kein fürstliches Schloss existierte, vergab er schleunigst einen Bauauftrag. Ernst gab seinem Schloss den Namen Friedenstein. Die Sehnsucht nach Frieden war damals weit verbreitet, selbst unter den Fürsten. Am Portal seines Schlosses ließ Ernst eine Friedenskuss-Darstellung anbringen. „Friede ernehret, Unfriede verzehret", heißt es dort. Doch so ganz hat der Herzog dem Frieden wohl nicht getraut, denn er ließ sein Schloss mit mächtigen Wallanlagen versehen und die Kasematten, die noch von der geschleiften Burg stammten, ausbauen.

Davon unbenommen: Ernst I. gebührt der Beiname „der Fromme" zu Recht. Der lutherische Glaube und die protestantische Kirche waren für ihn Richtschnur der Politik. Dazu gehörte auch, dass er mit großem Eifer Sitte und Bildung der Bürger zu bessern suchte. Er setzte die Schulpflicht durch und verpflichtete alle Bürger zur Teilnahme an Kursen in christlicher Glaubenslehre. Der Herzog wurde deshalb auch als „Bet-Ernst" verspottet. Dabei hatte Ernst nur Luthers Auftrag verinnerlicht, für Bildung zu sorgen.

Luther ist auf seiner Wormsreise über die Erfurter Straße in die Altstadt hineingefahren. Zusammen mit der Marktstraße und dem Neumarkt, wo die Stadtkirche St. Margareten steht, ist das heute Gothas Einkaufsmeile. Die Marktstraße führt zu den Restaurants und Cafés am Hauptmarkt. Der Italiener vom Ratskeller hat draußen vor dem Rathaus Tische, Stühle und Sonnenschirme aufgestellt. Bei Spaghetti, Eis oder Torte kann man zuschauen, wie zu jeder vollen Stunde über der Rathausuhr der Unterkiefer des 1567 hingerichteten Ritters Wilhelm Grumbach auf und zu klappt. Grumbach war vom Kaiser mit der Reichsacht belegt worden. Als man Grumbach fasste, wurde er gevierteilt.

Der Markt setzt sich hinter dem Rathaus fort, das Gelände steigt an, der Platz und die Wege werden steiler und steiler, eine Kaskade kommt den Hang heruntergeplätschert. Ganz oben thront Schloss Friedenstein. Ich folge dem Weg Luthers über die Jüdenstraße zum Augustinerkloster, wo er am 8.4. 1521 übernachtet hat. Drei Jahre nach Luthers Wormsreise wurde das Kloster zu einer Lateinschule umfunktioniert und in der Klosterkirche wurde evangelisch gepredigt. Gut 150 Jahre später ließen die sieben Söhne von Ernst dem Frommen, die nach dessen Tod (1675) ein paar Jahre gemeinsam regierten, die Augustinerkirche nach dem barocken Zeitgeschmack umgestalten. Natürlich hatten sie dabei

Das Gothaer Kloster-Café *ist Mo-Fr 11-17 Uhr geöffnet. Weitere Infos unter www.augustinerkloster-gotha.de, Achtung! Ich habe hier mehrmals während der angegebenen Öffnungszeiten vor verschlossenen Türen gestanden. Entweder es waren Ferien oder…Am besten, man ruft vorher an. Tel. 03621-302901.*
Öffnungszeiten der Augustinerkirche: *wochentags 10-12 und 14-16 Uhr, Sa u. So 14-16 Uhr. Gottesdienst: Sonn- und Feiertage um 10 Uhr, im Winter im Gemeindesaal. Gebetszeiten: Mi 12 Uhr in der Sakristei, Do 18 Uhr im Kreuzgang, Fr 8 Uhr in der Sakristei.*

die Fürstenloge nicht vergessen und die fiel, wie kann es anders sein, prächtig aus. An die Klosterherrlichkeit erinnern der Kreuzgang und der Kapitelsaal. In Letzterem geht es vergleichsweise lebhaft zu, denn hier befindet sich das Kloster-Café. Auch eine Klosterherberge gibt es. Café und Herberge werden von der Stadtkirchengemeinde und dem Diakoniewerk Gotha betrieben.

Schloss Friedenstein, Südwesttrakt

Der Leinakanal

Über die Augustinerstraße gelange ich wieder zur Kaskade, die man 1895 angelegt hat. Das Kaskadenwasser stammt aus dem Thüringer Wald. Dort zapft man das Flüsschen Hörsel an und führt das Wasser in einem 29 km langen windungsreichen Graben, dem Leinakanal, nach Gotha. Der Kanal existiert seit 1369, denn durch Gotha fließt von Natur aus kein Fluss, noch nicht einmal ein Bach. Die Trinkwasserversorgung wird heute natürlich über andere Leitungssysteme garantiert. Doch der Leinakanal wird erhalten. Unter dem Motto „Eine Lobby für den alten Schlingel" kümmert sich ein Freundeskreis darum, dass das Interesse der Stadt an der Pflege des Kanals nicht nachlässt. www.leinakanal-gotha.de

Schloss Friedenstein

Von der Kaskade sind es nur ein paar Schritte zu Ernst dem Frommen (1601-1675), der in Bronze gegossen am Fuße seines Schlosses in Richtung Stadt blickt. Selbstverständlich hat Ernst die Bibel in der Hand. Hinter dem Herzog erhebt sich der Nordflügel des Schlosses, ein mächtiger, vierstöckiger Bau, der die Mittagssonne verdeckt, besonders im Winter, dann wenn man sie am meisten braucht. Mit seiner schmucklosen Fassade und den 148 Fenstern erinnert mich der Nordflügel an eine Kaserne, der südseitige Schlosshof an einen Exerzierplatz. Auch die Darstellung des Friedenskusses am Portal kann mich da nicht umstimmen.

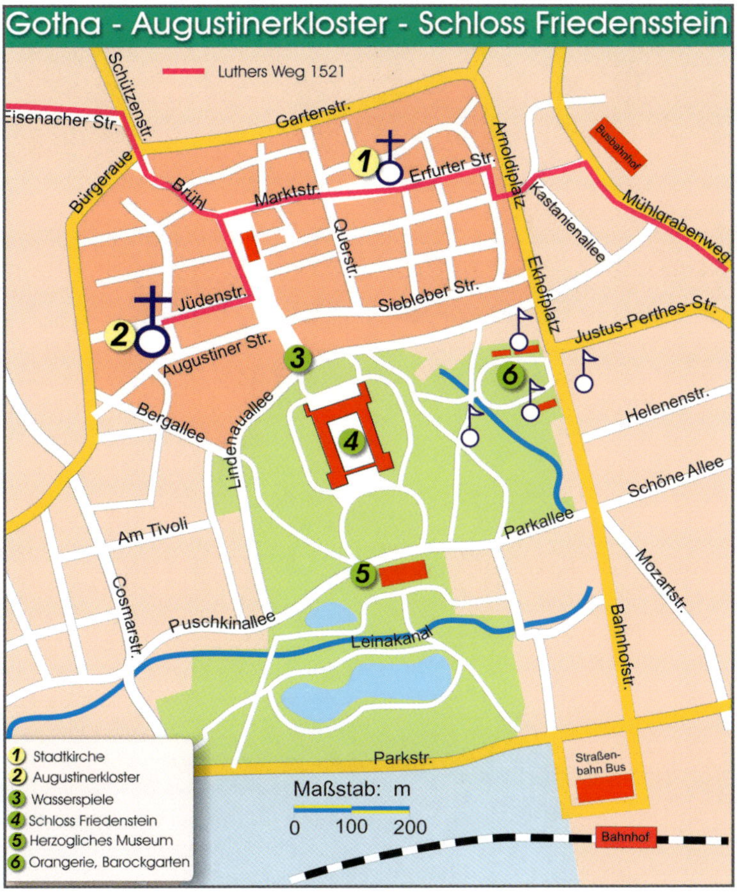

Ein Gang durch die Räume von Schloss Friedenstein muss sein. Ausgerüstet mit Filzpantoffeln absolviert man im dritten Stock einen „Rundgang". Schon in den ersten drei Räumen glaube ich meinen Augen nicht zu trauen. Alles habe ich erwartet, aber nicht diese Pracht. Und so geht es weiter, Zimmer um Zimmer, Saal um

Die Herzogsloge in der Kirche des ehemaligen Augustinerklosters (Foto). Anwesend sind Ernst II. Ludwig von Sachsen-Gotha-Altenburg (Gemälde von Johann, Jonas Michael) und seine Frau Charlotte (unbekannter Künstler).

Saal, jeder in einem anderen Stil. Das Schloss nach außen: spartanisch, für das Volk. Innen wurde repräsentiert, für die adligen Gäste. Es fragt sich: Woher nahm dieser Kleinstaat die Ressourcen für eine solche Prachtentfaltung? Im Westflügel werden die Pantoffeln wieder eingesammelt. Noch einmal geht es durch Zimmer und Säle, bis man im Westturm anlangt. Dort kann man sich Ausstellungen zur Geschichte Gothas und das Ekhof-Theater ansehen, letzteres am besten im Rahmen einer Aufführung. Dann nämlich kommt die 340 Jahre alte Bühnenmaschinerie zur Geltung, die mit ihren mehrfach gestaffelten Kulissen auf ein Klingelzeichen von Kulissenschiebern in Bewegung gesetzt wird.

Es gibt in Gotha noch einiges zu sehen: eine Straßenbahn, die auch übers Land fährt, ein herzogliches Museum, eine Orangerie, einen Schlosspark mit Merkurtempel. Und auch die unmittelbare Umgebung von Gotha hat einiges zu bieten: einen Waldpark, blumenreiche Bergwiesen, eine Pferderennbahn und nicht zuletzt das Ausflugslokal „Berggarten“. Mehr dazu in einem extra Tourenführer (Cornelius, im Druck). Jetzt geht es nach Eisenach, wo der Lutherweg 1521 seinen Anfang nimmt.

Auf dem Weg nach Eisenach

Barocke Theaterkulissen, die sich von Zauberhand bewegen

Luther hat sicher den direkten Weg genommen. Ob der im Landkreis Gotha dem Verlauf der B7 entsprach oder ob er mit seinem Wägelein über den breiten Rücken des Kriegbergs gerollt ist, wissen wir nicht. Ziemlich sicher ist, dass er ab Sattelstädt, dem ersten Eisenacher Dorf, dem Tal der Hörsel gefolgt ist. Die das Tal begrenzenden Hörselberge waren und sind Paradies für Bergwanderer, für Wagenfahrten ist der felsige Höhenzug nicht geeignet. Auf jeden Fall bedeutete die Strecke Gotha – Eisenach für Luther eine volle Tagesreise. Und das ist sie auch für Wanderer und Pilger, die auf dem Ökumenischen Pilgerweg unterwegs sind.

Der Pilgerweg folgt der Via Regia, der mittelalterlichen Königsstraße, und die führt zunächst über den Rücken des Kriegberges, zu DDR-Zeiten ein Truppenübungsplatz der Sowjetarmee, heute ein Naturschutzgebiet (2). Kenner und Einheimische folgen einer Parallelroute, die über die besagte Ausflugsgaststätte „Berggarten“ und den Bürgerturm führt

(1). Die Gaststätte ist täglich ab 11 Uhr geöffnet, auch im Winter. Von der Gaststätte zum Bürgerturm sind es nur ca. 500 m. Warnung: Der Aufstieg auf den Turm und die Aussichtsplattform ist nur etwas für Schwindelfreie! Vom Turm führt ein Pfad über Blumenwiesen zum Pilgerweg. Hinter dem Kriegberg stößt der Pilger auf ein bemerkenswertes Steinkreuz (3). Auf dem Kreuz ist ein Schwert abgebildet. Darüber ist das Datum 18.2.1839 eingemeißelt. An jenem Tag wurde an dieser Stelle ein Mörder am Ort seines Verbrechens enthauptet.

Eine halbe Wegstunde weiter erscheint oberhalb des Wegs ein hohes Kreuz. Es gehört zu dem Jugend-Freizeitkomplex der „Familienkommunität SILOAH", die sich nach der Wende in dem abgelegenen Gutsdorf Neufrankenroda angesiedelt hat. SILOAH bietet Übernachtungsmöglichkeiten für Pilger an (4). www.siloah-hof.de.

Im Wartburgkreis führt der ökumenische Pilgerweg auf den Großen Hörselberg hinauf (5), womit Pilger und Wanderer in den Genuss einer Höhengaststätte kommen. Zudem hat man von dort und auf dem anschließenden Hörselberg-Kammweg einen atemberaubenden Tiefblick ins Hörseltal und einen schwindelerregenden Blick hinüber zum Gipfel des Inselsberges. Zum Abschluss der Tagestour geht es hinunter ins Hörseltal, dem man bis Eisenach folgt.

Das Gothaer Liebespaar, Hausbuchmeister (Notname) um 1480, im Herzoglichen Museum Gotha.

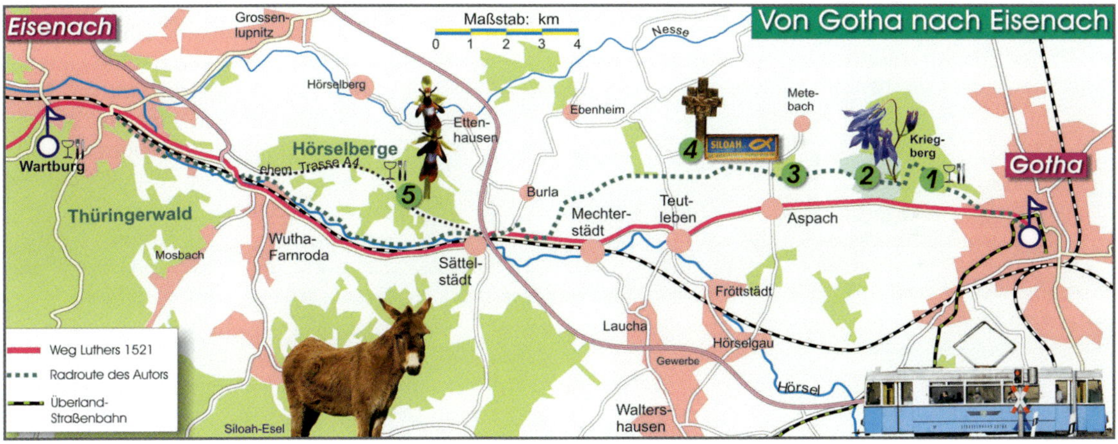

Alsfeld Rathaus

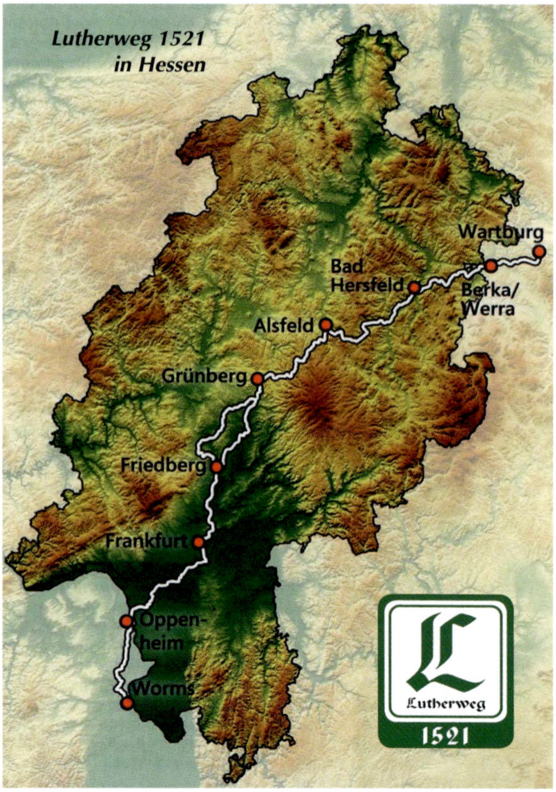

Frankfurt City

Guntersblum Weinberge

Dom in Worms

Eisenach, die Wartburg und der Lutherweg 1521

Eisenach steht für die Wartburg und bei der Wartburg fällt jedem sofort das Zimmer ein, in dem Luther die Bibel übersetzte. Auf seiner Reise nach Worms hatte Luther jedoch zunächst nichts mit der Wartburg zu tun. Er wollte in Eisenach lediglich übernachten und am nächsten Morgen rasch weiterfahren. Die Zeit drängte, denn schon am 17. April musste er auf dem Reichstag vor den Kaiser treten. Luther plagte an jenem Abend – es war der 9. April 1521 - ein „tückisches Darmübel", und zwar so heftig, dass er einen Arzt aufsuchen musste. Luther litt unter chronischer Verstopfung. Der Arzt hat ihn wohl so weit kuriert, dass er am nächsten Morgen aufgebrochen ist. Mit seinem Rollwägelein mühte sich Luther zum Rennsteig hinauf. Die Wartburg ließ er links liegen. Erst auf dem Rückweg hat er auf der Burg „Station gemacht". Wer heute auf Luthers Spuren unterwegs ist, steigt natürlich gleich zur Wartburg hinauf, denn dort befindet sich der Startpunkt des Lutherwegs 1521, der über Bad Hersfeld, Alsfeld, Frankfurt und Oppenheim nach Worms führt (siehe Karte und Bilder auf gegenüberliegende Seite).

Martin Luther als Junker Jörg auf der Wartburg, Lucas Cranach d.Ä. 1522

Luthers Schulzeit in Eisenach

Der Aufstieg zur Wartburg lässt sich gut mit Martin Luthers Schulweg verbinden. Seine Eltern hatten ihn nach Schulaufenthalten in Mansfeld und Magdeburg auf die Eisenacher Lateinschule St. Georgen geschickt. Aus Martin sollte mal etwas Ordentliches werden. Drei Jahre ist Luther in Eisenach zur Schule gegangen, vom 14. bis zum 17. Lebensjahr, dann hatte er die Reife für das Studium in Erfurt. Am Anfang seiner Ei-

Wartburg

Das Eisenacher Lutherhaus

In dem Haus am Lutherplatz gibt es eine Dauerausstellung „Luther und die Bibel", wechselnde Sonderausstellungen und eine museale Sammlung zum Leben und Wirken des Reformators Tel. 0 36 91-29830, info@lutherhaus-eisenach.de, www.lutherhaus-eisenach.de

Öffnungszeiten April – Oktober: täglich 10 – 17 Uhr, November-März: Montag Ruhetag

senacher Schulzeit soll Luther bei Verwandten untergekommen sein. Um für Speis und Trank zu sorgen, zog er mit anderen Schülern als Kurrendesänger umher. Man sang vor den Häusern gut situierter Bürger fromme Lieder und bekam dafür Brot und vielleicht auch mal ein Stück Wurst. *„Ich bin ein solcher Partekenhengst gewest und hab das Brot fur den Heusern genommen, sonderlich zu Eisenach, in meiner lieben Stadt." Luther in einer Predigt (Parteken = kleine Gaben).* Dabei soll er der Frau eines vermögenden Kaufmanns aufgefallen sein. Ihr Name: Ursula Cotta geborene Schalbe. Luthers Leibarzt, Matthäus Ratzeberger, berichtet, Luther habe dort „sein Herberge und Unterhalt gehabt". Er „fand Aufnahme in dem frommen Haus der Familie Cotta und seine tägliche Nahrung im Hause Schalbe, dem Elternhaus von Frau Cotta, wo er als Gegenleistung den Sohn des Hauses bei den Schulaufgaben betreuen musste."

Das Haus der Cottas soll mit dem heutigen „Lutherhaus" identisch sein, das sich am Lutherplatz 8 befindet. Die Lateinschule befand sich im Dominikanerkloster am Predigerplatz. Luthers Schulweg führte also über den Marktplatz und an der Kirche St. Georgen vorbei den Pfarrberg hinauf. Noch das kurze Stück durch die Obere Predigerstraße, dann war er an der Pforte des Klosters. Vielleicht hat Luther am Marktbrunnen auch auf einen Klassenkameraden gewartet. Den Brunnen gab es damals schon, aber ohne den vergoldeten St. Georg. Der Heilige Georg, der auf einen Lindwurm einsticht, wurde erst drei Jahre nach dem Tod Luthers (1546) auf den Brunnen gesetzt. Als das Dominikanerkloster im Zuge der Reformation aufgelöst wurde, unterstützte Luther das Vorhaben, dort eine evangelische Schule einzurichten. Diese Schule existiert noch. Es ist das evangelische Martin-Luther-Gymnasium.

Fassadenschmuck am Lutherhaus

Fritz Erbe, die Reformation und die religiöse Toleranz

Vom Martin-Luther-Gymnasium aus auf der Predigerstraße zwischen zwei mittelalterlich ausschauenden Häusern hindurch, und schon befindet man sich vor der Stadtmauer, die hier noch gut erhalten ist. Zugleich stößt man auf den mit einem blauen Kreuz markierten Wartburg-Aufstieg. Der Wanderweg kommt von der St.-Annenkirche (Georgenstr.) herauf, in deren Nähe sich das Georgentor befand. Luther ist am Morgen des 10. April durch dieses Tor Richtung Hersfeld gerollt. Da das Tor nachts verschlossen war, hatte sich vor und hinter dem Tor jeweils ein Gasthof etabliert. Der vor dem Tor gelegene Gasthof, der Hellgrafenhof, existiert immer noch. Er firmiert heute als „Gasthaus am Storchenturm". Der besagte Turm steht um die Ecke und zwar direkt am Wartburgaufstieg. Es ist ein Wehrturm des westlichen Abschnitts

Zwei Jahrhunderte, nachdem Martin Luther die Eisenacher Lateinschule besucht hatte, büffelte dort der Kirchenmusiker Johann Sebastian Bach

der Stadtmauer, die hier, im Bereich des alten Friedhofs, noch recht gut erhalten ist. Auf dem Dach des Turms hatten einst Störche genistet. Doch das war einmal. Das Dach und die oberen Stockwerke sind abhandengekommen. Aber das Erdgeschoss und das erste Stockwerk, das als Gefängnis diente, sind noch vorhanden. Und jetzt kommt der im Hinblick auf das Reformationsgeschehen bedeutsame Punkt: In diesem Turm hielt man während der Reformationsjahre 1533-1540 den Täufer Fritz Erbe gefangen.

Luther als Kurrendesänger bei Frau von Cotta. Gemälde von Ferdinand Pauwels 1872, Wartburg-Stiftung

Fritz Erbe war ein Bauer aus dem hessisch-thüringischen Grenzort Herda. Erbe hatte seine Tochter erst taufen lassen, nachdem Sie sich aus freien Stücken für die Gefolgschaft Jesu entscheiden konnte. Als Anhänger der Täuferbewegung trat Erbe für Glaubensfreiheit, Gewaltlosigkeit und für die Trennung von Kirche und Staat ein, was schließlich zu seiner Verhaftung führte. Der Anlass für die Verhaftung war aus heutiger Sicht banal. Erbe hatte der aus Hersfeld ausgewiesenen Täuferin Margarete Koch auf seinem Hof Unterschlupf gewährt. Der sächsische Kurfürst Johann Friedrich, der Nachfolger von Friedrich dem Weisen, wollte Erbe hinrichten lassen. Doch so einfach ging das nicht. Herda gehörte damals nicht nur zu Sachsen, sondern auch zu Hessen. Und der hessische Landgraf, Philipp der Großmütige, ließ gegenüber Täufern Milde walten. Die beiden Landesherren einigten sich darauf, Fritz Erbe vorerst in Sachsen (Thüringen) zu inhaftieren.

St. Georg auf dem Marktbrunnen

Erbe landete wie gesagt im Storchenturm, der sich rasch zu einem Anziehungspunkt der Täufer entwickelte. Von seinem Guckloch aus sprach Fritz seinen Glaubensgenossen Trost zu. Um den Erbe-Wallfahrten ein Ende zu bereiten, brachte man den Gefangenen auf die Wartburg, wo man ihn ins Verlies des Südturms steckte. Der Amtmann der Wartburg, Eberhard von der Tann, ließ Fritz Erbe eines Tages auf den Burghof führen, wo ein Pfarrer versuchte, den Gefangenen zum Widerruf zu bewegen. Doch Erbe hielt an seiner Überzeugung fest. Von Tann ließ Erbe daraufhin nach Eisenach bringen, wo er in Ketten und Büßergewand vier Wochen lang am Gottesdienst teilnehmen musste. Aber auch hier blieb Erbe standhaft. Und so brachte man ihn wieder in sein Verlies, aus dem er nie wieder herauskam. 1548, nach 17 Jahren Haft, ist er in seinem Kerker gestorben.

„Ja, im 16. und 17. Jahrhundert war es mit der Toleranz noch nicht weit her. Toleranz war etwas, was die evangelischen Christen – und nicht nur die – erst mühsam lernen mussten, ein Prozess, bei dem wir auch heute noch nicht ganz am Ziel sind." Der Hersfelder Dekan Dr. Hofmann im Verlauf eines Gesprächs mit dem Autor (S. 118-121).

Aufstieg zur Wartburg

Der steile Anstieg zur Wartburg und die zahlreichen Luther-Infotafeln am Wegesrand lenken den Wanderer auf erfreulichere Aspekte. An der Eselstation kurz unter der Wartburg befindet sich der Hinweis „Metilsteine". Ein paar Schritte abseits vom Hauptweg bricht das Gelände wie in einem Amphitheater terrassenförmig zum Georgental ab. Roter Fels schaut hervor, auf dem krüppelige Eichen und Kiefern Halt suchen. Der Blick geht über ein Waldmeer zum Kamm des Thüringer Waldes. Im Tal kann man die Bahnlinie Eisenach – Meinigen ausmachen. Ab und an fährt hier ein Triebwagen der Südthüringenbahn, der kurz darauf in einem Tunnel verschwindet. Rechts neben der Bahn, dort, wo heute die B 84 verläuft, ist Luther entlanggefahren.

Wartburgesel Max

Für den weiteren Anstieg zur Wartburg existieren zwei Wege. Ich habe mich für den linken entschieden, da dieser an einer interessanten Ausgrabungsstelle vorbeiführt, dem Elisabethplan. Elisabeth von Thüringen, die Gemahlin von Landgraf Ludwig, hat dort im Jahre 1225 ein Hospital errichtet. Elisabeth hatte sich dem Dienst an Kranken und Bedürftigen verschrieben und scheute nicht vor Arbeiten zurück, die damals als entwürdigend angesehen wurden. Sie pflegte Aussätzige und Verkrüppelte. Sie wusch und bekleidete Verstorbene und sorgte für ihre Beerdigung. Der Antrieb für ihren Dienst am Nächsten war ihr starker Glaube.

Geschafft! Nach einem extrem steilen Schlussanstieg stehe ich vor dem Tor der Wartburg. Noch ein paar Schritte links, zu einer felsigen Anhöhe, und ich habe einen schönen Blick auf die Burganlage. Vis-à-vis die Fachwerk-Vorburg, daran anschließend der mittelalterliche Palas, der aus Seeberger Sandstein gefügt ist. Im Hochmittelalter war die Burg ein Hauptsitz der Thüringer Landgrafen. Im Palas trugen der Sage nach so berühmte Dichter wie Wolfram von Eschenbach und Walther von der Vogelweide ihre Minnelieder vor. Als Ende des 15. Jahrhunderts die Vorburg errichtet wurde, war die Wartburg zu einer Nebenresidenz herabgesunken. Neubauten wurden nicht mehr mit teurem Sandstein ausgeführt, sondern mit preiswerterem Fachwerk.

Blick von der Wartburg, Luthers Weg Richtung Hessen

Für die Burgführung muss man sich neben dem Tor zur Kernburg eine Eintrittskarte besorgen, mit der man sich vor dem Palas anstellt. Eine Burgführung mit Besichtigung des Lutherzimmers kommt jedoch streng genommen erst auf dem Rückweg von Worms in Frage. Ich begnüge mich vorerst mit dem Blick vom Südturm, wo mir frischer Wind um die Nase weht. Und als ich dann über das Georgental hinweg zum Kamm des Thüringer Waldes schaue, packt mich die Wanderlust.

Tourist-Info Eisenach
am Marktplatz,
Tel. 03691-792323

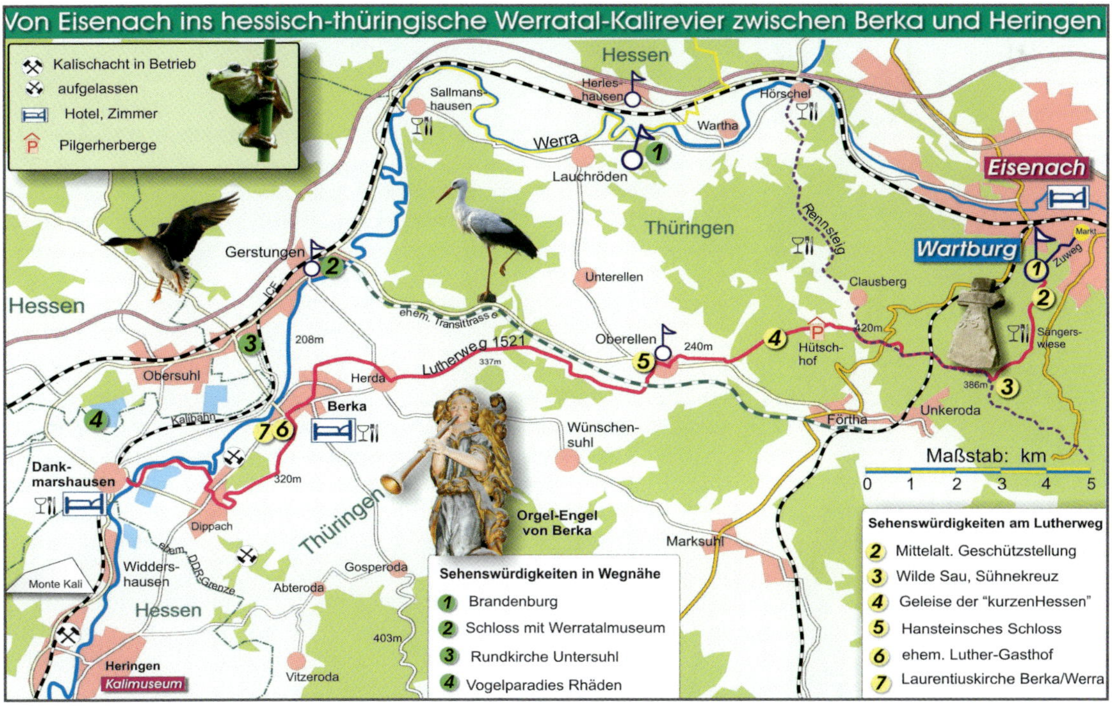

Durchs hessisch-thüringische Bergland und über die Werra nach Bad Hersfeld

Die Macher des Lutherwegs haben eine Route markiert, die von der Burg über einen Seitenkamm hinauf zum Rennsteig führt. Ein herrlicher Einstieg für die Tour nach Worms. Neben dem Burgtor führt der Weg zunächst durch steiles Gelände gut 40 Höhenmeter bergab. Noch ein felsiger, mit einem Geländer gesicherter Quergang, und schon befinde ich mich auf dem Rücken, der sich über die Ausflugsgaststätte Sängerswiese zum Rennsteig hinaufzieht. Direkt am Weg, eine viertel Stunde hinter der Wartburg, liegt eine in den Fels gehauene Geschützstellung. Hier hat ein gewisser Albrecht I., ein Habsburger, der Ansprüche auf Thüringen stellte, 1307 ein „hohes Gewerfe" bauen lassen. Mit der Schleudermaschine beschossen seine Leute - ohne Erfolg - die Wartburg mit Steinen und Brandsätzen.

Jagdunfall oder Totschlag nach Ehebruch, das ist hier die Frage

Weiter geht's auf Naturpfaden durch einen Wald, der seit 1959 keinen Holzfäller mehr gesehen hat und so soll es auch in den nächsten tausend Jahren bleiben. Um auf den „Urwald" zu warten, reicht unser Leben und selbst das unserer Kindeskinder nicht aus, eine Eiche kann bekanntlich viele hundert Jahre alt werden. Zum Trost: Schon jetzt beginnt sich am Waldboden neues Leben zu regen. Scharen von Käfern und anderen Insekten haben sich in totem Geäst und umgefallenen Bäumen eingerichtet. In Höhlen brütende Vögel kommen wieder ohne Nistkästen aus. Und am Saft „blutender" Eichen labt sich der Hirschkäfer. Nach zehn Minuten Reservatnatur erreichen die Wanderer die Gaststätte Sängerswiese. Wer auf Wanderungen gerne mal einkehrt, sollte das hier tun, denn auf den nächsten Kilometern muss man mit seinen Butterbroten auskommen.

Die Wilde Sau, ein Sühnekreuz

Von der Sängerswiese zur Wilden Sau, und die steht, damit sie nicht übersehen wird, an einer Weggabelung. Es ist ein Steinkreuz aus dem Jahr 1483, Luthers Geburtsjahr. Auf dem Querbalken steht der Name „Balthaßar Rodechr". Darunter sieht man einen Mann auf einer Wildsau reiten. Ein anderer Mann sticht mit einem Spieß nach dem Schwein.

Für die Bedeutung dieses Bildes gibt es zwei konkurrierende Erklärungen. Erstens: Das Kreuz erinnert an einen Jagdunfall. Zweitens: Die Szene ist symbolisch zu verstehen. Der Mann auf der Sau betrügt den Spießträger mit dessen Ehefrau. Als der Spießträger den Ehebruch ertappt, ersticht er den Liebhaber seiner Frau. Die „Wilde Sau" wäre danach ein Sühnekreuz. Denn wer damals einen Menschen versehentlich oder im Affekt getötet hatte, war verpflichtet, ein Kreuz zu setzen. Die Seele eines Menschen, der ohne Sterbesakramente starb, hatte damals Schwierigkeiten, in den Himmel zu gelangen. Sühnekreuze wurden zumeist an vielbegangenen Wegen errichtet, um möglichst viele Menschen zu bewegen, für das Seelenheil des ohne Sakramente Verstorbenen zu beten. In der Schutzhütte neben der Wilden Sau kann man sich über das Geschehene Gedanken machen. Danach hält man sich rechts und kurz darauf ist der Rennsteig erreicht.

355 km nach Worms
65 km nach Bad Hersfeld
22 km nach Berka
(von Eisenach)

An die 4 km folgt der Lutherweg dem berühmten Fernwanderweg, der sich in Windungen und mehrfachem Auf und Ab über den Kamm des Gebirges zieht. Rennsteig- und Lutherwegradler werden um die Kuppen herumgeführt. Mir als Wanderer wird beim Überschreiten der Kuppen einiges abverlangt.

Luther und die „kurzen Hessen"

Nach 3 km kreuzen Lutherweg und Rennsteig die B84, die in Kehren aus dem Georgental heraufkommt. Das ist jedoch nicht die Straße, auf der Luther gefahren ist. Luther rollte auf der „kurzen Hessen" nach Worms, und auf der gab es keine Serpentinen. Steigungen wurden möglichst geradlinig in Angriff genommen. Mit dem Bau von richtigen Straßen begann man erst Ende des 18./Anfang des 19. Jahrhunderts. Im Vachaer Stein, einem Obelisken am Pass der B84, ist das Jahr 1833 eingraviert.

Der Pass an dem die „kurze Hessen" den Kamm des Thüringer Waldes überwand, befand sich zunächst nördlich vom Vachaer Stein, am Hof Clausberg. Die Aufstiegsroute, Herrenstieg genannt, führte über einen Höhenrücken nördlich des Georgentals. Um die Steilstücke zu bewältigen, benö-

„Durch die kurzen Hessen"

„Wenn man (von Leipzig) auf Frankfurt will, so hat man zweierlei ordentliche Straßen durchs Land zu Hessen, welche wir und vor uns unsere Vorfahren, eine lange Zeit und weit über Menschengedenken gebraucht haben. Die eine geht „durch die kurzen Hessen" auf Eisenach, Hersfeld, Alsfeld und Grünberg, die andere „durch die langen Hessen", auf Eisenach ... Treysa, Kirchhain und Gießen", so die Leipziger im Jahr 1569. Die „kurzen Hessen" war, wie der Name sagt, die kürzere Verbindung. Große Fracht wurde vorwiegend auf der „langen Hessen", transportiert. Eilige Kaufleute entschieden sich für die „kurzen Hessen".

Auf dem Lutherweg 1521, Abschnitt Rennsteig

Titelblatt des Buchs „Das Rollwagenbüchlein“ von Georg Wuckham 1557

tigten die Fuhrleute Vorspanndienste. Und die leisteten die Leute vom Claushof. Sie spannten Zugochsen vor das Gefährt der Fuhrleute und mit vereinten Kräften ging es dann den Berg hinauf. Am Clausberg wurde ausgespannt, die Helfer erhielten ihren Lohn und weiter ging's in leichter Fahrt bergab nach Oberellen. Zu Luthers Zeiten fuhr man auch schon das Georgental hinauf. Den Steilaufschwung am Talende bewältigte man geradewegs über eine Rampe.

Vom Vachaer Stein führt eine schmale Straße nach Clausberg. Der Lutherweg biegt auf halber Strecke links ab und führt hinunter zum Hütschhof. Hinter dem Hof geht es zunächst ein kurzes Stück bergauf, sobald man im Wald ist, dafür umso länger bergab. Rechts neben der Gefällstrecke verlaufen mehrere tiefe Rinnen. Es sind Geleise der „kurzen Hessen“, die die Fuhrwerke mit ihren Bremsstöcken in den Hang gegraben haben. Starke Regenfälle besorgten das Übrige. Und wenn der Hohlweg zu tief wurde, dann fuhr man eben nebenan. Einen Wald, der die Fuhrleute daran hätte hindern können, gab es damals nicht. Die Wälder waren abgeholzt oder so stark gelichtet, dass man problemlos hindurchfahren konnte. In einer dieser Rinnen ist Luther den Berg hinuntergefahren. Vielleicht sind er und seine Begleiter auch sicherheitshalber ausgestiegen und das Gefällstück zu Fuß hinuntergegangen. Ein mit vier Personen voll besetzter Wagen hätte beim Bremsen Schwierigkeiten machen können. Die „Straße“ verlief stracks ins Tal hinunter. Enge Kurven konnten die damaligen Wagen nicht fahren. Mit ihren großen Rädern wären sie umgekippt. Warum die großen Räder? Ganz einfach, nur so ließen sich die „Straßen“, auf denen sich Unebenheiten, Schlamm- und Wasserlöcher reihten, damals befahren.

Das Hansteinsche Schloss

Oberellen, das Hansteinsche Schloss und die Transitbahnstrecke

Am Ende der Gefällstrecke liegt Oberellen. Mitten im Dorf, direkt hinter der evangelischen Kirche, steht ein Schloss der Herren von Hanstein. Die Hansteins sind eigentlich in der Gegend von Witzenhausen zu Hause. Ihre Stammburg thront über der Werra. Wie kam die Familie nach Oberellen? Vor der Reformation gehörte Oberellen dem thüringischen Kloster Reinhardsbrunn. Die Hansteins kamen im Zuge der Auflösung des Klosters in den Besitz des Dorfs (1543). Durch einen Torbogen gelangt man in den Schlosshof, der auf mich den Eindruck macht, als ob es nicht lange her ist, dass er von der örtlichen LPG als Wirtschaftshof genutzt wurde. Briefkästen machen deutlich, dass zumindest Teile des Schlosses bewohnt sind. Ich entdecke einige schöne

Wappen. Ansonsten bröckelt der Putz und die Farben verblassen. Meine Suche nach der in älteren Führern des ökumenischen Pilgerwegs angekündigte Pilgerherberge bleibt ohne Erfolg. Auch an die Tür der Schlossklause klopfe ich vergebens.

In Berka, links Lutherhaus, Mitte St. Laurentius , rechts ehem. Brauerei

Kurz hinter Oberellen quert der Lutherweg die ehemalige Trasse der Bahnstrecke Förtha-Gerstungen. Hier verkehrten zu DDR-Zeiten die Transit- und Interzonenzüge. Die DDR hatte in den sechziger Jahren die Werratalbahn zwischen Herleshausen und Gerstungen gesperrt und eine Umleitungsstrecke gebaut, die über Oberellen verlief. Die Schienen der Umleitung sind längst herausgerissen. Der Damm ist von Gebüsch überwuchert. Über weite Feldfluren geht es gen Westen, immer dem Verlauf der „kurzen Hessen" nach. In der Ferne ist die hessische Kaliabraumhalde zu sehen, der Monte Kali von Heringen. Hinter dem weiten Rücken des Lerchenbergs senkt sich der Weg hinunter ins Werratal und steuert auf Herda zu, den Heimatort von Fritz Erbe.

Berka, Stadt am Werraübergang

Ein Radweg leitet mich durch ein riesiges Maisfeld in den Nachbarort Berka, ehemals ein Marktflecken an der „kurzen Hessen", der sich seit 1847 als Stadt bezeichnen darf. Entscheidend für die Entwicklung von Berka war die Werrabrücke, die bereits für das Jahr 1380 nachgewiesen ist. Berka war früher wie eine richtige Stadt mit drei Toren versehen. Durch das Untertor, das einzige der Tore, das noch existiert, ziehe ich in Berka ein. Am Rathaus führt der Lutherweg über die Weingasse steil bergan. Luther ist vom Rathaus aus dagegen über den Markt hinunter zur Werrabrücke gefahren, dort verlief die „kurzen Hessen".

Das Storchenbäckerhaus, Collage

Am ehemaligen Markt steht ein schönes Fachwerkhaus, „die Storchenbäckerei", das zum einen so genannt wird, weil sich dort eine Bäckerei befand, zum anderen, weil gegenüber, auf dem Schornstein der ehemaligen Brauerei ein Storchenpaar brütet. Der Straßenverkehr stört die Störche nicht, sie schauen sich das Treiben von oben gelassen an. Das Futter für ihre Jungen holen sie von den hessischen Wiesen auf der anderen Seite der Werra. Das war auch zu DDR-Zeiten schon so. Während der Amphibien-Laichzeit werden die hessischen Wiesen von den Naturschützern überstaut, und so finden die Störche im Sommer genügend Frösche, um ihre Jungen satt zu kriegen.

Blickt man vom Rathaus aus nach links, gewahrt man in einiger Entfernung den wuchtigen Turm der Laurentius-Kirche. Im Innern der Kirche

Der Heringer Monte Kali, Dankmarshäuser Seite

gibt es eine bemalte Tonnendecke, eine barocke Kanzel und eine Orgel mit pausbäckigen Engeln zu sehen. Dazu der im Turm gelegene Chor, der mit seinem Kreuzgewölbe als eigener Raum erscheint. Das Beste aber ist, dass es eine lebendige, 800 Mitglieder umfassende Gemeinde gibt, was nicht zuletzt dem Pfarrerehepaar Lorenz zu verdanken ist.

Im Sommer 2013, als ich die Kirche fotografieren wollte, standen auffallend viele Männer in Motorradkluft vor dem Portal. Ich staunte nicht schlecht, als sich die Kirche füllte und ein großer Teil der Empore durch „Biker" besetzt wurde. Ein Posaunenchor spielte ein Stück, man sang Lieder, die von einer elektrischen Orgel begleitet wurden – die Prachtorgel mit den Engeln ist leider nicht mehr in Betrieb. Dann begrüßte Pfarrer Lorenz zwei Paare, die Silberhochzeit feierten, ein Lehrerehepaar und ein Paar, das sich über das Motorradfahren kennen gelernt hatte. Schräg gegenüber der Kirche steht ein spätgotisches Fachwerkhaus, in dem sich einst das „Gasthaus zum Stern" befand. Dort hat Luther auf seiner Rückreise von Worms auf Einladung des Kanzlers der Hersfelder Abtei gegen Mittag Rast gemacht. Heute befindet sich hier ein Heimatmuseum.

Über Dippach nach Dankmarshausen

Der Lutherweg 1521 führt wie gesagt nicht über die Werrabrücke. Stattdessen geht es auf den 323 m hohen Hausberg von Berka hinauf, den Hohen Rod, womit man einen Aufstieg von gut 100 Höhenmetern zu bewältigen hat. Luther wäre es sicher nicht eingefallen, dieser Route zu folgen, nicht nur wegen der zusätzlichen Steigung und der horrenden Abfahrt nach Dippach. Bei Dippach gab es damals auch keine Werrabrücke. Für Wanderer hat die Strecke jedoch ihren Reiz. Vom Hohen Rod blickt man hinüber zum Monte Kali, der mit seinen steilen Flanken alle umliegenden Höhenzüge überragt. Blendend weiß ist die Halde, mit grauen Schlieren, ein Berg aus purem Steinsalz, so viel, dass man damit über Jahrhunderte hinweg alle Küchen Deutschlands versorgen könnte. Das Steinsalz ist Abraum der Kaliwerke, des seit gut 100 Jahren größten Arbeitgebers der Region. Kali ist ein Mineral, das als Dünge-

Berge aus purem Salz

mittel verwendet wird. Es wird aus Tiefen um 500 bis 800 m gewonnen, selbst heute noch eine nicht ungefährliche Untertage-Arbeit.

Hinter dem Hohen Rod geht es durch Heckenzüge, Schlehen- und Ginsterbüsche steil nach Dippach hinunter, wo man an einem schlossähnlichen Fachwerkgebäude vorbeikommt. Anbauten aus neuerer Zeit beherbergen die Grundschule und den Kindergarten. Ein Großvater, der gerade seinen Enkel von der Schule abholt, erzählt, dass das „Schloss" ein Gutshof gewesen wäre, mit Scheunen und Stallungen. Um die Ecke steht die aus Buntsandstein und Fachwerk gefügt Kirche.

In der Werraaue gehen Natur und Landwirtschaft Hand in Hand

Hinter dem Dorf führt der Lutherweg in die Werraaue. Die Straße wird zum Weg, der Weg zur Fahrspur. Wenn es stärker geregnet hat, steht an einigen Stellen Wasser. Ein Brückchen führt über einen Graben, der aus einem Kiessee kommt, dessen Wasser salzig schmeckt, und am Ufer der Kiesgrube hat sich eine Pflanzengemeinschaft eingestellt, die der Flora am Watt der Nordseeküste gleicht. Bei der Kiesgewinnung

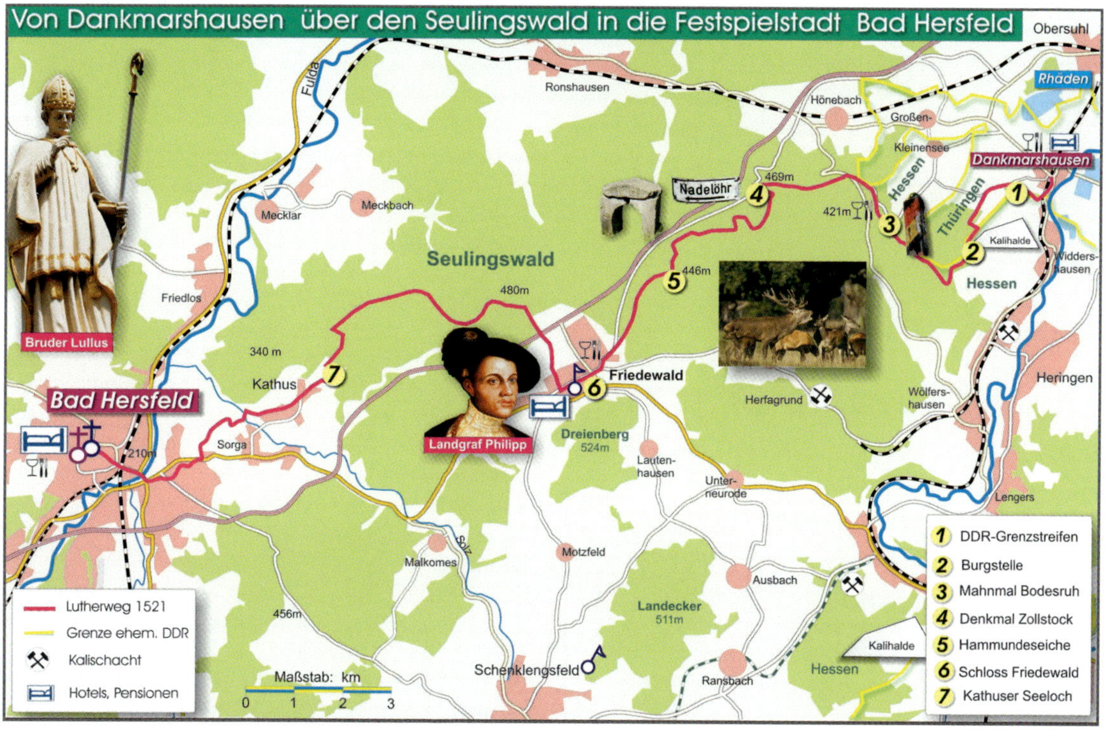

DDR-Grenzpfahl

hat man eine stark schüttende Salzquelle angeschnitten. Hier steigt Lauge auf, die die Kaliindustrie an anderer Stelle verpresst. Mit dem Grabenwasser gelangt die Lauge auch in die ohnehin durch Kaliabwässer belastete Werra. Der Lutherweg verläuft eine Zeit an der Werra entlang. Dann geht es über den Fluss nach Dankmarshausen.

Die „kurzen Hessen", auf der Luther gefahren ist, steuerte hinter der Berkaer Werrabrücke ebenfalls auf Dankmarshausen zu. Im Schatten alter Linden geht es nahe der ehemaligen innerdeutschen Grenze entlang. Dann führt der Weg über einen niedrigen Höhenrücken, der das Werratal von einer sumpfigen Senke trennt. In dieser halb hessischen, halb thüringischen Senke befand sich einst ein großer, von Schilf umgebener See, der Rhäden, ein unter Ornithologen bekanntes Vogelparadies. Doch Mitte des 19. Jahrhunderts wurde der See trockengelegt und die Vögel verschwanden. Als die DDR die innerdeutsche Grenze baute und Stacheldraht und Todesstreifen mitten durch den Rhäden zogen, fiel das Land wieder brach. Vogelschützer aus dem hessischen Obersuhl unter Führung des „Ock" erkannten die Chance für eine Wiedergutmachung in Sachen Natur. Ohne Genehmigung rückten sie mit einem Bagger an und stauten den Suhlbach auf. Das Wasser stieg und reichte bald bis vor die Grenze. So entstand in den siebziger Jahren der westliche Teil des Vogelschutzgebiets Rhäden. Nach der Wende zog Thüringen mit und der Rhäden wurde zu einem ostwestlichen Naturparadies von nationalem Rang.

Die spannende Geschichte über die Entstehung des Vogelschutzgebietes Rhäden ist in meinem Buch „Vom Todesstreifen zur Lebenslinie, Band Wartburg-Werra-Rhön" dargestellt. Siehe hierzu www.grünes-bandwandern.de

Der Seulingswald-Aufstieg

Dankmarshausen liegt auf einer Anhöhe über der Werra, die steil zum Fluss abbricht. Ziegelrot sind die Sandsteinfelsen des Steilabbruchs. Ziegelrot sind auch die Sandsteinsockel, auf denen die Fachwerkhäuser des Ortes stehen. Weißgrau, bei schlechtem Wetter auch schwärzlich, ist die hessische Kaliabraumhalde, die hinter dem thüringischen Dankmarshausen wie eine Mauer aufragt.

Eine Straße, fünf Trassen

Der Aufstieg vom Werratal zu den Höhen des Seulingswaldes war für die Reisenden auf der „kurzen Hessen" eine Herausforderung. Und da es zu Luthers Zeiten keine ausgebauten Chausseen gab, wählte jeder den seiner Ansicht nach besten „Weg". Nur, welches war der beste Weg? Der kürzeste? Der mit der geringsten Steigung? Oder der, an dem eine Herberge lag? Viele Fragen, mehrere Antworten bzw. Trassen. Von der Berkaer Werrabrücke bis Dankmarshausen gab es nur eine Trasse. Doch dann dröselte sich die „kurze Hessen" auf eine Breite von 4 km auf, um in fünf Haupttrassen den Nordostabfall des Seulingswaldes zu bezwingen, wohlgemerkt Haupttrassen, denn letztlich fuhr jeder dort, wo er glaubte, besonders gut vorwärts zu kommen. Die Gleise und Hohlwege sind heute noch deutlich zu erkennen, vor allem im Wald an steilen Abschnitten. Am Höhnebach-Heringer Sattel trafen alle Trassen wieder zusammen.

Übernachtung im Werratal

Berka neben dem Rathaus im Gasthaus „Zur Post", Tel.036933-228842

Dankmarshausen in der Bürgerhaus-Pension Tel. 0174-471 7587 oder im Hotel „Waldschlösschen", Tel. 036922-437200.

Auf welcher dieser Trassen ist Luther gefahren? Um ehrlich zu sein, wir wissen es nicht. Wanderer vertrauen sich der Markierung des Lutherwegs an. Vom Dankmarshäuser „Oberdorf" geht es zunächst hi-

Geleise der „kurzen Hessen" beim Aufstieg auf den Seulingswald

nunter zur Werra. Man wandert stromaufwärts, links das Flussufer, rechts Gärten und der Steilabbruch. An der Straße nach Widdershausen stößt man auf ein Grenzdenkmal, das mit ein paar Metern Grenzzaun daran erinnert, dass hier für die Dankmarshäuser „die Welt mit Brettern vernagelt" war. Neben der Straße erhebt sich ein haushoher Damm, auf dem die Kalibahn verkehrt. Über eine Durchfahrt, die zu Hessen gehört, gelangt man auf den ehemaligen Grenzstreifen, der hier von Schlehen und Weißdorn überwachsen ist, ein grünes Band inmitten der Feldflur. Es ist ein Grenzwegabschnitt erster Klasse. Die Lochbetonplatten wurden entfernt und der Weg wird von der Gemeinde frei gehalten. Doch bald kommt man an eine Stelle, wo der Grenzpatrouillenweg noch im Originalzustand erhalten ist, d.h. er ist mit Lochbetonplatten befestigt. Dazu verläuft er stracks den Hang hinauf. Der Lutherweg macht dagegen einen Schlenker über das Dankmarshäuser „Waldhaus". Das Haus ist verschlossen, aber unter dem Vordach lässt es sich mit Blick auf einen Teich gut rasten. Eine schöne Ecke, die sich die Dankmarshäuser hier nach der Wende im ehemaligen Grenzsperrgebiet aufgebaut haben. Auf Lochbetonplatten gelangt man wieder zur ehemaligen Grenze.

Auf der Hornungskuppe

Der weitere Anstieg führt nahe der Landesgrenze über eine der Aufstiegstrassen der „kurzen Hessen", den „Alten Weg". Es wird steiler und der Weg wird zum finsteren Hohlweg. Man stelle sich vor: Hier haben vor mehr als 500 Jahren Ochsen und Pferde die Wagen der Kaufleute hochzogen. Am Ende der „hohlen Gasse" zweigt links ein Weg zur Hornungskuppe ab, auf der einst die Hornungsburg stand. Von dort aus haben die Grafen von Hornsberg die „kurzen Hessen" überwacht. Der äußere Wall und der Burggraben sind noch gut zu erkennen. Auch behauene Steine findet man. Oben, auf der Kuppe, sucht man jedoch vergeblich nach Mauerresten. Auf dem Plateau stehen ei-

Ehemaliger Grenzstreifen an der Hornungskuppe

Mahnmal Bodesruh

nige uralte Buchen, die sich mit riesigen Wurzeln im ehemaligen Burghof festkrallen. 1484 starb der letzte Burgherr. Bis 1500 sollen noch Bedienstete auf der Burg gelebt haben. 22 Jahre später wird die Burg als „wüstes Schloss" bezeichnet. Die Bauern der umliegenden Orte haben sich die Steine geholt und für den Bau ihrer Häuser und Stallungen verwendet. Warum sollten die Steine hier oben auch nutzlos herumliegen? Neben den Buchen steht ein Grenzstein, auf dem die Zeichen „GSW" (für Großherzogtum Sachsen-Weimar) und „KP" (für Königreich Preußen) eingemeißelt sind. Man befindet sich hier direkt auf der Landesgrenze Hessen-Thüringen, auf der ehemaligen Demarkationslinie zwischen Deutschland Ost und Deutschland West. Wenn der Höhenwind nicht zu stark weht, hört man ein Rauschen. Es ist, als ob etwas rieselt. Im Herbst, wenn die Bäume ihre Blätter verlieren, sieht man den weißgrauen Monte Kali durch das Geäst schimmern. Das rieselnde Geräusch stammt von den Verteileranlagen der Förderbänder auf dem Gipfel des Salzberges. Der Fuß der Abraumhalde ist keine 100 Meter entfernt.

Bodesruh, Mahnmal und Ausflugslokal

Mein nächstes Ziel, das Mahnmal Bodesruh, liegt mit Abstand auf der hessischen Seite. Es ist ein Aussichtsturm aus Betonelementen mit einer frei stehenden Wendeltreppe. Der Turm - Baujahr 1963 – erinnert an das Schicksal der Spätheimkehrer und mahnte einst zur friedlichen Wiedervereinigung Deutschlands. Um die Ecke befindet sich das Ausflugslokal „Bodesruh". Mit dem Sechziger-Jahre-Look und dem russischgrünen Anstrich ist das Lokal selbst ein Denkmal. Nebenan, in einem Holzhütten-Ensemble mit überdachter Laube, gibt es Rostbratwürste, auf Wunsch in der Curryvariante. Dazu ertönt aus einer Konzertmuschel volkstümliche Musik vom Band. Nicht zu vergessen: die Terrasse mit Blick auf das Werratal. Die heimische Kundschaft zieht die Bratwursthütte vor.

Turm und Gaststätte waren in der Zeit der deutschen Teilung ein beliebtes Ausflugsziel. Auch Hartmut Ziehn, ein Urgestein des Hersfelder Stadtparlaments, hat den Turm oft bestiegen. Er wohnte damals in Herfagrund, und am 1. Mai ging es immer zu Fuß hinauf nach Bodesruh. Wenn gute Sicht war, konnte er die Wartburg sehen. Die Grenze fiel, die Wege waren wieder frei, und als Hartmut Ziehn wieder einmal mit seinem Bruder Klaus auf dem Bodesruher Turm stand, habe dieser gesagt: „Hartmut, schau da hinten die Wartburg. Da hat Luther die Bibel übersetzt. In Wittenberg hat er die 95 Thesen angeschlagen und in Worms hat er sich vom Papsttum los gesagt. Wittenberg – Wartburg - Worms: Das wäre doch eine Strecke für einen Lutherweg, gerade jetzt, wo die Grenze offen ist." Hartmut Ziehn nahm sich das zu Herzen. Aber einen länderübergreifenden Pilgerweg zu organisieren, das schien

Gebietsaustausch
Im Jahr 1742 fand zwischen dem Landgrafen von Hessen und dem Herzogtum Sachsen-Weimar-Eisenach (SWE) ein umfangreicher Gebietsaustausch stattfand. Dabei fielen Berka, Dippach, Dankmarshausen, Großensee und Gerstungen an SWE. Die Kleinenseer hatten Glück, ihr Ort war an Hessen gefallen und so blieb ihnen die DDR erspart.

ihm für den Anfang zu viel. Er hatte eine andere Idee: den „Luther-Lauf“. Er traf sich mit Uwe Gathmann vom Ski-Club Neuenstein, den er für seine Idee begeistern konnte. Seit 2011 machen sich nun in jedem Frühjahr Sportler von der Wartburg aus auf einen zweitägigen Lauf nach Bad Hersfeld. Noch während Ziehn dann Gespräche mit dem Hersfelder Dekan Brill über die Realisierung eines Lutherwegs führte, kam aus dem oberhessischen Romrod von Bernd Rausch die Idee eines Lutherwegs von der Wartburg nach Worms auf. Sowohl in Romrod als auch in Bad Hersfeld haben sich daraufhin Lutherweggruppen gebildet, die sich 2012 zum „Lutherweg in Hessen e.V.“ zusammenschlossen.

Die Hammundeseiche

Noch einmal tangiert der Lutherweg die ehemalige innerdeutsche Grenze zu Thüringen. Ein Zipfel der DDR zog sich von der Gemarkung Großensee aus auf den Kamm des Seulingswaldes hinauf, bis an die Kleinenseer Straße. Anfangs verlief der 10 m breite Todesstreifen direkt an der Straße entlang. Später, als die DDR die Grenzbefestigungen „modernisierte“, erklärte man den Zipfel zum vorgelagerten Hoheitsgebiet, in das nicht einmal die Grenzsoldaten hinein durften. Der Grenzzaun und der minenverseuchte Todesstreifen verliefen nun am Fuß des Berges, dort wo sich das hessische Dorf Kleinensee und das thüringische Dorf Großensee gegenüber liegen. Als Luther hier lang gefahren ist, gehörte Kleinensee noch zu Sachsen. Den sächsischen Grenzstein (Malstein) passierte Luther erst an dem Sattel, wo heute der Lutherweg die Straße Hönebach-Heringen quert. Der hessische Kontrollpunkt, ein Vorposten der hessischen Zoll- und Geleitstätte Friedewald, befand sich einige Kilometer weiter in Richtung Friedewald. An dieser Stelle, Zollstock genannt, steht heute ein Denkmal, das an die Geleitstation erinnert. Das Geleit war eine bewaffnete Truppe, die auf herrschaftlichen Straßen gestellt wurde. Keine Frage, dass die Fuhrleute und Reisenden für das Geleit bezahlen mussten. Mehr noch, das Geleit war Pflicht.

Hammundeseiche

Hinter dem Zollstock geht es wieder eine längere Zeit durch Wald, ohne dass ich mich erinnern kann, an etwas Aufregendem vorbei gekommen zu sein. Plötzlich stehe ich jedoch vor einer riesigen Eiche, einem Methusalem mit einem Stammumfang von ca. 9 m und einer Höhe von 25 m. Es ist die Hammundeseiche, von der einige sagen, sie stamme aus dem 12. Jahrhundert, also aus der Zeit der Kreuzzüge. 1142 weihte hier der Würzburger Bischof die Kirche des eben gegründeten Dorfes Hammundeseiche ein. Als Martin Luther im Frühjahr 1521 auf seiner Wormsreise hier vorbeikam, war von dem Ort nichts mehr zu sehen.

Ein Ort wie geschaffen, um über die Zeit nachzudenken

S(e)äulingswald

Die Menschen hatten das Dorf bereits 200 Jahre zuvor verlassen. Häuser und Stallungen waren verfallen und die Kirche hatte man bis auf die Grundmauern abgebrochen. Nur die Dorfeiche wuchs und gedieh. Man stelle sich vor: Die Hammundeseiche war zu Luthers Zeiten vielleicht schon 400 oder 500 Jahre alt. Aber auch wenn die heutige Eiche nur 600 Jahre alt ist, wie Förster behaupten, dann war sie schon groß, bevor Luther geboren wurde. Das Dorf Hammundeseiche geriet in Vergessenheit, bis in den siebziger Jahren des vergangenen Jahrhunderts Archäologen auf die Grundmauern der Kirche stießen. Bei weiteren Ausgrabungen fand man einen Brunnen, Gräber, einen Backofen und Ackerraine. Der Brunnen liegt oberhalb der Eiche direkt am Weg. Ein paar Meter weiter trifft man auf die Grundmauern der Kirche.

Auf dem Weiterweg nach Friedewald achte man auf die Ameisenhaufen, die kleinen Vulkankegeln gleich am Wegrand stehen. Warum es gerade hier so viele Ameisenhügel gibt? Weil die Rote Waldameise für den Bau ihrer Hügel am liebsten Fichtennadeln verwendet, die in dem hier wachsenden Fichtengehölz in rauen Mengen zur Verfügung stehen. Übrigens, je schattiger der Standort, desto höher und steiler sind die Bauten.

Friedewald und sein Wasserschloss

Der hessische Landgraf verdient an der „kurzen Hessen" und leistet sich eine neue Burg

Zweieinhalb km hinter dem Nadelöhr, in 445 m über dem Meeresspiegel, liegt die Autobahnabfahrt Friedewald. Die wenigen Autos, die hier vor der Wiedervereinigung abbogen, fuhren bevor sie den Ort erreichten, anderthalb Kilometer durch Wiesen und Weiden. Heute erstreckt sich zwischen Autobahn und Ortsrand ein Gewerbegebiet mit potenten Logistikern. Im ländlichen Ortskern ist das Logistikgewerbe schnell vergessen. Umgehungsstraßen fangen den Schwerlastverkehr ab. Und so gelangt man unbehelligt zur Kirche und zum landgräflichen Wasserschloss Friedewald.

Das Nadelöhr

Abseits vom Lutherweg, knapp 1 km oberhalb der Hammundeseiche, steht das Nadelöhr. Es ist eine 1 m hohe stilisierte Pforte aus Sandstein, die gerade so groß ist, dass ein normal proportionierter Mensch hindurchkriechen kann. Auf der Rückseite hat man „N DEL R 1561" eingemeißelt. Auf der Vorderseite befinden sich die Initialen „ML ZH", was für „Moritz Landgraf zu Hessen" steht. Früher soll hier eine hohle Eiche gestanden haben. Wer durch die seitlichen Löcher des Baumes kroch, reinigte sich und wurde gesund. Als die Eiche verfiel, hat der Landgraf als Ersatz das Steinhäuschen setzen lassen. Um die Heilwirkung zu optimieren, opferte man nun ein Geldstück. Um diesem heidnischen Brauch einen christlichen Sinn zu verleihen, errichtete man 1747 neben dem Nadelöhr einen „Opferstock vor die Weisen Kinder zu Hersfeld".

Zu Luthers Zeiten war das nicht anders: Die meisten Reisenden fuhren an Friedewald vorbei. Die „kurze Hessen" verlief dort, wo heute die Trasse der Autobahn verläuft. Erst relativ spät entwickelte sich ein Zuweg nach Friedewald. Friedewald war im Mittelalter auch nicht sonderlich bedeutend. An der Stelle des Schlosses stand eine Burg, die zum Kloster Hersfeld gehörte. Nun bekamen die hessischen Landgrafen das Geleitrecht auf der „kurzen Hessen" übertragen. Und da sich der Verkehr auf dieser Fernstraße recht positiv entwickelte, trachteten die Landgrafen danach, Friedewald in ihre Hände zu bekommen, was ihnen auch bald gelang. Um die Burg entstand so ein hessisches Amt, und das Amtsdorf Friedewald wurde zur landgräflichen Zoll- und Geleitstation, was Geld in die Kasse brachte.

Landgraf Heinrich III. meinte nun, sich in Friedewald auch eine zeitgemäße Behausung leisten zu müssen. Burgen mit hohem Bergfried waren „out". Jetzt, gegen Ende des 15. Jahrhunderts, waren Anlagen mit niedrigen, aber stark befestigten Ecktürmen gefragt. Und wenn man dann noch einen Wassergraben um die kleine „Festung" zog, hatte man schon etwas Repräsentatives, fast schon so etwas wie ein Schloss. Gesagt, getan. Der Landgraf gab den Auftrag für die Wasserburg Friedewald an seinen Hofbaumeister Hans Jakob von Ettlingen. Der wählte eine quadratische Grundform, die er mit vier Ecktürmen ausstattete.

Das Wasserschloss Friedewald

Ein Jahrhundert später, Friedewald war inzwischen zu einem beliebten Ort für Hirsch- und Saujagden avanciert, war auch die Wasserburg den Landgrafen (Wilhelm IV. und Moritz) nicht repräsentativ genug. Sie begnügten sich allerdings damit, die Vorburg schlossartig auszubauen. Die alte Burg wurde 1762, im Siebenjährigen Krieg, von den Franzosen zerstört. Es blieb eine eindrucksvolle Ruine, die besichtigt werden kann. Im Sommer tragen hier Gesangvereine ihre Lieder vor, stoßen Jäger in das Jagdhorn. Leben ist vor allem in die Vorburg einge-

Übernachtung in Friedewald
Zum Löwen, Hauptstr. 17,
Tel. 06674-92220 oder
Am Dreienberg, Hauptstr.3-5,
Tel. 06674-92270

Landgraf Philipp der Großmütige. Gemälde von Hans Krell (16. Jh.)

zogen, und zwar in Form eines „Romantik-Hotels". Dafür musste der mittlere Flügel der Anlage einem modernen Bau weichen.

Landgraf Philipp baut Brücken für einen Täufer

Im Jahr 1528 hatte Landgraf Philipp der Großmütige den Täufer Melchior Rinck zu einer Unterredung auf die Wasserburg Friedewald geladen. Rinck hatte 1523 als Kaplan zusammen mit dem Pfarrer Heinrich Fuchs an der Spitze der reformatorischen Bewegung in Hersfeld gestanden. Durch unglückliches Taktieren kam es jedoch zu einem Aufruhr, in dessen Folge Rinck und Fuchs ausgewiesen wurden (siehe Kapitel „Der Pfaffensturm"). Nach Jahren kehrte Rinck zurück und begann im Umfeld von Hersfeld mit dem Aufbau einer Täufergemeinde. Im sächsischen Eisenach wäre er dafür auf dem Scheiterhaufen gelandet. Im Hersfeldischen bekam er eine „Audienz" beim Landgrafen! Das war ein außerordentlicher Vorgang, denn in der rücksichtslosen Verfolgung der Täufer waren sich eigentlich alle Landesherren einig, Katholiken wie Protestanten. Nur Philipp der Großmütige, der 1526 die Reformation in Hessen eingeführt hatte, dachte anders. Ihm schwebte vor, sich mit den Täufern gütlich zu einigen, wobei ihm der Elsässer Pfarrer Martin Bucer half, ein fähiger Mann, auf den wir in Oppenheim am Rhein noch einmal stoßen. Der Landgraf verlangte von Rinck, seine Position vor der Marburger Universität mit der Bibel zu verteidigen oder sie in Hersfeld zusammen mit seinen Anhängern zu widerrufen. Andernfalls drohte er ihm mit Landesverweis. Rinck hat sich der Disputation gestellt. Sein Kontrahent war der Hersfelder Pfarrer Balthasar Raidt, der auch an der Besprechung in Friedewald teilgenommen hatte. Man war sich in allem einig, nur nicht in Fragen der Taufe. Und so wurde Rinck des Landes verwiesen.

Der Täufer Melchior Rinck (unbekannter Künstler)

Pilger auf dem Weg von Friedewald nach Bad Hersfeld

Im April 2013 hat sich am Tor des Friedewalder Schlosses eine Pilgergruppe eingefunden. Es regnet und es ist kalt und windig. Doch die Pilger sind frohen Mutes. Sie haben sich in der zugigen Tordurchfahrt untergestellt, um auch auf den Letzten zu warten, der mit nach Hersfeld will. Eigentlich ist es nur ein Probepilgern, um die vorgeschlagene Route zu erkunden, dennoch haben sich um 50 Personen eingefunden. Pfarrerin Imke Leipold hat das Pilgerkreuz geschmückt. Pfarrer Gerland verteilt Liedtexte. Vor dem Start hält er eine kurze Andacht. Er spricht ein Gebet, wir singen ein Lied und dann geht es, das Kreuz voran, aus dem Ort hinaus und über die Feldflur zum Wald. Das Kreuz ist nicht leicht, aber die Männer drängeln sich, das Kreuz auf sich zu nehmen. Auf der Tour wird gesungen. Eine halbe Stunde wird auch geschwiegen. So kann jeder seinen Gedanken nachhängen.

Mitten im Wald kommt uns Pfarrer Christoph Biskamp aus Kathus entgegen. Er spricht uns freudig an, doch niemand antwortet. Als er etwas irritiert dreinschaut, flüstert ihm jemand zu, dass wir gerade einen Schweigemarsch machen. An einem neu errichteten Kreuz bleiben wir stehen. Die Zeit des Schweigens ist zu Ende und Pfarrer Biskamp weiht das von einem Forstwirt gestiftete Kreuz ein. Seitdem gibt es in dem großen Wald für Lutherwegwanderer einen Fixpunkt, das Auerhahnkreuz.

Wir haben eben den Wald hinter uns gelassen, da kommen wir am Kathuser Seeloch vorbei, einem tiefen, mit Wasser gefüllten Erdfall, der schon seit über 120.000 Jahren besteht. Der Kathuser Pilger Karl-Heinz Otto führt uns an den Rand des Einsturztrichters, wobei er sagt, dass das Gelände nicht hundertprozentig sicher sei. Einige von uns machen vor Schreck gleich einen Schritt zurück. „1969 ist das Erdreich erneut nachgestürzt", fährt Otto ungerührt fort, „Dabei wurde unser Schützenhaus, das am Rande des Seelochs stand, zerstört." Ursache der Erdfälle seien die Auslaugungsprozesse in den Salzlagerstätten unter den Buntsandsteinschichten. Das war eine plausible, wissenschaftliche Erklärung, aber für viele von uns macht das Seeloch doch einen magischen Eindruck. Dass auf der stillen und dunklen Oberfläche des Sees eine schwimmende Insel aus Torfmoosen treibt, auf der sogar Birken wachsen, verstärkt diesen Eindruck.

Ein Schützenhaus versinkt in einem Erdfall

In Kathus werden wir von der Kirchengemeinde im „Haus an der Linde" mit Kaffee, Kuchen und Fettebroten bewirtet. Hier habe früher der Lehrer unterrichtet und gelebt, erzählt man uns. Heute sei das ein Mehrgenerationenhaus. Und übrigens, nebenan habe das alte Bethaus gestanden, die „Kirche" der Kathuser, die man in den siebziger Jahren abgerissen habe. Ob das nicht zu Kontroversen geführt hätte, fragen wir. Na und wie! Aber damals haben sich die Fortschrittsgläubigen durchgesetzt. Heute würde man so etwas liebevoll restaurieren. Den Grundriss der Kapelle könne man noch an dem Pflaster hinter dem Haus erkennen. Als wir weiter ziehen, kommen wir an der 1972 erbauten Kathuser Kirche vorbei. Klar, so ein moderner Bau hat seine Vorteile. Hier ist Platz für die Gemeindearbeit. Aber schade um das alte Bethaus ist es schon. Vor der Kirche hat man einen Rastplatz für Pilger geschaffen, mit einem Brunnen, der frisches (Leitungs-)Wasser spendet. „Das lebendige Wasser gibt es hier umsonst", sagt Pfarrer Biskamp und fügt hinzu: „Frei nach Offb 21,6c."

Weiter geht's auf der „Alten Straße", die so heißt, weil hier früher eine Trasse der „kurzen Hessen" verlief. Am Ortsrand geht die „Alte Straße" in einen Hohlweg über, Martlieser Graben genannt. Die Hohle wächst zu, und leider werden hier auch Gartenabfälle entsorgt. Dabei handelt es sich um ein herausragendes Denkmal. Zwei Mal ist Luther hier durchgekommen, einmal in Begleitung des Hersfelder Abtes. Die „Lutherhohle" steuerte auf eine Solzfurt zu. Wanderer brauchen aber

Pilgern mit Pfarrerin Imke Leipold (links) und Pilgerpfarrer Dr. Manfred Gerland

Ansicht von Hersfeld. Conrad Schnuphase (1696), im Stadtmuseum

nicht durch das Flüsschen zu waten, denn seit urgedenken führt der Pilgremsteg über das Wasser. Über diesen Steg bin ich an der Hand meiner aus Schlesien stammenden Mutter schon als Dreijähriger stolziert. Ein paar hundert Meter von hier, in den Sölzer Höfen, habe ich in einer Wurstkammer das Licht der Welt erblickt.

Noch einmal geht es bergan und zwar auf den Sattel zwischen Obers- und Petersberg. „Dort drüben in der kleinen Bergkirche bin ich getauft worden", erzähle ich Pfarrer Gerland. „Ich denke, Du bist in Sorga geboren?" – „Ja, aber dort gab es früher keine Kirche. Zu Gottesdiensten mussten wir auf den Petersberg hinauf. Alle haben das gern gemacht." Über die alte Straße Sorga – Hersfeld geht es ins Fuldatal hinunter und über die Fuldabrücke Richtung Innenstadt. Dort zieht unsere Gruppe zum Erstaunen der Passanten mit aufgespannten Regenschirmen singend durch die Fußgängerzone. Wenig später schlüpfen wir in die geheizte Stadtkirche, wo wir die Pilgerfahrt mit einer Andacht beschließen.

Imke Leipold mit Pilgerstab

Luther ist vor Hersfeld über die Haune- und die Fuldabrücke gefahren. (Bis zu der Flussbegradigung mündete die Haune unterhalb der Fuldabrücke). Dann ging es durchs äußere und das innere Peterstor in die Breitenstraße und weiter zum Markt, der sich damals vor dem Rathaus befand. Das Rathaus war zu dieser Zeit noch relativ klein und bescheiden. Das prächtige Renaissance-Rathaus wurde erst 90 Jahre nach Luthers Wormsreise errichtet.

Bad Hersfeld - Stadt, Stift und Reformation

„Du kannst dir nicht vorstellen, mit welcher Freundlichkeit uns der Abt des Klosters Hersfeld aufnahm", schrieb Luther von der Wartburg an seinen Freund Spalatin. Luther hatte auf der Rückreise von Worms in Hersfeld übernachtet und mit großer Wahrscheinlichkeit auch auf der Hinreise. Denn warum sollte Luther auf der Fahrt nach Worms einen anderen Weg genommen haben als auf der Rückfahrt? Die „kurzen Hessen" verlief durch das Territorium von Potentaten, die Luther freundlich gesinnt waren, wie der hessische Landgraf Philipp und die Grafen Solms zu Lich. Auch die freie Reichsstadt Friedberg war Luther zugetan. Da hätte es mit dem Teufel zugehen müssen, wenn Luther über Fulda gefahren wäre.

Die Hersfelder hatten zudem schon vor Luthers Wormsreise die „evangelische Lehre" angenommen. Seit dem Jahr 1520 verkündete der Hersfelder Stadtpfarrer Heinrich Fuchs, dass kein Mensch durch Seelenmessen und all das Geplärr und Gesinge in den Kirchen den Himmel und die Seligkeit verdienen könne, sondern allein durch den Glauben an Jesu, dessen Leid, Tod und Auferstehung. Dies missfiel zwar den Stiftsherren der Hersfelder Abtei, das Volk und die Mehrzahl der Ratsherren standen jedoch hinter Fuchs. Auch dass der Pfarrer geheiratet hatte, störte seine Anhänger nicht. Dabei war das ein klerikaler Paukenschlag. Es war das erste Mal, dass in Deutschland ein Pfarrer das Zölibat brach. Die Hochzeit von Fuchs hat früher stattgefunden als die des Pfarrers Bartholomäus Bernhardi in Kemberg, der sich im August 1521 trauen ließ. Luther berichtet in einem auf den 26. Mai 1521 datierten Brief an Melanchthon, dass in Hersfeld das Gerücht umgehe, Fuchs hätte geheiratet. Selbst Fuchsens zweite Heirat im Jahr 1523 – seine erste Frau war gestorben- kreideten ihm die Hersfelder nicht an. All das war, wie wir gleich hören werden, das Vorspiel für dramatische Ereignisse.

Der junge Luther (38 Jahre, Gemälde Lucas Cranach d. Ä.) auf dem Weg zum „Stift", im Hintergrund der Katharinenturm

Logenplatz vor der Freiheit

In den Straßencafés und Bistros am Hersfelder Linggplatz sitzt man in der ersten Reihe. Bei einem Cappuccino und einem Stück Torte kann man dort all die Menschen beobachten, die Richtung Stiftsruine und Kurpark unterwegs sind. Richtig erhebend ist es, wenn an Sommerabenden die Festspielfanfare ertönt und unzählige Festspielbesucher vorbeidefilieren, um in der Stiftsruine großes Theater zu erleben. Kaum einem der Festspielgäste ist bewusst, dass sie hinter den letzten Bistrotischen eine uralte Grenze passieren, hinter der man bis zur Reformation vor der Verfolgung durch die städtische Polizei in Sicherheit war. Es ist die Grenze zwischen Stadt und Stift, kurz „Freiheit" genannt, weil man im Stiftsbezirk Asyl beantragen konnte. Die Grenze wird bis heute von einem steinernen Doppelkreuz markiert, das im Schatten des Standbildes von Lingg von Lingenfeld steht, dem Retter der Stadt im napoleonischen Krieg.

Touristen-Infos in Bad Hersfeld
Tel. 06621-201-274,
E-Mail: touristinfo@bad-hersfeld.de, www.badhersfeld-tourismus.de
Vor Ort: Tourist-Information im Schilde-Park,
Benno-Schilde-Platz 1,
Werktags 9-17 Uhr,
Sa u. So 11 – 18 Uhr

Der Pfaffensturm

Am 17. Dezember 1523 hatte sich vor dem Doppelkreuz ein Haufen eingefunden, der drauf und dran war, den Klosterbezirk zu stürmen. Obwohl die Menge vor Wut kochte, traute sich vorerst aber niemand, die Grenze zum „Stift" zu überschreiten. Die beiden Bürgermeister der Stadt, Otto Saß und Heinrich Reiz, redeten mit Engelszungen auf die Aufrührer ein. Der Abt hatte den Stadtpfarrer und dessen Kaplan ihrer Ämter enthoben und verfügt, dass beide die Stadt zu verlassen hätten. Das wollten sich die Hersfelder nicht bieten lassen. Der Abt sollte, verdammt noch mal, seine Order zurücknehmen. Einer der Bürgermeister ging als Parlamentär hinüber ins Abtschlösschen. Die Verhandlungen zogen sich in die Länge. Die Angelegenheit drohte zu eskalieren und so gab der Abt nach. Doch es war bereits zu spät. Die Menge überrannte die Grenze zum Stift und stürmte die Wohnungen der Ordenspriester. Es wurde geplündert und Geld abgepresst. Dann zog man in eine Schenke, um das erpresste Geld sinnvoll umzusetzen.

Das Hersfelder Doppelkreuz an der Freiheit, der Grenze zum Stift

Angefangen hatte alles damit, dass Pfarrer Heinrich Fuchs 1523 Verstärkung durch einen Kaplan namens Melchior Rinck erhalten hatte. Für Rinck, der wie Fuchs in Erfurt studiert hatte, ging es bei der Reformation vor allem um die moralische Erneuerung der Kirche. Fuchs zog mit und beide geißelten das Lotterleben der Mönche. Sie warfen den „Stiftsherren" ihre wilden Ehen und Trunksucht vor. Auch Halsabschneiderei, so der Stadthistoriker Louis Demme, sei zu Wort gekommen. Die „Stiftsherren" beschwerten sich nämlich beim Abt, dass ihre Zinszahler aufgrund der Hetze des Pfarrers und des Kaplans die Abgaben verweigerten.

Wilde Ehen, Trunksucht und Halsabschneiderei, schwere Vorwürfe gegen die Mönchspriester

Auf Betreiben von Fuchs und Rinck fasste der Rat der Stadt den Beschluss, dass alle, die in wilder Ehe lebten, eine rechtmäßige Ehe schließen oder innerhalb 14 Tagen die Stadt verlassen sollten. Andernfalls hätten sie schwere Leibesstrafen zu erwarten. Doch bevor dieser Beschluss verkündet wurde, bekamen die „Stiftsherren" Wind von der Sache, und der Abt, der an sich Luthers Lehren wohlgesonnen war, wurde gezwungen, hart durchzugreifen. Schließlich war er nicht nur Vorsteher des Klosters, sondern auch Herr der Stadt und damit Dienstherr des Stadtpfarrers. Der Abt teilte dem Rat also mit, dass der Stadtpfarrer und sein Kaplan entlassen seien und die Stadt verlassen müssten.

Plünderung: Aus Chronique de France 15. Jh.

Doch so einfach gaben Fuchs und Rinck nicht auf. Am 17. Dezember bestiegen die beiden nach der Frühmesse die Kanzel und klärten die Kirchenbesucher über die Anordnung des Abtes auf. Danach nahmen sie mit bewegten Worten Abschied. Die Leute waren entsetzt. Und als man hinter der Kanzel Vertraute des Abtes entdeckte, erhob sich ein „Heiler-Mordgeschrei". Die aufrührerische Menge drängte ins Freie. Im Kirchhof stieß man auf den Kanzler des Abtes, der eine Reihe von Bewaffneten um sich geschart hatte. Da man vermutete, dass man Fuchs und Rinck festnehmen wollte, wurde Sturm geläutet. Bald war die gesamte Bürgerschaft auf den Beinen. Einige stürmten das Haus des Kanzlers, um Beweismaterial in ihre Hände bringen. Daraufhin zogen sie vor die Freiheit, wo sie mit einem anderen Haufen zusammentrafen. Ja, und dann kam es zum „Pfaffensturm".

Aufruhr nach dem Kirchgang

Nach dem Aufstand erstatteten Stadt und Abt ihrem gemeinsamen Schutzherrn, dem hessischen Landgraf, Bericht. Landgraf Philipp verlangte, dass Pfarrer und Kaplan bis zu einem Prozess in Haft genommen werden. Mitte Januar kam aus Kassel die Order, Fuchs und Rink sollten in den Kerker der Friedewalder Wasserburg verlegt werden. Doch da waren Fuchs und Rinck längst über alle Berge. Sympathisanten hatten die beiden aus dem Hersfelder Gefängnis befreit und über die hessisch-sächsische Grenze geschafft.

Portal der Stadtkirche

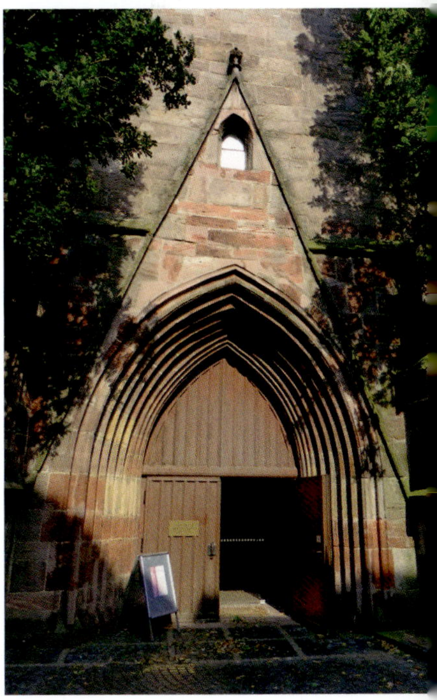

An sich sollte man denken, dass über Hersfeld nun ein landgräfliches Strafgericht hereingebrochen wäre. Aber Philipp wurde seinem Beinamen „der Großmütige„ gerecht. Es geschah weniger als nichts. Im Einvernehmen mit dem Landgraf besetzte der Abt die vakante Pfarrersstelle in der Hersfelder Stadtkirche mit einem gewissen Adam Krafft, der in Fulda evangelisch predigte. Als der Landgraf Krafft wenige Monate darauf als Hofprediger verdingte, wurde erneut ein evangelischer Prediger als Pfarrer eingestellt, sein Name Balthasar Raidt. Raidt setzte fort, was Fuchs und Krafft begonnen hatten. In seiner fünf Jahrzehnte währenden Amtszeit wurde Hersfeld evangelisch.

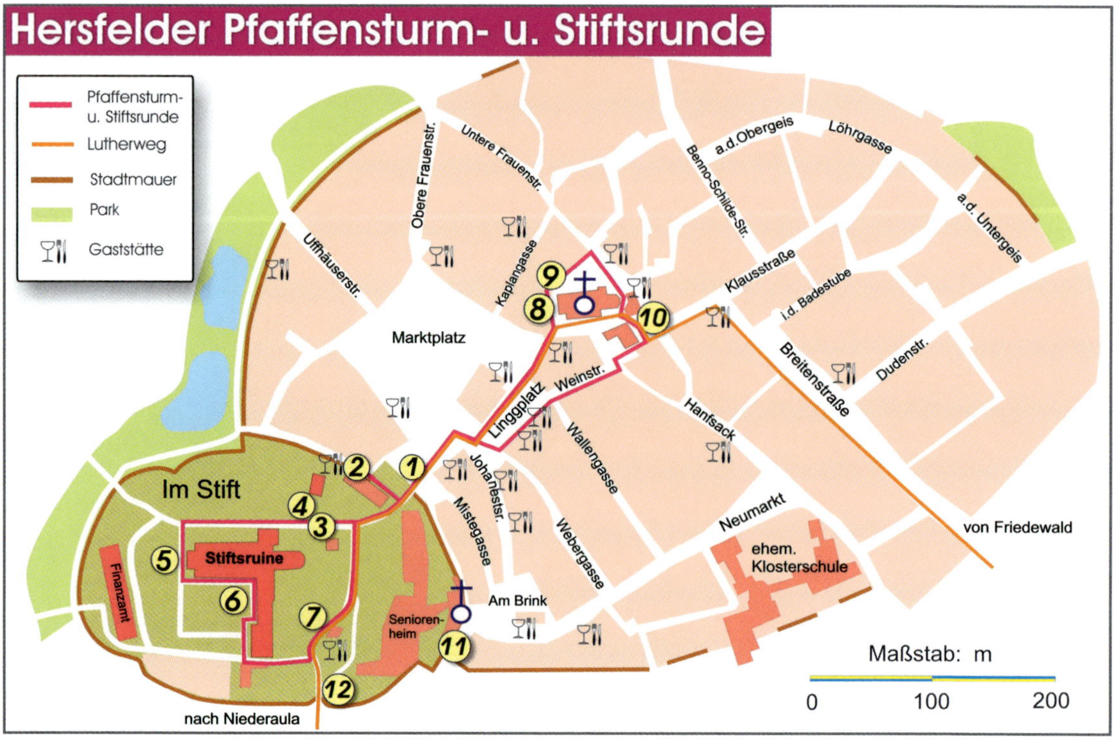

1. Doppelkreuz
2. ehem. Abtschlösschen
3. Katharinenturm
4. Gästehaus des Abtes
5. Portal der Stiftsruine
6. Kapitelsaal / Museum
7. Festspielkantine
8. Stadtkirche
9. ehem. Küsterhaus
10. Rathaus/Lullusbrunnen
11. Johannestor
12. Südtor

Was ist evangelisch?

Ich bin mit dem Dekan des Evangelischen Kirchenkreises Hersfeld Dr. Frank Hofmann verabredet.

Herr Hofmann, der Hersfelder Stadtpfarrer, Heinrich Fuchs, hat bereits ein Jahr vor Luthers Wormsreise verkündet, dass sich kein Mensch die Seligkeit verdienen könne. Die Erlösung sei nur über den Glauben und die Gnade Gottes möglich. Ist die Rechtfertigung des Sünders auch heute noch ein zentraler Punkt von Evangelischsein?

Hofmann: Also zunächst einmal möchte ich festhalten, dass es Luther und den anderen Reformatoren damals nicht allein um die „Rechtfertigung" ging. Ebenso wichtig war ihnen der direkte Zugang zu Gott, ein Zugang ohne Vermittlung eines hierarchisch organisierten Priesterstandes mit einem Papst an der Spitze. Die Reformatoren prägten dazu den Begriff „das Priestertum aller Gläubigen". Wenn man sich die Verkaufszahlen von Luthers Schriften zwischen Thesenanschlag und Wormsreise ansieht, dann muss man festhalten: Luthers Schrift „An den christlichen Adel deutscher Nation", in der es um „das Priestertum aller Gläubigen" geht, war ein Verkaufsschlager.

Aber lag der Erfolg dieser Schrift nicht eher daran, dass der Adel, allen voran die Ritterschaft, hoffte, eine Loslösung von Rom könnte ihren Niedergang abbremsen?.

Der freie Zugang zu Gott

Hofmann: Natürlich waren da auch politische Interessen im Spiel. Der unmittelbare Zugang zu Gott war aber auch für das „gewöhnliche" Volk von Bedeutung. Plötzlich sagte nicht mehr allein der drohende

Zeigefinger der Priester, was gut und rechtens ist, sondern die eigene Einsicht und das eigene Gewissen kamen ins Spiel. Und genau das ist auch heute für evangelische Christen von herausragender Bedeutung. Ohne religiöse Mündigkeit und ohne Gewissensfreiheit gäbe es keine Vielfalt im Glauben und Handeln.
Aber zu Ihrer Frage der Rechtfertigung oder Erlösung des Sünders: Heute geht es weniger um Begriffe wie Buße oder Reue, sondern darum, sich vor allem Tun und aller Leistung als von Gott angenommen zu wissen. Es geht um die Begründung von Würde und Wert des Menschen außerhalb seiner selbst. Das steht im engen Zusammenhang mit der Frage nach einem gelingenden oder guten Leben.

Leistung und Outfit zählen nicht, für Gott und die Glaubensgemeinschaft ist jeder Mensch wertvoll

Ein gutes und sinnerfülltes Leben führen auf der Basis des Glaubens. Wie soll das aussehen? Gibt es dazu von evangelischer Seite Vorgaben oder soll jeder frei entscheiden?
Hofmann: Luther hat 1520 neben seiner Schrift an den christlichen deutschen Adel ein Büchlein mit dem Titel „Von der Freiheit eines Christenmenschen" verfasst. Darin sagt er, dass die Bindung an Christus Freiheit von allen anderen Bindungen ermögliche. Der im Glauben Freie sei aber zugleich durch die Liebe an den Nächsten, den Mitmenschen, gebunden. Für Luther – und auch für die heutige evangelische Kirche – befreit der Glaube zur Nächstenliebe. Es geht also nicht um absolute Freiheit, sondern um Befreiung vom Egoismus, es geht um den offenen Blick auf den Mitmenschen und seine Bedürfnisse.

Frei sein für die Solidarität mit den Nächsten

Besteht, wenn man die Freiheit des Christen ernst nimmt, nicht auch die Gefahr, dass jeder die Bibel auslegt wie er will?
Hofmann: In der evangelischen Kirche gibt es kein höchstes Lehramt. Unsere Kirche ist eine „Auslegungsgemeinschaft", in der über Fragen zum Verständnis von Bibeltexten auch kontrovers diskutiert werden darf und soll.

Aber muss es nicht für die Auslegung der Bibel wenigstens eine Richtschnur geben? Schließlich hat Luther die Bibel als alleinigen Maßstab des protestantischen Bekenntnisses hervorgehoben.
Hofmann: Man muss realisieren, dass die Bibel von Menschen geschrieben wurde, die in ganz unterschiedlichen historischen Zusammenhängen ihre Erfahrungen mit Gott gemacht haben. Luther wusste das und deshalb hat er auch nicht in jedem Fall buchstabengetreu übersetzt, sondern Zusammenhänge beachtet. Luther hat zudem die Texte und Aussagen der Bibel einer Bewertung unterzogen und sie gewichtet. Die Mitte der Bibel ist für ihn Jesus Christus. Schriften, die die frohe Botschaft von Jesus klar bezeugen, stehen für ihn über anderen biblischen Schriften. Die Verkündigung des Evangeliums von Jesus Christus, das ist für Luther das Zentrum der Bibel, das ist für ihn und auch für die heutigen evangelischen Christen die Richtschnur für die Auslegung der Bibel.

Das Evangelium von Jesus Christus als Richtschnur für den Glaubensdiskurs und die Auslegung der Bibel

Ich möchte noch eine weitere typisch evangelische Eigenschaft herausheben: das „in der Welt sein". Luther grenzt sich damit vom Ideal des Mönchsdaseins – und damit seiner eigenen Vergangenheit – ab. Für ihn war es wichtig, auch außerhalb des Klosters seiner „Berufung" zu folgen, also einen weltlichen „Beruf" zu haben und nicht aus der Welt zu fliehen. Das ist auch für unsere Kirche heute noch ein wichtiger Grundsatz."

Kein Rückzug ins Spirituelle, sondern in der Welt sein

Dekan Dr. Frank Hofmann zeigt auf das Wappen von Abt Roell über einem zugemauerten Seiteneingang der Stadtkirche

Wir haben noch lange über Begriffe wie individuelle Freiheit, gesellschaftliche Verantwortung und religiöse Toleranz diskutiert. Dann sind wir hinüber in die Stadtkirche gegangen.

Der Hersfelder Bildersturm oder die Reformation von oben

„Vor der Reformation war das Innere der Kirche wesentlich reicher ausgestattet", sagt Hofmann, während wir durch das gotische Kirchenschiff auf den Chor zuschreiten. „Damals gab es 15 Seitenaltäre, dazu Statuen, Kreuzigungsgruppen, goldene Kruzifixe und Freskenmalereien. Selbst als Hersfeld offiziell evangelisch geworden war, hatte sich daran nichts Wesentliches geändert. Die Äbte des Stifts, die „altgläubig" blieben, nutzten die Stadtkirche weiter mit. Abt Roell ließ dazu zwei extra Türen in die Kirche brechen. Sie befinden sich neben dem Seiten- und dem Turmaufgang. Die Türen sind zugemauert, tragen aber noch das Wappen des Abtes."

Im Chor deutet Hofmann auf die Reste eines offensichtlich abgeschlagenen Reliefs „Das war vermutlich eine Kreuzigungsgruppe. Sie wurde 1608 ein Opfer des von Landgraf Moritz angeordneten Bildersturms", sagt der Dekan. „Ich lese Ihnen mal eine Notiz vor, die mir ein Stadthistoriker gegeben hat: „Am 7. Dezember 1608 gab der Landgraf dem Hersfelder Schultheiß den Befehl, „daß ohne weigern und tumult die bilder undt götzen auß der Stadtkirchen geschafft werden." Am Tag darauf traf sich der Schultheiß mit dem Rat der Stadt und den Zunftmeistern in der Stadtkirche und ließ durch zwei Steinmetze alle Bilder, Statuen und Reliefs entfernen oder zerschlagen. Die Figuren der Gewölbe-Schlusssteine und einer Konsole entkamen dem landgräflichen Bildersturm. Ihre Entfernung hätte die Gewölbefestigkeit gefährdet."

Schlussstein in der Eingangshalle der Stadtkirche und wieder freigelegtes Fresco (unten)

„Die Heiligenbilder und die Engel, die wir hier links sehen, sind auf Anweisung des Landgrafen übertüncht worden", ergänzt Hofmann, „man hat sie später wieder freigelegt."

„Was hat den Landgraf geritten, die religiösen Bildnisse zu zerstören?"
„Landgraf Moritz hatte eine calvinistische Frau geheirat und war danach selbst zum Calvinismus übergetreten. Und die Calvinisten nahmen das zweite Gebot „Du sollst Dir kein Bildnis oder Gleichnis machen" sehr ernst. Der Bildersturm war erst der Anfang. Dann wurde die Durchsetzung weiterer „Verbesserungspunkte" angeordnet. Vor allem ging es um den Ritus des Abendmahls."

„Haben sich die Hersfelder dagegen gewehrt?"
„Zuerst schon. Lange Zeit sind viele zum Gottesdienst ins fuldische Odensachsen gegangen. Aber der Landgraf hat mächtig Druck gemacht." – „Womit?"
„Er hat den Kirchenvorstand abgesetzt und einen neuen Pfarrer eingesetzt, und ins Hospital wurden nur Reformierte (Calvinisten) aufgenommen. Das hat langfristig Wirkung gezeigt. Innerhalb einer Generation waren die Hersfelder überzeugte Calvinisten."

„Also eine Reformation von oben. Ich weiß nicht ob das passt, aber mir fallen da die „Deutschen Christen" ein, die 1933 in einigen Landeskirchen die Leitung übernahmen und die kirchlichen Arierparagraphen einführten. Wie kann die Kirche heute so etwas verhindern?"

„Ich hoffe, durch unsere demokratisch gewählten Kontrollinstanzen, den Kirchenvorstand und die Landessynode."

> ***Luther und die Bilder***
>
> *Luther hat zweierlei Bilder unterschieden: solche, die man verehrt und anbetet, die Kultbilder, und Bilder, die zum Schmuck der Kirche und als Merkbilder für die Gläubigen dienen.*
>
> *Luther 1522: „Es ist möglich, dass ein Mensch mag sein, der die Bilder auf rechte Weise gebrauchen kann ...zum Ansehen, zum Gedächtnis und zum Zeichen."*
>
> *Luther hat auch selbst Bilder für die Reformation eingesetzt, z. B. das 1529 erschienene „Betbüchlein mit dem Calender und Passional", das er mit fünfzig Holzschnitten illustrieren lässt „...um der Kinder und Einfältigen willen".*

„Und wenn sich doch etwas Autoritäres und Menschenverachtendes durchsetzt?"

„In einer solchen Ausnahmesituation hätten die engagierten Kirchenmitglieder das Recht und die Pflicht, Widerstand zu leisten, wie die Bekennende Kirche."

„Noch einmal zum Bildersturm. So etwas erleben wir heute ja wieder, im Irak oder in Syrien, zuvor auch schon in Afghanistan. Für mich ist das Zerstören von religiösen Symbolen ein Akt der Intoleranz. Und es fällt mir schwer zu verstehen, dass früher auch evangelische Christen da keine Skrupel kannten."

Toleranz, Ökumene, Dialog mit anderen Religionen

Hofmann: „Ja, im 16. und 17. Jahrhundert war es mit der Toleranz noch nicht weit her. Toleranz war etwas, was die evangelischen Christen – und nicht nur die – erst mühsam lernen mussten, ein Prozess, bei dem wir auch heute, wie Sie ja bemerkt haben, noch nicht am Ziel sind. Toleranz einüben, also den eigenen Standpunkt überzeugt zu vertreten und gleichzeitig gewillt sein, den Standpunkt des anderen zu verstehen, das ist das Gebot der Stunde. Das ist auch der Schlüssel für die Ökumene und den interreligiösen Dialog. Toleranz ist oder darf nicht nur ein Spezifikum der evangelischen Christen sein, sondern es muss eine Richtschnur für alle Christen und letztlich für alle Religionen sein."

Auf dem Turm der Stadtkirche

An einem Sonntagmorgen um halb zehn besteige ich den Turm der Stadtkirche. Dann nämlich ist die kleine Pforte, rechts vom Portal geöffnet und man muss sich nicht im Rathaus den Schlüssel holen. Am Sonntag lassen die Leute vom Bläserchor nach allen vier Himmelsrichtungen einen Choral erschallen. Steil geht es 222 Stufen empor, erst über eine Wendeltreppe, dann über Holzblockstufen am Uhrwerk und an den acht Glocken vorbei. Im sechsten Stock ist das Türmerzimmer erreicht. Als ich dort eintreffe, hält Uhrmacher Franke, der Äl-

Choralblasen am Sonntagmorgen auf dem Turm der Stadtkirche

teste unter den Bläsern, gerade eine Andacht. Dann geht es hinaus in den hellen Sonnenschein, die Stadt liegt unter uns, die Berge und das Fuldatal leuchten in den Farben des Sommers, und wie man auf dem Foto sieht, freuen sich auch die Bläser.

Ich bin während des Choralblasens schnell noch mal zurück in die Türmerstube. Ein Tisch und ein paar roh gezimmerte Bänke stehen dort. Das Licht ist verhalten, fast dämmrig, wie in einer Gartenlaube. Auf einer Fensterbank stehen ein Kreuz und ein Krug. Darunter liegen und krabbeln unzählige Mücken und auch die Fensterscheiben sind über und über mit Mücken besetzt, die aufgeregt hin und her tanzen. Im Sommer 1674 muss ein noch viel größerer Mückenschwarm am Dach des Turms hin und her gewabert sein. Die Hersfelder, die das sahen, dachten an eine Rauchwolke und eilten zum Löschen. Erst als man mit Wassereimern die 222 Stufen nach oben gestiegen war, erkannte man, dass es sich um einen Mückenschwarm handelte.

Das ehemalige Küsterhaus am Kirchplatz, Baujahr 1452

86 Jahre später (1760) brannte der damals noch spitze Helm des Kirchturms nach einem Blitzschlag wirklich ab. Er wurde auf die Schnelle durch eine stumpfe Haube ersetzt, an die sich die Hersfelder aber schnell gewöhnten und bald auch als ein Wahrzeichen der Stadt auffassten.

Die Stiftsruine

Von der Stadtkirche über den Linggplatz zur Stiftskirche, der größten romanischen Kirchenruine in Deutschland. Im 18. Jahrhundert brannte die ehemalige Kloster- oder Stiftskirche, wie sie die Hersfelder nannten,

Zwei Große, die in Hersfeld tätig waren

Neben dem Katharinenturm stehen die Statuen zweier berühmter Hersfelder: von Konrad Duden, dem ehemaligen Direktor des hiesigen Gymnasiums und Verfasser des „Dudens", und von Konrad Zuse, dem Erfinder des Computers, der in der Stadt eine Computer-Fabrik aufgebaut hatte.

aus. Aber auch als Ruine hat die Stiftskirche nichts von ihrer Anziehungskraft verloren. Nach wie vor verdeutlicht sie die Macht und die Stärke der einstigen Reichsabtei Hersfeld.

Sie war das Herzstück der Abtei, ein Münster, ein romanischer Prachtbau: 105 m lang, mit Querschiff 55 m breit, und Doppelturmfassade. Der Nordturm war allerdings noch während der Bauarbeiten aufgrund einer Fundamentabsenkung eingestürzt. Zur Aufhängung der Glocken errichtete man den Katharinenturm, einen frei stehenden Ersatzturm, ein Provisorium. Der Nordturm wurde nie vollendet. Das Provisorium wurde zu einem festen Bestandteil der Anlage. Schon bevor man am Lingg-Denkmal das steinerne Doppelkreuz passiert hat, kommt der „Campanile" der Stiftskirche, der Katharinenturm, in Sicht. Er steht auf dem Gelände des ehemaligen Klosterfriedhofs. In diesem lupenreinen romanischen Turm hängt die älteste Glocke Deutschlands, die um 1040 gegossene Lullusglocke. Bis zum Brand im Jahr 1761 hing sie im Dachreiter der Stiftskirche. Sie wird heute alljährlich zu Beginn der Hersfelder Kirmes, dem Lullusfest, geläutet.

Vom Katharinenturm geht der Blick über die Mauer des Kirchhofs auf die Ostfront der Ruine, auf den Chor und das Querhaus mit seinen halbkreisförmigen Anbauten, den Apsiden. Da die Stiftskirche als romanischer Bau kein Gewölbe besaß, sondern mit einer flachen Holzdecke abschloss, blieb in großen Teilen ein „Rohbau" mit nahezu unversehrter Mauerkrone stehen. Dadurch kommt das Ebenmaß der Gestaltung, dem die Zahl drei zugrunde liegt, unverdeckt zum Ausdruck. Es gibt drei Apsiden mit je drei Fenstern. Auch in die Querhauswände sind jeweils drei Fenster eingelassen. Da hier die Dächer der

Eine Besichtigung der Stiftsruine *ist von September bis Mai möglich. Der Eingang befindet sich auf der der Altstadt abgewandten Seite. Während der Sommermonate finden in der Ruine die Hersfelder Festspiele statt. Um die Schauspieler bei den Proben nicht zu stören, bleibt die ehemalige Klosterkirche dann tagsüber geschlossen. Dafür kann man abends in der Ruine großes Theater erleben.*

Die Stiftsruine, Blick von Osten auf den Chor und das Querhaus

Großes Theater in der Stiftsruine Aquarell von Dietrich Ibold, Bad Hersfeld

Apsiden in die Fensterzone hinaufstoßen, „fehlt es am Platz für die Rundbogenfenster. Der Baumeister wusste aus der Not eine Tugend zu machen und setzte an diese Stelle ein Vierpassfenster, das von einer Kreisblende umgeben wird. Bei aller Einfachheit der Ausführung ist dieses Motiv doch von beachtlicher Wirkung." (Dieter Großmann 1986).

Die Stiftsruine als Theaterkulisse

Das Hauptportal der Stiftsruine befindet sich an deren Westfront, zwischen dem Südturm und dem Stumpf des Nordturms. Natürlich muss man auch ins Innere der Ruine, man muss die Kulisse sehen, vor der sich oder besser in der sich die Theatervorstellungen abspielen. Jedem fällt sofort der über 20 m hohe Triumphbogen auf, der Bogen des Querschiffs, der den Blick zum Chor fokussiert. Dort konzentrieren die Regisseure die zentralen Handlungen und Dialoge. Unter den kleinen Bögen rechts und links des Triumphbogens werden Geheimnisse gebeichtet oder Pläne und Komplotts geschmiedet. Auftritte erfolgen aus dem Querschiff und aus der Krypta, die sich unter dem Chor befindet, wodurch dieser höher liegt als der übrige Kirchenraum. Und genau diese Hochlage lässt sich wunderbar für Theateraufführungen nutzen. Aus einem nach hinten ansteigenden Chor kommen Schauspieler aus den Tiefen der Krypta hervor. Und noch etwas: Schauen Sie sich die Seitenwände der Ruine an. Sie sind mit 9 m wesentlich niedriger als die 23 m hohen Mauern des Querschiffs. Der Grund: Es sind nicht die Seitenwände des Langhauses, sondern die Wände der Seitenschiffe. Die Wände des Langhauses, die auf je einer Säulenreihe standen, sind beim Brand eingestürzt. Aufgrund der niedrigen Seitenwände treten Querschiff und Triumphbogen in den Vordergrund und das ist das Tüpfelchen auf dem i. Der Blick der Zuschauer konzentriert sich automatisch auf das Spiel. Eine perfekte Bühne.

Wie aus der Stiftskirche eine Ruine wurde

Im Jahre 1761 waren Franzosen in der Stadt. Es war die Zeit des Siebenjährigen Krieges und die Stiftskirche wurde von der französischen Armee als Fouragelager genutzt. Man hatte in der Kirche große Mengen Heu, Stroh und Getreide gelagert. Als die Franzosen in Bedrängnis gerieten und zurückwichen, zündeten sie das Lager an. Sofort brannte das Kirchendach lichterloh und der Dachreiter mit der Glocke stürzte in den Kirchenraum.

290 km nach Worms
56 km nach Alsfeld
31 km zur Burg Herzberg

Durch die Täler von Fulda und Jossa

IIm September 2013 waren wir mit 20 Wanderern in der Stiftsruine zu einer Pilgertour nach Niederaula aufgebrochen. Wir sind am Kapitelsaal und dem Gebäude der Festspielintendantur vorbei zum Südtor gezogen und von dort dem Lutherweg über den Kurpark zur Fulda gefolgt. Dann ging es immer am Fluss entlang zum Schloss Eichhof.

Teichrosen am Eichhofwehr

Luther hat Hersfeld über das Johannestor verlassen. Dann folgte er der „Kurzen Hessen“, die am Fuße des Tagebergs entlang führte, dort, wo heute die Straße „Am Weinberg“ verläuft. Einen Weg entlang der Fulda gab es damals noch nicht. Das Tal war sumpfig und dort, wo heute die Autobahn das Tal quert, befand sich eine weit ausladende Fuldaschleife. Luther war vielleicht eine halbe Stunde gefahren, da kam er am Schloss Eichhof vorbei, der Sommerresidenz des Hersfelder Abtes. Heute ist dort eine „Landwirtschaftliche Lehr- und Forschungsanstalt“ untergebracht. Mit seinem trutzigen Bergfried macht das Schloss immer noch einen recht wehrhaften Eindruck.

Anlass für den wehrhaften Bau waren die ständigen Auseinandersetzungen des Stifts mit der Stadt. Zwei Äbte haben an der Verwirklichung einer Wasserburg in den „Eychen“ gearbeitet: Abt Ludwig von Mansbach und Abt Berthold von Völkershausen. 1378, in der Vitalisnacht, eskalierte der Konflikt. Abt Völkershausen war sicher froh, dass er um seinen Rückzugsort einen doppelten Wassergraben hatte ziehen lassen. Die Lage beruhigte sich wieder. Stadt und Stift gingen aufeinander zu und so entwickelte sich die Wasserburg allmählich zu einem Schlösschen. Ein Wappen in der Hofeinfahrt aus dem Jahr 1571 erinnert an Abt Ludwig, den Auftraggeber des Renaissancegiebels. Schauen Sie ruhig mal in den Hof hinein. Dort finden während der Festspielzeit Theateraufführungen statt, meist lange im Voraus ausverkaufte Komödien. Auf seiner Rückreise von Worms ist Luther am Eichhof von Abt Krato empfangen worden. Doch dazu später. Jetzt geht es erstmal über Asbach und Niederaula weiter Richtung Alsfeld.

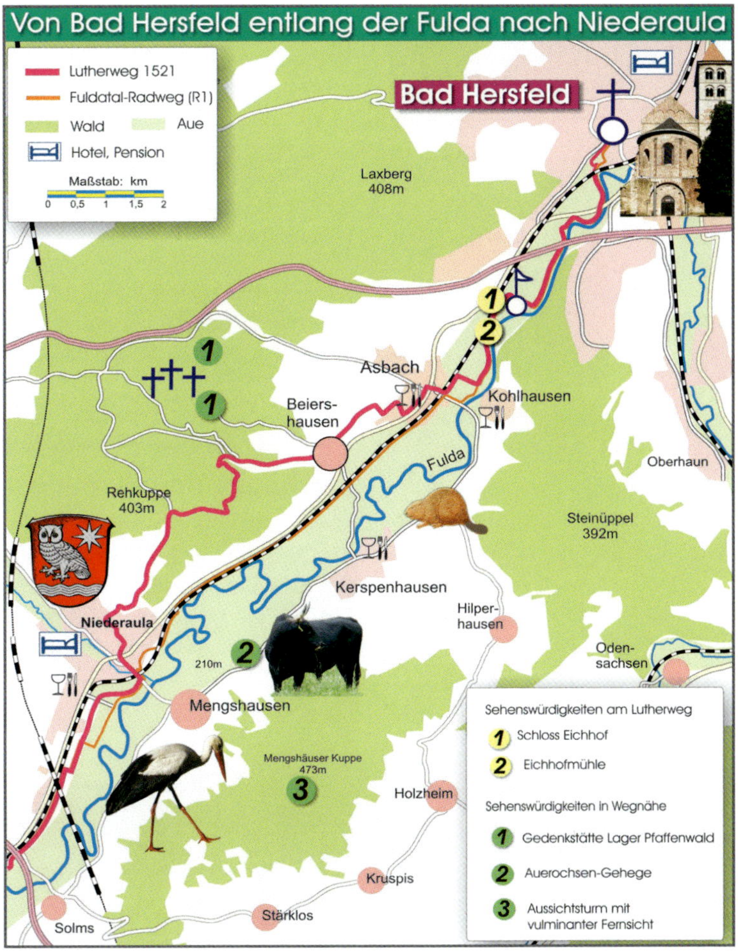

Nicht weit vom Schloss führt der Lutherweg an der Eichmühle vorbei. Neben einem klassizistischen

Fuldaaue bei Niederaula

Herrenhaus gruppieren sich Scheunen, deren Geschosse mit Holzgittern recht luftig gestaltet sind. In der Mühle wurden Kartonagebögen produziert, die man in den Scheunen zum Trocknen aufhing. Ein paar Schritte weiter wird der Blick auf das Wehr und den Mühlenstau frei, auf dem die Schwimmblätter von Teichrosen einen grünen Teppich bilden. Angler sitzen hier, und ab und zu tragen Kanuten ihr Boot um die Wehrmauer. Bei Hochwasser rauscht die Fulda über das Wehr. Ansonsten fließt alles Wasser durch einen kurzen Mühlenkanal den Turbinen zu. Weiter geht's entlang der Fulda nach Asbach. Man kommt an der Kirche und dem Gasthof „Herzog" vorbei und wird dann über einen Feldweg nach Beiershausen geleitet.

Von Bibern, Störchen und Auerochsen

In Beiershausen folgt der Lutherweg einem Seitental zum ehemaligen Forsthaus Pfaffenbach. Dann steigt er durch einen Buchenwald auf die Aulaberge hinauf. In dem Wald stehen mächtige Altbuchen, die Spechten zum Bau von Bruthöhlen dienen. Hier darf zum Schutz der Spechte kein Baum gefällt werden. Am Hungerberg endet der Wald und der Blick schweift wieder frei. Am westlichen Horizont kann man bereits die Silhouette der Burg Herzberg erkennen. Im Süden und im Osten heben sich die Auen des Fuldatals ab. Inmitten von Wiesen mäandriert die Fulda in weiten Schleifen, und das 25 km lang ohne Wehr. Wo gibt es das sonst noch? Die Wiese und der Lauf der Fulda gehören daher zu einem Naturschutzgebiet von europäischem Rang. Hier lebt der Biber, hier brüten Störche und auf einem Teil der Wiesen weiden „Auerochsen", eine Nachzüchtung des legendären Urs. Zwei- oder dreimal im Jahr tritt die Fulda über die Ufer, meist nach der Schneeschmelze in der Rhön und dem Vogelsberg. Der gesamte Talgrund wird überflutet. Das Fuldatal erscheint dann als ein einziger großer See. Hochwasserschäden kennt man hier nicht. Niemand war so verwegen, in die Aue zu bauen. Die Dörfer wurden auf Schwemmkegeln gegründet und ziehen sich heute die Hänge empor. Die Straßen verlaufen am Hangfuß, immer knapp oberhalb der maximalen Hochwasserlinie. Das war schon zu Luthers Zeiten so.

Zu Gast in der evangelischen Kirchengemeinde Niederaula

Unsere Pilgergruppe hatte in Asbach die Kirche besucht und war mittags in Beiershausen kostenlos verpflegt worden. In Niederaula luden uns Pfarrer Ewald und die Mitglieder der Kirchengemeinde zum Kaffee ein. Im Gemeindesaal waren zwei Tischreihen mit Tassen und Tellern gedeckt, auf der Kopfseite der Tafel stapelten sich Torten und Blechkuchen.

Die „Auerochsen" von Niederaula beim täglichen Familiengalopp

„Alles selbst gemacht!", erklärte uns Frau Rössing, die Älteste vom Kirchenvorstand. „Na dann, guten Appetit!" Zunächst hörte man nur das Klappern der Kaffeelöffel und Kuchengabeln. Aber schon bald entwickelten sich lebhafte Gespräche. Es ist wie in einem Lehrbuch für Pilger, man tauscht sich aus, es kommt zu Begegnungen, Gäste und Gastgeber profitieren gleichermaßen.

Das geistliche Duo (ev.) von Niederaula: von links Prediger Detlef Weigel und Pfarrer Werner Ewald nebst dem Jäscher Vikar Florian Wagner

Vor Jahren war ich mit Horst Meseck, dem wichtigsten Bass im Kirchenchor, auf den Turm der Niederaulaer Kirche gestiegen. Auf schwankenden Leitern ging es im Dämmerlicht nach oben, neben uns vier starke Drahtseile, an denen zwei große Gewichte hingen. Dann erreichten wir eine Plattform mit einem großen Uhrwerk, dessen Räder durch die Gewichte angetrieben wurden. „Acht Tage lang läuft die Uhr, dann muss sie wieder aufgezogen werden, und zwar mit der Hand", erklärte Horst, „Sie wurde 1895 gebaut und geht immer noch recht genau." Dann deutete Horst auf einen Holzkasten und sagte: „Darin sollten eigentlich unsere Schleiereulen brüten. Aber merkwürdigerweise haben sie das oben bei den Glocken getan. Komm, wir steigen mal hinauf." In der engen Glockenstube hängen drei große Glocken.

Wie die Eulen das Geläut ausgehalten haben, war mir schleierhaft. Der Turm wurde inzwischen renoviert, wobei man die Schallarkaden mit einem Maschendraht versah. Man wollte Tauben fernhalten und hat den Zugang für die Eulen versperrt. Als Horst den Unfug bemerkte, war es leider zu spät. Niederaula hat im Wappen eine Eule und feiert einen Eulenmarkt. Die Kircheneulen wurden nie wieder gesehen. Als Gemeindebrief „Kircheneule" bleiben sie den Menschen in Erinnerung.

Luther ist nicht durch die Fuldaue gefahren. Die „kurzen Hessen" zog sich am westlichen Rand des Fuldatals entlang, immer auf hochwassersicherem Gelände, mal am Hangfuß, mal über einen Schwemmkegel. Auf dem Abschnitt Niederaula - Niederjossa führte die Trasse nach 2 km schräg den Hang hinauf, um einen Prallhang der Fulda zu umgehen. Damit bog die alte Straße „vorzeitig" ins Jossatal ein.

Die Glocken von Niederaula und die Kircheneule (aus dem Wappen)

Pro Christ in Niederjossa

Ich bin zu Besuch bei Pfarrer Bernd Seifert in Niederjossa. Bei ihm ist immer etwas los. Das Telefon klingelt, Faxe kommen an, schnell noch einmal hinunter ins Gemeindehaus. Laufen die Vorbereitungen für die Bibelstunde auch richtig? Dann hat Bernd Zeit für mich. Er entschuldigt sich. Gestern wäre er mit der Frauen-

gruppe in Schmalkalden gewesen, gerade ist er von einem Gebet mit einem Diamanten-Hochzeitspaar gekommen und es stehen Vorbereitungen für Goldene Hochzeiten an. Im Bücherbord neben dem Schreibtisch steht ein Buch über Billy Graham, den amerikanischen Erweckungsprediger. Und wie Billy Graham geht es Bernd Seifert um die Rettung jeder Seele, wenn auch beschränkt auf das Kirchspiel Niederjossa. 1993 war Graham Redner bei der ersten ProChrist-Veranstaltung, die in Essen in der Grugahalle stattfand. Seit 2000 wurde ProChrist auf Initiative von Bernd Seifert in Niederjossa live übertragen.

„Bernd, ProChrist Niederjossa 2013 war wieder ein Erfolg. Was gab hierfür den Ausschlag? Die Live-Übertragung der Show in der Porsche-Arena Stuttgart ? Die intensive Gemeindearbeit des hiesigen Pfarrers? Oder ist Niederjossa ein besonders frommes Pflaster?“

Seifert lacht: „Also in Niederjossa gibt es schon viele aktive Christen und das auch nicht erst, seitdem ich hier bin. Deshalb ist mein Einsatz für ProChrist auch auf fruchtbaren Boden gefallen. Was die Live-Übertragung angeht, der kommt schon eine herausragende Bedeutung zu. Ich würde das nur nicht Show nennen…“
„Aber die Zuschauerränge, das Orchester, die Rockgruppe mit der afroamerikanischen Sängerin und dazu der „Showmaster“ Ulrich Parzany … “

„…dessen Moderation in eine packende Predigt übergeht. Und dann denke an das gemeinsame Gebet am Schluss der Veranstaltung. “
„Ok, aber einen Show-Charakter kannst du nicht abstreiten.“
„Parzany versteht sein Geschäft. Entscheidend ist, dass er viele Menschen dazu bringt, wieder über den Glauben nachzudenken.“
„Und dies gelingt mit einer TV-Show besser als mit der altbackenen Liturgie der evangelischen Kirche?“

Wappen von Niederaula

Übernachtung in Niederaula

Schlitzer Hof, Hauptstr 1,
Tel. 06625-3341
Zur Aulabrücke,
Schlitzerstr. 7,
Tel. 06625-344490

„Halt, so einfach ist das nicht. Wenn in unserem 750-Seelendorf am Sonntag die Glocken läuten und ich in meinem Talar die Kirche betrete, dann erwarten meine Gottesdienstbesucher, dass wir die Orgel spielen und dazu die alten Kirchenlieder singen. Was meinst du, wie enttäuscht die wären, wenn wir nur noch auf „modern" machen würden. Im Gegenzug haben Keyboard und Beamer im Jäscher-Jugendgottesdienst ihre Bedeutung. Aber egal welches Lied, welches Instrument oder Procedere: Die Botschaft ist immer dieselbe. Und was die ProChrist-Veranstaltung angeht: Hier wurde ein Rahmen geschaffen, der möglichst viele Gläubige und auch Zweifelnde anspricht. Konfessionelle Unterschiede spielen keine Rolle."

„Warum findet ProChrist in dem kleinen Niederjossa und nicht in Bad Hersfeld statt?"
„Weil so eine Veranstaltung einen hohen Arbeitseinsatz erfordert. Ohne eine große Gruppe engagierter „Laien" stünde der Pfarrer auf verlorenem Posten. Und die haben wir hier in Niederjossa. Unterstützt werden wir dazu von der evangelischen Gemeinschaft Aulatal, die ihren Sitz in Niederaula hat."

„Gut Bernd, ich will Dich nicht länger stören. Du hast sicher zu tun, und ich habe einen Termin unten im Dorf bei der Elsbeth Rohrbach wegen des Backhausfestes."

Pfarrer Bernd Seifert als Luther beim Lutherwegspiel

Das Jäscher Backhausfest

Früher gab es in Niederjossa mehrere Backhäuser, doch die wurden nach dem Krieg alle abgerissen. Als man im Sommer 1982 mit den Vorbereitungen zur 1200-Jahrfeier begann, besann man sich auf die bäuerliche Backkunst und errichtete am Sportplatz ein neues Backhaus. Gerne erinnern sich die Jäscher an das große Fest, zu dem Tausende kamen. Dass die Feier ein Erfolg wurde, war nicht zuletzt auf die Backkünste der Landfrauen zurückzuführen, die mit Brot, Kuchen und Ploatz Furore machten.
Von nun feierten die Jäscher jedes Jahr im August ihr Backhausfest.

„Damals war bei den Backhausfesten unglaublich viel los", sagt die Elsbeth, als wir zusammen in ihrem Wohnzimmer sitzen. „Da haben zwei Bands gespielt, erst gab es Blasmusik, dann Rock."

„Was lief denn damals am besten, Ploatz, Kuchen oder Fettebrote?"
„Ganz klar der Ploatz. Das war der Renner."
„Und woraus besteht Ploatz?"
„Ich zeige Ihnen mal ein Rezept." (Das Rezept steht auf der nächsten Seite.)

„Man kann auf den Brotteig auch noch Stampfkartoffeln auftragen. Früher haben die Leut den Brotteig nur mit Stampfkartoffeln überschichtet. Mageren Speck gab es noch nicht, die Bauchseiten kamen alle in die Wurscht. Um den Kartoffelploatz schmackhafter zu machen, hat man darüber einfach etwas Butter verteilt oder auch Kräuter."

„Der Brotteig für Euern Ploatz, macht Ihr den extra?"
„Nein, den zweigen wir vom Brot-Sauerteig ab. Sauerteig muss es

Zwiebelploatz
und sure Kuche

Zutaten für Zwiebelploatz
1 kg Brotteig
2 große Zwiebeln
400 g Bauchspeck gewürfelt
500 g Schmand
2 Eier
Salz, Pfeffer

sein, das ist wichtig."
„Und den Sauerteig holt Ihr Euch vom Bäcker?"

„Nein, den machen wir natürlich selber", schaltet sich Tochter Sabine Rohrbach ein. „Das ist wie beim Reinheitsgebot vom Bier. Unser Sauerteig besteht auch aus nichts anderem als Roggenmehl, Wasser und Salz."
„Und wie wird der Teig sauer?"
„Ganz einfach. Wir zerbröseln Brot und rühren die Krümel mit Wasser an, sodass eine cremige Suppe entsteht. Die lassen wir dann ungefähr eine Woche stehen. In dieser Zeit gärt es in der „Suppe". Dann mischen wir die „Gärsuppe" mit Roggenmehl, Wasser und etwas Salz und lassen den Teig gehen. Je länger er geht, desto saurer wird er."

„Mit dem Sauerteig haben wir früher auch Kuchen gebacken", ergänzt Elsbeth. „Auf den Brotteig kamen dann Klaräpfel oder Zwetschgen und darüber Schmand. Das war dann der „Sure Kuche". Auch der Ploatz wurde bei uns früher so genannt. „Sure Kuche" hieß alles, was auf dem Blech mit Brotteig ohne Zucker gebacken wurde."
„Und dann geht's in den Holzofen mit dem „Sure Kuche" und dem Brot. "
„Klar, aber nicht alles zusammen. Blechkuchen und Brot brauchen doch unterschiedliche Temperaturen und Backzeiten."
„Und wieso heißt das Holzofen?"
„Na, weil die Steine des Ofens mit Holz angeheizt werden. Manche sagen deshalb auch Steinofen. Man entfacht ein Reisigfeuer und unterhält das Feuer so lange, bis die Steine des Ofens ordentlich heiß sind."
„Das heißt, das Feuer brennt gar nicht mehr, wenn die Brote in den Ofen kommen?"
„Genauso ist es. Und damit die Brote gut durchbacken und knusprig werden, gehört Fingerspitzengefühl dazu."

Die Glocke von Oberjossa

Weiter geht's, entlang der alten Bahnlinie, auf der ab und an noch einige mit Holz beladene Güterwaggons fahren. Das nächste Ziel ist Oberjossa, ein 200-Seelen-Dorf, bestehend aus Unterland und Oberland. Durch das Unterland fließt die Jossa. Eine Brücke führt über den Fluss zur Jossamühle. Direkt gegenüber steht ein Haus, das mit seinem

Übernachtung in Niederjossa
Gasthaus zum Schwan, Jossastr.3, Tel. 06625-460
Hotel Eydt, Jossastraße 44, Tel.06625 343240
Ferienbauernhof & Heuhotel Eckhardt, Elsetstr. 2, Tel. 06625-1861, www.heubett.com

Übernachtung in Oberjossa
Landgasthof & Hotel Jossatal Hersfelder Str. 10, Tel.06675-227

Dachreiter wie eine Kapelle aussieht. Was es mit dem vermeintlichen Kirchlein auf sich hat, das weiß Georg Pfalzgraf, der Müller:

„Das kleine Haus mit dem Dachreiter war früher eine Schule. Bis 1945 wurden hier acht Klassen unterrichtet, wohlgemerkt, acht Klassen in einem Raum. Damals gab es auch noch eine Kirche, und die stand auf der anderen Seite der Jossa. Es war ein kleiner, aus Bruchsteinen gefügter Bau mit einem aufgesetzten Glockenturm. Gottesdienste wurden hier nach dem Krieg nicht mehr gefeiert. Doch zu feierlichen Anlässen wie Taufen, Hochzeiten oder Beerdigungen läutete das Glöcklein. Doch die Kirche war marode. Das Mauerwerk hatte Risse und im Gebälk knackte es. In den 70er Jahren, einer Zeit, in der zahllose Altbauten der Modernisierung geopfert wurden, riss man auch das Kirchlein von Oberjossa ab. Von einem Tag auf den anderen war das Gotteshaus einfach weg. Die Glocke brachte man zum Feuerwehrhaus und hängte sie im Trockenturm auf. (Im Trockenturm wurden früher die Schläuche nach Gebrauch getrocknet.) Das altertümliche, fast mannshohe steinerne Sonnenkreuz, das den Dachfirst der Oberjossaer Kirche geziert hatte und an ein Keltenkreuz aus Irland erinnert, wanderte in die Kirche von Breitenbach.

Das alte Schulhaus von Oberjossa mit „Glockenturm“

Das ließ den Müller nicht ruhen. Wenn schon keine eigene Kirche, dann sollte wenigstens die Glocke einen ehrenvollen Platz haben, möglichst im „Oberland“. Von dort aus wäre sie gut im gesamten Dorf zu hören, auch auf dem noch höher gelegenen Friedhof. Also organisierte der Müller eine Bürgerversammlung. Dass die Glocke von einem repräsentativen Platz aus erschallen sollte, war Konsens. Doch einige Einwohner aus dem Oberland sprachen sich vehement dagegen aus, die Glocken im Oberland aufzuhängen. Sie fürchteten den Lärm. Georg Pfalzgraf machte daraufhin den Vorschlag, auf das alte Schulhaus neben seiner Mühle einen Dachreiter zu setzten und die Glocke dort aufzuhängen. Alle waren einverstanden. Und so machte sich der Müller an die Arbeit. Er holte Angebote ein, sprach mit der Gemeinde, dem Landkreis und der Denkmalpflege und sammelte Spenden. Und er hat es geschafft, die Glocke von Oberjossa läutet wieder.“

Der Lutherweg bleibt im Unterland und führt durch das Jossatal weiter nach Breitenbach. Ich bin natürlich ins Oberland aufgestiegen, und zwar über einen Pfad, der im Hang gegenüber der Mühle steil nach oben führt. Im Oberland stößt man als erstes auf das „Herzberghaus“, ein Diakoniezentrum von Hephata, eine Sozialstation für Suchtkranke. Von dort sind es nur ein paar Schritte zur alten B62, die früher mitten durch das Oberdorf führte. Am Unterstand der Bushaltestelle hat jemand Oberjossa in Szene gesetzt. Der Kommentar von zwei gemalten Mädchen: „Ein dolles Dorf!“, „Echt cool, Eh.“ „Eh“ werde mit „y“ geschrieben, hat jemand

Das Sonnenkreuz in Oberjossa, heute in der Breitenbacher Kirche

von der Dorfjugend Prof. Bothe, den Künstler, wissen lassen. Aber es muss doch ein gewisser Respekt gegenüber dem Werk bestehen, denn es wurde bisher nicht mit Grafitti verziert.

„Um die Ecke", in der Hersfelder Straße Haus Nr. 12 steht ein etwas außergewöhnlicher „Dreiseithof", außergewöhnlich, weil Wohnhaus, Stall und Scheune nicht in Hufeisenform, sondern in Reihe angeordnet sind. Dem Bauherrn blieb zwischen Straße und dem steil abfallenden Hang nicht viel Platz. Der Stall wurde schon recht früh zu einer Schmiede umfunktioniert, die Schmiede zu einer Schlosserwerkstatt. In den sechziger und siebziger Jahren konnte man vor der Werkstatt sogar tanken. Alle Gebäude befinden sich, zumindest was die Fassade angeht, im Originalzustand. Selbst Fenster, Türen und Tore stammen aus der guten alten Zeit.

Dennoch: Das Bäuerliche, das war einmal. Anstelle von Gerätschaften steht eine Tisch-Stuhl-Garnitur vor dem Haus, umrahmt von Blumen und Kübelpflanzen. Auch aus den steinernen Tränken und aus der Milchkanne ragt Grünzeug hervor. Fremde aus der Stadt haben sich hier niedergelassen und mit der Restaurierung den Wert des dörflichen Fachwerks demonstriert. In dem Hof wohnt jener Professor, der den Unterstand der Bushaltestelle verschönert hat. Auch in seinem Haus ist Prof. Bothe künstlerisch tätig. Auf der Wand, vis-à-vis des Sockels, auf dem einst das Schmiedefeuer brannte, hat er einen italienischen Lustgarten entstehen lassen, in dezenten Farben, mit Orangen, Pinien, Vögeln und Schmetterlingen. Dazu allerlei Details. Und zu allem weiß Paul Bothe eine kleine Geschichte.

Dolles Dorf Oberjossa, Ausschnitt aus dem Bushaltestellen- Gemälde von Paul Bothe

Kurz vor Breitenbach kommt der Lutherwegwanderer an dem einstigen Richtplatz vorbei. Im Kirchenbuch von Breitenbach wird berichtet, dass dort im Jahre 1685 der Hatteröder Henrich Eckstein und dessen Stieftochter hingerichtet wurden. Henrich hatte mit seiner Stieftochter zwei Kinder gezeugt, wovon er eins getötet und den Hunden zum Fraß vorgeworfen hatte. Gegenüber seiner Stieftochter ließ man Gnade walten. Sie wurde geköpft. Eckstein wurde dagegen „ zweymal im Kreiß mit glühenden Zangen gepfätzt und auch enthäuptet, und sein Kopf auf einen Pfahl gesteckt …". Beide sind unter dem Galgen begraben worden.

Breitenbach am Herzberg

Breydenbach apud stratam (an der Straße) bi dem Herzisberg, so wurde Breitenbach anno 1290 genannt. Mit der Straße war natürlich die kurze Hessen gemeint. Und genau wie Luther gehen und fahren wir mitten durch Breitenbach. Damit müssen Lutherwegwanderer einerseits den Verkehr auf der B62 ertragen, andererseits kommt man so an Lebensmittelgeschäften, Bäckereien, Metzgereien, Gaststätten und an einer Kirche vorbei. Selbst eine Apotheke gibt es in Breitenbach, nur keine Unterkunft. In der Kirche steht das alte Sonnenkreuz von Oberjossa, das auf dem First der niedergerissenen Kirche stand. Die Breitenbacher Kirche wurde in den letzten Jahren gründlich renoviert. Ich habe im Dezember 2014 am Einweihungsgottesdienst teilgenommen und dabei nicht schlecht gestaunt, als ich in einer separaten Emporenloge die Familie der Freiherren von Dörnberg entdeckte.

Die von Dörnbergs sind Eigentümer der Burg Herzberg, und das seit dem 15. Jahrhundert. Früher waren sie auch Eigentümer von Oberjossa, Breitenbach, Gehau und Lingelbach, den Orten an der Kurzen Hessen. Und von daher kommt auch der Brauch, dass der Adelsfamilie ein extra Platz in der Kirche zugestanden wird. Schließlich hat Hermann von Dörnberg 1523 in Breitenbach den protestantischen Ritus eingeführt. Hinter der Kirche kommt man an zwei barocken Dörnbergischen Herrenhäusern vorbei. Sicher, die Gebäude, in denen u.a. die herrschaftlichen Einnahmen verbucht und verwaltet wurden, haben schon bessere Tage gesehen. Aber die Unterhaltung der Häuser und der Burg kosten die Dörnbergs viel Geld.

Auf dem Weg nach Breitenbach

In der Hephata-Schreinerei

Am Ortsende von Breitenbach, kurz bevor der Lutherweg in den Wald hinein führt, kommt man an der Hephata-Schreinerei des Herzberghauses vorbei. Hephata bedeutet „Öffne Dich". Das sind Worte von Jesus aus der Heilungsgeschichte (Markus 7, 32-35). In der Schreinerei arbeiten ca. 40 alkoholabhängige und seelisch gestörte Menschen. Alle haben es geschafft, trocken zu werden. Und so kann hier nach Herzenslust gefräst, gedrechselt und gehämmert werden.

Ich bin mit Astrid Höpner, der Einrichtungsleiterin des „Herzberghauses", und Martin Holtzmann, dem Leiter der Schreinerei verabredet.

„Unsere Werkstatt wirtschaftet wie ein normaler Betrieb", erklärt Holtzmann. „Schauen Sie, hier lagert unser Holz. Wir verarbeiten Eiche, Nußbaum und sogar Elsbeere."

„Schneiden Sie die Stämme auch selbst zu?" - „Ja, wir fertigen Bretter, die wir dann zu Gartenmöbeln und Kantelrohlingen verarbeiten."
„Und die Arbeit der Suchtkranken wird bezahlt?"
„Die Werkstattmitarbeiter erhalten eine Entlohnung entsprechend der Werkstattverordnung, die niedriger liegt als auf dem 1. Arbeitsmarkt", sagt Frau Höpner. „Dafür wohnen sie in unseren Wohnheimen und werden sozialpädagogisch betreut. Die meisten kommen von weiter her. So gewinnen sie Abstand vom krankmachenden sozialen Umfeld."

Werkstücke der Hephata-Schreinerei

Während des Gesprächs sind wir auf das Betriebsgebäude zugesteuert. Im Eingangsbereich fällt mein Blick auf ein Regal, in dem zahlreiche Mensch-Ärger-Dich-Nicht-Kegel aufgereiht sind, in unterschiedlichen Größen und Farben. „Die haben unsere Leute aus den verschiedensten Hölzern hergestellt.", erklärt Holtzmann.

Diakonie, professioneller Dienst am Nächsten

Astrid Höpner:
Tel. 06675-920512
astrid.hoepner@hephata.com

„Kann man die Kegel auch kaufen?" - „Klar, kommen Sie mal mit in mein Büro, da haben wir noch größere."

Nachdem ich die Mega-Kegel bewundert habe, gehen wir in die Drechslerwerkstatt. In einer großen Halle stehen zahlreiche Maschinen, an denen jeweils eine Person arbeitet. Jeder hat einen Stapel von Kanthölzern neben sich, die er an der Maschine zurechtdrechselt oder in anderer Weise formt. Wir müssen jetzt etwas lauter reden.

„Wir haben hier nur Maschinen stehen, die noch nicht über Programme gesteuert werden", erklärt Holtzmann. „Man muss also noch mit den Händen arbeiten, und das ist wichtig für die Leute. Ebenso wichtig ist, dass jeder sein Arbeitstempo selbst bestimmen kann."

„Was stellen die Leute her?" - „Hölzer für die Bürstenherstellung. Dort drüben werden Rohlinge für Spielzeughersteller gedrechselt und dahinten für Möbelbauer." „Übrigens, wenn Lutherwegpilger in unseren Betrieb hineinschauen möchten, ist das durchaus möglich", sagt Astrid Höpner, „sie sollten nur vorher Bescheid geben. Ich gebe Ihnen mal meine Telefonnummer und die E-Mailadresse." Ich bedanke mich für die Führung und mache mich wieder auf den Weg.

Auf der Burg Herzberg

Gemächlich und in sanften Kurven geht es bergauf. Unser nächstes Ziel ist die Burg Herzberg. Hin und wieder wird der Blick auf den knapp 600 m hohen Rimberg frei. Schließlich erreichen wir eine große Waldwiese. Noch ein paar Schritte, dann kommt die Burg in Sicht. Vor der Rampe, die zum Burgtor hinauf führt, steht eine mächtige Linde, die schon viele hundert Jahre alt sein muss. Neben dem Baum führt ein Hohlweg den Berg hinunter. Es ist einer der alten Wege, die zur Ritterszeit auf die Burg geführt haben, ein schöner Weg, eigentlich ein Pfad, auf dem man das Gefühl hat, in die Natur einzutauchen, ganz anders als auf den Forststraßen, wo die Natur hinter dem Straßenrand beginnt.

Wappen der Freiherren von Dörnberg

Das Burgtor gibt zunächst nur den Weg zur Vorburg frei und zur Burgschänke. Wer zur Kernburg hinauf möchte, muss hier einen Obolus entrichten, den die Freiherren von Dörnberg für die Erhaltung der Anlage einsetzen. Ein Urahne des derzeitigen Burghauptmanns Jürgen von Dörnberg hat 1447 vom hessischen Landgrafen die Burg übertragen bekommen. Und wie jeder, der ein altes Haus übernimmt und Geld hat, ließ er die Burg Herzberg von Grund auf sanieren und umbauen. Es war die Zeit des ausgehenden Mittelalters. An die Stelle der mit Schwertern kämpfenden Ritter traten mit Musketen ausgerüstete Landsknechte. Und anstatt mit Steinschleudern rückte man Mauern nun mit Kanonenkugeln zu Leibe. Der Architekt von Hans von Dörnberg, Landesbaumeister Hans von Ettlingen, – er hat auch das Schloss Friedewald gebaut - errichtete rings um die alte Burg eine starke Festung mit runden Ecktürmen, 5 Meter dicken Mauern, Schanzen und Schießscharten. Das war die Festung, wie sie uns heute noch in großen Teilen entgegentritt, nur waren die Dächer der Türme schlanker und höher und das Innere der Festung war, wie eine kleine Stadt, dicht bebaut.

Am Tor der Burg Herzberg

Als ich mich unlängst mit Jürgen von Dörnberg in der Burgschänke traf, machte er mich auf die Beziehung seiner Familie zu Martin Luther aufmerksam: Hermann von Dörnberg (*1496), der Sohn des Stammvaters Hans von Dörnberg, hatte in Erfurt und Wittenberg Theologie studiert und Luthers Vorlesungen gehört. Hermann sei zu einem glühenden Anhänger des Reformators geworden. Und als Luther 1521 vom Kaiser nach Worms zitiert wurde, hätte es sich Hermann von Dörnberg nicht nehmen lassen, mit den Reisigen zu ziehen, die Luthers Rollwägelein nach Worms geleiteten. Luther und seine Begleiter hätten ja auch auf dem Weg zum Reichstag auf der Burg Herzberg Rast gemacht. Als Luther im Thüringer Wald auf die Wartburg verschleppt worden sei, wäre Hermann von Dörnberg ebenfalls unter den Reisigen gewesen.

Herzberg-Himmelfahrtsgottesdienst 2013. Pfarrer Fink, ob ein Wetter kommt?

Einmal im Jahr ist auf der Burg Herzberg der Eintritt frei. Zu Himmelfahrt treffen sich die Kirchengemeinden der umliegenden Orte, um auf der Oberburg einen Gottesdienst zu feiern. Als ich 2013 am Herzberger Himmelfahrtsgottesdienst teilnahm, jagten regenschwere Wolken über den Himmel. Von Ferne war Donner zu hören. Der Gottesdienst fand wie immer im Freien statt, auf dem großen Rasen ganz oben, auf dem höchsten Platz der Festung, dort, wo einst die Ritterburg stand. Man hatte einen Altar aufgebaut und auch ein Posaunenchor war zugegen. Der Dirigent hob den Stab und die Bläser ließen einen Choral erschallen. Dann war Stille. Der Pfarrer war an der Reihe. Bevor er zur Gemeinde sprach, richtete er noch einen prüfenden Blick nach oben. Ob ein Wetter kommt? Das Wetter kam, aber das focht die Gemeinde nicht an, die meisten spannten Regenschirme auf und horchten ungerührt auf die Worte des Pfarrers, auch die Ehrengäste Jürgen und Trixy von Dörnberg. Als wir das Vaterunser sprachen, kam die Sonne wieder hervor. Und dann gab es Kaffee und selbst gebackenen Kuchen für alle. Die Frauen hatten sich wieder einmal mächtig ins Zeug gelegt.

Burghauptmann Jürgen von Dörnberg

Der Lutherweg führt vom Herzberg aus über Grebenau, gegenüber dem Verlauf der „kurzen Hessen" ein ordentlicher Schlenker. Für Luther gab es keinen Grund, ins Hinterland abzuweichen. Er blieb auf der „kurzen Hessen", und die führte über Lingelbach und Eifa nach Alsfeld. Zwischen der Burg Herzberg und Eifa gibt es derzeit jedoch keinen empfehlenswerten Wanderweg. Also, Pilger und Wanderer: auf nach Grebenau, eine Stadt mit knapp tausend Einwohnern. Auf dem Weg nach Grebenau, kurz unterhalb der Burg, wechselt man von dem Gebiet der Landeskirche Kurhessen-Waldeck in das von Hessen-Nassau. Bis 1866 verlief hier nämlich die Grenze zwischen dem Territorium der Kasseler Landgrafen und späteren Kurfürsten und dem Gebiet der Darmstädter Herzöge bzw. späteren Großherzöge (siehe Kasten S. 138).

Grebenau und das Gründchen

In Grebenau führt der Lutherweg stracks zum Marktplatz, wo aus einer Seitengasse die 1740 erbaute Stadtkirche hervorlugt. Die Kirche hat drei Eingänge: das Hauptportal, das, einem Ondit zufolge, früher für die Städter, die Grebenauer reserviert war, und zwei Seiteneingänge, durch die die übrigen Mitglieder des Kirchspiels, die Einwohner der Dörfer Wallersdorf und die Biebener in die Kirche gelangten .

Ich bin mit Pfarrer Kretschmer verabredet, der mir die Kirche zeigen will. Wir nutzen natürlich den Haupteingang, über dem das Wappen der Darmstädter Landgrafen prangt. Der Kirchensaal ist groß, hell und wird von grün gestrichenen Emporen flankiert.

„An die 400 Personen haben hier Platz", sagt Pfarrer Kretschmer, „und Weihnachten oder an besonderen Tagen ist es hier richtig voll."

Herzberg-Himmelfahrts-gottesdienst 2015

„Können wir mal auf die Empore hinauf?" – „Klar!"
Die Empore ist riesig. Aber Grebenau ist ja auch eine Stadt. An der südlichen Seite befindet sich die Fürsten- oder sagen wir lieber Patronatsloge, in der ab und an die Landgrafen von Hessen-Darmstadt bzw. die späteren Großherzöge Platz genommen haben. Holzgitter schützten vor neugierigen Blicken.

„Der Großherzog kam extra aus Darmstadt angereist, um im hintersten Winkel seines Territoriums, am Gottesdienst teilzunehmen?", frage ich zweifelnd.
„Also, erstens darf man nicht vergessen, dass die Vorfahren des Großherzogs, die Landgrafen, einiges für den Bau der Kirche dazugegeben haben. Die Grebenauer Kirche war eine ihrer Patronatskirchen. Ja, und Großherzog Ludwig IV. und seine Söhne kamen des Öfteren nach Grebenau, um hier auf die Jagd zu gehen."

Wir steigen wieder hinunter und gehen zum Altar, den ein mittelalterliches Kruzifix schmückt. In den Gemeinden im Kirchspiel Hersfeld wird man vergebens nach einem Kreuz mit dem Corpus Christi suchen. Im lutherischen Grebenau ist dies etwas Normales. Dazu passt der reiche Bilderschmuck. Die Balustrade der Empore ist ringsum mit Gemälden versehen, die Szenen aus dem Alten und Neuen Testament darstellen. Auch die Kanzelstiege und die Kanzel sind symbolträchtig geschmückt, mit Darstellungen der Evangelisten und dem Weltenretter dem „Salvator Mundi". Und um den Altarraum reiht sich Bild an Bild, zum Teil mit profanen Szenen und Ortsansichten. Damit die weltlichen Bilder nicht in Konkurrenz zu den geistigen treten, so Pfarrer Kretschmer, habe man sie einfarbig gestaltet, mit schwarzblauen Pinselstrichen, die an Porzellanmalerei erinnern (siehe Seite 139). Ich bedanke mich beim Pfarrer für die Führung und mache mich auf den Weg zum ehemaligen Johanniter-Kloster, das von der Kirche aus gesehen hinter dem Marktplatz liegt.

Das Johanniter-Gebäude ist der schlichte Natursteinbau, in dem sich die Stadtverwaltung einquartiert hat. Am Eingang ist die Grabplatte

Übernachtung in Grebenau
Private Pilgerherberge Hans-Werner Krug,
Weidenhohl 5,
Tel. 06646-1345

Grenzen mitten durch Hessen

Nach dem Tod vom Landgrafen Philipp dem Großmütigen im Jahre 1567 wurde Hessen unter seinen vier Söhnen aufgeteilt. Da zwei seiner Söhne kinderlos starben, blieben zwei hessische Staaten, Hessen-Kassel und Hessen-Darmstadt.

Um das Erbe von Hessen-Marburg stritten sich die Kasseler und die Darmstädter jahrzehntelang. Grebenau gehörte zu Darmstadt, Breitenbach am Herzberg zu Kassel. Zwischen den beiden Orten verlief die Grenze zweier verfeindeter Kleinstaaten, die natürlich ihre eigenen Landeskirchen hatten. Und das, obwohl beide Potentaten, der in Kassel und der in Darmstadt, protestantisch waren.

eines Ordensritters angebracht, die das Malteserkreuz zeigt, das Logo der Johanniter. Der Ritterorden hat die Grebenauer Niederlassung bereits gegen Ende des 13. Jahrhunderts gegründet. Als ca. 250 Jahre später Landgraf Philipp in Hessen den evangelischen Glauben einführte, zog er die Güter der Klöster ein, so auch den Besitz der Johanniter-Kommende in Grebenau. Den Ordensrittern blieb nichts anderes übrig als abzuziehen.

Exkurs Auerhahn-Jagd

Im Grebenauer Schwarzbachgrund, am Rande einer Waldwiese, befindet sich ein Jägerhäuschen des Großherzogs von Hessen-Darmstadt. Im Frühjahr, zur Zeit der Auerhahnbalz, hielten sich der Großherzog oder die Prinzen dort gerne auf. Für den Auerhahn kamen die Herrschaften in den entlegensten Winkel ihres Territoriums. Ab April mussten die Förster alle zwei Tage die Anzahl der balzenden Hähne und die Balzstandorte melden. Alle Abschüsse wurden gefeiert. Und an den Abschussstellen wurden „Auerhahnpflöcke" eingeschlagen. Bis in die 50er Jahre des vergangen Jahrhunderts balzten in den Revieren noch zahlreiche Auerhähne. Doch plötzlich nahm der Bestand rasch ab. Am 24. April 1964 wurde vom Förster Hermann Heiß der letzte Gründchen-Auerhahn erlegt. Heiß schrieb dazu: „Es war ein Hahn mit steifer Schwinge. Ein Hegeabschuss!" Seitdem schmückt der Auerhahn nur noch das Etikett des Schlitzer Auerhahnbräus.

Der Auerhahn, der in der Taiga beheimatet ist, benötigt bei uns lichte Kiefernaltbestände. Dort wachsen seine Nahrungspflanzen: Heidelbeeren, Heidekraut und junge Kiefern. Die Kiefernalthölzer wurden abgetrieben. An ihrer Stelle entstanden vielerorts düstere Fichtenbestände, in denen jeder Unterwuchs fehlt. Jüngere Kieferbestände hatte man mit Buchen unterpflanzt, die den Boden ebenso beschatten wie Fichten. Alle Versuche, den Auerhahn zu halten, blieben ergebnislos. Denn wer unter den Waldbesitzern wollte schon seine Anpflanzungen opfern?

Malteserkreuz auf dem Grabmal eines Johanniters

Auf der Gründchenbahn

Von Grebenau geht's über den Windhain, einen lang gestreckten Höhenrücken, nach Schwarz und von dort durch das Leimelsbachtal in den großen Wald hinein, der sich zwischen Alsfeld und den Orten des Gründchens erstreckt. Das Gründchen, das ist die abgelegene Gegend um die kleine Stadt Grebenau mit ihren 7 Dörfern. Der Lutherweg verläuft bis Eifa weitgehend parallel zur ehemaligen Bahnstrecke Niederaula – Alsfeld, ab Grebenau Gründchenbahn genannt. Ich bin diese Strecke früher einige Male im Jahr gefahren, von Bad Hersfeld aus um 5 Uhr morgens nach Alsfeld und weiter nach Gießen, wo ich studiert habe. Außer mir saßen meist nur fünf oder sechs Männer im Zug, vorne

Profane Malerei in der Kirche von Grebenau

auf den ersten Bänken. Man fuhr zur Arbeit und unterhielt sich mit dem Zugführer. Die Männer behielten ihre Hüte auf und ich hatte Spaß daran, wie ihre Köpfe sich im Takt der Schienenstöße auf und nieder bewegten.

Einmal machte es plötzlich „Bumps". - Die Bremsen kreischten, der Triebwagen kam zum Stehen und der Zugführer und zwei Fahrgäste stiegen hinunter auf den Bahndamm. Wir hatten ein Rind angefahren. Das arme Tier lag verletzt neben den Gleisen. Wir konnten nicht helfen. Also rollten wir vorsichtig an dem verletzten Tier vorbei. In Breitenbach, dem nächsten Bahnhof, wurde Bericht erstattet. In Hatterode, Grebenau und Eulersdorf stiegen ein paar Leute hinzu. Hinter dem Bahnhof Schwarz fuhren wir in den Wald hinein. Der Wald wurde dichter und wir kamen durch einen düsteren Einschnitt. Da nahm der Zugführer das Gas weg. Wir hatten den Scheitelpunkt des Landrückens überschritten, der das Jossatal vom Tal der Eifa trennt. Fast ohne Motorengeräusch, wie im Leerlauf, ratterten wir durch den einsamen Wald. Plötzlich wurde es wieder heller. Wiesen tauchten auf. Der Zugführer gab Gas und der Diesel röhrte auf. Ich saß immer auf einem der rechten Plätze. Wenn wir dann über die Eifabrücke fuhren, Höchstgeschwindkeit 30 km/h, sah ich tief unter mir die Hardtmühle. Seit dieser Zeit hat sich viel verändert. Die Bahnbrücke wurde abgerissen und die Hardtmühle hat sich, was das Äußere angeht, dem Zeitgeschmack angepasst. Doch nach wie vor wird der Kuchen dort selbst gebacken.

Jagschirn des Großherzogs bei Grebenau

Bedarfshaltestelle Auerberg und das Jagdhaus des Großherzogs

Die Lutherwegstrecke über den Landrücken habe ich längst nicht so düster empfunden wie in der Bahn. Der Weg führt ja auch oberhalb des Bahneinschnitts entlang. Trotzdem ist es schön, wenn man nach einiger Zeit die Waldwiesen des Eifatals erreicht. Dort steht ganz verloren und ohne Schienen das Häuschen der Bedarfshaltestelle Auerberg. Obwohl die Trasse der Gründchenbahn längst von Bäumen und Sträu-

Das Jagdhaus an der Eifaquelle. Links Großherzog Ludwig IV. (regierend 1877-1892) als Jäger

chern erobert wurde, ist der Unterstand noch unversehrt. Am 1. Mai treffen sich hier fröhliche Jugendgruppen. Durch Biergenuss in ihrem Mut bestärkt, klettern die Jungens im Innern des Unterstandes die Holzwände empor, bis zum Dach, um in schwindelerregender Höhe ihre Insignien zu hinterlassen.

Ab und an machen Wanderer hier Rast und bewundern die Schriftzüge der Waghalsigen. Der ortsfremde Pilger mag sich fragen, warum es an diesem einsamen Ort überhaupt eine Haltestelle gab? Das lag am Engagement der Wandervereine, die mehrfach die Errichtung einer Haltestelle unter dem Auerberg gefordert hatten. Die im August 1932 freigegebene „Bedarfshaltestelle Auerberg" wurde nicht nur von Wanderern genutzt, sondern auch von Waldarbeitern und Arbeitern aus einem nahen Basaltbruch. Und noch etwas: Nicht weit von hier, an der Quelle der Eifa, liegt ein weiteres Jagdhaus des Darmstädter Großherzogs. Das Haus ist gut in Schuss. Ein Schornstein und ein Nebengebäude lassen auf einen gewissen Komfort schließen. Doch die herzogliche Jagdherrlichkeit, das war einmal. Als ich durch die halbblinden Scheiben ins Innere des Häuschens schaue, kann ich nur Arbeitsutensilien ausmachen. Vor dem Haus, im Schatten einer Kastanie, lässt es sich jedoch herrlich Picknick machen. Gleich nebenan, unter einer Gruppe alter Buchen, murmelt ein Quellbach. Dazu der Blick über das von Wäldern eingerahmte Wiesental der Eifa. Romantisch und verwunschen, Worte die ich selten verwende, hier sind sie angebracht. Von der Auerberg-Haltestelle führt der Lutherweg am Rande der Eifawiesen zur Ausflugsgaststätte Hardtmühle und weiter nach Eifa. Die Strecke Eifa - Alsfeld fordert die Wanderer noch einmal. Um den Autobahnlärm im unteren Eifatal zu umgehen, führt der Weg über einen Berg. Eine halbe Stunde wandert man auf einer Forststraße im Schatten von Eichen und Buchen. Dann geht es durch die Feldflur hinunter nach Alsfeld.

Übernachtung im Eifatal

Gasthaus Zur Hardtmühle, in einem Wiesental, 1 ½ km oberhalb von Eifa, 150 m zum Lutherweg, Tel. 06646-1345, www.hardtmuehle.eu

Alsfeld und der Weg nach Grünberg

„Luther hat in Alsfeld am Marktplatz, im Gasthof zum Schwanen übernachtet."
„Nein, Luther war Augustiner-Mönch, und reisende Augustiner mussten in Niederlassungen ihres Ordens übernachten. Also hat er die Nacht im Augustinerkloster neben der Dreifaltigkeitskirche verbracht."

„Kann nicht sein! Der Generalvikar der Augustiner hatte Luther drei Jahre vor seiner Wormsreise von seinem Ordensgelübde entbunden. Er war also gar kein richtiger Augustiner mehr und der Abt des Alsfelder Klosters war alles andere als ein Reformator."

Elmar Bünnecke vor dem Alsfelder Rathaus (rechts) und seiner Buchhandlung (links)

Das sind Ausschnitte aus der laufenden Diskussion über Luthers Alsfelder Nächtigung. Schauen wir uns mal an den in Frage kommenden Übernachtungsplätzen um. Wir brauchen dazu nur dem Verlauf der kurzen Hessen durch die Altstadt zu folgen. Von der Hersfelder Straße mit ihren mittelalterlichen Fachwerkhäusern steuern wir auf den Marktplatz zu, wo einst das Gasthaus zum Schwanen stand (2). Dann geht es auf der Mainzergasse zum ehemaligen Augustinerkloster und der Dreifaltigkeitskirche (8). Auf dieser nur 300 m langen Strecke, die mitten durch die Altstadt führt, kommt man zugleich an den entscheidenden Sehenswürdigkeiten Alsfelds vorbei: an der Stadtkirche Walpurgis (1), am Rathaus (3), am Weinhaus (4), am Hochzeitshaus (5) und - mit einem klitzekleinen Abstecher - auch am Regionalmuseum (7) (siehe Karte).

Auf dem Marktplatz treffe ich Michael Rudolf. Michael ist Deutsch- und Geschichtslehrer am Alsfelder Albert-Schweitzer-Gymnasium. Wir kennen uns von einer gemeinsamen Aufführung des Lutherweg-Theaters in der Dreifaltigkeitskirche, einst Klosterkirche, heute Winterkirche der Stadt. Michael Rudolf hat sich intensiv mit dem Wirken des Als-

felder Reformators Tilemann Schnabel und mit der Nächtigung Luthers in Alsfeld befasst. „Ich habe Dir einmal ein altes Foto vom Gasthaus zum Schwanen mitgebracht", sagt Michael, nachdem wir uns begrüßt haben. „Es stammt aus einer Zeit vor 1883. Das Gasthaus befand sich dort in der Häuserfront, dem Weinhaus gegenüber."

„Wie? Es befand sich?"
„Man hat das Haus Ende des 19. Jahrhunderts abgerissen und durch ein Wohn- und Geschäftshaus ersetzt. Es ist das Haus aus der Gründerzeit, das rechts neben dem schmalen Fachwerkbau steht."

„Das heißt, Du gehst davon aus, dass Luther im Schwanen übernachtet hat?"
„Ja, denn der Konvent des Augustinerklosters war zur Zeit von Luthers Wormsreise noch der alten Ordenstradition verhaftet."

„Aber ihr hattet in Alsfeld doch einen herausragenden Reformator, den Tilemann Schnabel, und der war Augustinermönch."
„Schnabel hat sich in Predigten an das Volk vehement für die religiöse Umkehr ausgesprochen. Doch er hatte im Konvent keine Mehrheit."

„Woher weißt Du das?"
„Weil Schnabel gegen die Verderbtheit und Verweltlichung des katholischen Klerus gewettert hat. Dabei muss er um das Jahr 1520 auch gegen das seiner Ansicht nach lasterhafte Leben des Alsfelder Pfarrherren Johann Mathis zu Felde gezogen sein. Jedenfalls wurde Mathis Zielscheibe des Volkszorns. Das ging so weit, dass Mathis sich bedroht fühlte und ins Augustinerkloster flüchtete. Da der Konvent Mathis Schutz gewährte, muss er mehrheitlich der alten Glaubenslinie treu geblieben sein."

„Aha, und damit willst du sagen, dass der Konvent auf keinen Fall den Ketzer Luther beherbergt hätte."
„Genau das. Überdies gibt es eine reichhaltige Erzähltradition, die auch für diese Übernachtung im Gasthaus spricht. Übrigens, Luther konnte vom Fenster der Gaststube auf das neu erbaute Rathaus blicken,

Märchenhaus Alsfeld - von Rotkäppchen bis Froschkönig (Sackgasse 2, Tel. 06631-9110243)

es war fünf Jahre vor seiner Ankunft fertig gestellt worden. So, und jetzt muss ich in die Schule. Du weißt, wir arbeiten gerade an einem historischen Kalender über die Reformation in Alsfeld." - „Danke für Deine Erläuterungen. Was sollte ich Deiner Meinung nach als nächstes anschauen?" – „Die Stadtkirche Walpurgis, da wirst Du ins Staunen kommen."

Schnitzaltar von 1435

Bilderrausch in der Walpurgiskirche

Die Walpurgiskirche liegt um die Ecke. Ihr Turm ragt hinter dem prächtigen, mit Erkern und Spitzgiebeln bestückten Rathaus auf. Als Luther durch Alsfeld kam, war der Kirchturm noch im Bau. Der Vorgängerturm war 1394 eingestürzt und dann hatte das Geld für einen Neubau nicht gereicht. Fünf Jahre nach der Womrsreise Luthers wurde Alsfeld evangelisch. Anstatt Messen wurden in der Stadtkirche nun Gottesdienste gefeiert, bei denen Predigten im Mittelpunkt standen. Damit die Kirchenbesucher sich während der Predigten nicht die Beine in den Bauch standen, wurde eine Bestuhlung eingebaut und, damit alle Platz hatten, wurden Emporen errichtet. Dabei störten natürlich die Seitenaltäre. Und da man sie nicht mehr brauchte, wurden sie entfernt. Alles richtete sich nun auf die Kanzel und den Hochaltar aus.

Kreuzigungsgruppe

Als ich die Alsfelder Stadtkirche betrete, werde ich von einer Fülle von Bildern und anderen Kunstgegenständen überwältigt. Eine um 1500 entstandene Triumphkreuzgruppe mit Maria und Johannes, ein riesiges Wandgemälde vom Heiligen Christophorus (Anfang 15. Jahrhundert), der das Jesuskind über einen Fluss trägt, das vorreformatorische Chorgestühl mit einem geschnitzten Bischof, der einen Drachen abwehrt, ein Schnitzaltar aus dem Jahr 1435 , dazu ein Kreuzgewölbe mit blaugrauen Rippen, roten Sternen, rotem Fugennetz und figürlichen Schlusssteinen– fast wähne ich mich in einer katholischen Kirche. Jedenfalls ist die Ausstattung im Vergleich zu mei-

Der Heilige Christophorus

ner Heimatkirche in Hersfeld überaus üppig. Dort hatte, wie oben dargestellt, der calvinistisch gesinnte Kasseler Landgraf Moritz einen Bildersturm angeordnet. In Alsfeld, wo die lutherisch gesinnten Darmstädter Landgrafen das Sagen hatten, akzeptierte man das vorreformatorische Bildgut. Sicher, auch hier wurden Heiligenfiguren und dergleichen entfernt, aber was blieb, ist immer noch großartig und so vielfältig, dass ich es nicht auf einmal erfassen kann.

Natürlich schaue ich auch nach den Luther-Bildnissen. Eines befindet sich an der Wand des Chors, links hinter der Kanzel, das zweite an der Emporenbrüstung, links vor der Kanzel. Luther wird dort zusammen mit seinem Mitstreiter Philipp Melanchthon dargestellt. Auch

*Die **Walpurgiskirche** ist vom 1. Mai bis 15. Oktober von 10.30 Uhr - 12.30 Uhr und von 13.30 Uhr bis 15.30 geöffnet. Sonntags erst nach dem Gottesdienst, der normalerweise gegen 11.00 Uhr endet. Führungen auf Anfrage. Achtung! Erkundigen Sie sich vor einem Kirchenbesuch, ob die Kirche nicht wegen einer Trauung oder einer anderen Veranstaltung geschlossen hat. Tel. 06631-4496*

Luther- und Melanchthonportraits an der Empore

Martin Bucer, der Begründer der Konfirmation, und Tilemann Schnabel, der Alsfelder Reformator, sind abgebildet, Schnabel in Form des Holzschnitts, das man für sein Trauergedicht geschaffen hat. Die Gemälde der Reformatoren machen unmissverständlich klar, wo man sich befindet: in einer evangelischen Kirche.

Dann der Blick auf die Bilder der gegenüber liegenden Empore und auf die Bilder der Emporenbrüstung im Chor und hinter dem Chorgestühl: Apostel, Jünger, Prophezeiungen, ein Passionszyklus, Tugenddarstellungen, Renaissance-Tafelbilder von Alsfelder Bürgern als Stiftung für ihre Eltern. Wie gesagt, man kann nicht alles auf einmal erfassen, man muss mehrmals kommen. Beim Verlassen der Kirche fallen mir neben dem Portal Buntsandsteinquader auf, in denen sich zahllose Kerben befinden. Ob das Wetzspuren sind? Beim Schärfen von Beilen entstanden? Passanten, die ich frage, zucken mit der Achsel.

Der weltbeste Buchhändler

Erfreulich: Direkt hinter der Kirche, am Durchgang zum Marktplatz, befindet sich eine Buchhandlung. Als ich den Laden zum ersten Mal betrete, bin ich beinahe über einen Berg von Büchern gestolpert. Überall stapeln sich die Bände, egal ob Taschenbuch oder fester Einband. Auch an den Wänden, bis hinauf zur Decke, Bücher und nochmals Bücher. Dabei sind es beileibe keine alten Schinken, die hier präsentiert werden, sondern überwiegend Aktuelles, vom Vogelsberg-Krimi bis zum Spiegelbestseller, von der politischen Analyse bis zum Kochbuch. Helmar Bünnecke, der Besitzer des Ladens, ist in Alsfeld eine Institution. 2006 wurde ihm von einem Alsfelder Bürger der Titel „Weltbester Buchhändler" verliehen.

Wenn Bünnecke anstatt seines engen Buchladens einen Fußballplatz zur Verfügung hätte, würde er ihn mit Büchern vollstellen.

Die Buchhandlung befindet sich in einem Fachwerkgebäude (Markt 2). Wer die Fassade genauer betrachtet, wird bemerken, dass das Haus aus zwei Hälften besteht. Die Hälfte, in der sich die Buchhandlung befindet, geht auf das Jahr 1403 zurück. Der links anschließende Teil stammt aus dem Jahr 1350. Man stelle sich das mal vor: Ein aus Holz, Lehm und Stroh gebautes Haus, das über 600 Jahre alt ist!

Tourist-Info im Weinhaus

Das Weinhaus (Markt 3) ist eines der wenigen Häuser der Altstadt, die ganz aus Stein erbaut wurden, und zwar 1539, also wenige Jahre nach Luthers Wormsreise. Wenn Luther in seinen späten Jahren noch einmal nach Alsfeld gekommen wäre, wäre er dort sicher eingekehrt. Und bestimmt hätte man im Alsfelder Weinhaus Luthers Lieblingswein, den weißen Malvasier, parat gehabt, denn im Weinhaus ging es fein her. Der Weinausschank war damals eines der wichtigsten Privilegien der Stadt, will heißen, das Weinhaus warf ordentlich was ab. Im Keller des Hauses lagerten die Weinfässer, im Erdgeschoss befand sich die Schankstube und in den Obergeschossen wohnten der Wirt und sein Personal. Nach dem Dreißigjährigen Krieg wurde aus dem angesehenen Weinhaus ein einfaches Wirtshaus. Heute ist im Weinhaus die Touris-

Wange des Chorgestühls (vorreformatorische Zeit) mit Drachen und Bischof

Touristik Center Alsfeld
Markt 3, 36304 Alsfeld
Telefon:06631 182165
tca@alsfeld.de
www.alsfeld.de
Öffnungszeiten:
Mo.-Fr. : 9 – 18 Uhr,
Sa. 10 – 14 Uhr

teninformation untergebracht, wo man fundierten Rat hinsichtlich Unterkunft, Verpflegung und Sehenswürdigkeiten bekommt. Und man kann dort Stadtführungen buchen, auf Wunsch auch im Hinblick auf Luthers Alsfeld-Übernachtung und auf das Reformationsgeschehen in der Stadt.

Als ich das an der Ecke des Weinhauses angebrachte Halseisen, den Pranger, fotografieren will, spricht mich ein Tourist an: „Wollen Sie da nicht einen Mann mit drauf haben?" Und schon legt er sich die eiserne Schelle um den Hals. Eine Dame mit einem kleinen Hund kommt vorbei und bleibt lachend stehen. Zwei weitere Passanten gesellen sich dazu. Es entwickelt sich ein Gespräch. Der Mann, der am Pranger steht, kommt aus Berlin, die Dame aus Alsfeld. Sie freut sich über die ersten Touristen in diesem Jahr. Die Touristen brächten Leben in die Stadt. Lachend trennen wir uns wieder.

Gänseliesel auf dem Schwälmerbrunnen hinter dem Weinhaus (Obergasse)

Das Hochzeitshaus und das leibliche Wohl

Rathaus, Buchhandlung, Touristeninformation - wo kann man einen Kaffee und ein Stück Kuchen bekommen? Im Haus Markt 4, das sich durch einen mächtigen Fachwerkerker aus der Lutherzeit auszeichnet, hat sich ein italienisches Eiscafé etabliert. Schräg gegenüber, am Markt 6 befindet sich ein Tchibo-Café und in dem Eckhaus am Markt 7 gibt es ein Bistro/Café mit einer Bäckerei. Letzteres könnte es sein, denke ich mir. Der Gastraum, den ich betrete, ist überraschend groß. Noch mehr überraschen mich die mächtigen Pfeiler, die inmitten des Raums stehen. Doch dazu später. Zunächst einmal zum Kuchen. Als ich mich nach einer Alsfelder Spezialität erkundige, empfiehlt man mir Salzekuchen. Ob der wirklich salzig sei, frage ich.

„Ja. Die Grundlage bildet Brotteig. Darauf kommt eine Schicht Kartoffelbrei und dann wird das Ganze kräftig mit Zwiebeln und Speck gewürzt."
„Ach so." Ich kenne das aus meiner osthessischen Heimat. Dort nennt man so etwas „Ploatz". Eigentlich habe ich mehr Appetit auf etwas Süßes, nicht auf Torte, sondern auf „Trockenes".

„Wie wär s mit Prasselkuchen?" Am Nachbartisch sitzen zwei Herren meines Alters. Einer zerteilt mit einer Gabel geschickt eine Art Streuselkuchen. Dabei fallen jedes Mal Teile des Kuchenstücks in sich zusammen und es entsteht ein feines, prasselndes Geräusch.
„Das ist eine Spezialität unseres Hauses. Oben Streusel unten Blätterteig, halt Prasselkuchen." Natürlich bestelle ich Prasselkuchen und ich kann ihn empfehlen, auch wenn er unter der ungeübten Hand in tausend Stücke zerfällt. Aber so hat man länger etwas davon.

Wegen des Kuchens komme ich mit meinen Tischnachbarn ins Gespräch. Ich will wissen, was es mit den Pfeilern auf sich hat.
„Sie müssen sich vorstellen: Wo wir jetzt sitzen, befanden sich früher die Stände der Metzger. Das Erdgeschoss war eine offene Markthalle, wie drüben am Rathaus. Und um die Obergeschosse abzustützen, reichten die Bögen der Arkaden nicht. Da bedurfte es stabiler Pfeiler."

„Und wo geht die Treppe hin, die über der Theke nach oben führt?"
„In den großen Festsaal und in die andern Festräume. Das war früher das Hochzeitshaus." „Das Hochzeitshaus ?" „Ja, des war so ne Art Dorfgemeinschaftshaus", mischt sich der andere Mann ein, „pardon, isch stamm aus der Frankfurter Gegend, isch mein natürlich das Stadtgemeinschaftshaus. Wenn Se wolle, könne Se den Festsaal für Ihren 60. Geburtstag miete."
„Danke, ich bin 62."
„Is Ihne der kastenförmige Erker an der Hausecke aufgefalle? Der Architekt wollte damit erreiche, dass das Eckhaus vom Marktplatz aus gebührend beachtet wird. Schaue Se sich nachher mal die prächtige Wappen an, die am Erker als Blickfang diene."

Von Steinmetzarbeiten, Wetzspuren und einem in Holz geschnitzten Bürgermeister

Mein Tischnachbar hat Recht. Der Erker mit den Wappen zieht den Blick auf sich. Dann entdecke ich wieder Wetzspuren, dieses Mal am Stützpfeiler des Erkers. Auch am Eingang des Alsfelder Regionalmuseums in der Rittergasse wieder diese Kerben. Bodo Runte, ehrenamtlicher Betreuer des Regionalmuseums, den ich dazu befrage, sagt: „Dazu gibt es recht unterschiedliche Theorien. Plausibel erschien uns die Erklärung, dass die Männer, bevor sie den Gottesdienst besuchten oder in ein Haus gingen, in dem eine Veranstaltung stattfand, ihre Schwerter oder Degen symbolisch abgestumpft haben. Als sie den Ort wieder verließen, haben sie sie wieder geschärft. Aber wie gesagt, das ist nur eine Theorie."

Übrigens, die beiden Häuser, in denen das Regionalmuseum untergebracht ist, sind auch von außen sehenswert. Das vordere, ein Fachwerkbau, besitzt eine über und über mit Schnitzwerk verzierte Tür. Doch das ist nichts im Vergleich zum Nachbarhaus, das um die gleiche Zeit von einem gewissen Ludwig von Minnigeroda erbaut wurde. Der Mann muss recht betucht gewesen sein, nicht nur weil er sich ein Steinhaus geleistet hat. Das Portal des Hauses und der sich darüber erhebende Erker verdienen die Bezeichnung „spektakulär". Das Ensemble ist mit figürlichen Steinmetzarbeiten geradezu übersät.

Bürgermeister Jost Stumpf, Eckbalken des Hauses am Markt 6

Nach dem Museumsbesuch achte ich bei meinem Gang durch Alsfeld noch aufmerksamer auf Details. Am Haus Markt 6, an dem ich zuvor achtlos vorbei gelaufen war, entdecke ich nun eine mannsgroße Schnitzfigur mit gelber Pumphose und weißer Halskrause (6). Die Figur stellt Bürgermeister Jost Stumpf dar, der das Haus 1609 bauen ließ. Im Gebälk des Hauses existieren weitere Schnitzfiguren: spärlich bekleidete Frauen und bärtige Männer. Stumpf muss viel Geld und großen Einfluss gehabt haben. In der Walpurgiskirche hat er sich als „Stumpfius" ein großes Epitaph errichten lassen (links neben der Kanzel).

Die Dreifaltigkeitskirche und die Ruine des Augustinerklosters (links)

Die Dreifaltigkeitskirche, das Augustinerkloster und Tilemann Schnabel

Vom Hauptmarkt folge ich der Mainzer Gasse zum Roßmarkt, wo die ehemalige Klosterkirche des Augustinerordens, die Dreifaltigkeitskirche, steht. Von November bis April finden hier die Gottesdienste der Stadtkirchengemeinde statt - die Walpurgiskirche kann nicht beheizt werden. Man muss erst zweimal hinschauen, um die Maße der im 13. Jh. erbauten Klosterkirche richtig einschätzen zu können und das, obwohl das Kirchenschiff relativ lang und hoch ist. Doch die Kirche wird von Wohn- und Geschäftshäusern verdeckt und sie besitzt keinen Turm, nur einen kleinen Dachreiter. Der Eingang zur Kirche befindet sich in einer Lücke, die die Wohn- und Geschäftshäuser lassen.

Das Innere der Dreifaltigkeitskirche ist im Vergleich zur Walpurgiskirche recht schlicht. Als das Kloster 1527 aufgehoben wurde, hat man sämtliche Kirchenschätze entfernt. Heute sind die Wände kahl und es finden sich nur noch Reste von Fresken. Als unsere Theatergruppe im April 2014 dort mein Lutherwegstück aufgeführt hat und dazu der Romröder Kirchenchor sang, da war es gerade das Karge und das Schlichte des Raums, das eine stimmungsvolle Atmosphäre schaffte. Soweit zur Klosterkirche. Was aber ist mit der Klausur? Von dem Gebäude, in dem sich der Kapitelsaal, das Dormitorium und die Zellen der Mönche befanden, ist nur die Außenwand stehen geblieben, und so blickt man durch leere Fensterhöhlen (Volkmarstraße).

Auf einer Sandsteintafel an der Ruinenwand, steht „...Hier weilte auf der Durchreise zum Reichstag in Worms Dr. Martin Luther im April 1521." Wenn Rudolph mit seiner Einschätzung zur Übernachtung Luthers recht hat, dann wäre es besser, dort stünde: „In diesem Kloster verrichtete der spätere Reformator Alsfelds, Tilemann Schnabel (1475-1559), als junger Augustiner seine Stundengebete." Vielleicht wäre aus Tilemann ein Verfechter des Mönchstums und des alten Glaubens geworden, wenn nicht sein Orden den Fehler gemacht hätte, ihn zum Studium nach Erfurt zu schicken.

Tilemann Schnabel, der Alsfeld Reformator, predigt. Bild an der Empore der Walpurgiskirche.

In Erfurt traf Schnabel auf Luther, der ihn in einem Brief als „Schulgeselle" bezeichnete. Schnabel ging dann mit Luther nach Wittenberg, wo er 1515, als Zögling von Luther, den Titel eines Doktors der Theologie verliehen bekam. Luther schrieb später an seinen Kurfürsten, Schnabel sei *„ ... die erste Creatur, die ich geschaffen habe, da ein junger Doktor den anderen macht"*. Als die Augustiner nach Luthers Auftritt in Worms scharenweise die Klöster verließen, kehrte Schnabel nach Alsfeld zurück, wo er ab 1522 für die Reformation eintrat. Wie Fuchs und Rinck in Hersfeld, so wetterte Schnabel in Alsfeld gegen die Missbräuche der Kirche. Und Schnabel hatte Erfolg.

Tilemann Schnabel, ein Zögling Luthers

Bereits 1523 bekannte sich Alsfeld zum evangelischen Glauben. Doch der hessische Landgraf Philipp, gemeinhin der Großmütige genannt, war im Falle Schnabels nicht sehr konziliant. Schnabels Eifer kam dem Landgrafen in die Quere. Er wurde nach Romrod ins landgräfliche Schloss zitiert, wo ihm Philipp untersagte, für die neue Lehre zu predigen. Schnabel gehorchte und ging nach Sachsen ins Exil. Aber schon 1525 war er wieder in Alsfeld. Die Alsfelder Bürger wollten ihren alten Prediger wieder haben. Und jetzt war es auch schon fast soweit: Ein Jahr später führte Philipp der Großmütige in Hessen die Reformation ein.

Am Rande des Vogelsbergs durch Oberhessen

234 km nach Worms
30 km nach Grünberg
10 km nach Romrod

Die Kurze Hessen führte über das Mainzer Tor geradewegs aus der Stadt hinaus. Und geradewegs ging es über die Pfefferhöhe nach Romrod. Der Lutherweg macht auf dem Weg nach Romrod einige Schlenker. Ich komme am Schwimmbad und am Erlenteich vorbei, und folge auf Spazierwegen dem Flüsschen Schwalm in das Dorf Altenburg. Dort geht es auf schmalen Dorfstraßen hinauf zum Schloss Altenburg. Die Lauterbacher Freiherren-Familie Riedesel hatte dort Ende des 17. Jh. eine Burg erstanden, die sie zu einem Barockschloss umbaute. Mitte des 18. Jh. kam noch eine Schlosskirche hinzu. Inzwischen ist das Ensemble etwas in die Jahre gekommen.

Über den Gänsberg geht es hinunter nach Liederbach durch das Liederbachtal, das auf beiden Seiten von Laubwäldern eingerahmt wird. Neben dem Weg gluckert der Liederbach, von den Einheimischen „die Lärrebach" genannt. Früher wurde sein Wasser durch Alsfeld geleitet,

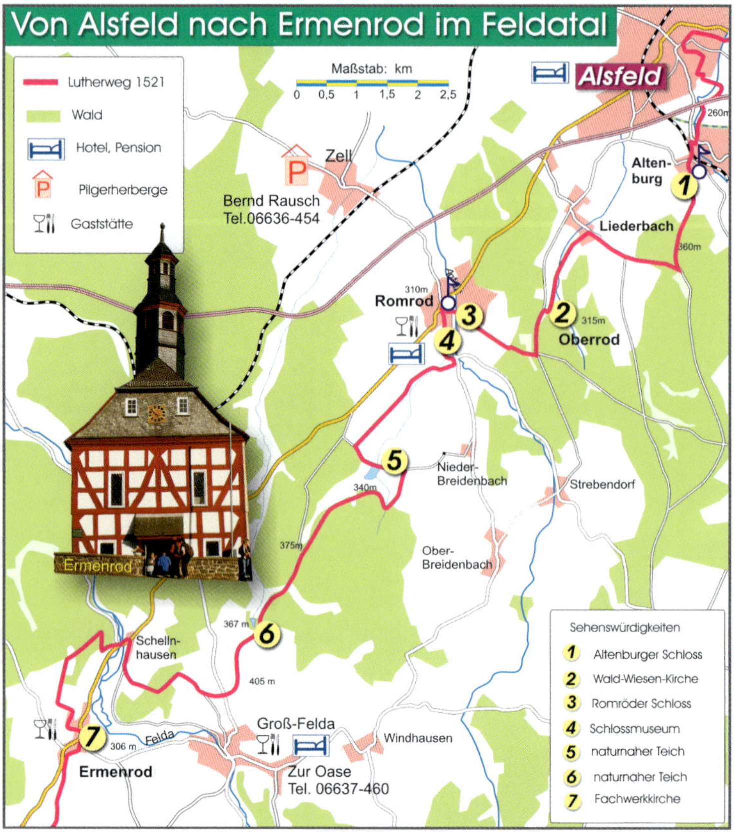

vom heutigen Ludwigsplatz über den Marktplatz und die Fuldergasse, wobei es nach beiden Seiten hin Verzweigungen gab. Die Bürger kamen so bequem an Brauchwasser.

Oberrod, ein versunkenes Dorf und eine einsame Kirche

Liederbach liegt vielleicht eine viertel Stunde hinter mir, da sehe ich mitten im Tal eine Kirche stehen. Mächtige Linden überragen das Gotteshaus, das den Eindruck macht, als handele es sich um einen verwunschenen Ort aus einer längst vergangenen Zeit. Eine alte Mauer aus Basaltlesesteinen umgibt den Kirchhof. Im Westen ist sie nur noch kniehoch und von Gräsern und Büschen überwuchert. Grabsteine aus vergangenen Jahrhunderten stehen dort. Auf einem steigt ein Verstorbener aus seinem Grab. Er schwebt nach oben und wird zum Engel. Aus einer Wolke ragt eine Hand hervor, die dem Engel eine Krone überreicht. Ganz oben im Himmel blickt die Sonne auf das Geschehen hinunter und lächelt. Es gibt auch frische Gräber, und unterhalb des Kirchhofs hat man ein neues Gräberfeld angelegt, einen Begräbnisplatz für die Liederbacher. Für eine Friedhofskapelle erscheint mir die Kirche zu groß. Mit ihrem mächtigen Dachreiter würde sie eher in ein Dorf passen als auf einen einsamen Friedhof.

Luther mit dem Schwan, Gemälde in der Kirche Oberrod aus dem Jahr 1805

Hinter dem Kirchhof steht ein Fachwerkhaus. Eine Frau füttert Hühner. Ich komme mit ihr ins Gespräch und es stellt sich heraus, dass sie die Küsterin der Kirche ist. Nein, das sei keine Friedhofskirche. Hier feierten die Liederbacher ihren Sonntagsgottesdienst. Leider müsste sie die Kirche geschlossen halten. Aber wenn ein Wanderer in das Gotteshaus wolle, dann sollte er vorher bei ihr anrufen. Ihr Name sei Andrea Zimmermann, die Telefonnummer 06631-918390. Dann erzählt mir Frau Zimmermann, dass sich hier im Mittelalter einst das Dorf Oberrod befand. Das Dorf sei irgendwann untergegangen, wann, das wisse man nicht so genau, vielleicht im späten Mittelalter oder erst im Dreißigjährigen Krieg. Auf jeden Fall hätten die Liederbacher die Kirche weiter gepflegt und ihr vor ungefähr 250 Jahren (1773) anlässlich einer Sanierung den Dachreiter verpasst.

Als ich erzähle, dass ich auf dem Lutherweg unterwegs bin, holt Frau Zimmermann den Kirchenschlüssel und führte mich in die Kirche. Dort gibt es ein uraltes Taufbecken aus dem 13. Jahrhundert zu sehen und ein Bild von Luther mit dem Schwan, gemalt um 1808.

„Ist das Haus, in dem Sie wohnen, ein Überbleibsel des versunkenen Dorfs, vielleicht das ehemalige Pfarrhaus?"

„Nein, das Pfarrhaus existiert schon seit Urgedenken nicht mehr. Ich wohne in einer Hofreite, die man 1855 in Altenburg abgerissen und dann hier wieder aufgebaut hat." Und dann weist mich Frau Zimmermann noch darauf hin, dass sie künstlerisch tätig sei. Sie male und stelle in Galerien aus. Und wenn ein Pilger vorbeikomme, dann könne er sich ihre Bilder anschauen und selbstverständlich auch eins kaufen. Ich bedanke mich bei der Küsterin, oder sollte ich lieber sagen, bei der Künstlerin, für die Auskünfte und mache mich auf den Weg nach Romrod, und der führt auf eine Höhe mit dem seltsamen Namen Rabenstruht. Ich wandere durch Laubwald und quere eine große Waldwiese, dann wird der Blick frei auf das Tal der Antrift und auf das Städtchen Romrod, aus dem die Türme eines mächtigen Schlosses herausragen.

Die Kirche des versunkenen Dorfs Oberrod

Schloss Romrod und das kleine Museumsufer

Romrod lag wie Alsfeld an der kurzen Hessen. Die „Straße" wurde hier von einer Wasserburg bewacht, die sich seit 1400 im Besitz der hessischen Landgrafen befand. Doch die Landesherren zeigten kein großes Interesse an ihrer Romröder Besitzung. Jedenfalls war die Burg, als Luther hier durchzog, baufällig. Landgraf Ludwig IV. von Hessen-Marburg ließ die altersschwache Burg niederreißen und an ihrer Stelle ein Jagdschloss errichten. Doch Ludwig starb kinderlos und sein Bruder in Darmstadt, an den Romrod fiel, jagte lieber im Odenwald und am Main. Und so fiel das Schloss Romrod in einen Dornröschenschlaf, aus dem es erst wieder erwachte, als 1870 die Bahnstrecke Gießen-Alsfeld gebaut wurde. Jetzt entdeckte der Großherzog Ludwig IV. Schloss

Bernd Rausch, Seele und Motor des hess. Lutherwegvereins

Romrod. Mit der Bahn kam man jetzt rasch und bequem von Darmstadt nach Oberhessen, wo es herrliche Hirsch-, Sau- und Auerhahnreviere gab. Und so ließ der Großherzog Schloss Romrod als Sommerresidenz ausbauen, und in Zell, dem Nachbarort von Romrod, eine Bahn-Haltestelle einrichten.

Nach dem Zweiten Weltkrieg brachte man im Romröder Schloss Flüchtlinge unter. Dann stand das Schloss über zwei Jahrzehnte leer und begann zu verwahrlosen. Schließlich erwarb es die Deutsche Stiftung Denkmalschutz. Sie führte Ausgrabungen durch und organisierte eine aufwändige Gebäudesanierung. Das Schloss wurde zu einem Tagungs- und Event-Hotel umgebaut, dessen Innenhof öffentlich zugängig ist. Für die Ausgrabungsfunde richtete man in der benachbarten „Kulturscheune" ein Museum ein.

Die Kulturscheune und das angeschlossene Kulturhaus entstanden aus einem bäuerlichen Anwesen, das 1837 die Juden Romrods erworben hatten, um dort eine Synagoge, ein rituelles Frauenbad (Mikwe) und eine Schule einzurichten. Auf der Suche nach neuem Glück verließen Ende des 19. Jh. viele Juden Romrod. Um 1900 wurde die Schule geschlossen. Ab 1920 fanden keine jüdischen Gottesdienste mehr statt, und 1935 verkauften die letzten Mitglieder der jüdischen Gemeinde die Synagoge an einen Landwirt. So entkam das Gotteshaus den Pogromen der Reichskristallnacht. 1988 gelang es der Stadt, das Anwesen zu erwerben. Das Gebäude, das Mikwe und die Inneneinrichtung der Synagoge wurden restauriert und als „Kulturhaus ehemalige Synagoge" wieder eröffnet. Die Romröder bezeichnen ihr Museumsensemble, das sich am Ufer des Flüsschens Antrift befindet, gern als „Kleines Museumsufer".

Es ist Spätnachmittag, als ich in Romrod ankomme. Bernd Rausch, der 2. Vorsitzende des Lutherwegvereins, führt mich noch schnell durchs Schloss und die Kulturscheune. Dann geht es zu ihm nach Hause, ins Nachbardorf Zell. Bernd hat mich zum Abendessen eingeladen und mir für die Nacht ein Zimmer zur Verfügung gestellt. Wir haben uns kurz nach der Gründung des hessischen Lutherwegvereins kennen gelernt, und ich weiß seit Langem, dass es Bernd war, der die Idee mit dem Lutherweg 1521 hatte. Aber wie war er darauf gekommen? Nach dem Abendessen erzählt er mir seine Geschichte.

Lutherweg-Pilger in der Kirche Oberrod, rechts Angelika Georg-Feyk, Geschäftsführerin des Lutherwegvereins in Hessen, Mitte Rudolf Marx, 1. Vors. des Vereins, links der Autor

"Ich war früher bei einer Bundesbehörde beschäftigt. Als die Grenze zur DDR fiel, wurden mein Standort aufgelöst und die Beamten in einer neu geschaffe-

Das Schloss Romrod

nen Dienststelle eingesetzt. Meine Aufgabe fand ich mit anderen Kollegen am Flughafen Frankfurt am Main. Die neuen Arbeitsumstände gaben mir reichlich Zeit, über diesen Einschnitt nachzudenken. War ich plötzlich überflüssig? Ich war damals 49 und hatte wohl meine erste Sinn- oder Lebenskrise. Ich bin später vorzeitig aus dem Dienst ausgeschieden.

Ich hoffte auf einen sinnvollen Neubeginn, aber zunächst wurde das Loch, in das ich fiel, nur noch größer. Dann erzählte mir eines Tages meine Cousine von ihren Erlebnissen auf dem Pilgerweg nach Santiago die Compostela. Über 700 km war sie mit ihrem Mann auf dem Camino in Spanien unterwegs. Das hat in mir gearbeitet und plötzlich, von einem Tag auf den anderen machte ich mich von Romrod aus zu Fuß auf nach Kempten. Ich hatte mir noch nicht einmal die Zeit genommen, Wanderkarten zu besorgen und bin daher meist Radwegen gefolgt. 14 Tage habe ich für die 420 km lange Strecke gebraucht. Und danach ging es mir schon deutlich besser. Aber irgendetwas fehlte noch, eine Aufgabe, eine sinnvolle Beschäftigung, die mich ausfüllte und mich mit anderen Menschen zusammenführte.

Es hat noch weitere vier Jahre gedauert, bis die Idee kam. Ich habe damals schon Gäste durch das Romroder Schloss geführt. Dabei habe ich auch immer Luthers Wormsreise über „Die kurzen Hessen" erwähnt. Bei Recherchen bin ich auf die „Lutherwege" in Thüringen und Sachsen-Anhalt gestoßen. „Das ist es", schoss es mir durch den Kopf: Du trommelst Leute zusammen, mit denen du einen neuen Lutherweg ins Leben rufst, von der Wartburg nach Worms oder - wer will - von Worms zur Wartburg. Im Frühjahr 2011 habe ich mit der ersten Power-

Bernd Rausch lernt über den Lutherweg neue Menschen kennen und schätzen, hier Gerold Beckmann ehemals Sparkassendirektor, heute Vorstandskollege von Bernd.

Romrod-Infos
Führungen durchs Schloss bucht man unter
Mobil 0160-92224434, Tel.: 06636-562,
E-Mail wwrom@t-online.de
Öffnungszeiten Schlossmuseum und Synagoge:
Dienstag 10-12 Uhr, Samstag 15-17 Uhr, Sonntag 14-16Uhr
Im Schlossmuseum befindet sich auch die Geschäftsstelle des hessischen Lutherwegvereins, in der man Infos rund um den Lutherweg und über Romrod erhält, auch zu Übernachtungsmöglichkeiten, Tel. 06636-9189630,
E-Mail buero-lutherweg1521@t-online.de.

Point-Präsentation meines Lebens die Idee in der Synagoge Romrod vor der Bürgermeisterin und weiteren acht Personen vorgestellt.

Recht bald nahm die Idee konkrete Formen an. Ein Lutherwegverein wurde gegründet. Finanzierungskonzepte wurden aufgestellt, Fördermittel mussten akquiriert werden. Neue Mitstreiter kamen hinzu, der ehemalige Landrat des Vogelsbergkreises, Rudolf Marx, der ehemalige Direktor der Sparkasse Oberhessen, Gerold Beckmann, der hessische Pilgerpfarrer Dr. Manfred Gerland, Lutherbewegte aus dem hessisch-thüringischen Grenzgebiet, der Bürgermeister von Grünberg, die Pfarrerin von Trebur und der Pfarrer vom rheinhessischen Guntersblum und, und, und.

Der Lutherweg
Ein Ziel vor den Augen
Menschen dafür begeistern
Zusammen anpacken
Und die Sinnkrise
war Geschichte

Inzwischen ist das Lutherwegprojekt verwirklicht. Die Aufgaben, die es zu erledigen gibt, sind dadurch nicht weniger geworden. Meine Sinnkrise ist Geschichte. Manchmal sehne ich mich jetzt nach Ruhe und etwas mehr Zeit für mich. Aber der Einsatz für andere und mit anderen und die Anerkennung für die geleistete Arbeit, das ist es ja genau das, was mir zuvor gefehlt hat.“

Wald, Wiesen, Weiher

Am nächsten Morgen fährt mich Bernd zurück zum Romröder Museumsufer. „Du brauchst nicht auf die Straße. Hinter der Kulturscheune führt ein Steg über die Antrift. Und dann folg einfach den Markierungen zum Ort hinaus.“ Ich schwing den Rucksack über die Schultern und auf geht's Richtung Grünberg. Das Land zwischen Romrod und Grünberg gehört zum Vogelsberg, und der soll der größte Vulkan Europas sein. Doch vorerst sind weder steile Kuppen noch Basaltfelsen zu sehen. Im Gegenteil, die Landschaft, die sich vor mir ausbreitet, ist ausgesprochen sanft: Hügel, Mulden, flache Höhenzüge und eine weite Feldflur. Dabei liegt Hoherodskopf, das Zentrum des erloschenen Vulkans, nur 20 km entfernt. Aber der Vogelsberg war halt kein Kegelvulkan wie der Vesuv, sondern ein Schildvulkan, bei dem dünnflüssige Lava weite Räume überdeckte, ohne steile Berge aufzubauen.

Pilgermuschel aus dem Mittelalter, Fund im Schloss Romrod

Es ist sonnig, aber kühl. Auf dem Grasweg, dem ich durch die Feldflur Richtung Wald wandere, glitzern die Tautropfen. Ich habe mich eben richtig eingelaufen, da erreiche ich den Buchhölzer Teich. Ein Bad am frühen Morgen, das wär was! Rudolf Marx, der 1. Vorsitzende des Lutherwegvereins, hatte mir mal erzählt, dass sie früher dort zum Schwimmen hin geradelt wären. Ich bin gerade dabei, mich meiner Bekleidung zu entledigen, da fällt mein Blick auf ein halb verdecktes Schild: Baden verboten! Naturschutzgebiet. Ich schaue mich um. Niemand zu sehen. Doch irgendwie ist mir der Spaß verdorben und mich fröstelt es bei dem Gedanken, in das braungrüne Wasser zu steigen. Und so mache ich mich ohne Morgenbad wieder auf den Weg nach Grünberg.

Der Buchhölzer Teich hat eine schöne Verlandungszone, die es sicherlich verdient hat, unter Schutz gestellt zu werden. Und dann die Wiesen, die sich in den nahen Wald hinein erstrecken: Auch sie sind Teil des Schutzgebietes. Über einen Kilometer geht es nun am Waldrand entlang. Dann taucht der Weg in den Wald ein, der sich mit dem Nebel, der noch zwischen den Bäumen hängt, recht geheimnisvoll ausnimmt. An einem Wegkreuz ein Sperrschild. „Achtung – Betreten verboten - Explosionsgefahr!" Dahinter ein Tor mit Videoüberwachung. Im Wald versteckt sich ein Sprengplatz. Fernab von Siedlungen wird dort Munition aus dem Zweiten Weltkrieg vernichtet. Der Nebel lichtet sich und die Sonne bringt das bunte Herbstlaub zur Geltung. Auf den Waldwiesen blühen Herbstzeitlosen. Kein Auto, kein Flugzeug ist zu hören, nur das Murmeln eines Wiesenbachs. Der Bach entspringt im Dautzenröder Teich, in dem sich die Bäume des benachbarten Waldes spiegeln. Ich lasse mich auf einer Bank nieder und obwohl ich eigentlich noch keinen richtigen Hunger habe, packe ich die Butterbrote aus, die mir Anita, Bernds Frau, mitgegeben hat. Einen schöneren Rastplatz, denke ich mir, wirst Du kaum finden.

Hinter dem Teich geht es durch Weideland. Junge Rinder blicken dem einsamen Wanderer nach. In Hecken reifen Nüsse und Beeren. Oben, auf sonniger Höhe, zeigt der Vogelsberg sein bergiges Gesicht. Ich blicke hinüber zum Zentrum des „Vulkans" und hinunter in ein Tal, das die Felda in das Vulkangestein gefräst hat. Im Talgrund liegt Groß-Felda. Der Name sagt es schon, das Dorf ist recht groß. Fachwerkhöfe prägen nach wie vor das Ortsbild. Groß-Felda ist ländlich geblieben, so wie die ganze Umgebung. Ländlich bedeutet hier aber nicht Grabesstille. In Groß-Felda kann man einkehren und übernachten. Sogar eine Filiale der Sparkasse ist vorhanden. Der Ort ist zum Greifen nahe. Doch der Lutherweg wendet sich nach rechts und führt nach Schellnhausen, ein kleines Dorf an der B49. Der Grund für diese Schleife: Von Groß-Felda aus gibt es keinen Wanderweg nach Ermenrod, nur eine Straße. Und Ermenrod ist eine Station am Lutherweg. Dort gibt es nämlich eine Fachwerkkirche zu bestaunen, die zudem den Namen Martin Luthers trägt.

Im Oktober 2013 drängte ich mit einer großen Pilgergruppe ins Innere der Kirche, wo uns der Vorsitzende des Kirchenvorstandes die Geschichte des Gotteshauses erläuterte. Über Jahrhunderte gab es in Ermenrod nur eine Kapelle. 1705 errichtet man endlich eine Kirche, die man mit einer prachtvollen Kanzel und Gemälden von Christus und den zwölf Apostel schmückte. Aber irgendetwas musste man falsch gemacht haben. Nach nur dreißig Jahren war die Kirche so baufällig, dass man sie abriss und einen Neubau in Angriff nahm. Und der war

Zwischen Romrod und Ermenrod

Der Dautzenröder Teich

wohl so gut gelungen, dass er bis heute Bestand hat. Selbstverständlich hat man die mit Schnitzereien verzierte Kanzel und die Apostelgemälde in den Neubau überführt.

Fachwerkkirche von Ermenrod

Berge, Täler, Fachwerkkirchen

Hinter Ermenrod nimmt der Lutherweg den nächsten Höhenzug in Angriff. Nachdem ich die von Windrädern besetzte Höhe erreicht habe, liegt das Tal der Ohm vor mir. Vom Zentrum des Vulkans kommen überall Bäche und kleine Flüsse heruntergerauscht, die wie die Speichen eines Rades nach außen streben. Zwischen Romrod und Grünberg müssen Reisende gleich mehrere dieser Täler queren. Jetzt ist das Tal der Ohm an der Reihe. Der Lutherweg führt hinunter nach Ober-Ohmen, ehemals ein Gerichtsort der Freiherren von Riedesel. Als Ende des 18 Jahrhunderts ein Neubau des Kirchenschiffs anstand, sorgten die Freiherren dafür, dass etwas Repräsentatives entsteht: ein großer Kirchensaal aus Stein und ein Pfarrhaus. Den aus dem 13. Jahrhundert stammenden Chorturm hatte man, um den Bau eines Glockenturms zu sparen, stehengelassen. Als wir im September 2013 mit jener 100-köpfigen Pilgergruppe durch Ober-Ohmen kamen, war der Chorraum eingerüstet. Zwei Restaurateure kratzten Putz von den Wänden, um vorreformatorische Wandmalereien freizulegen. Karlheinz Lichau, das wandelnde Ortslexikon von Ober-Ohmen, führte uns zu einem Bild, das man bereits freigelegt hatte. Es zeigt die Heilige Elisabeth bei der Speisung eines Bettlers, der auf einem Krankenbett sitzt.

Bei der Größe des Kirchenbaus wundert es nicht, dass die Pfarrei Ober-Ohmen Filialen in der Umgebung hatte und zwar in Ruppertenrod, Unter-Seibertenrod und Zeilbach. Karlheinz Lichau erzählte, dass früher für die Erwachsenen eine sonntägliche Gottesdienstpflicht bestand, auch für die Leute aus den Filialen. Nur bei sehr schwierigen Wetterbedingen durften die Schulmeister in den Kirchen der Filialen einen Lesegottesdienst abhalten. Dass die Gläubigen in den Filialen mit dieser Situation nicht zufrieden waren, kann man sich denken, zumal

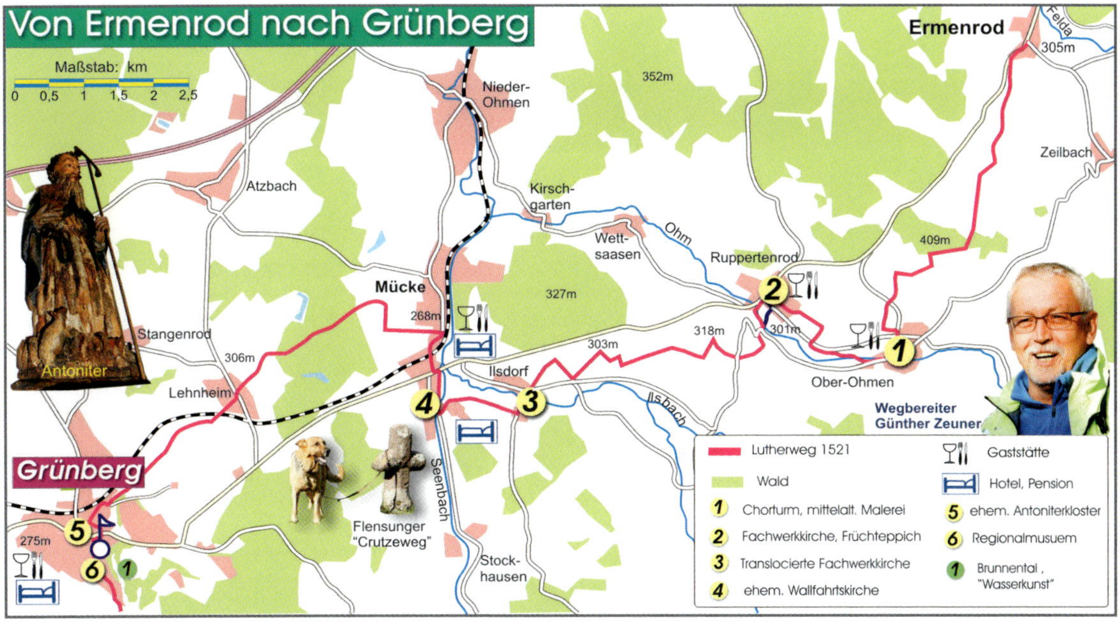

sie auch für die Kirche in Ober-Ohmen zur Kasse gebeten wurden. Neben Instandhaltungskosten mussten Beiträge für die Gehälter des Kirchendieners und des Organisten gezahlt werden. Und so kam es zu Loslösungen. Zeilbach schied 1901 aus, Ruppertenrod 1922.

Von Ober-Ohmen das Ohmtal hinunter nach Ruppertenrod, wo die Freunde der Fachwerkkirchen wieder auf ihre Kosten kommen. In der Kirche legen die Landfrauen jedes Jahr im September einen Früchteteppich aus. Im Jahr 2013 wurde das Bild „Martin Luther musiziert mit seiner Familie“ aus Reis, roten und weißen Bohnen, aus Buchweizen, Lein-, Raps- und Kleesamen, aus Hortensien, Astern, Dahlien, Kornblumen, Ringelblumen und Gewürzen sowie weiteren Früchten nachgezeichnet. Blumen und Gewürze verströmen einen anregenden Geruch. Der Früchteteppich ist bis in den November hinein die ganze Woche über zugänglich. Zugleich werden in der Kirche analog zu den Eine-Welt-Läden faire Waren angeboten. Informationen: Tel. 06400-8948

Und wieder muss ich einen Höhenzug überwinden. Der Anstieg hinter Ruppertenrod hält sich jedoch in Grenzen. Dieses Mal geht es in das Tal des Ilsbachs hinunter. Und so gelange ich in einen Ort namens Ilsdorf, ein klitzekleines Dorf, durch das über Jahrhunderte hinweg (1417-1806) eine Grenze verlief. Das Gebiet nördlich des Ilsbachs gehörte zum Territorium des Landgrafen von Hessen-Darmstadt, der südlich des Bachs gelegene Ortsteil befand sich im Besitz der Solmser Grafen. Die Teilung hatte auch kirchliche Auswirkungen. Solms-Ilsdorf war der Kirchengemeinde Lardenbach zugeordnet, Hessisch-Ilsdorf der Kirchengemeinde Flensungen. Erst 1982 entstand eine Kirchengemeinde Ilsdorf, mit eigener Haushaltsführung und eigenem Kirchenvorstand, aber immer noch ohne Kirche.

Fachwerkkirche von Ruppertenrod

Wie die Ilsdörfer doch noch zu einer Kirche kamen, das hat mir Pfarrerin Kerstin Kiehl erzählt. Während die Ilsdorfer darüber nachdachten, wo man in Zukunft den Gottesdienst abhalten könnte, in einem Kirchenneubau oder in einem ebenfalls noch zu erbauenden Dorfgemeinschaftshaus, diskutierte man im 10 km entfernten Bernsfeld darüber, was mit der alten Fachwerkkirche des Ortes geschehen sollte. Nachdem Bernsfeld eine neue Kirche erhalten hatte, stand die alte denkmalgeschützte Kirche leer und begann zu verwahrlosen. Die Diskussion in Bernsfeld wurde kontrovers geführt und beschäftigte bald die Gemüter überörtlicher Institutionen, den Denkmalschutz, die Kirchenverwaltung und schließlich sogar den hessischen Landtag. Mit knapper Mehrheit beschloss der Landtag, dass die Bernsfelder Kirche nach Ilsdorf versetzt werden sollte.

Am 27. April 1983 erfolgte in Ilsdorf als Vorbereitung für die Translozierung der Bernsdorfer Kirche der erste Spatenstich. Am 13.5.1983 erschien in der Bild-Zeitung ein Artikel unter der Überschrift „Zwei Dörfer streiten sich um eine geschenkte Kirche". Daraufhin wurde der Kirchenabbau in Bernsfeld unter Polizeischutz durchgeführt. Langsam beruhigten sich die Gemüter. Die Emporenbilder, die man bereits in der neuen Bernsfelder Kirche angebracht hatte, mussten von der Kirchengemeinde Bernsfeld zurückgegeben und der Ilsdorfer Gemeinde als Dauerleihgabe zur Verfügung gestellt werden. Zu Weihnachten 1985 konnte der erste Gottesdienst in der neuen Ilsdorfer Kirche gefeiert werden.

Frau Kiehl hat ein Buch über „ihre" Kirche geschrieben: Zwei Dörfer, eine Kirche und viel Ärger, ISBN 978-3-639-54001-7

Die Dorfkirche von Flensungen, dem nächsten Ort, war ehemals eine Wallfahrtskirche. Da ist sich der Pfarrer von Flensungen, Holger Becker, sicher. In einem Hohlraum des Altars hatte man nämlich ein um die 1000 Jahre altes elfenbeinernes Kästchen gefunden, in dem wohl eine Reliquie aufbewahrt wurde. Und vor der Kirche steht ein mittelalterliches Steinkreuz, das von einem Weg stammt, der in einer alten Urkunde als „Crutzeweg" bezeichnet wird.

In der Kirche befindet sich eine aus rotem Sandstein gefertigte Grabsteinplatte, die eine Gruppe Frauen zeigt, über die der Gekreuzigte seine Arme ausbreitet. Der Grabstein erinnert an einen folgenschweren Unfall am 23. Juni des Jahres 1733. Nach einem Wolkenbruch führte der durch Flensungen fließende Seenbach Hochwasser. Das ganze Tal war überflutet, auch die Brücke, über die die Kurze Hessen führte. Für so einen Fall hatte man entlang des Weges Stangen gesetzt, die den Fuhrmann zur Brücke leiteten. An jenem Tag im Juni, an dem das Unglück passierte, hatte die Flut die Stangen weggeschwemmt.

Fachwerkkirche von Ilsdorf u. Pfarrerin Kerstin Kiehl

Dennoch wagte ein mit 3 Frauen und 3 Kindern besetzter Wagen die Flussquerung. Der Fuhrmann kam zunächst trotz reißender Strömung gut voran. Doch dann hatte er wohl den Brückenaufgang verfehlt. Die Kutsche kippte und stürzte mitsamt den Pferden in die Fluten. Vier Personen, darunter auch die Kinder, ertranken. Die Kindermagd wurde bis nach Merlau abgetrieben, wo man sie auch beigesetzt hat. Die Brücke existiert noch heute, wenn auch in einer dem heutigen Verkehr angepassten Form. Sie befindet sich an der B49 in der Nähe des Gasthauses „Zur alten Mücke".

Anette Tröller aus Ruppertenrod und der Grünberger Dekan Norbert Heide während einer Pilgertour in der Kirche von Ober-Ohmen

Das Gasthaus etablierte sich 1820, in einer Zeit, als man die alten Straßen befestigte und zu Chausseen ausbaute. Wenn jemand aus Flensungen oder dem benachbarten Merlau dort ein Bier trinken wollte sagte er: „ Ich well ma of die alt Mück". Robert Keller aus Merlau erzählte mir, wie es zu dem merkwürdigen Namen kam. An der Stelle, wo heute das Gasthaus steht, befand sich zu Luthers Zeiten ein Flurstück mit dem Namen Myhengarten, ein Garten, der Mühe bereitet. Aus Myhen war im Dialekt Me(ü)ck geworden. Den Anhängsel Garten hat man fallen lassen, der war ja auch viel zu lang. (E und ü wurden und werden im dortigen Dialekt nicht richtig unterschieden.) Als nun die Eisenbahnlinie Alsfeld – Gießen gebaut wurde, kam der Bahnhof genau auf der Gemarkungsgrenze von Merlau und Flensungen zum Liegen. Da die Bahnverwaltung des Großherzogtums Hessen-Darmstadt weder dem einen noch dem anderen Ort auf die Füße treten wollte, nannte man den Bahnhof Alt Me(ü)k, in Hochdeutsch kurzerhand in Mücke umgeformt. Und als sich 1972 an der Ohm und dem Seenbach eine Großgemeinde formierte, einigte man sich schnell auf den Namen Mücke. Der Lutherweg führt an jenem Bahnhof vorbei und verläuft dann durch die Feldflur und durch Wald nach Lehnheim. Von dort ist es nicht mehr weit nach Grünberg, einer kleinen Stadt am Rande des Vo-

Übernachtungsmöglichkeiten in Flensungen :
im Flensunger Hof des Chrischona-Gemeinschaftswerks.
Am Flensunger Hof 11, 35325 Muecke,
Tel.: 06400 - 509 80, info@flensungerhof.de und Gasthaus
„Zur alten Mücke", Gießener Str. 1. Tel. 06400-950972,
www.alte-muecke.de

Ehemaliges Wirtschaftshaus des Grünberger Antoniterklosters

gelsberges mit Fußgängerzone, Restaurants und einem Eiscafé.

Das Antoniusfeuer

Kennen Sie Mutterkorn? Ich kann mich noch gut daran erinnern, wie früher in den Roggenfeldern an einzelnen Ähren schwarze, leicht gebogene Schläuche hervor schauten. Wer häufig Roggenbrot von Mehl isst, in dem Mutterkorn mit vermahlen wurde, der wird vom Antoniusfeuer befallen. Die Durchblutung wird gestört. Es kommt zu Herz- und Nierenstörungen, Finger und Zehen beginnen unter heftigen Schmerzen abzusterben. Im Mittelalter war das Antoniusfeuer weit verbreitet. Da es damals mit der Hygiene nicht weit her war, litten die vom Mutterkornverzehr gezeichneten Menschen große Qualen. Zum Glück gab es damals den Antoniterorden. Der hatte sich nämlich die Aufgabe gestellt, die am Antoniusfeuer Erkrankten zu pflegen. Um für die Krankenpflege Zeit zu haben, traten die Antoniter als Chorherren auf. Die brauchten nicht so viel Zeit für Gesänge und Stundengebete zu investieren wie Mönche. Die Bevölkerung dankte es den Chorherren, indem sie ihnen Ferkel schenkte. Die Antoniter hängten ihren Ferkeln Glocken um und brachten sie zu Bauern und Schweinehirten, die sie das Jahr über fütterten. Im Herbst holten die Antoniter die Schweine wieder ab und ließen sie schlachten.

Als Luther auf seiner Wormsreise durch Grünberg kam, gab es dort ein Antoniterkloster. Es war eines der größten in Deutschland, mit Tochtergründungen bis hinauf nach Norwegen und Lettland. Das Grünberger Kloster umfasste ein Areal, das sich an 100 m in der Länge und ca. 40 m in der Breite erstreckte, und zwar zwischen Stadtmauer, Marktgasse und Rosengasse. Ob Luther sich mit den Chorherren getroffen hat, wissen wir nicht. Möglich war es schon. Immerhin waren sie mit ihren Vorstellungen von der Befreiung des Glaubens zum Dienst am Nächsten und dem „in der Welt sein" nicht weit von Luthers Vorstellungen entfernt.

Mutterkorn auf Roggen

Die Gebäude des Antoniterklosters stehen noch (2 und 3). Es ist ein hufeisenförmiger Komplex, dessen Untergeschosse die Stadtmauer mit einbeziehen. Die Grünberger sprechen jedoch nicht von einem Kloster oder Chorherrenstift, sondern von einem Schloss. Wie das? Nun, 1526 führte Landgraf Philipp in Hessen die Reformation ein, was mit der Aufhebung sämtlicher Klöster und Stifte verbunden war. Die Immobilien der Grünberger Chorherren übertrug der Landgraf an die Universität

Marburg. Philipps Sohn Ludwig IV. von Hessen-Marburg nutzte die Schenkung ohne Skrupel für eigene Zwecke. Er ließ den Chorherrenbau für seine Frau Hedwig als Witwensitz herrschaftlich ausbauen. Das Schloss wird noch immer privat genutzt, u.a. von der Schlossapotheke. An der Wand des Schlosshofs befindet sich ein in Sandstein gehauener Antoniter Chorherr. Auf seiner Brust ist das T-förmige Antoniterkreuz zu erkennen.

Antoniter, Relief im Hof des ehem. Antoniterklosters

Ein Rundgang durch Grünberg

Damaschke, der Altbürgermeister von Grünberg und sein Freund Corell hatten mich zu einer kleinen Stadtführung eingeladen. Als erstes haben sie mir natürlich das ehemalige Antoniterzentrum bzw. das Schloss gezeigt. Dabei machten sie mich auf das große, dem Schloss benachbarte Fachwerkhaus aufmerksam (1). Der prächtige Bau war einst das Wirtschaftsgebäude der Antoniter. Eine Infotafel bezeichnet das Haus als Universitätsgebäude. Doch das stimmt nur bedingt, denn erst, nachdem der Landgraf das Kloster der Uni Marburg vermacht hatte, zogen hier für kurze Zeit Professoren und Studenten ein und zwar, als in Marburg die Pest ausbrach. Als die Epidemie abflachte, ging es wieder zurück nach Marburg.

Als nächstes hat mich Damaschke in eines der Schloss-Treppenhäuser geführt, um mir ein Foto zu zeigen, das Ende des 19. Jahrhunderts aufgenommen wurde. Auf diesem Foto ist das Haus abgebildet, in dem

Am Grünberger Marktplatz, links die ehemalige Posthalterstelle

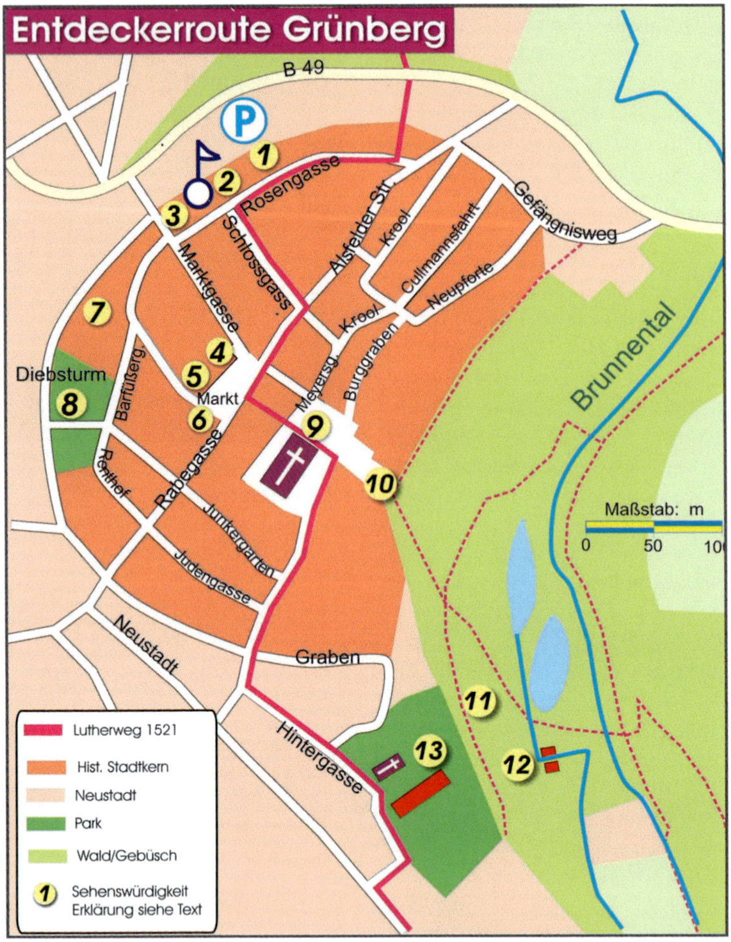

Luther in Grünberg übernachtet haben soll. Es war ein schmales Fachwerkhaus mit Butzenscheiben und vorkragenden Stockwerken, das an der Ecke Marktgasse/Marktplatz stand (4). Es ist 1898 abgerissen worden. Obwohl es keine Belege dafür gibt, dass Luther wirklich dort übernachtet hat – es gibt weitere Orte in der Umgebung, die die Übernachtung für sich reklamieren – ist es schade um das Haus.

Auf den Marktplatz können die Grünberger wirklich stolz sein. Der Platz ist nicht sonderlich groß, aber mit seinen Fachwerkhäusern, dem schönen Rathaus und den Cafés ist es ein Ort, an dem man sich wohlfühlen kann. „Das Haus neben dem Eiscafé, das mit dem grünlichen Fachwerk, war die Poststation (5)", erklärte Damaschke. „Die Postkutschen sind durch eine Halle im Erdgeschoss in das Haus hinein gefahren. Nachdem die Fahrgäste ausgestiegen und die Post entladen war, fuhr die Kutsche geradewegs durch das Haus hindurch. Hinter dem Haus befanden sich Stall und Scheune. Hier wurden die Pferde versorgt oder gewechselt. Die rückwärtige Gasse heißt deshalb heute noch Zum alten Posthof."

Wasser und ein heiliger Ort im Brunnental

Und noch etwas Bemerkenswertes gibt es auf dem Marktplatz zu sehen: einen 36 m tiefen Brunnen. Lampen sorgen dafür, dass man bis auf den Grund des Brunnens schauen kann, wo Wasser emporschimmert. Das Wasser wurde mit Eimern mühevoll aus der Tiefe geschöpft. Als man Ende des 15. Jahrhunderts begann, das Trinkwasser aus dem nahen Brunnental zu fördern, geriet der Marktbrunnen in Vergessenheit. Schließlich wurde der Brunnen zugeschüttet. Bei Bauarbeiten zur Vorbereitung des Hessentages 1980 stieß man auf den Brunnenschacht. Der Bürgermeister nutzte die Chance und ließ den Schacht wieder öffnen. Pünktlich zum Hessentag hatte Grünberg wieder einen Marktbrunnen.

Hinter dem Brunnen ragt die Fassade des Rathauses auf (6), ein steinernes Erdgeschoss mit Pilaster-Portal, darüber Fachwerk. Ein Blick in das Haus, in dem heute Bürgermeister Frank Ide das Sagen hat, lohnt. In der Eingangshalle stößt man nicht auf die Flure der Stadtverwaltung, sondern auf Infos zur Stadtgeschichte. Meine beiden Stadtführer haben mit mir noch einen Schlenker zum ehemaligen Barfüßerkloster und dem Diebsturm gemacht, einem uralten Mauerturm, der so heißt, weil er lange Zeit als Gefängnis diente. Dann ging es zum Lieblingsprojekt des Altbürgermeisters, dem Museum.

Doch dazu später. Jetzt möchte ich erst einmal auf die Stadtkirche zu sprechen kommen (9), in der ich zusammen mit dem Grünberger Dekan Norbert Heide das Lutherweg-Theater aufgeführt habe. Als ich zur Inspektion der Räumlichkeiten kam, hatte ich einen mittelalterlichen Bau erwartet. Doch ich bekam einen neogotischen Bau zu sehen. Die alte Kirche war 1816 eingestürzt und man hatte einen Neubau errichtet. Ich bin in der Eingangshalle, wie man es gewohnt ist, geradeaus gegangen. Doch anstatt im Kirchensaal, wo wir auftreten wollten, landete, ich im Gemeindesaal, wo gerade der Küster mit Aufräumarbeiten beschäftigt war. „Der Kirchensaal befindet sich über uns. Gehen Sie einfach eine Treppe höher", sagte er. Und tatsächlich: Die Grünberger Stadtkirche hat einen doppelten Boden. Praktisch! So sparte man den Bau eines Gemeindehauses. Am Aufgang zum Kirchensaal befindet sich ein lebensgroßes Luthergemälde.

Theodor Koch-Grünberg, Anthropologe und Forschungsreisender

Draußen vor der Kirche, auf dem Winterplatz, plätschert der Löwenbrunnen. Hier konnten die Bürger schon zu Luthers Zeiten frisches Wasser schöpfen, das man aus dem 30 m tiefer gelegenen Brunnental heraufpumpte. Ein paar Schritte weiter, am Steilabfall zum Brunnental, steht das alte Verteilerhäuschen(10). Ein abschüssiger Fußweg führt hinunter ins Tal, wo sich noch immer das Wasserrad dreht, mit dessen Kraft das Trinkwasser zur Stadt hinauf gepumpt wurde. Im 19. Jh. legte man im Brunnental einen Bürgerpark an, mit zahlreichen Schlängelwegen, zwei Teichen, Obstwiesen und lichten Waldpartien. Von den Teichen, in denen die Quellen liegen, wird das Wasser zu den Brunnenhäusern geleitet, wo es das Rad antreibt (12). Ein romantischer Ort. Auf einem der Schlängelwege habe ich im Schatten einer alten Hainbuche einen „Bildstock" entdeckt (11). In einen bemoosten Basaltfelsen ist eine Nische eingemeißelt, in der, von einem Gitter geschützt, eine kleine Marienstatue steht. Der „Bildstock" erinnert an eine Franziskaner-Klause, die 1348 im Brunnental errichtet wurde. Sie lag in der Nähe der Kapelle zum Heiligen Kreuz am Heiligen Born.

im Stadtmuseum

Wenn man dem obersten Schlängelweg folgt, gelangt man zu einem alten Friedhof, auf dem ein langgestreckter Fachwerkbau steht, ein Gebäude eines Augustinerinnenklosters (13). Als das Kloster aufgelöst wurde, hat die Stadt in dem Gebäude ein Hospital eingerichtet. Heute beherbergt das alte Spital das Stadtmuseum. Ein moderner Anbau soll die neue Funktion deutlich machen. „Von den Antonitern zum Amazonas", heißt es auf der Titelseite des Museumsflyers. Was es mit den Antonitern auf sich hat, wurde schon dargelegt. Was aber hat die Stadt mit dem Amazonas zu tun? Darüber können Sie bei Karin Bautz, der Leiterin des Museums, Auskunft erhalten. Sie führt sie gerne durch die Amazonas-Ausstellung, die den gesamten 1. Stock des Museums einnimmt. Mehr wird nicht verraten. Zu dem Museum, das sich in der Hintergasse befindet, gelangt man auch über den Lutherweg. Man braucht nur den Markierungen Richtung Wetterfeld zu folgen.

Grünberg-Infos
Tourismusbüro im Rathaus, 1. Stock, Zimmer 21, Johanna Lang Tel.: 06401/804-114 j.lang@gruenberg.de

Schloss Laubach und Melanchthon, der als Freund des Hauses die von Friedrich Magnus I. gegründete Lateinschule mit Büchern und Schriften versorgt hat. Die Lateinschule entwickelte sich zur Landesbibliothek.

Abstecher zur Laubacher Schlossbibliothek

Vom Grünberger Diebsturm geht der Blick weit übers Land. Ein paar Hügel noch und dann beginnt die Wetterau. Kilometerweit leichtwelliges Land mit Raps- und Getreidefeldern. Am Horizont erscheint ein markanter Höhenzug. Am nördlichen Fuß des Taunus liegt Friedberg, ein „urkundlich" belegter Übernachtungsort Luthers. In gut einer Stunde bin ich im Tal des Flüsschens Wetter, genauer gesagt im Laubacher Ortsteil Wetterfeld. Laubach selber liegt 3 km abseits vom Lutherweg. Schade, denn das Städtchen hat etwas Besonderes zu bieten, etwas, das mich zu einem Abstecher animiert.

Dreh- und Angelpunkt von Laubach ist das Schloss des Grafen zu Solms-Laubach. Der Graf ist jung, er hat eine hübsche Frau und er ist im Fernsehen aufgetreten. Kein Wunder, dass Reisegruppen das Schloss umrunden, immer in der Hoffnung, einen Blick auf den Grafen zu erhaschen. Ich habe Glück. Ich bin mit Burkhard Wellenkötter, einem pensionierten Lehrer, verabredet. Als ich mich mit ihm im Schlosshof treffe, öffnet sich im ersten Stock des Wohntraktes ein Fenster und der Graf ruft Wellenkötter etwas zu. Es geht um eine der Schlossführungen, die Wellenkötter in Absprache mit der Grafenfamilie anbietet. Selbstverständlich habe ich die Schlossführung mitgemacht und ich kann sie wärmstens empfehlen. Jetzt steht jedoch die Schlossbibliothek auf dem Programm. Und zu der hat Burkhard Wellenkötter eine besondere Beziehung. Seine Frau Trautel ist gräfliche Bibliothekarin und Bibliotheksleiterin. Seit seiner Pensionierung unterstützt Burkhard Wellenkötter ihre Arbeit und er führt Besucher durch die Bibliothek.

Im Augusteum, wo Bücher aus der Zeit der Aufklärung stehen, Prachtbände aus der Zeit vor der französischen Revolution

Stillleben in der Laubacher Schlossbibliothek

Es ist unmöglich, auch nur annähernd darzustellen, was es in der Laubacher Schlossbibliothek alles zu sehen gibt. Schließlich umfasst die Bibliothek über 120.000 Titel, die sich auf mehrere Stockwerke, Säle und Zimmer verteilen. Da ist das Augusteum, der Prachtsaal, in dessen Regalen sich Hunderte, nein Tausende von beigen bis dunkelbraunen Bücherrücken reihen, alle mit goldener Beschriftung, einige mit lackglänzendem Rot unterlegt. „Wir befinden uns im 18. Jahrhundert, im Rokoko, im Zeitalter der Vernunft… Gelassen, heiter und ein klein wenig blasiert blicken die Damen und Herren des Solmser Grafengeschlechts aus ihren Bilderrahmen auf die Besucher herab … Gräfinnen in Reifröcken, mit prächtigen Volants. Vornehme Herren in gold- und silberbestickten Wämsen unter den bis zu den Knien reichen Surtouts…," so beschreibt Wellenkötter die Atmosphäre des Raums.

Gleich nebenan befindet sich das Albertinum, ein Schausaal, in dem man den Besuchern großartig illustrierte Folianten vorführt wie das Rosenbuch des Künstlers Pierre Joseph Redouté (veröffentlicht 1817-1824), die „Monographia melastomarum" von Alexander von Humboldt mit Bildern exotischer Pflanzen aus dem Amazonasgebiet (1810) oder das Buch von Sybilla Merian „Der Raupen wunderbare Verwandlung und sonderbare Blumen-Nahrung", ab 1679.

Der Reformator Philipp Melanchthon unterstützt den Laubacher Grafen beim Aufbau einer Schulbibliothek

Neben dem Augustinum und dem Albertinum gibt es das Ottoneum, das Johanneum, Georgianum, das Fridericianum und, und, und. Jede literarische Epoche hat ihren eigenen Raum und der wird mit dem Namen des Laubacher Grafen belegt, der für diese Zeit steht. Begonnen hatte alles im Zeitalter der Reformation. Friedrich Magnus I., der erste Laubacher Graf, gründete zur religiösen Erbauung und geistigen Bildung seiner Untertanen im Jahre 1555 eine Lateinschule. Unterstützt wurde er dabei von Philipp Melanchthon, der mit der Entsendung von Lehrern und Büchern half. Aus der Schulbibliothek wurde bald eine Landesbibliothek. Landesbibliothek, weil die Laubacher Grafschaft ein selbstständiger deutscher Staat war, ein Kleinstaat zwar, aber immerhin einer, der in die Bildung investierte und der bereits während der Reformation einen bemerkenswerten Bestand an Büchern angeschafft hatte.

Seite aus der in Latein geschrieben Armenbibel, der Bilderbibel für das Volk.

Mich interessiert vor allem der Buchbestand der vorreformatorischen und reformatorischen Zeit. Und so führt mich Burkhard Wellenkötter über die Treppen des Bibliotheksturms hinauf zum Fridericianum Magnum, in den Raum, in dem sich die ältesten Bücher der Bibliothek befinden. Die Einbände sind weiß und cremefarben. „Die meisten Buchblocks sind aus Holz und mit Schweinsleder bezogen", sagt Wellenkötter und holt einen Folianten aus dem Regal und legt ihn vor mich auf einen Tisch. „Schauen Sie hier, das sind Buchschließen, gefertigt aus Metall und Lederriemchen. Die halten den Buchkörper zusammen. Und Achtung, jetzt schlage ich das Buch auf." Wellenkötter

Im Fridericianum Magnum, wo Bibeln und Reiseliteratur aus der Zeit Luthers und Gutenbergs stehen.

holt mit der Faust aus, es kracht und die Buchschließen lösen sich. Jetzt kann er das Buch im übertragenen Sinn aufschlagen.

„Nehmen Sie das Buch mal in die Hand, so als ob Sie lesen wollten."
„Ui, ist das schwer, das kann ich ja höchstens eine Minute halten."
„Ja, mit so einem Buch kann man sich nicht auf einen Sessel zurückziehen oder gar ins Bett. Sicher las man früher oft im Stehen, von einem Pult aus. Man las vor und nicht leise oder stumm für sich."

Im Fridericianum Magnum befinden sich echte Schätze, Bücher aus der zweiten Hälfte des 15. Jahrhunderts, der Zeit, in der Gutenberg den Buchdruck mit beweglichen Lettern, den Buchstaben, entwickelt hat. Meist sind es religiöse Werke und davon wiederum viele Bibeln, meist in Latein, aber auch in deutscher Sprache. Luther war nicht der erste Bibelübersetzer, er war der beste. Und natürlich steht im Fridericianum auch eine Lutherbibel aus dem Jahr 1534. Bemerkenswert sind auch zwei polyglotte Bibeln in 6 bzw. 9 Sprachen mit Schmucktiteln. Sie wurden 1599 in Nürnberg gedruckt.

Laubach Infos

Bibliotheksführungen Mitte April bis Ende Oktober Mi. 17 Uhr, Treffpunkt Schlossbrunnen. Sonderführungen Tel.: 06405 - 1348

Öffnungszeiten Stadtkirche im Sommer Do. – Sa. von 10 bis 18 Uhr und So. von 12-18 Uhr

Kultur- und Tourismusbüro Marktplatz 6, Tel. 06405 - 921 321, E-Mail tourist-info@laubach-online.de

Die Bibliothek besitzt auch weltliche Literatur aus dieser Zeit. Wellenkötter holt einen Band hervor, der eine im Jahr 1488 erschienene Reisebeschreibung enthält. Erzählt wird die Reise ins Heilige Land, die der Mainzer Domherr Bernhard von Breydenbach unternommen hat. Das Buch hatte 12 Auflagen, ein Erfolg, der nicht zuletzt auf den großformatigen Holzschnittillustrationen beruhte. Ja, und dann die Weltchronik von Hartmann Schedel, erschienen 1494. Die sieben Bücher der Chronik erzählen die Geschichte der Welt von Anbeginn an. Eine Besonderheit der Chronik ist die zeichnerische Darstellung deutscher Städte (siehe S. 74 Erfurt).

Ich könnte noch seitenlang über die Laubacher Bibliothek berichten. Doch das überlasse ich Burkhard Wellenkötter. Er hat drei handliche Bücher über die Bibliothek verfasst, und zwar mit dem ihm eigenen trockenen Humor. Zudem präsentiert Trautel Wellenkötter prachtvolle Folianten und andere interessante Werke in Form von Ausstellungen, jedes Jahr unter einem anderen Thema. Und es gibt im oberen Stockwerk eine "Zweitausstellung" mit dem Titel "Gott und die Welt", in der Luther und die Reformation eine große Rolle spielen. Diese Ausstellung soll Ende 2016 ausgeweitet und eventuell nach unten verlegt werden.

Das Einhorn. Grafik aus dem Buch Historia animalum von Conrad Gesner (1516-1565).

Bevor man Laubach wieder verlässt, sollte man der neben dem Schloss stehenden Stadtkirche einen Besuch abstatten. Hier befindet sich, links vorm Altar, ein Epitaph von Friedrich Magnus I., der als Alabaster-Statue, auf einem Kissen kniend, voller Inbrunst den Gekreuzigten anbetet. Pfarrer Lucas Geyerberg, der auf Vermittlung Melanchthons nach Laubach gekommen war, schrieb über den Grafen: *„Denn als Er in des Bapstes finsternis erzogen war und zum lesen lust hatte, haben in die Wohlgeborenen Grauen zu Mansfeld, seine Vettern, des Ehrwürdigen Herrn Doctoris Martini Lutheris Hauspostillen zugeschickt. Als er dieselbige vleissig gelesen hatte, da hat Er die Lehr mit großer Begierde angenommen."* Es ist hier nicht der Platz, um all die Sehenswürdigkeiten der Stadtkirche zu beschreiben. Interessierte seien auf die evangelische Kirchengemeinde und das Touristenbüro verwiesen.

Fuhr Luther über Lich oder über Hungen nach Friedberg?

Hinter Laubach-Wetterfeld, an der Ausflugsgaststätte Hessenbrückenhammer, verzweigt sich der Lutherweg. Beide Routen führen nach Friedberg: links geht es über Hungen, geradeaus kommt man durch Lich. Welchen Weg hat Luther genommen? Natürlich den über Hungen, sagen die Hungener , speziell die Akteure im Ortsteil Nonnenroth. Das sei der kürzere und schnellere Weg. Zudem konnte Luther so auf der Hauptstraße bleiben, der „kurzen Hessen“. Einwände ergaben sich, als man im Archiv der Evangelischen Marienstiftsgemeinde zu Lich einen Zettel fand, der die Unterbringung einer Reisegesellschaft mit 89 Pferden regelt. Das nach seinem Wasserzeichen aus dem 16. Jahrhundert stammende Dokument nennt - neben 20 anderen Namen - auch einen gewissen Doktor Luther (siehe www.lutherinlich.de).

Hierauf basiert die Ansicht, Luther hätte, zumindest auf der Hinreise, in Lich übernachtet. Ganz abwegig ist dies nicht, denn der Graf hatte sich, obwohl dem alten Glauben verhaftet, beim Reichsritter Franz von Sickingen für Luther eingesetzt. Für den Fall, dass Luther die Verhaftung drohte, wollte von Sickingen dem Reformator Asyl gewähren. Zudem stand Graf Philipp im Dienst von Friedrich dem Weisen, dem Gönner Luthers. Warum also sollte Luther auf dem Hinweg nicht beim Solmser Grafen vorbei geschaut haben. Ob Luther über Hungen oder Lich gefahren ist, kann niemand mit Bestimmtheit sagen. Fakt ist, dass die konträren Ansichten dazu geführt haben, dass sich der Lutherweg am Hessenbrückenhammer verzweigt. Auf dem Hungener Weg, der Ostroute, gelangt man relativ rasch in den Bannkreis der Wetterau. Man lernt den Hungener Stadtschäfer kennen, die Hungener Käsescheune, das Hungener Schloss und die Wetterauer Seenplatte. Der Weg über Lich, die Westroute, folgt zunächst dem Tal der Wetter, dann wandert man über Streuobstwiesen und Schaftriften am Rande des Taunus entlang. Auf diesem Weg stößt man u.a. auf das Kloster Arnsburg, die Münzenburg, die Komturkirche von Niederweisel und den Großen Sprudel von Bad Nauheim. Als Lutherwegschreiber bin ich natürlich beiden Routen gefolgt.

Die Gaststätte Hessenbrückenhammer
Ursprünglich wurde das Gasthaus „Zum eisernen Anker“ genannt, weil es an einem Hüttenbetrieb lag, der mit einem riesigen Hammer Roheisen in schmiedbares Eisen umformte. Luther konnte dort nicht einkehren, denn die Eisenhütte und das Gasthaus entstanden knapp 200 Jahre nach seiner Wormsfahrt. Im heutigen Hessenbrückenhammer kann man übernachten. Tel 06405 1484, www. Hessenbrueckenhammer.de

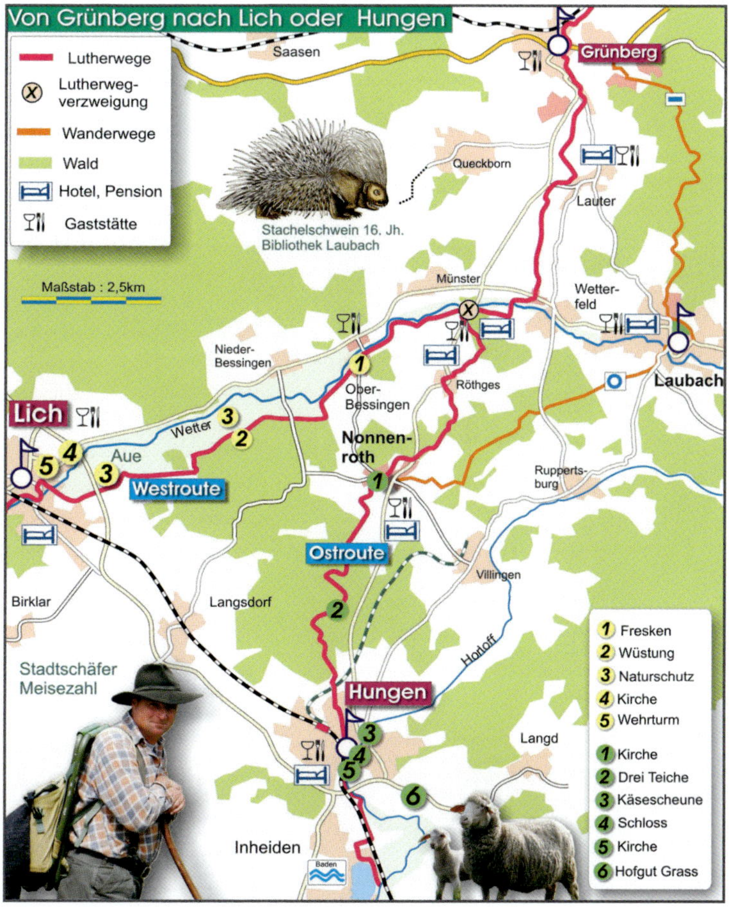

Über Hungen nach Friedberg oder: die Wetterauer Ostroute

(von Grünberg)

184 km nach Worms

47 km nach Friedberg

17 km nach Hungen

7 km zur Wegverzweigung

Der Hessenbrückenhammer und der kleine Ort Röthges liegen hinter mir. Jetzt geht es auf Nonnenroth zu, ein Dorf am Südhang eines Basaltrückens, einem der letzten Ausläufer des Vogelsbergs. Der Ortsname hat den Chronisten nach nichts mit Nonnen zu tun. Nonnenroth habe im Hochmittelalter zwar dem Kloster Hersfeld gehört, Nonnen oder Mönche hätten hier aber nie gelebt. Fakt sei, dass die alten Nonnenrother auf einer Basaltkuppe am Rande des Dorfs eine Wehrkirche errichtet haben, eine Kirche mit Schießscharten und einer hohen Mauer, die sich rings um den Kirchhof zog. Eine der Schießscharten ist noch heute zu sehen. Auch die Kirchhofmauer existiert noch, allerdings hat sie viel von ihrer Wehrhaftigkeit eingebüßt.

Ich bin mit Pfarrer Hartmut Lemp in eben dieser Kirche verabredet. Schon im Kirchhof höre ich Orgelspiel, eine getragene Melodie, deren Harmonien jedoch nicht kirchlich daher kommen. Während ich die Stiege zum Orgelprospekt hinaufsteige, wird mir klar, was hier gespielt wird: „Let it be" von den Beatles. „Willkommen in Nonnenroth", sagt der Soft-Pop spielende Organist. „Ich bin der Pfarrer. Sie sind ja pünktlich wie die Maurer. Kommen Sie, wir gehen nach unten. Wir erwarten noch zwei Herren vom Kirchenvorstand, Werner Leipold und Erich Butteron. Sie müssen wissen, wir sind eine reformierte Gemeinde. Und da läuft ohne Votum des Kirchenvorstands nichts."

In der Kirche von Nonnenroth, von links Werner Leipold und Eriche Butteron vom Kirchenvorstand sowie Pfarrer Hartmut Lemp

Als wir komplett sind, erläutert Lemp, warum man in Nonnenroth meint, dass Luther hier und nicht in Grünberg oder gar in Lich übernachtet hat. Mir sei sicher bekannt, dass Nonnenroth an der „kurzen Hessen" gelegen habe. Hinzu käme, dass es zu Luthers Zeiten vor den Toren Nonenroths einen Fronhof mit Gaststube und Übernachtungsmöglichkeiten gegeben habe. Friedberg sei damals genau eine Tagesreise entfernt gewesen, und damit war Nonnenroth für Luther eine ideale Relaisstation. Die Fahrt über Lich, das wäre doch ein Umweg gewesen. Ja und dann wäre da noch etwas, etwas ganz Entscheidendes: Während Nonnenroth und Hungen im Besitz der Braunfelser Linie der Solmser Grafen waren, gehörte der Fronhof an der kurzen Hessen dem Grafen Solms zu Lich. „Na, ist der Groschen gefallen?“, fragt Lemp. „Nein, ehrlich gesagt nicht.“ „Aber ist doch ganz einfach. Denken Sie an den Furierzettel, den die Licher als Hinweis für die Übernachtung Luthers in Lich anführen. Dieser Furierzettel ist aller Wahrscheinlichkeit nach für den Nonnenrother Fronhof ausgestellt worden.“

„Ein Punkt für Nonnenroth. Umso mehr interessiert mich, was Nonnenroth für Lutherwegpilger und Wanderer zu bieten hat.“

Die illuminierte Wehrkirche von Nonnenroth während „Pop meets Classic“

„Erst mal eine wunderschöne Landschaft, zweitens ein schmukkes Landhotel und, wenn alles gut geht, bald auch eine Pilgerherberge, wahrscheinlich in Form von Schäferwagen. Das passt gut zu unserer Landschaft und der Schäferstadt Hungen. Schließlich möchte ich auf unsere Veranstaltung „Pop meets Classic“ hinweisen. Dass Pop und Klassik sich auf der Orgel begegnen, geschieht immer wieder. Dass aber ein solches Konzert mit siebzehntausend Watt von der Kirche in ein Open-Air-Gelände übertragen wird, hat es wohl noch nicht gegeben. Nicht zu vergessen die Illumination unserer Kirche. Das Nonnenrother Festival „Pop meets Classic“ ist auf dem Weg, Teil unserer Veranstaltungstradition zu werden.“

Treffen mit dem Hungener Stadtschäfer Meisezahl

Mein Handy klingelt. Der Hungener Stadtschäfer Ralf Meisezahl ist am Apparat. Er wär heut mit seine Schaf auf den Hubbach-Wiesen, und die lägen auf dem Weg nach Hungen, von Nonnenroth aus gesehen direkt hinter dem großen Wald. Und so verabschiede ich mich von den drei Lutherweg-Aktivisten und lasse die im wahren Sinne des Wortes hervorragende Kirche von Nonnenroth hinter mir. Mein Weg führt durch die hügelige Feldflur auf den großen Wald zu, von dem Meisezahl gesprochen hat. Es ist ein schöner Wald. Noch schöner wird es, als zwischen Buchenlaub eine große Wasserfläche hervorschimmert. Vor mir liegen die „Drei Teiche“, bald möchte man sagen „Drei Seen“, so groß sind sie. Aber ein von Menschenhand aufgestauter Bach – und darum handelt es sich hier – wird halt als Teich bezeichnet. Ein Angler hat sich auf einem der Dämme platziert. Seine Aufmerksamkeit gilt nicht dem Schwimmer, sondern einer Gruppe von Graugänsen, die ihre Jungen auf dem Damm spazieren führen. Ganz nahe kommen sie an uns heran. „Letzt war ein Waschbär da und hat ein Gänsenest geräubert“, sagt der Angler. „Und dann die Nilgänse. So etwas Aggressives! Die drängen alle anderen Wasservögel zurück. Die gehören nicht in unsere Natur. Am besten wär's, die gehen wieder dahin zurück, wo sie herkommen, nach Frankfurt.“

Von Graugänsen, Waschbären und Nilgänsen

Schäfer Ralf Meisezahl mit seiner Herde auf den Hubbach-Wiesen

Noch zwei kleinere Teiche, dann ist es nicht mehr weit zum Waldrand. Hoffentlich ist der Schäfer noch nicht weitergezogen. Ich habe bei den Graugänsen getrödelt. Die Herde ist schon im Abmarsch begriffen. „Halt! Halt!", rufe ich und winke. Der Schäfer stoppt das Geschehen und sofort beginnen die Schafe wieder zu grasen.

„Ja, ich dacht , Sie kommen nicht mehr und ich muss weiter nach Nonnenroth", sagt Meisezahl, der nicht allein ist. Neben ihm steht ein junger Mann mit Bürstenhaarschnitt. „Das ist Benedikt Schwing, mein Azubi", sagt Meisezahl. „Ein Sechser im Lotto, denn in ganz Deutschland gibt es nur noch 15 Schäfer-Lehrlinge."

Schäfer-Azubi Benedikt Schwing

„Hallo Herr Schwing! Wenn die Schäferlehrlinge so selten sind, kommen Sie von weit her?", frage ich.
„Nein, ganz aus der Nähe, aus Nonnenroth."
„Ach, und wie sind Sie auf die Idee gekommen, den Schäferberuf zu erlernen?"
„Ich bin schon als Bub mit dem Meisezahl auf Hutetour gegangen. Ich mag einfach die Tiere und die Natur", sagt Benedikt und steckt sich eine Zigarette an.
„Haben Sie dann überhaupt Zeit für ihre Kumpels und für Mädchen?"
„Na klar! Abends kommen die Schafe doch in einen Pferch. Und dann geht's nach Hause. Und morgens brauch ich auch nicht so früh aufzustehen. Der Schäfer beginnt den Tag spät. Wenn das Gras noch feucht ist, fressen die Schafe nicht so gut. Wir kommen dafür später heim."
„Haben Sie Urlaub?" - „Ja das ist in einem Arbeitsvertrag klar geregelt."

„Und wie sieht es bei Ihnen mit Urlaub aus?", wende ich mich an Meisezahl.
„Das, was ich hier mache, ist ein 365-Tage-Job. Statt Urlaub gibt es bei mir Eichenlaub. Ich habe mal 10 Tage Urlaub in Ungarn gemacht, ein Hilfsschäfer hat sich derweil um die Schafe gekümmert. Ich war froh,

als ich wieder zu Hause war. – Fanny! Gehst du da raus! - Gehst du da raus!!!"

Wolf

Fanny ist einer der Hütehunde. Er untersucht einen Wassergraben. Als Fanny kommt, schüttelt er neben mir das Wasser aus dem Fell und schnüffelt an meiner Hose.

„Wie viele Schafe weiden dort auf der Wiese?"
„Na, so um die 700 Mutterschafe."
„Und wem gehören die?"
„Seit neustem der Stadt Hungen. 100 davon gehören mir."
„Hätten sie gerne einen größeren Anteil?"
„Na klar! Am besten alle.", Meisezahl lacht.
„Wo weiden Sie mit Ihrer Herde?"
„Ich ziehe drei Mal im Jahr um Hungen herum. Austrieb ist Mitte oder Ende April, je nachdem wie das Frühjahr ist. Im November oder Dezember geht es dann zurück in den Stall."

„Die Gegend hier am Rande der Wetterau wird von den Landwirten intensiv genutzt. Haben Sie überhaupt ausreichend Weidefläche?"
„Eigentlich schon. Das Problem ist nur, dass das viele kleine, zerstreut liegende Flächen sind. Ja, und dann die Magerweiden der Naturschützer. Die Schafe gehen da nicht gern drauf. Die fressen lieber auf nahrhafteren Wiesen. Und wenn ich die Magerrasen so beweide, wie es die Naturschützer wollen, dann werden sie auch immer ärmer. Ich muss aber sehen, dass ich die Schafe gut ernähre. Sonst gibt es Probleme beim Ablammen und beim Säugen der Lämmer. Beides kostet die Schafe viel Kraft."

„Aber früher gab es doch viel ausgedehntere Magerweiden und die Lämmeraufzucht hat auch geklappt."
„Ja früher! Früher hat man viel genügsamere Schafe gehalten, Schafe, die Wolle bringen, aber kaum Fleisch. Heute ist die Wollproduktion völlig unrentabel. Geld bringt nur die Fleischproduktion und dazu die Prämie für die Weide auf den Naturschutzflächen."

„Wer kauft Ihnen die Schafe ab? "
„Der Metzger im Hungener REWE und die hiesige Gastronomie. Die bekommen wöchentlich frisches Lammfleisch. Übrigens, was Sie sicher auch interessieren dürfte, ist die Sache mit dem Wolf." – „Wie, mit dem Wolf?"

„Ja wissen Sie es denn nicht? Vor kurzem ist bei Frankfurt ein Wolf tot gefahren worden. Der Wolf ist auf dem Vormarsch. Wenn das so weiter geht, können wir Schäfer bald einpacken."
„Wieso? Wenn ein Lamm gerissen wird, dann bekommen Sie doch eine Entschädigung."

Das Hungener Schäferfest *findet alle zwei Jahre Ende August statt, das letzte Mal 2014.*
Der erste Tag des Festes ist dem Landesleistungshüten gewidmet. Natürlich gibt es eine Siegerehrung und es wird auch getanzt. Am zweiten Tag findet am Schäferdenkmal ein Gottesdienst statt und auf dem benachbarten Sportplatz der Schäferlauf, ein Hürdenlauf junger Schäferinnen und Schäfer. Die Sieger werden zum Schäferkönigspaar gekrönt. Dazu gibt es einen Festzug durch die Innenstadt. Der Schäfermarkt, wo Produkte rund ums Schaf angeboten werden, hat an beiden Tagen geöffnet.

Übernachtung auf der Ostroute
Landhotel Nonnenroth, Tel. 06402-809790
Hungen: Hotel Am Markt, Tel. 0171-6290682
Wölfersheim: Hotel Wetterau, 06036-983800
Weitere siehe Pilgerführer

„Von wegen. Das Land Hessen will sich drücken. Wir brauchen zudem höhere Elektrozäune. Dazu müssen wir Hütehunde anschaffen, die die Wölfe in die Flucht jagen. Wer zahlt uns das? Der Wolf bedroht unsere Existenz! Wenn er ein paar Lämmer reißt, das ist nicht das Problem. Viel schlimmer ist es, wenn die Herde ausbricht. Wenn die Schafe dann über die Bundesstraße rennen und einen schweren Unfall verursachen. Wer muss dann dafür gerade stehen? Die Wolfsschützer? Nein, wir, die Schäfer!"

Ein Radler hält bei uns an. „Tach Herr Weiß." „Tach Herr Meisezahl." Und an mich gerichtet: „Ich wollt mal kurz mit dem Schäfer über eine Pachtangelegenheit sprechen. Störe ich?"
„Nein, wir sind gerade fertig."
Heinz Weiß ist Vorsitzender der Ortsgruppe Nonnenroth des Naturschutzbundes. Und so ist es nicht verwunderlich, dass die Diskussion über den Wolf nahtlos weiter geht. Ich spreche derweil Benedikt Schwing auf das Hungener Schäferfest an.

„Herr Bennedikt, sicher machen Sie auch beim Schäferlauf mit. Sind Sie schon mal Schäferkönig geworden?"
„Leider nein. Aber auf den zweiten Platz habe ich es schon gebracht."
„Und der Meisezahl macht sicher beim Festzug mit?"
„Na klar! Er ist ja der Stadtschäfer. Unsere Herde bildet den Abschluss des Zuges"
„Warum am Schluss?"

Gläserne Produktion in der Käsescheune

„Na schauen Sie mal hier auf den Weg. Was sehen Sie?" - „Schafknittel. – Ich verstehe."

Ich verabschiede mich von Benedikt Schwing, winke dem Schäfer und dem Naturschützer zu, die immer noch beim Thema Wolf sind, und mache mich auf den Weg nach Hungen.

In der Hungener Käsescheune

Im Reifekeller

In Hungen gibt es drei Highlights: die Käsescheune, das Schloss und die Stadtkirche. Auf die „Hungener Käsescheune" stoße ich am Rande der Altstadt. Hier wird Käse produziert, Käse verkauft und regionale Küche serviert. Das Besondere an der Käseproduktion: In der Käsescheune wird Biomilch von Schafen und Kühen aus der Region verarbeitet. Nun haben wir ja gerade gehört, dass der Hungener Stadtschäfer nur Fleischschafe hält, und deren Milch ist für die Lämmer reserviert. Woher kommt dann die Schafsmilch? Der Geschäftsführer der Käsescheune klärt mich auf. Die Milchlieferanten sitzen in Münzenberg-Gambach und in Hüttenberg, sie heißen Schmid und Heintz. Beide haben sich extra für die Käsescheune Milchschafe angeschafft. Weil man die Schafe zwei Mal am Tag melken muss, weiden sie in der Nähe der Höfe.

Chef-Käser Reiner Wechs und sein Team von der Käsescheune machen aus der mittelhessischen Schafsmilch eine ganze Palette von Produkten: einen Camembert, einen gehaltvollen Joghurt, einen extraordinär schmeckenden Quark und einen Feta griechischer Art. Ich habe alles probiert und seitdem fahre ich mindestens zwei Mal im Jahr nach Hungen, um mir die Schafsprodukte der Käsescheune zu kaufen. Achtung! Wer bisher nur die Schafsmilchprodukte vom Discounter kennt, bekommt beim Kosten der mittelhessischen Produkte einen Geschmacksschock.

Der Raum, in dem der Käse hergestellt wird, ist rundum verglast. Ob von der Straße oder von der Ladentheke aus: Hier kann jedermann bei der Käseproduktion zuschauen. Im Fußboden ist zudem ein Fenster eingelassen, durch das man hinunter in die Schatzkammer der Käsescheune blickt, den Reifekeller.

Im Restaurant der Käsescheune kann man mit einem Schafs-Power-Joghurt frühstücken. Es gibt einen Mittagstisch und eine Abendkarte mit wechselnden Menüs, alles frisch zubereitet. In Zeiten von Fast-Food-Flat-Rates tut ein Besuch der Käsescheune gut, wobei sich das Essen auch Otto Normalverbraucher leisten kann. Sicher, der Biokäse kostet

Hungener Käsescheune
In der Brauhofstraße 3 in der Nähe des Marktplatzes, mit gläserner Käseproduktion, Käseladen, Restaurant und der Ausstellung „Schaf und Natur". Öffnungszeiten: Di-Sa 9-22 Uhr, So 11-22 Uhr. Mittwochs um 11 Uhr findet regelmäßig eine Führung durch die Käsescheune statt.
Tel. 06402-518857-2.
www.kaesescheune.de

Kachelofen im „Blauen Salon“

seinen Preis. Aber hier zählt Klasse vor Masse. Die Käsescheune ist ein wichtiger Baustein in dem Projekt Wetterauer Hutungen, mit dem es gelungen ist, in den Landkreisen Gießen und Wetterau der Schäfertradition neue Impulse zu geben. Damit werden zugleich Refugien für die bedrohte Tierwelt erhalten. Wer das nachvollziehen möchte, der steige in der Käsescheune in den ersten Stock. Dort befindet sich der „Erlebnisraum Schaf und Natur“. Dort oben gibt es auch ein Raum, in dem man im Rahmen eines Seminars in kleinen Kupferkesseln Käse zubereiten kann.

Von der Käsescheune zum Marktplatz. Dort befindet sich ein moderner Brunnen, der die nicht mehr vorhandenen Stadttore symbolisieren soll. Neben dem Brunnen steht der Heiner, eine lebensgroße Skulptur, die den Rauch einer Zigarre mit rund gespitztem Mund lustvoll in die Luft bläst, eine Erinnerung an vergangene Zeiten.

Wohnexperiment im Hungener Schloss

Vom Marktplatz geht es auf den Liebfrauenberg, was nicht sonderlich anstrengend ist, denn der „Berg“ ist nur knapp 10 Meter hoch. Aber da dies im Wetterauer Hügelland schon eine herausgehobene Position darstellt, hatten sich dort oben die kirchlichen und weltlichen Gewalten etabliert: die Stadtkirche zur Lieben Frau und eine Burg, die von den Solms-Braunfelser Grafen zu einem Schloss ausgebaut wurde.

Ich lasse die Kirche zunächst links liegen und steuere durch einen Park auf das Schloss zu, genauer gesagt auf den neuen Saalbau, den man an seiner großen Terrasse erkennt. Dort bin ich bei Frau Sabine Fellner von Feldegg zum Kaffeetrinken eingeladen. Es gibt Rhabarberkuchen, der herrlich sauer ist. Frau Fellner ist seit 1980 Mitglied der „Schlossgruppe“, einer Eigentümergemeinschaft, die 1974 vom Grafen von Solms-Braunfels das Schloss geschenkt bekommen hat.

Das Hungener Schloss im 18. Jahrhundert

„Geschenkt!?“ - - „Ja“, bekomme ich von Frau Fellner zur Antwort, „zuvor hat der Graf das Schloss der Stadt und der Kirche angeboten. Aber beide haben dankend abgelehnt, weil sie die Kosten für die Renovierung gescheut haben. Das Schloss war ziemlich heruntergekommen, in Teilen sogar baufällig.“ - „Wann hatte der Zerfall eingesetzt?“

„So richtig deutlich wurde das nach dem 2. Weltkrieg, als der Graf große Teile des Schlosses als Altersheim vermietet hatte. In den siebziger Jahren zogen dann türkische Gastarbeiter ein, für die man die großen Räume in kleine Zimmer unterteilte. Zu dieser Zeit hat dort auch ein katholischer

Hungener Schloss, im Park

Theologieprofessor namens Adolf Hampel gewohnt. Und diesem Mann haben wir die Entstehung unseres Wohnprojektes zu verdanken." – „Wie das?"

„Hampel fragte eines Tages den Grafen, ob er einen Ast absägen dürfe, der ihm Schatten warf. Bei dieser Gelegenheit bot der Graf dem Professor das Schloss als Geschenk an."
„Und der hat in das Angebot eingeschlagen?"
„Ja, aber erst nachdem er weitere Mitstreiter gewinnen konnte."
„Was hat die Leute an dem Projekt gereizt?"
„Alle waren jung, voller Idealismus und träumten von einem Leben, in dem das gemeinschaftliche Handeln Vorrang hat. Und das in einem Schloss. Phantastisch! Die Renovierung können wir auch ohne viel Geld gemeinsam stemmen, so dachten sie."
„Was waren das für Menschen, die sich da zusammengefunden hatten?"

Denkmalgerechte Sanierung, freier Zugang zu den Außenanlagen, kulturelle Veranstaltungen

„Eine bunt gemischte Gesellschaft aus dem Landkreis Gießen. Handwerker waren nicht dabei. Dann stieß der Frankfurter Architekt Otto Fresenius dazu. Fresenius hatte sich im Kampf gegen den Ausverkauf vom Frankfurter Westend einen Namen gemacht. Das brachte nicht nur Renommee, im Gegensatz zu uns naiven Enthusiasten hatte Fresenius den Sachverstand, wie man ein großes Renovierungsprojekt angeht. Mit Fresenius stießen weitere Frankfurter zum Wohnprojekt, was manche Diskussionen hervorrief, denn für die Frankfurter war das Schloss vor allem ein interessantes Wochenendobjekt. Aber wir packten alle zusammen an und schufteten, was das Zeug hielt. Dabei wurden wir

Sabine Fellner von Feldegg während einer Vernissage im „Pferdestall"

von den Denkmalpflegern unterstützt, die uns im Gegenzug verpflichteten, das Schloss denkmalgerecht zu sanieren. Das war kein Problem, denn wir wollten den Charme des Altbaus ohnehin erhalten. Und ich denke, das ist uns auch recht gut gelungen. Zudem ist nichts abgesperrt. Besucher können frei umherwandeln."

Sicherlich gab es im Hinblick auf das Zusammenleben unterschiedliche Interessen."
„Klar, neben der sozialen Fraktion gab es welche, die eher an die Verwirklichung ihrer Vorstellungen von „schöner Wohnen" dachten oder an die möglichst originalgetreue Wiederherstellung des Baudenkmals. Für andere stehen kulturelle Veranstaltungen im Vordergrund. Und schließlich gab und gibt es eine Gartengruppe, die sich liebevoll, aber auch mit unterschiedlichen Geschmäckern und entsprechend vielen Diskussionen um das Parkgelände kümmert."
„Und, hat eine Gruppe die Oberhand gewonnen?"
„Nein, alle haben sich gegenseitig akzeptiert und so gibt es in unserem Kreis bis heute eine Vielfalt von Ideen und Aktivitäten.
„Wie eng lebt ihr zusammen?"
„Die 114 Räume wurden in (mittlerweile 23) Wohneinheiten aufgeteilt, in die Alleinstehende, Paare und Familien einzogen."
„Also es gab oder es gibt keine Wohngemeinschaften, sondern jeder oder jede Familie lebt für sich."

„Ja, aber der Gemeinschaftsgedanke ging nicht unter. Wir etablierten eine Selbstverwaltung, die bis heute die bauliche Sanierung und die finanziellen Angelegenheiten regelt. Wir halfen und helfen uns gegenseitig beim Kinderhüten, bei der Betreuung von Hausaufgaben und dergleichen und wir feiern bis heute gerne miteinander. Bei unseren Schlossfesten kamen in manchen Jahren über tausend Menschen zusammen. Wir nutzen den Innenhof für Film- und Theatervorführungen und Konzerte. Im Alten Bau haben wir den blauen Saal, in dem Kammerkonzerte und Lesungen stattfinden. Und den ehemaligen Pferdestall im Kanzleibau nutzen wir für Ausstellungen. Insofern ist doch etwas anderes entstanden, als eine Wohnanlage mit mehreren Parteien. Ich denke, ich führe Sie jetzt durchs Schloss. Und als erstes zeige ich Ihnen unser Wohnzimmer."

Abgeschlossene Wohneinheiten, aber vielfältige gemeinsame Aktivitäten, frei und ohne Zwänge

Das Wohnzimmer der Fellners ist groß, aus meiner Sicht beinah riesig und dazu hoch, um die 4,50 m, wie mir Sabine Fellner sagt. Und dann noch ein offener Kamin. Das hat schon etwas Edles. Dann führt mich Frau Fellner in den blauen Salon, sie steigt mit mir auf den Torturm, sie zeigt mir den Ziehbrunnen im Innenhof und wir schauen uns den ehemaligen Pferdestall im Kanzleibau an, wo ich später eine Vernissage der Künstlerin Dorle Obländer erlebt habe. Richtig schön ist der Blumenschmuck der Rabatten. Dazu die mediterranen Topfpflanzen auf den Terrassen und Außentreppen, fast wie in der Provence.

Über 40 Jahre ist es nun her, dass die „Schlossgruppe", mit der Renovierung begann. Von der Gründungsgruppe wohnen nur noch drei „alte Kämpen" im Schloss. Neben Frau Fellner gehören jedoch noch etliche „der zweiten oder dritten Stunde" zu den Altvorderen." In den letzten Jahren sind junge Familien zur Schlossgruppe gestoßen, sodass sich das Hungener Schloss zu einem „Mehrgenerationenhaus" entwickelt. Ich frage Frau Fellner, wie sie das Zusammenleben im Schloss beurteilt.

„Man darf nicht zu idealistisch an die Sache herangehen, sonst wird man enttäuscht", sagt sie. „Es müssen Freiräume bleiben, sowohl für die sozial Engagierten als auch für die, die lieber ihre Ruhe haben möchten. Man muss die Individualität der Menschen akzeptieren, aber zugleich ein gewisses Maß gemeinschaftlicher Absprachen und gemeinschaftlichen Handelns fordern. Die Vielfalt von Ansichten und Vorstellungen macht gerade den Reiz einer solchen Gruppe aus. Wir sind uns hier nicht egal, tauschen uns immer noch viel und auch mal kontrovers aus, und wir können uns, wenn es mal zu einer etwas emotionaleren Auseinandersetzung kommt, auch immer wieder versöhnen. Unser Wohnprojekt wird auch weiter eine Zukunft haben."

Wenn wir alle gleich sind und gleich denken, bewegt sich nichts mehr (Sabine Fellner)

In der Hungener Stadtkirche

Gegenüber dem Schloss steht die Stadtkirche, die in vorreformatorischer Zeit der Mutter Gottes geweiht wurde. Heute finden in der Hungener Stadtkirche Gottesdienste einer reformierten Gemeinde statt. Ich drücke die Klinke des Portals und tatsächlich, die Kirche ist offen. Ich betrete einen großen und auffällig breiten Saal. Es ist völlig still und wenn ich in Begleitung wäre, würden wir sicher flüstern. Dabei hat der Saal nichts Ehrfurcht gebietendes oder Monumentales an sich, wie man es

*Die **evangelische Kirche von Hungen** ist täglich von 9 – 18 Uhr geöffnet.*

Stadtkirche Hungen

Fürstensitze in der Hungener Stadtkirche

von großen gotischen Kirchen her kennt. Der zur Zeit der Renaissance erbaute Raum wirkt relativ nüchtern und er ist vergleichsweise schlicht ausgestattet. Es gibt keinerlei Bilder oder gar Statuen. An der Decke befinden sich geometrische Stuckaturen, und der Aufgang zur steinernen Kanzel ist mit Vierpass-Maßwerk versehen. Das ist alles. Doch halt, da ist noch ein abstraktes Gemälde an der Südwand. Aber das ist ein Geschenk der örtlichen katholischen Gemeinde. Ja und da ist noch das stilvolle Gestühl der Fürstenloge. Aber auch das ist nicht ursprünglich, sondern wurde Ende des 19. Jahrhunderts eingebaut.

Typisch reformiert ist die mittig und hoch positionierte Kanzel. Die Verkündigung von Gottes Wort nimmt im Predigtsaal die zentrale Stellung ein. Und davon soll nichts ablenken. Gebaut wurde der Predigtsaal, nachdem man 1596 das alte Kirchenschiff abgerissen hatte. Nach der Einschätzung des Grafen Solms-Braunfels soll das alte Kirchenschiff völlig verwahrlost gewesen sein. Wie ein Saustall habe es dort ausgesehen. Vielleicht hat der reformierte Graf auch nur einen Grund für einen Neubau gesucht. Gott sei Dank blieben der Chor und der davor stehende Chorturm erhalten. Dessen Untergeschoss stammt nämlich aus dem 12. Jahrhundert. Dort hatte der Hauptaltar der ursprünglichen Kirche gestanden. Und deshalb ist dieser Raum über und über mit vorreformatorischen Wandmalereien geschmückt. Der eigentliche Chor, den sich die Braunfelser Nebenlinie Solms-Hungen (1592-1678) als Gruft ausgebaut hat, wirkt wieder schlicht. An seiner nördlichen Seitenwand findet sich unter gemalten Blumenranken die Jahreszahl 1518. Der Chor wurde ein Jahr nach dem Thesenanschlag Luthers fertig gestellt.

Nächste Seiten:
Wasser für Frankfurt
Braunkohle für Preußen
Elektra Wölfersheim
Im Gegenzug Naturschutz- und Erholungsgebiete in der Wetterau

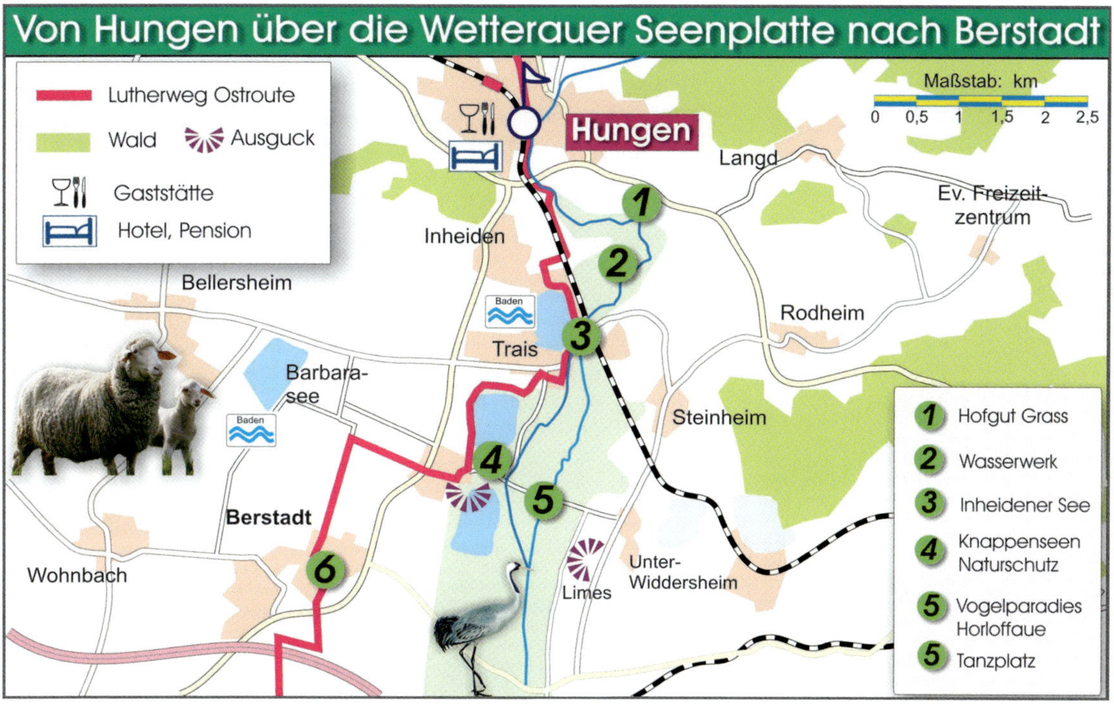

Hofgut Grass und die Horloff-Aue

Hinter der Kirche führt der Lutherweg über den ehemaligen Stadtgraben steil hinunter zur Horloff. Das Flüsschen hat sich hier durch den Basaltrücken gegraben, auf dem die Hungener Kirche und das Schloss stehen, und so die „Hungener Schweiz" geschaffen. An einem Bahnübergang zweigt links ein markierter Wanderweg ab. Er führt zum Limes-Informationszentrum im Hofgut Grass, wo sich auch eine Ausflugsgaststätte befindet. Ob der Abstecher lohnt? Hin und zurück wären das 2 ½ km. Dann sehe ich ein Storchenpaar durch die Horloffwiesen stolzieren. Das gibt den Ausschlag! Ich mache mich auf den Weg nach Grass. Auf einer Fußgängerbrücke gelange ich über die Horloff, dann geht es am Rande eines Wäldchens den Grasser Berg hinauf, auf dem sich einst eine Kapelle und eine Salierburg befanden. Auf der Höhe steht ein mächtiger Walnussbaum, eine Wegmarke besonderer Art, denn an dieser Stelle quert der Wanderer den ehemaligen römischen Grenzwall zu Germanien, den Limes. Vom Baum aus kann ich den Gutshof ausmachen, der zwischen hohen Bäumen am Rande der Horloff-Aue liegt. Der Hof wurde vor anderthalb Jahrzehnten

Hofgut Grass

Dachreiter auf dem Wirtschaftsgebäude

Limes-Info-Zentrum
Mi 15 -17Uhr, Sa 14-17 Uhr, So 13 –17 Uhr
OVAGTechnikum auf Anfrage.
Tel. 06031 6848-1060
www.hof-grass.de

von der "Oberhessische Versorgungsbetriebe AG (OVAG)" erworben und saniert. Im Gutshof treffen Umwelttechnisches, Römerhistorie und Kulinarisches aufeinander. Für das Technische steht die OVAG. Sie hat im ehemaligen Wirtschaftsgebäude eine Ausstellung aufgebaut, in der man sich über erneuerbare Energien, Strom, Wasser und Naturschutz in Oberhessen informieren kann. Das Thema Limes und Römer wird im Landarbeiterhaus des Gutes dargestellt. Direkt nebenan ist die Gastronomie untergebracht. Sie hat ein modernes Haus mit hellen und freundlichen Räumen bezogen. Als ich bei der Bedienung einen Eiscafé bestelle, heißt es, dass man den leider nicht im Programm habe. „Ach was", mischt sich der Wirt ein, „ das kriegen wir schon hin. Wir nehmen einfach einen Espresso, vermischen den mit Wassereis und dann kommt ein Eisballen und Schlagsahne darüber." Gesagt getan, und ich muss sagen, dass dieser Eiscafé richtig gut war.

Ich folge einem Zubringer des Limesradwegs nach Inheiden. So brauche ich nicht den gleichen Weg zurückzulaufen. Kurz hinter dem Hof Grass entdecke ich einen besetzten Storchenhorst, der sich in einem Feuchtgebiet befindet, das zum Gelände des OVAG-Wasserwerks gehört. Die OVAG fördert dort pro Jahr 16 Millionen Kubikmeter Trinkwasser, das in ein Leitungssystem eingespeist wird, mit dem Frankfurt und die Wetterau versorgt werden. Klar, dass bei so einer starken Wasserentnahme eine Wiedergutmachung für Natur und Landschaft notwendig ist. Und so sind in der Horloff-Aue zahlreiche Feuchtgebiete geschaffen worden, die für Amphibien und Wasservögel eine große Bedeutung haben. Bei der Ausweisung und Gestaltung der Schutzgebiete spielte kurioserweise der Braunkohletagebau eine Rolle. Der von Wölfersheim ausgehende Abbau hat fünf große Tagebauseen hinterlassen. Im Inheidener See und in dem bei Bellersheim gelegenen Barbarasee kann gebadet werden. Der Wölfersheimer See steht zur Erholung zur Verfügung, und die beiden Knappenseen wurden für die Vogelwelt reserviert.

Entlang der Wetterauer Seenplatte

Der Lutherweg führt direkt am Inheidener See vorbei, um den sich Wochenendhäuser etabliert haben, zum Teil in mehreren Reihen. Doch es gibt auch einen Uferstreifen, der frei zugänglich ist. Hier können Wanderer und Radler baden gehen und sich auf einer Liegewiese sonnen. Auch an einen Kiosk hat man gedacht und an einen Bootshafen. Der See ist sehr tief und das Wasser ist klar. Damit keine Badeunfälle passieren, hält der DLRG die Wacht.

Am Südufer des Sees liegt Trais-Horloff, ein Ort, der von sich behaupten kann, dass er auf einem Isthmus liegt. Dreihundert Meter hinter der Traiser Kirche stößt man nämlich auf das nächste Gewässer, den Oberen Knappensee. Der ist, obwohl nicht offiziell als Naturschutzgebiet ausgewiesen, für die Vogelwelt reserviert. Der Untere Knappensee versteckt sich hinter Heckenpflanzungen. Er ist Teil des Naturschutzgebietes „Mittlere Horloffaue" und einer der Schwerpunkte des Vogelschutzgebietes Wetterau. Lutherwegwanderer, die einen Blick über das Gewässer werfen möchten, folgen am Ortseingang von Utphe dem Heegweg. Man gelangt zu einem Parkplatz, von dem ein Pfad zu einer Beobachtungshütte führt. Das Naturschutzgebiet „Mittlere Horloffaue" erstreckt sich auch am gegenüberliegenden Ufer der Horloff. Dort weiden robuste Rinder, zwischen denen Scharen von Graugänsen grasen. An eingestreuten Flachwasserteichen rasten während des Vogelzugs nordische Enten, Lappen- und Seetaucher, Fischadler und Seeschwalben. Auch Watvögel und Kraniche legen in der Horloffaue eine Rast ein. Im Gebiet brüten so selten gewordene Arten wie der Kiebitz, die Bekassine und der Große Brachvogel, dazu Blaukehlchen, Rohrammer, Beutelmeise, Rohrweihe, Pirol und natürlich der Weißstorch. Ich würde gerne noch einen Blick auf den als „Kuhweide" bezeichneten Teil des Naturschutzgebiets werfen, was von einer Beobachtungshütte am sog. „Viehtrieb" möglich sein soll. Doch ich kann den Aussichtspunkt beim besten Willen nicht finden. Ich folge daher dem „Viehtrieb" - in Wirklichkeit ein asphaltierter Wirtschaftsweg - noch ein Stückchen. Ich will schon umkehren, da höre ich von Ferne Frösche quaken. Also doch noch weiter! Mit jedem Schritt, den ich mache, wird das Quaken lauter. Dann, an einem breiten Graben, sehe ich sie mit ausgestreckten Beinen auf dem Wasser liegen, zu hunderten, die weißen Schallblasen aufgebläht. Das Quaken steigert sich zum Inferno, das sind nicht Hunderte, das müssen Tausende sein. In der Nähe stehen zwei besetzte Storchenhorste. Das Futter für die Jungen ist gesichert.

Laubfrosch auf Iris

In Berstadt

Schnurgerade Wirtschaftswege leiten mich durch große Ackerschläge nach Berstadt. Dass die Böden fruchtbar sind und die Bauern traditionell wohlhabend, darauf deutet auch der mächtige Kirchturm hin, der schon von weitem den Wanderer grüßt. An der Oberpforte führt der Lutherweg am ehemaligen Gemeindewirtshaus vorbei. Die Berstädter erzählen sich, dass Luther nach einer Rast in jenem Wirtshaus von der Außentreppe aus gepredigt habe. Der Schankbetrieb an der Oberpforte ist Geschichte. Auch die Treppe existiert nicht mehr. Macht nichts! Ich lasse mich auf einem Platz mit dem schönen Namen „Tanzhof" im Schatten einer Linde nieder und packe meine Butterbrote aus. Der Platz liegt strategisch günstig mitten im Ort. Ich kann alles Wichtige überblicken, den Zugang zur Kirche, die Bank, die Hauptstraße und die Bushaltestelle. Während auf der südlich am Dorf vorbei führenden Autobahn die LKW brummen, herrscht hier Ruhe. Ein Bus kommt. Ein Mädchen mit einem

Blick über die Horloff-Aue zum Unteren Knappensee. Über dem Bild schwebt eine Rohrweihe.

Rollkoffer steigt aus. Ratternd entfernt sie sich über eine Nebenstraße. Und dann ist da noch eine Frau mit Kinderwagen, die freundlich grüßt. Ansonsten Stille, niemand zu sehen. Die Berstädter sind auf der Arbeit, die meisten wohl in Frankfurt. Was man auf den ersten Blick nicht sieht: Es gibt in Berstadt eine aktive Lutherweggruppe, an die man sich zwecks Kirchenbesichtigung oder Übernachtung wenden kann.

Die Dorfkirche von Berstadt

Die Türme von Wölfersheim und eine Kirche im Querformat

Über die Feldflur zum Wölfersheimer See, an dessen Ufer es sich gut rasten lässt. Rasen, Baumschatten, keine Wochenendsiedlung, keine Betretungsverbote. Ja und dann die Enttäuschung: Baden verboten. Warum? Ich frage bei der Stadtverwaltung nach: Die Wasserqualität ist nicht in Ordnung. 187 Jahre lang hat Wölfersheim vom Braunkohleabbau und der Kohleverstromung gelebt. 1994 wurde der Grubenbetrieb eingestellt. Von den „goldenen Zeiten" des Bergbaus zeugen neben dem Wölfersheimer See ein Kohlezug, den man am Bahnhof abgestellt hat.

Ich bin mit Pfarrer Edwin Tonn sowie Frau Dr. Börgens und Frau Leschhorn vom Kirchenvorstand verabredet. Der Weg zur Kirche führt durch Alt-Wölfersheim, das einst mit einer Mauer und vier Wehrtürmen gesichert war. Drei Türme stehen noch: der weiße, der schwarze und - der Turm der Stadtkirche, ursprünglich ein Wehrturm. Graf Solms zu Braunfels, der Bauherr der Kirche, hat den Wehrturm Nr. 3 umfunktioniert und damit beim Kirchenbau Geld gespart. Beim Kirchenschiff hat man dagegen wohl weder Kosten noch Mühen gespart. Es ist ein mächtiger Saalbau, ein Barockbau im Querformat, der mit Säulen und Pilastern fast wie ein Schloss erscheint. Als ich die Stufen zum Gemeindehaus hinaufsteige, sehe ich jedoch, dass nur die Vorderfront Staat macht. Die Seitenwände und die Rückwände sind unverputzt. Auch hier hat der Graf also gespart. Egal, im Innern ist der Saalbau dafür großzügig ausgestattet. Ob an der Orgel, unter der Empore oder neben der Kanzel, überall finden sich Säulen.

Die gräfliche Barockkirche von Wölfersheim

Im Gespräch mit dem Pfarrer und den Vertretern des Kirchenvorstandes wird deutlich, dass man sich gegenüber dem Lutherwegprojekt abwartend verhält. Doch als ich den Vorschlag für einen Austausch von Gemeinden am Lutherweg mache, werden die Wölfersheimer aufmerksam. Ja, das wäre eine schöne Sache. Für

Kirchenbesichtigung und Übernachtung in Berstadt:
Infos bei
Astrid Möller-Seeling
Tel. 06036-980092

Besuchsfahrten ließen sich die Gemeindemitglieder immer gewinnen. Und so ein Austausch könnte einen Impuls für eigene Aktivitäten sein. Zudem erhalte ich die Zusicherung, dass Pilgergruppen bei entsprechender Voranmeldung im Gemeindehaus übernachten können. Und mit diesem doch recht positiven Ergebnis mache ich mich wieder auf den Weg.

Der Löwenbrunnen von Schwalheim

Wölfersheim liegt hinter mir. Auf geradlinigen Wegen wandere ich über einen Höhenrücken, vor mir die freie Feldflur. Friedberg kommt in Sicht, rechts geht der Blick hinüber nach Bad Nauheim und am südlichen Horizont zeichnet sich die Skyline von Frankfurt ab. Auf einer alten Römerstraße - das Pflaster stammt aus dem vorigen Jahrhundert - geht es hinunter ins Tal der Wetter. Dort liegt zwischen dem Bad Nauheimer Ortsteil Schwalheim und dem Friedberger Ortsteil Dorheim ein kleiner Park, in dem zwei staatlich anerkannte Heilquellen frei und für jedermann nutzbar emporsprudeln. Das Wasser der 1903 erbohrten Löwenquelle habe ich in großen Schlucken gegen den Durst getrunken. Der natürliche Gehalt an Kohlensäure ist enorm. Es prickelt auf der Zunge. Der leichte Salzgeschmack hat mich nicht gestört. Ich bin nicht der einzige, der das Wasser zu genießen scheint. Neben mir füllen zwei Jogger ihre Plastikflaschen.

Ein Bericht über die Löwenquelle aus dem Jahr 1906

„Eine 10 Meter tiefe eiserne Wendeltreppe führt in die taghell erleuchtete Tiefe, in welcher die Füllung der Flaschen direkt von der eine enorme Menge Kohlensäure enthaltenden Quelle erfolgt. Hierselbst findet auch sofort die Verkorkung der Flaschen nach dem patentierten Krystallverfahren statt, welches jeden Zutritt von Luft zu der Füllung ausschließt. Ein elektrisch betriebener Fahrstuhl befördert hierauf die Flaschen an die Oberfläche des Gebäudes."

Das Gebäude über der Quellfassung ist kunstvoll im Jugendstil gestaltet. Und so passt das Brunnenhäuschen der Löwenquelle wunderbar in die Parkanlage. Gleich nebenan befindet sich die Quellfassung des Sauerbrunnens. Das Wasser fließt sachte aus einer kupfernen Haube hervor. Ich habe einen etwas faden Geschmack in Erinnerung. Aber während ich das Wasser mit der Hand schöpfe, kommen auch hier Leute und füllen Flaschen. Das haben wohl auch schon die Römer getan. Jedenfalls fanden sich in der Quelle römische Münzen. Zudem wird berichtet, dass die Legionäre der Römer-Garnison Friedberg das Wasser des Sauerbrunnens zu trinken bekamen.

Brunnenpavillon der Löwenquelle

Ende des 18. Jahrhunderts wurde am Sauerbrunnen ein Brunnenwärterhäuschen errichtet. Nun wurde das Wasser in Krüge abgefüllt und in ganz Deutschland verkauft, ja, es soll bis nach Holland und England gelangt sein. In dem Häuschen etablierte sich eine Gaststätte und das Brunnengelände entwickelte sich zu einem beliebten Ausflugsziel. Sogar die Familie des russischen Zaren Nikolaus II., die in Bad Nauheim kurte, - die Zarin war eine Tochter des Darmstädter Großherzogs- unternahm einen Ausflug nach Schwalheim. Kein Wunder, dass so manch einer von einem „Bad" Schwalheim träumte, und so wurde auch noch ein Kurhaus errichtet. Doch die Konkurrenz von Bad Nauheim war zu groß. Nach dem zweiten Weltkrieg wurde das Schwalheimer Kurhaus abgerissen. Geblieben ist das Brunnenwärterhäuschen, in dem sich heute wieder ein Restaurant befindet, eines der gehobenen Klasse.

Das Schwalheimer Rad und Saline IV von Bad Nauheim

Die Ostroute des Lutherwegs führt über Dorheim ins nahe Friedberg. Ich wende mich in die Gegenrichtung, nach Schwalheim. Dort befindet

Das Brunnenhaus der Löwenquelle

sich ein Kulturobjekt ersten Ranges, das Schwalheimer Rad, das sich seit rund 250 Jahren an der Wetter dreht. Das 10 m hohe unterschlächtige Rad treibt wie in Bad Kösen ein Gestänge an, das früher zu der 1 km entfernten Saline IV von Bad Nauheim führte. An der Saline wurde mit der Kraft des bewegten Gestänges Sole auf die Gradierbauten gepumpt. Während ich mir die Technik anschaue, dreht sich das Rad mal langsamer, mal schneller, ohne dass ich eine Änderung der Wasserzufuhr erkennen kann. Entsprechend sachte oder stark platscht und klappert es, dazu im Hintergrund ein romantisches Mühlenhäuschen.

Ich folge dem hin und her ruckelnden Gestänge, das nach 150 m blind endet. Die Kraft des Rades verpufft. Zur jetzt nur noch 850 m entfernten Saline führt ein markierter Weg. Also weiter, einen Blick auf die Saline möchte ich schon werfen. Der Weg verläuft fußgängerfreundlich. Zwei stark befahrene Straßen und eine Bahnlinie werden mit einer Brücke und zwei Tunneln überwunden. Dann stehe ich vor einem 300 m langen Gradierbau. Es rieselt und tropft und der Westwind trägt einen Hauch von Meeresluft herbei.

Wegverlauf siehe Karte S. 199

Die Lutherweg-Ostroute liegt nun bereits ein beträchtliches Stück hinter mir. Bis zur Westroute sind es dagegen nur 200 m. Und da sich dort auch noch die Saline V und ein Café mit großem „Biergarten" befinden, ist für mich die Entscheidung klar. Die Saline V ist zwar nicht ganz so lang wie die Saline IV, dafür kann man dort das alte Schöpfrad bewundern, das durch das Wasser der Usa angetrieben wurde. Im Café Ludwigsbrunnen genieße ich mit Blick auf die Saline und das Wasserrad das Nauheimer Flair. Kurgäste und Touristen kommen und gehen. Zahllose Radler sind unterwegs. Jemand verkauft Thüringer Bratwürste. Ich habe mich entschlossen, heute nicht mehr nach Friedberg zu wandern. Friedberg nehme ich im Anschluss an die Begehung der Lutherweg-Westroute mit. Ein Regional-Express bringt mich nach Gießen. Von dort geht es mit einem anderen Zug weiter nach Lich und schließlich mit dem Bus nach Laubach-Wetterfeld bzw. zum Hessenbrückenhammer, dem Ausgangspunkt für die Begehung der Westroute.

Das Schwalheimer Rad

Über Lich und Butzbach-Niederweisel nach Friedberg oder: die Wetterauer Westroute

Torhaus von Ober-Bessingen

Vom Hessenbrückenhammer Richtung Westen, immer dem Flüsschen Wetter nach. Der Weg führt an einer romantischen Mühle vorbei und man wandert durch eine schattige Waldschlucht, die die Wetter in einen Basaltrücken gefräst hat. Die Landschaft wird wieder licht und hell, Streuobstwiesen säumen den Weg, vor mir liegt Ober-Bessingen. Der Lutherweg führt mitten durchs alte Dorf und durch ein Torhaus wieder hinaus. Das dreistöckige Fachwerkgebäude hat eine bewegte Vergangenheit hinter sich: Es diente als Rathaus, Spritzenhaus und als Schule. Schade, dass die Pforte, wie die Bessinger das Torhaus nennen, derzeit leer steht.

Ein paar Schritte abseits vom Lutherweg steht die alte Dorfkirche. Um das Jahr 1500 baute man eine Seitenkapelle und stellte dort eine Kreuzreliquie aus, die zahlreiche Wallfahrer angezogen haben muss, was Flurnamen wie das Heiligenkreuzfeld und der Wällerweg bezeugen. Die Reliquie ist verschollen. Doch die Kirche birgt noch immer einen Schatz. Bei einer Renovierung hat man mittelalterliche Wandmalereien freigelegt, das Weltengericht, eine Kreuzigungsszene und Darstellungen der Heiligen Dorothea. Die Fresken sind teilweise verblasst und dennoch eindrucksvoll. Sie verleihen der Kirche einen besonderen Charakter.

46 km nach Friedberg
10 km nach Lich

Hinter Ober-Bessingen wird die Wetteraue recht naturnah. Zwischen Wald und Fluss erstrecken sich blumenübersäte Wiesen. Überall

> ***Zur Ober-Bessinger Kirche*** *gelangt man, indem man ca. 50 m hinter der Pforte links vom Lutherweg abbiegt. Nach weiteren 20 m nochmals links. Den Schlüssel für die Kirche bekommt man bei Familie Roth, An der Pforte 21. Das ist das 2. Haus neben der Kirche.*

Eine verschollene Kreuzreliquie und die Heilige Dorothea an der Pforte

brummt, summt und zirpt es. Schmetterlinge unterschiedlicher Couleur gaukeln von Blüte zu Blüte, auch seltene Vögel lassen sich blicken.

Mittelalterliches Wandgemälde, Kirche Ober-Bessingen

Plötzlich ein Hinweisschild: Grabung Hausen „Häuser Kirche" ca. 778-1436. Ein Grasweg führt in den Wald hinein. Nach drei Minuten stehe ich vor den Grundmauern der Kirche des wüst gefallenen Dorfes Hausen. Kurz vor Lich schaut hinter einem Damm ein Storchenhorst hervor. Von einem Beobachtungspunkt blicke ich über das Naturschutzgebiet Niederried, einen Teich, der von Seggen und Röhricht umgeben ist. Das Naturschutzgebiet Niederried hat man als Ausgleich für den Bau der Licher Umgehungsstraße angelegt. Für die naturnahe Bewirtschaftung der Wetterwiesen bei der Wüstung Hausen fließen Ausgleichsgelder, die für den Bau des Flughafens Kassel-Calden fällig wurden.

In Lich

Wenig später schreite ich zwischen den Fachwerkfronten der Licher Oberstadt auf den Marktplatz zu. Vor dem neoromanischen Rathaus der Marktbrunnen, daneben stehen die Tische eines Bäckerei-Cafés. Dort habe ich alles im Blick, die Licher Flaniermeile bis hinunter zum Schloss, die evangelische Marienstiftskirche und die Stadtmauer mit ihrem ungewöhnlich hohen Wehrturm. Plötzlich läuten die Glocken. Es ist zwölf Uhr, „High Noon". Irgendetwas irritiert mich - ja, das Geläut kommt nicht von der Kirche, sondern vom Wehrturm. Und jetzt bemerke ich, dass die Kirche bis auf einen kleinen Dachreiter turmlos ist. Mir war das zunächst nicht aufgefallen, weil das Kirchendach von einer Luther-Linde und einer „Stadt-Eiche" halb verdeckt ist.

Ich bin mit Pfarrer Lutz Neumeier von der Marienstiftsgemeinde verabredet. Auf meine Frage, wo die Glocken der Marienstiftskirche hängen, bekomme ich als Antwort: „Nebenan im Stadtturm."

„Warum das? Hatten die Kirchenväter kein Geld für einen eigenen Kirchturm?"

Wegverlauf von Hessenbrückenhammer bis Lich siehe Karte S. 167

„Vielleicht hatten die Bauherren von Anfang an auf den Wehrturm geschielt. Wenn man den nutzen könnte, ließe sich viel Geld sparen. Offiziell hatte man für das Geläut den kleinen Dachreiter vorgesehen, den Sie da oben sehen. Aber als der Dachreiter fertig war, passten die Glocken nicht hinein. Und so begann man, mit der Stadt über den Einbau eines Glockenstuhls im Wehrturm zu verhandeln."
„Können wir nach dem Kirchgang zu den Glocken hinaufsteigen?"
„Nein, tut mir leid. Der Turm gehört nicht der Kirchengemeinde, sondern

der Stadt. Und die bietet nur sonntags um drei Uhr oder nach vorheriger Absprache Turmführungen an." – „Heute ist Mittwoch!"
„Nun schauen Sie nicht so traurig, wenn Sie mit mir durch die Kirche gehen, werden Sie den Turm vergessen."

Neumeier hat Recht. Das Innere der Kirche bietet mehr, als man von dem schlichten Äußeren her erwartet. Von der Pforte geht der Blick durch eine dreischiffige und mit sieben Jochen recht lange Hallenkirche zum Chor, wo über dem Altar ein gotisches Kruzifix hängt. Die gesamte Innenarchitektur ist auf diesen Fluchtpunkt ausgerichtet. Einzig die Kanzel, ein barockes Schmuckstück mit vier großen, aus Lindenholz geschnitzten Figuren ragt aus der Sichtachse heraus.

„Wen sollen die Figuren darstellen", frage ich Neumeier.
„Die Kirchenlehrer Bernhard von Clairvaux, Thomas von Aquin, Bonaventura und Papst Leo den Großen." - „ Jener Leo, mit dem Luther sich angelegt hat?"
„Nein. Leo der Große lebte im 4. Jahrhundert. Aber werfen Sie auch noch mal einen Blick auf den Schalldeckel. Dort oben steht Mose mit den Gesetzestafeln. Und die Taube dort symbolisiert den Heiligen Geist. Übrigens, die Kanzel wurde nicht für die Marienstiftskirche gefertigt. Sie stand ursprünglich im Kloster Arnsburg. Nach der Auflösung des Klosters im Jahre 1806 wurde die Kanzel eingelagert und später hier aufgestellt. So, und jetzt drehen Sie sich mal um und schauen hinauf zur Orgel. Sie sehen, dass der Mittelteil der Orgel von zwei hohen Pfeifengruppen, den Pedaltürmen, flankiert wird. Die beiden Pedaltürme stammen ebenfalls vom Kloster Arnsburg. Man hat sie während des Dreißigjährigen Krieges nach Lich ausgelagert, um sie vor den Schweden zu schützen. Und da sie nun in Lich waren, ließ sie der Graf dann in seine Patronatskirche einbauen. Apropos Patronatsherr: Drüben an der Nordseite des Chors, über dem Chorgestühl, das ist die Patronatsloge der Licher Grafen, Baujahr um 1714."

Auf der Wetterwiese

Neumeier führt mich am Altar vorbei zum hinteren Bereich des Chors. Dort stehen zahlreiche Grabdenkmäler, 44 sind es genau. Hier ist alles versammelt, was in Lich Rang und Namen hatte. Von den Falkensteinern bis zu den Solmser Grafen, auch Graf Philipp zu Solms-Lich, bei dem Luther auf seiner Wormsreise eventuell vorbeigeschaut hat. Um Luther und seinen Besuch in Lich geht es auch in einer Vitrine im nördlichen Seitenschiff. Dort ist eine Ablichtung des Furierzettels zu sehen mit entsprechenden Erläuterungen und Transkription. 89 Pferde waren danach unterzubringen. Auf dem Zettel ist sogar festgehalten, wessen Pferde wo untergebracht wurden. Die KonfirmandInnen des Jahres 2015 haben 89 Pferde ausgesägt und sie in der Nähe der Vitrine vor einem Panorama des Kirchenplatzes von Lich aufgestellt. An zwei Kirchenfenster haben sie durchscheinende Portraits von Luther und von Friedrich dem Weisen, dem Landesherren und Förderer Luthers, angeheftet und die Wappen derer, die laut Furierzettel mit Luther zusammen in Lich ihre Pferde untergestellt und übernachtet haben. Warum von Friedrich dem Weisen, frage ich Pfarrer Neumeier. „Weil Graf Philipp zu Solms-Lich in Diensten von jenem Friedrich stand", lautet die Antwort. „Unsere „Konfis" wissen da gut Bescheid. Sie haben sogar Videos zum Leben Luthers, seiner Theologie und seiner Reise nach Worms gedreht." (siehe dazu www.lutherinlich.de)

Der Licher Furierzettel und der Lutherweg

Dass der Lutherweg auch über Lich und das Kloster Arnsburg verläuft, haben wir Aktivitäten der Marienstiftsgemeinde zu verdanken. Inge Steul, die Gemeindearchivarin, hat den Furierzettel entdeckt, auf dem die Unterbringung eines Dr.Lutter und dessen Begleiters vermerkt ist. Pfarrer Lutz Neumeier hat den Furierzettel in die Diskussion um den Wegverlauf eingebracht.

Barockkanzel aus dem Kloster Arnsburg

Von der Marienstiftskirche zum Schloss. Der Lutherweg führt direkt am Schloss vorbei, doch da die Grafen - pardon, die Fürstenfamilie - im Schloss wohnt, bleibt der Wanderer Zaungast. Immerhin sind große Bereiche des Schlossparks für die Öffentlichkeit zugänglich. Für diejenigen, die es bedauern, das Schloss nicht besichtigen zu können, sei darauf hingewiesen, dass sich um die Ecke die Licher Brauerei befindet. Brauereiführungen muss man allerdings lange im Voraus buchen. Jederzeit erhältlich sind ein digitaler Führer zur Marienstiftskirche unter www.marienstiftskirche.de sowie ein historischer Stadtführer durch Lich auf www.geschichtlich.info.

Licher Tourist-Infos

Im Bürgerbüro, Unterstadt 1, Tel.: 06404-806-245. Hier auch Anmeldung zur Kirchenbesichtigung, falls diese nicht offen sein sollte.

Stadt-und Turmführungen 1. April-30. Oktober, sonntags 14-15 Uhr. Tel. 06404-2920

Führungen durch die Licher Brauerei Mi. u. Do, 15 Uhr 30 bis 18 Uhr und 18 Uhr 30 bis 21 Uhr, Tel. 06404-825100

Kloster Arnsburg

Weiter geht's durchs Wettertal. Das Tal wird enger und einsamer. An einem Wehr wird Wasser für einen Mühlgraben abgezweigt, der zum Zisterzienser-Kloster Arnsburg fließt. Es dauert nicht lange und die Klostermauer kommt in Sicht. Hinter der Mauer ragen Bäume empor, durch deren Geäst man die Ruine der Klosterkirche ausmachen kann. Anders als in Ostdeutschland oder in den zur Landgrafenschaft Hessen gehörenden Gebieten focht die Arnsburger Zisterzienser die Reformation nicht an. Ihr Kloster lag in der Grafschaft der Solmser. Doch im Zeitalter Napoleons, genauer gesagt im Jahre 1803, schlug auch für das Kloster Arnsburg die Stunde. Es wurde aufgelöst und der Klosterbesitz an die Solmser Grafen übertragen.

Die Klosterkirche begann zu verfallen. Einige Gebäude wurden zum Abbruch verkauft. Den Kapitelsaal und die Vorkirche, Paradies genannt, nutzte man als Schafstall, auf dem Klosterhof wurde Holz gelagert. Zwar etablierten sich im Gartenhaus und der Burse ein „Rettungshaus für verwahrloste Mädchen", später ein Kindergarten und ein Altenheim, aber all dies konnte den Verfall des Klostergeländes nicht aufhalten.

Im Kreuzgang des Klosters entsteht ein Kriegsopferfriedhof

Fünfzehn Jahre nach dem Ende des Zweiten Weltkriegs wurde im Innenhof des Klosters vom Volksbund Deutsche Kriegsgräberfürsorge ein „Kriegsopferfriedhof" angelegt. Mit dieser Bezeichnung brachte man zum Ausdruck, dass dort nicht nur deutsche Soldaten bestattet wurden, sondern auch von der SS ermordete Polen, Ungarn, Rumänen, Franzosen, Luxemburger und Holländer. Unter den Ermordeten befanden sich auch von der Frankfurter Gestapo inhaftierte Frauen, die am 23. März 1945 beim Herannahen der Amerikaner nach Hirzenhain verlegt worden waren. Eine Gedenktafel an der Westseite des Kreuzgangs erinnert an die Opfer der Erschießungskommandos. Die 447 Gräber sind gemäß der Bestattungspraxis der Zisterzienser von West nach Ost ausgerichtet. Auf Tafeln sind, soweit bekannt, die persönlichen Daten der Bestatteten verzeichnet. Im Kapitelsaal steht ein Gedenkstein mit der Inschrift „Mortui viventes obligant". Zu Deutsch „Die Toten verpflichten die Lebenden", eine Forderung, die 70 Jahre nach Ende des Zweiten Weltkriegs nicht an Bedeutung verloren hat. Einmal im Jahr, am Volkstrauertag, findet hier eine Gedenkveranstaltung des Volksbundes Deutsche Kriegsgräberfürsorge statt.

***Weitere Informationen zur Geschichte des Klosters** und zu Veranstaltungen im Kloster findet man im Internetauftritt des „Freundeskreises des Klosters Arnsburg" www.kloster-arnsburg.de*

Mit der Gestaltung des Kriegsopferfriedhofs bildete sich auf Initiative des damaligen Gießener Landrats Ernst Klingelhöfer zugleich ein „Freundeskreis Kloster Arnsburg e.V." Der setzte sich zum Ziel, das mittelalterliche Erbe in der Umgebung der Gedenkstätte, die Klosterkirche, den Kapitelsaal mit dem darüber liegenden Dormitorium und weitere Gebäude sowie die 1,6 km lange Klostermauer soweit wie möglich instand zu setzen und das Ensemble der Öffentlichkeit nahe zu bringen. Ein erster Erfolg des Freundeskreises war die Wiederherrichtung des Paradieses, der ehemaligen Vorhalle der Klosterkirche. Sie dient heute der Kirchengemeinde Eberstadt-Arnsburg als Gotteshaus. Neben Gottesdiensten finden hier musikalische Vespern und andere Veranstaltungen statt, auch zum Thema Reformation. Der gesamte mittelalterliche Teil des Klosters kann besichtigt werden. Das Dormitorium und der Mönchsaal werden für Konzerte, Ausstellungen und andere Veranstaltungen genutzt.

Luther und Melanchthon. Glasmalerei in der Licher Marienstiftskirche

Um das mittelalterliche Ensemble wurden im 18. Jahrhundert mächtige Barockgebäude gruppiert, das Abteigebäude, der Prälaten- und der Küchenbau, das Gartenhaus und der Pfortenbau. Hier sind Mieter eingezogen, sodass eine Besichtigung dieser Häuser nicht möglich ist. Aber von den großzügigen Parkanlagen her erhält man einen Gesamteindruck, nicht zu vergessen das Gasthaus „Klostermühle". Ich verlasse das Kloster über die barocke Westpforte. Dahinter geht es auf einem Waldweg an der Klostermauer entlang und dann auf einen Geländesporn, auf dem einst die Arnsburg stand. Viel ist

Die 89 „Luther-Pferde" vor der Stadtkulisse von Lich. Arbeit der Licher Konfirmanden.

von der Burg nicht übrig geblieben, ein Brunnen und Grundmauern, die man nach der Ausgrabung ein wenig aufgemauert hat. Die Burg wurde nicht durch Kriege zerstört, sondern durch Abbruch.

Die Zisterzienser vom Kloster Arnsburg veranstalten Ablassfeste

Im Jahr 1151 zogen die Besitzer der Arnsburg, die Familie Hagen-Arnsburg, auf den nahen Münzenberg, wo Vater Konrad und Sohn Kuno eine neue Burg errichtet hatten. 23 Jahre später, der Vater war längst gestorben, konnte Sohn Kuno, der sich inzwischen Kuno I. von Hagen-Minzenberg nannte, die agilen Zisterzienser für den Bau eines Klosters in seiner Herrschaft gewinnen. Die Zisterzienser richteten sich zunächst in der alten Arnsburg ein, aber nur, um von dort aus einen Klosterneubau vorzubereiten, der, wie bei den Zisterziensern üblich, an einem Fluss liegen sollte, also an der Wetter. Und in dem Umfang, wie das Kloster gedieh, brach man von der Arnsburg Steine ab und nutzte sie für den Klosterneubau.

Im 14. Jahrhundert haben die Zisterzienser vom Kloster Arnsburg am Standort der alten Arnsburg eine Heiligkreuzkapelle gebaut, die sich zur Wallfahrtskirche entwickelte. Einmal im Jahr fand vor der Kapelle ein großes Ablassfest statt. Auch von der Kapelle blieben nur Grundmauern.

Klostergründung erster Versuch

Konrad II. von Hagen-Arnsburg hatte schon lange bevor sein Sohn Kuno die Zisterzienser rief, versucht, in der Nähe seiner Burg ein Kloster zu gründen (um 1150). Konrad setzte auf die Benediktiner, denen er das Gelände um das Römerkastell zur Verfügung stellte. Er erlaubte den Mönchen zudem, die Steine der römischen Ruinen für den Bau des Klosters und später der verlassenen Arnsburg zu verwenden. Doch die Benediktiner kamen nicht so recht zu Rande, ob aus Geldmangel oder aus anderen Gründen, man weiß es nicht. 1174 wurde das Benediktinerkloster wieder aufgelöst.

Am Limes

Von der Burgstelle aus führt der Lutherweg in ein Tal hinunter und über eine verkehrsreiche Straße, dann geht es wieder auf die „Hochfläche“ hinauf. Hinter einem kleinen Friedhof – er gehört zum Hof Dorfgüll - stößt man auf die nächste Ausgrabung. Auch hier ist nicht mehr zu sehen als ein paar Grundmauern. Aber man steht an einer weltgeschichtlich bedeutenden Linie, dem Limes, der die Grenze des römischen Reichs gegenüber Germanien markierte. Die Mauerreste stammen von einem Kohortenkastell, einem Militärlager mit einer 500 Mann starken Truppe. Nach Süden zu schloss sich eine zivile Siedlung an mit Reihenhäusern, einer Therme und einem Amphitheater. Auf einer schnurgerade verlaufenden Römerstraße führt der Lutherweg weiter Richtung Münzenburg. Die Türme der Burg ragen bereits über den Horizont empor. Oberhalb von Trais-Münzenberg kommt die mächtige Burg des Kuno von Hagen-Mi(ü)nzenburg voll in Sicht. Die Burg hieß ursprünglich Minzenberg. Man sagt, weil dort so viel wilde Minze gewachsen sei.

Klosterpforte

Der Traiser Steinberg und die Götzensteine

In Trais-Münzenberg geht es über die Wetter, die im Dorf die Turbine einer alten Kornmühle antreibt. Von der Wetterbrücke aus schaue ich dem Treiben der Enten zu, die sich rätschend zwischen den Schwimmblättern von Teichrosen tummeln. Trais hat keine Besonderheiten auf-

Ruine der Arnsburger Klosterkirche

Mühlsteinproduktion bei den Götzensteinen

zuweisen, aber mit seinem oberhessischen Fachwerk macht der Ort einen geruhsamen und ländlichen Eindruck.

Zwischen Trais und Münzenberg dann ein Schnitt durch die Landschaft. Die Autobahn Gießen – Hanau kreuzt das Tal der Wetter und zieht sich über die Höhe Richtung Berstadt – Gott sei Dank in Tieflage. Auf der Münzenberger Seite verläuft der Lutherweg noch ein kurzes Stück an der Autobahn entlang, dann wendet er sich nach rechts und steuert auf eine große Streuobstwiese zu. Die Kirschbäume blühen. Das Kirschblütenmeer ist ein Traum, doch was meine Aufmerksamkeit noch mehr fesselt, sind die vor mir liegenden Megasteine, Steine aus Quarz, viele mannshoch, einige noch höher. Sie liegen über die Wiese verstreut. Die meisten der Quarzkolosse stecken schräg in der Erde, sodass man sie leicht besteigen kann. Man steht dann, wenn man den Geologen glauben darf, auf Taunusgeröll. Götzensteine, so heißen die Kolosse im Volksmund.

Angesichts des Blütenzaubers tue ich mich aber schwer, diesen Ort mit Götzendiensten in Verbindung zu bringen. Zudem entdecke ich Neues, einen kreisrunden Fels, so groß wie ein Mühlstein. Er schaut neben einer Birke

Von den Götzensteinen zur Münzenburg

aus dem Gras hervor. In der Mitte des Steins befindet sich ein handtiefes Loch. Das sieht nicht nur aus wie ein Mühlstein, das ist einer, oder sagen wir lieber: Hier waren Steinmetze damit beschäftigt, aus dem Fels einen Mühlstein herauszuhauen. Während ich darüber rätsele, warum man den Stein nicht zu einer Mühle geschafft hat, fällt mein Blick auf ein zweites und ein drittes Werkstück, ebenfalls kreisrund und mit mittigem Loch, aber wesentlich ungehobelter. Es fehlt noch der letzte Schliff. Warum hat man die Arbeit abgebrochen? War der Fels, ein Konglomerat aus Kies und Sand, nicht fest genug?

Dort, wo die größten Felsen aus der Erde ragen, kreuzt der Lutherweg die Kleine Schäferroute Münzenberg. Während der Lutherweg auf den Marktplatz von Münzenberg zusteuert, führt die Schäferroute den Hang hinauf. Vielleicht gibt es in der Umgebung noch mehr zu entdecken? Und da ich neugierig bin, folge ich der Markierung der Schäfertour. Der Weg oder besser der Pfad windet sich zwischen Felsgeröll durch ein Wäldchen. Noch ein paar hundert Meter Feldflur, dann stehe ich auf dem Steinberg, der seinem Namen Ehre macht. Es gibt hier zwar keine Hinkelsteine, aber überall schaut Fels aus dem Boden, sodass man die Flächen den Schafen und Ziegen überlassen hat. Und hinter der nächsten Erhebung treffe ich auf eine kleine Herde, die, man höre und staune, von einer jungen Schäferin gehütet wird. Ihr Name: Franziska Storch.

Die Schäferin vom Steinberg

Franziska erzählt mir, dass sie bei Ralf Meisezahl, dem Hungener Stadtschäfer gelernt hat. 18 Jahre war sie alt, als sie 2011 mit der Ausbildung begonnen hatte. Jetzt hütet sie die große Herde des Muschenheimer Edelrestaurants „Zum Heiligen Stein“. Ziegen klettern auf den Felsen unter uns herum. Dahinter haben sich die Schafe abgelegt und kauen genüsslich wieder, ein kompaktes weißes Knäuel von ca. 200 Tieren. Um die Schäferin wuseln zwei Hunde herum, die 6 Jahre alte Bessy und ein frisch geschorener Schafspudel, namens Maja. „Das ist mein Azubi“, sagt Franziska. Die Hunde haben im Moment nichts zu tun. Erst wenn die Herde weiter zieht, kommt ihr Einsatz. Dafür produziert sich die wenige Wochen alte Welpe Cleo und bellt die Schafherde an.

Blick vom Ostturm der Münzenberg, dazu der Burghauptmann Daniel von Bellersheim, Epitaph in der ev. Stadtkirche

Der Galgen von Münzenberg

Korbruhe bei Münzenberg

Doch ihr Gebell wir kaum registriert, nur die Ziegen gehen einen halben Schritt zurück.

Durch Münzenberg

Eigentlich bin ich jetzt schon fast auf der Höhe der Burg, doch ich will dem Lutherweg treu bleiben und so folge ich dem Burgweg hinunter zum Marktplatz. Dabei komme ich am „Löwen" vorbei. Und da ich den Gasthof von meinen Exkursionen an der Uni Gießen her kenne, kehre ich ein und gönne mir einen gespritzten Apfelwein und einen Handkäs mit Musik. In Münzenberg steht das mittelhessische Nationalgericht auch in Zeiten von Pizza und China food noch ganz selbstverständlich auf der Speisenkarte.

Gotisches Kruzifix , ev. Stadtkirche Münzenberg

Am oberen Ende des Marktplatzes steht das 1551 erbaute Rathaus und gleich um die Ecke, in der Eichergasse, die blendend weiß verputzte evangelische Kirche. Der Kirchturm mit seinem gedrehten Spitzhelm zieht schon von weitem die Blicke auf sich. Auch das weiß verputzte Rathaus mit seinem historischen Staffelgiebel und dem großen Erker fällt auf. Sehenswert die Fachwerkhäuser, vor allem im Steinweg und in der Eichergasse. Dort findet man zahlreiche, zum Teil noch aus der Lutherzeit stammende Dreiseithöfe mit überdachten oberhessischen Hoftoren.

Ein Kruzifix mit Echthaar

Aber noch einmal zur Kirche. Sie ist nicht nur von ihrem Äußeren her bemerkenswert, auch im Innern existiert Außergewöhnliches: Ein mittelalterliches Chorgestühl, eine lebensnahe Statue des 1601 verstorbenen Burghauptmanns Daniel von Bellersheim (Teil eines Epitaphs) und vor allem ein überlebensgroßes, 2,57 Meter hohes gotisches Kruzifix mit einer Echthaarperücke, das auf dem Altar steht. Das Kruzifix wurde 1431 von einem Vertreter der Würzburger Schule geschaffen. Im Brustbereich des Korpus existierte eine Höhlung, in der sich drei Reliquien befanden: Ein Beutel aus rotem Seidentuch mit den Reliquien zweier Heiligen sowie ein Span aus dem Leichenwagen der heiligen Elisabeth.

Mein Kirchenführer, Pfarrer Uwe Wagner-Schwalbe, macht mich auf eine Kapelle rechts vom Altar aufmerksam. Sie sei lange als Sakristei benutzt worden, doch jetzt habe man den ursprünglichen Charakter wieder hergestellt und somit könne die Kapelle als Andachtsraum für Lutherwegpilger dienen. Es gibt noch viel mehr zu sehen. Deswegen besorge man sich im benachbarten Pfarrhaus den Schlüssel zur Kirche, Tel. des Pfarrers 06004-440.

Übernachtung in Münzenberg
Burghotel Münzenberg,
Wohnbacherstr. 1,
Tel. 06004-915700

Rosenfeld unter der Münzenburg

Auf der Münzenburg

Gegenüber der Kirche geht es steil zur Burg hinauf. Zwei Tore und ein Durchgang, dann steht man auf dem Hof der Münzenburg. Und der ist so groß, dass sich dort ein Fußballspiel ausrichten ließe. Man sieht es schon von Ferne, die Münzenburg ist riesig. Für die Einheimischen ist es das „Werreraaher Tintenfass". Zur Stauferzeit gehörte sie zu den bedeutendsten Burgen Deutschlands. Kuno I. von Münzenberg hatte Karriere gemacht. Er war zum Kämmerer und Berater von Kaiser Barbarossa aufgestiegen.

Wenn man sich im Burghof umschaut, fallen als erstes die beiden Bergfriede auf, von denen der östliche bestiegen werden kann. Aber werfen Sie zunächst einen Blick auf die zwischen den Türmen liegenden Gebäude. Links, der Palas mit seinen reich verzierten Fenstern stammt aus der Zeit von Kuno I. Rechter Hand, ganz aus schwärzlichem Vulkangestein gefügt, steht der Palas der Falkensteiner, der Nachfolger von Kunos Sohn, der kinderlos starb. Es ist ein herber Bau, der mit seinem giebelständigen Kamin an eine Ruine in den schottischen Highlands erinnert. An den Palas schließen sich zwei weitere Bauten an, die Torkapelle und der sog. Küchenbau. Dazwischen befindet sich ein Treppendurchgang, über den man zum Wehrgang gelangt. Dort kann man die mächtigen Buckelquader aus der Stauferzeit bewundern. Sie sind aus Rockenberger Sandstein gefertigt, ein Werkstein, den wir auf der nächsten Station näher kennen lernen werden.

Nun aber hinauf auf den Bergfried. Eine Außentreppe für Schwindelfreie führt zum 10 m hoch gelegenen Eingang. Dann steigt man, immer noch etwas ausgesetzt, im Innern des Turms hinauf. Oben geht der Blick über das Tal der Wetter zu den Ausläufern des Taunus, wo die nächsten Stationen des Lutherwegs liegen.

Korbruhen, ein Galgen und Rosenfelder

Nicht weit von der Burg führt der Lutherweg an einem Galgen vorbei. Die letzte Hinrichtung fand dort am 22. Mai 1747 statt. In der Nähe des Galgens blühen Rosen, nicht in einem Vorgarten, sondern auf dem Felde, und das in rauen Mengen. In dieser Gegend trifft man immer wieder auf Rosenfelder. Seinen Ausgang hat der Anbau der dornigen Blumen in Steinfurth genommen, einem Dorf vor den Toren Bad Nauheims.

Von Steppenpflanzen und der Hölle von Rockenberg

Weiter geht's durch eine weite Feldflur, Richtung Rockenberg. Drüben, auf der anderen Seite des Wettertals, liegt Gambach, ein Dorf, das einem Autobahnkreuz seinen Namen gegeben hat. Doch bis zum Lutherweg dringt der Verkehrslärm nicht. Ich wandere durch Getreidefelder. Lerchen steigen singend zum Himmel hinauf. Unten im Tal der Wetter ruft der Kuckuck. Dann direkt vor mir ein Klatschen. Ich erschrecke heftig. Doch es ist nur ein Trupp Rebhühner, den ich aufgescheucht habe. Dreihundert Meter weiter, im Naturschutzgebiet „Im Metz", fallen sie wieder ein. Es ist das erste Mal, dass ich auf dem Lutherweg die selten gewordenen Wildhühner sehe. Rebhühner stammen ursprünglich aus den Steppen Asiens. Passend dazu wachsen unten im

> ***Korbruhen*** *sind hohe Steinbänke, auf denen die Bauern ihre voll beladenen Kötzen abstellten, wenn sie auf dem Weg vom Feld in den Ort eine Pause einlegten. Seltsam auch, weil die drei vorhandenen Korbruhen allesamt an Weggabelungen liegen.*

Naturschutzgebiet Steppenfenchel und Steppen-Lieschgras, dazu die Küchenschelle und der himmelblaue Fransenenzian. Die „Kleine Schäferroute Münzenberg“, die durch das Gebiet der Götzensteine führt, erschließt auch das Naturschutzgebiet „Im Metz“. Übrigens, wenn man dort einen Schäfer mit seiner Herde ausmacht, dann ist es Schäfer Schmidt aus Gambach, ein Milchschafhalter, der der Hungener Käsescheune Schafsmilch liefert.

Sumpfschildkröte

Einen Kilometer weiter wartet die „Hölle von Rockenberg“. Der Zugang zur Hölle ist allerdings versperrt. Aber man hat die Möglichkeit, sie von verschiedenen Positionen aus zu betrachten. Am Fuß der Hölle liegt eine übermannsgroße Sandsteinbombe, die, wenn die Sonne darauf scheint, schwefelgelb leuchtet. Hinter dem Zyklopenstein erhebt sich die Wand eines aufgelassenen Sandsteinbruchs. Seine gelben bis ockerfarbenen Steilabstürze spiegeln sich in einem kleinen See. Auf zwei flach ins Wasser ragenden Felsen mache ich etwas Schwarzes aus. Mit dem Fernglas kann ich das Etwas erkennen: es ist eine Schildkröte, keine amerikanische Schmuckschildkröte, sondern eine Sumpfschildkröte, eine heimische Art, die vom Aussterben bedroht ist. In der Rockenberger Hölle hat die deutsche Sumpfschildkröte ein Refugium gefunden. Hier kann sie ungestört ihrer Lieblingsbeschäftigung nachgehen: Sonnenbaden. Als ich das Seeufer weiter mit dem Fernglas absuche, entdecke ich eine Graugansmutter mit ihren Jungen. Die Gänse, die Schildkröten und viele andere Tiere profitieren davon, dass die Hölle durch Beweidung offen gehalten wird. Es wächst Gras und die Sonne erwärmt das Ufer.

Wie gelangt man vom Lutherweg zur Höllenbank?
Vom Gambacher Weg an der JVA über den Sandweg hinauf zur Hellenstraße. Auf ihr links in die freie Flur. Dann auf Pfaden über Streuobstwiesen und zwischen Heckenzügen hindurch zur Abbruchkante des Steinbruchs, an der die Höllenbank steht.

Am oberen Rand des Steinbruchs steht eine Bank, auf der es sich wunderbar Picknick machen lässt. Der Weg dorthin führt durch Heide und Streuobstwiesen. An der Bank geht der Blick hinüber zum Taunus, nach Butzbach und hinunter zur Wetter, deren Aue hier von einem riesigen Schilfbestand eingenommen wird, dem größten in Mittelhessen. Mitten im Schilf schimmert Wasser hervor. Dort ist reger Betrieb. Schwäne schwimmen aufgeplustert umher. Reiher stolzieren durch das flache Wasser und spähen nach Fischen.
Graugänse setzen zum Landeanflug an und über benachbarten Wiesen gaukeln Kiebitze. Bei dem vogelreichen Platz handelt es sich um das Naturschutzgebiet Klosterwiese, ein wertvoller Brut- und Rastplatz für Wassergefieder.

Es ist erstaunlich, was der Einsatz einer aktiven Gruppe für den Schutz der Tierwelt alles auf die Beine stellen kann. Und es ist ebenso erstaunlich, wie ungeheuer vielfältig die Natur sich auf kleinem Raum entwickeln kann.

Es ist noch nicht lange her, da waren die Klosterwiesen für die Vögel völlig uninteressant, denn sie wurden landwirtschaftlich intensiv genutzt. Als die Nutzung aufgegeben wurde, kamen ehrenamtliche Naturschützer auf die Idee, in den Klosterwiesen ein Schutzgebiet zu verwirklichen. Mit viel Beharrlichkeit gelang es ihnen, ihre Idee zu realisieren. Auch das Naturschutzgebiet Hölle geht auf das Konto der Ehrenamtlichen.

Auch nahe der Höllenbank ist einiges los. Über offenen Sandstellen schweben unzählige Wildbienen. Wenn man genau hinschaut, sieht man wie sie ab und an in ihren Brutröhren verschwinden. Kaum zu

Das Marienschloss, Kirche in der Jugend-Justiz-Vollzugsanstalt-Rockenberg

glauben: Es gibt in Deutschland an die 200 Wildbienenarten. Warum so eine Vielfalt? Welchen Zweck hat sie? Wir wissen es nicht.

Eine Kirche hinter Stacheldraht

Hinter der Hölle führt der Lutherweg auf einer Länge von 300 m an einer mit Stacheldrahtrollen bewehrten Mauer einer Jugend-Justiz-Vollzugsanstalt vorbei. Eine Kirche schaut hinter der Gefängnismauer hervor. Es ist das Marienschloss, die Kirche eines ehemaligen Nonnenklosters. Die Nonnen pflegten in einer Klause außerhalb des Ortes Aussätzige. Die Klause nannte man Gutleuthaus, weil man glaubte, dass die im Diesseits vom Aussatz Gezeichneten sich im Jenseits der ganz besonderen Liebe Gottes sicher sein könnten, dass sie von Gott Ausgezeichnete seien, also gute Leute. Ehe die Erkrankten ins Gutleuthaus übersiedelten, schieden sie förmlich aus der Gemeinschaft des Ortes aus. In einem Sarg liegend erlebten sie in der Kirche ihr eigenes Totenamt. Danach ging es im Geleit des Priesters und der Gemeindemitglieder zur Klause. Wenn die Aussätzigen starben, feierte man ein frohes Fest, denn man war davon überzeugt, dass den Verstorbenen die Qualen des Fegefeuers erspart blieben.

Als in der Rockenberger Gemeinde die Reformation eingeführt wurde, ließen sich die Nonnen nicht beirren. Ihr Kloster blieb katholisch, und da sie ein Patronatsrecht über die Gemeinde hatten, nahmen sie Einfluss auf die Besetzung der Pfarrstelle. Waren die Predigten zu evangelisch, schickte man den Pfarrer in die Wüste. Doch 1803 wurde das Rockenberger Kloster aufgelöst und jetzt waren es die Nonnen, die gehen mussten. Ein Jahr später etablierte man in den ehemaligen Klostergebäuden ein „Zucht- und Correctionshaus“, das 1939 in ein Jugendgefängnis umgewandelt wurde. Im Internetauftritt des Landes Hessen findet sich eine Seite über die JVA Rockenberg, in der ausführlich auf die Lebens- und Arbeitsbedingungen der dort inhaftierten Jugendlichen eingegangen wird. In der nach wie vor katholischen Kirche Marienschloss finden sonntags Gottesdienste für die Inhaftierten statt.

Öffentlicher Gottesdienst in der Kirche der JVA

Der Kultur- und Geschichtsverein Oppershofen e.V. lädt alljährlich zu einem lateinischen Gottesdienst in der Rockenberger Klosterkirche ein. Die Messe wird in Gewändern des 18. Jahrhunderts aus der ehemaligen Zisterzienserabtei Arnsburg gefeiert. Zudem wird ein Hochamt von einem Mitglied des Zisterzienserordens zelebriert. Schließlich werden die Gottesdienste musikalisch umrahmt.

Im Jahr 1563 wurde Rockenberg auf Weisung des Landesherrn, des Grafen von Königstein, offiziell, aber nicht endgültig, evangelisch. Als der Graf 18 Jahre später kinderlos starb, erbte der Mainzer Kurfürst, der zugleich Erzbischof war, die Königsteiner Grafschaft. Damit begann in Rockenberg die Gegenreformation, die bis 1610 abgeschlossen war. Rockenberg war wieder katholisch.

Ich steige die steile Treppe zur katholischen Kirche von Rockenberg empor, die mit ihrem mächtigen Turm weit über das Land schaut. Im Kirchhof befinden sich Gräber. Eine ältere Frau ist damit beschäftigt, eine Grabplatte von Mähgut zu reinigen, das der Gemeindemäher hinterlassen hat. Wir kommen ins Gespräch. Ob Rockenberg immer noch ganz katholisch wäre, frage ich. Ach was, das wär heut längst nicht mehr so. Und die Unterschiede wären ja auch gar nicht mehr so wichtig. Ich sollte mal nach dort drüben schauen, da hinter den Häusern schaue die evangelische Kirche hervor.

Ich verabschiede mich und mache mich auf den Weg ins nahe Ortszentrum in der Obergasse. An der Hauswand der Marienapotheke ent-

> ***Steinrosen***
> *Steinrosen sind eine Besonderheit von Rockenberg. Dabei handelt es sich nicht um eine neue Rosenzüchtung, sondern um Schwerspatkristalle, die man in den Steinbrüchen fand und zwar in solchen Mengen, dass sich die Rockenberger die Kristalle in die Vorgärten stellten. Heute sind die meisten Fundorte mit Erde überdeckt und in den in Betrieb befindlichen Steinbrüchen ist das Sammeln aus Sicherheitsgründen verboten. Das Aufspüren von Steinrosen ist zu einer Geheimwissenschaft geworden.*

Steinrose

Von einem Wohnturm, einem Roten Haus und Steinrosen

decke ich eine Marienstatue mit Kind. In der Obergasse steht ein Kruzifix. Zwei Häuser weiter befindet sich die Gemeindeverwaltung und gegenüber das „Rote Haus“, an das sich zwei Befestigungsmauern mit Wachturm anschließen. Nein, das sind und waren keine Gefängnismauern. Vielmehr handelt es sich um die äußere und innere Mauer einer Burganlage, in deren Mitte ein Wohnturm stand und auch heute noch steht, nur dass sich in dem mittelalterlichen Bau keine Wohnungen mehr befinden, sondern der Sitzungssaal des Gemeindeparlaments. Es ist ein eindrucksvolles Gebäude, das zwar recht hoch ist, aber auf mich nicht den Eindruck eines Turms macht. Den zur Obergasse gerichteten Teil der Burgmauer hat man im 18. Jahrhundert abgetragen, um für den Bau eines Amtshauses Platz zu schaffen, „das Rote Haus“. Heute hat sich dort ein italienisches Restaurant etabliert, in dessen Biergarten ich im Schutz der Burgmauer Tintenfische auf Spinat verzehre. Danach klingele ich gegenüber beim Rathaus. Bei der Sekretärin des Bürgermeisters erhalte ich den Schlüssel für den Wohnturm. Ich schaue mir den Sitzungssaal an und die große Vitrine im Flur des Hauses, die voller Steinrosen ist, und zwar in allen nur denkbaren Formen und Größen

Im Butzbacher Ortsteil Niederweisel

Weiter geht's, quer durch das Tal der Wetter und nach Nieder-Weisel, ein Dorf 2 km südlich von Butzbach.

In Nieder-Weisel steht die Kirche mitten im Dorf. Und damit klar ist, dass das Kirchliche vor dem

Butzbach, am Marktplatz, es lohnt vorbeizuschauen

Weltlichen Vorrang hat, thront das Gotteshaus auf einem kleinen Hügel, während das Rathaus sich mit einem Platz am Fuße der Anhöhe begnügen muss. Der wehrhafte Kirchturm, der um die 800 Jahre alt ist, kommt somit gut zur Geltung. Das Kirchenschiff ist wie das Rathaus wohl erst kurz nach der Reformation entstanden. Ich hätte gerne einen Blick in die Kirche geworfen, aber sie ist verschlossen. Dafür erfreue ich mich am Kirchhof, wo ich mich unter einer großen Linde auf einer Bank niederlasse. Nichts erinnert mehr daran, dass sich hier bis zum Jahre 1800 der Friedhof befand. An den ehemaligen Kirchhof grenzt heute ein Schulneubau.

Den Schlüssel zur Kirche bekommt man im "kleinen Kaufhaus", Butzbacher Str. 65, neben dem Edeka-Geschäft Richtung Butzbach

Die Johanniter von Nieder-Weisel

Über den Marktplatz und die Comturgasse steuere ich auf mein eigentliches Ziel zu, auf die Komturkirche des Johanniter-Ordens. Das Erscheinungsbild dieser Kirche hat sich seit dem Mittelalter kaum verändert, was den Wert der Kirche ausmacht. Es ist ein durch und durch romanischer Bau, der ohne Kirchturm auskommt. Das schwarze Vulkangestein aus dem sich das untere Stockwerk aufbaut, lässt die Komturkirche auf den ersten Blick etwas abweisend erscheinen, aber dieser Eindruck ändert sich schnell, wenn man ins Innere der Kirche gelangt.

Tätige Nächstenliebe und Verteidigung des Glaubens - die selbst auferlegten Aufgaben des Johanniterordens

Ich bin mit Jörg Fröhlich verabredet, dem Pfarrer der Johannitergemeinde, der sich die Zeit nimmt, mich durch die Komturkirche zu führen. Auf dem Weg zur Kirche werde ich noch rasch mit dem nötigsten Wissen zur Geschichte des Johanniter-Ordens versorgt (siehe Box).

Die Legende vom Heiligen Sintram

Zur Zeit der Kreuzfahrer oder etwas früher soll sich in Nieder-Weisel etwas Furchtbares und doch Wundersames ereignet haben. Ein Mönch namens Sintram machte in einem Weiseler Gasthaus Quartier. Sintram war auf Pilgerfahrt ins Heilige Land und es war nicht das erste Mal, dass er die heiligen Stätten in Jerusalem aufsuchte. Er hatte am Heiligen Grab gebetet und den Jordan durchquert. Auf dieser Reise schenkte ihm ein Büßer den goldenen Abtsstab des heiligen Brendan. Als Sintram sich im Weiseler Gasthaus eingerichtet hatte, übergab er den wertvollen Stab der Wirtin zur Aufbewahrung.

Gier bemächtigte sich der Herzen der Wirtsleute und sie erschlugen Sintram, als er betete. Da der Leichnam nicht aufhörte zu bluten, warfen sie ihn in einen großen Kessel mit heißem Wasser. Aber das Blut wollte nicht gerinnen. Daraufhin packte der Wirt die Leiche Sintrams auf ein Pferd, um sie in das Flüsschen Wetter zu werfen. Doch ehe sie die Wetter erreichten, kehrte das Pferd von alleine um und Sintrams Leichnam fing an zu reden: „Du bringst mich nirgendwo fort." Zuhause verscharrte der Wirt den Leichnam im Pferdestall.

Sintram lag nun im ungeweihten Boden. Über ihm trampelten die Pferde und Urin und Kot drang in den Boden über dem Grab. In den Folgejahren gab es im Butzbacher Land Hagelschlag und Missernten. Gott bestrafte den Mord an dem heiligen Mann und sein schändliches Begräbnis. Der Wirt bekam es mit der Angst zu tun. Immer schlimmer wurde sein Geisteszustand, bis er sich 5 Jahre nach der Tat das Leben nahm. Daraufhin entdeckte man Sintrams Leichnam. Man begrub ihn mit Gesang und Gebeten in geweihter Erde, sodass er am Tage des Jüngsten Gerichtes von Gott empfangen werden konnte.

Von nun an verehrte man Sintram als Heiligen Sintramus. Sein Haupt setzte man auf einen silbernen Sockel und brachte ihn in die Komtureikirche der Weiseler Johanniter. Dort bekam er nicht nur einen eigenen Altar, man schmückte die Kirche zudem mit Stationen aus dem Leben des Heiligen Sintramus. Viele Menschen der Umgebung unternahmen nun Wallfahrten zum Haupt des Sintramus. Erst mit der Reformation geriet der Heilige in Vergessenheit. Die Bilder zur Vita des Sintramus verblassten. Im 18. Jahrhundert schrieb ein Pfarrer die Schriftzüge unter dem Bildzyklus eben noch rechtzeitig auf. Dieter Wolf, der Museumsleiter von Butzbach, ist bei seinen langjährigen Recherchen auf diese Aufzeichnungen gestoßen und er hat in der Königlichen Bibliothek zu Brüssel zwei Fassungen der Sintram-Vita entdeckt. So geriet Sintramus nicht in Vergessenheit.

„Kann ich hier noch echte Ordensritter sehen, Adlige in schwarzen Mänteln mit weißem Kreuz?", frage ich Fröhlich nach seinem historischen Abriss.

„Normalerweise nicht, denn die Ordensritter und auch der Kommendator, der die Hessische Genossenschaft des Johanniter-Ordens leitet, wohnen nicht mehr in Nieder-Weisel. Sie leben verstreut in Hessen und gehen ganz normalen Berufen nach. Nach Nieder-Weisel kommen sie meist nur zu ihren Sitzungen oder beispielsweise zum jährlichen Ritterschlag, wenn am Samstag vor dem Johannistag der Herrenmeister Ritter der Balley Brandenburg zu Rechtsrittern schlägt. Dann allerdings ziehen sie sich ihren mit dem achtspitzigen Johanniter-Kreuz ge-

__Der Johanniterorden__ formierte sich Mitte des 11. Jahrhunderts in Jerusalem als Laienbruderschaft, die unter anderem kranke Pilger pflegte und versorgte. Später, als die Kreuzritter Jerusalem erobert hatten, schützten die Johanniter die Pilger vor muslimischen Übergriffen, womit der Schritt zum Ritterorden getan war. Gegen Ende des 13. Jahrhunderts wurden die Johanniter von den Muslimen aus Palästina vertrieben. Der Ordenssitz wurde zunächst nach Zypern, dann nach Rhodos verlegt. Nach Eroberung der Insel durch die Türken wichen die Johanniter nach Malta aus (1530).

In Deutschland gab es schon um 1200 herum Johanniter-Gemeinschaften, zum Beispiel die Komturei in Nieder-Weisel. Zudem erhielten die deutschsprachigen Ritter in der Balley (regionale Zentrale) Brandenburg gewisse Autonomierechte, und ab dem späten 17. Jahrhundert stellten die preußischen Hohenzollern immer den Herrenmeister, den führenden Ritter der Balley.

Mit der Reformation wurden die brandenburgischen Johanniter evangelisch.

Sie blieben aber zunächst unter dem Dach des katholischen Ordens. Erst Mitte des 19. Jahrhunderts formierte sich der Johanniter-Orden als evangelischer Ritterorden. Die katholischen Malteser und die evangelischen Johanniter haben also gemeinsame mittelalterliche Wurzeln. Und beide widmen sich heute denselben Aufgaben: Sie unterhalten Rettungsdienste, engagieren sich im Katastrophenschutz, tragen ambulante Pflegedienste und stationäre Altenpflegeeinrichtungen und betreiben Kindertagesstätten, Schulen und Jugendtreffs. Das sind große und starke gemeinnützige Wirtschaftsunternehmen mit zehntausenden von Mitarbeitern, haupt- und ehrenamtlich.

schmückten Ordensmantel über. Übrigens, seit dem 2. Weltkrieg können auch Bürgerliche Ritter werden."

„Und was bedeuten die acht Spitzen des Johanniter-Kreuzes?"
„Es bezieht sich auf die acht Seligpreisungen, mit der Jesus in der Bibel seine Bergpredigt eröffnet."

Wir stehen inzwischen vor der Kirche.

„Schauen Sie, hier an der Seitenwand kann man gut erkennen, dass die Kirche zwei Stockwerke hat", sagt Fröhlich. „Während das Erdgeschoss aus exakt behauenem Lungstein gefügt ist, hat man für das Obergeschoss hellere Bruchsteine verwendet. Im Erdgeschoss befindet sich der Kirchenraum. Im Obergeschoss hat man früher Kranke gepflegt." Fröhlich öffnet die Pforte und wir betreten den Kirchenraum, der mich gleich gefangen nimmt. Ich schaue durch eine in drei Schiffe gegliederte Halle. Darüber wölben sich die mächtigen Gurte von vier Jochen, abgestützt durch starke Säulen aus Lungstein. Die Halle endet in einer großen Mittelapsis und in zwei kleineren Nebenapsiden. Durch die bunt bemalten Glasfenster dringt gedämpftes Licht, das eine stille und friedvolle Atmosphäre verbreitet, die zum Anzünden von Kerzen und zur Andacht animiert. Wir verharren eine Zeit lang vor dem Altar, ohne miteinander zu sprechen. Dann bricht Fröhlich das Schweigen:

„Früher waren die Decken und Wände der Kirche bemalt, unter anderem mit Stationen zur Vita des Ortsheiligen, des Heiligen Sintram. Aber das ist im Laufe der Jahrhunderte verblasst. Napoleon verfügte Anfang des 19. Jahrhunderts die Auflösung der Komturei Nieder-Weisel. Die Komturei wurde in ein Gut umgewandelt und die Kirche diente als Stall."

„Und wann bekamen die Johanniter die Kirche und die anderen Gebäude rückübertragen?"
„Kurz vor der Gründung des deutschen Reichs, um 1868. Das ehemalige Herrenhaus haben die Johanniter damals zu einem Krankenhaus ausgebaut, und die Kirche wurde wieder als Gotteshaus hergerichtet. Das entsprach ihrem aus der Kreuzfahrerzeit stammenden Doppelprinzip: Nächstenliebe in Form von Krankenpflege und Verteidigung des Glau-

Kontakt
Pfarrer Jörg Fröhlich über
Sekr. Frau Hahn,
Tel. 06033-749246
Johanniter-Hotel,
Tel. 06033-91709000

In der Komturkirche des Johanniter-ordens

bens. Schauen Sie mal hoch zur Decke. Sehen Sie dort das kreisrunde Loch? Im Mittelalter hatten die Johanniter, wie ich Ihnen bereits gesagt habe, im Obergeschoss ein Krankenlager eingerichtet. Und durch dieses Loch konnten die Kranken die Messe und die Stundengebete verfolgen. Früher gab es drei Guck- oder sagen wir lieber Hörlöcher. Zwei hat man bei einer Restaurierung der Kirche zugemauert."

„Herr Fröhlich, Sie sind Pfarrer der Evangelischen Johannitergemeinde und dies hier ist die Kirche Ihrer Gemeinde, nehme ich an?" – „Ja. Sie ist unsere Gemeindekirche und gleichzeitig die einzige Kirche, die heute noch im Besitz des Johanniter-Ordens ist."
„Wird ihr Gottesdienst auch von den Bürgern von Nieder-Weisel besucht?"
„Eher weniger, sie haben ja ihre eigene Kirchengemeinde und ihr eigenes Gotteshaus."

Pilgerherberge im Kapitelsaal des Ritterordens

„Wer ist dann Mitglied der Johanniter-Gemeinde?"
„Unsere Gemeinde steht allen Menschen offen, die zur Johanniter-Familie gehören: Mitgliedern des Ordens und Mitarbeitenden der Werke des Ordens: aus der Johanniter Unfall-Hilfe, aus den stationären Johanniter-Einrichtungen, Mitgliedern der Johanniter-Schwesternschaft, Haupt- und Ehrenamtlichen der Johanniter-Hilfsgemeinschaften sowie alle Familienangehörige."

„Aber sie sagten doch vorhin, dass die Ordensritter und die Mitarbeiter der Johanniter in ganz Hessen verstreut wohnen. Wann kommen die in die Komturkirche?"

Das Ostheimer Süßerfest
Gegenüber dem alten Rathaus von Ostheim befindet sich Müllers alter Saal. Nach dem traditionellen Süßerfest am dritten Sonntag im September ist der Saal bis Ende November geöffnet, freitags ab 19 Uhr, sonntags ab 18 Uhr. In der Straußwirtschaft gibt es Apfelwein und einfache hessische Gerichte.

„Zunächst einmal zum Gemeindegottesdienst, der einmal im Monat stattfindet. Zudem kommen unsere Gemeindemitglieder, um ihre Seele zu stärken und sich ihres Glaubens zu vergewissern. Darüber hinaus gibt es noch viele andere Veranstaltungen in und um die Kirche: Unsere musikalischen Kammermusikabende sind ein Leckerbissen. Daneben gibt es Tagungen, Führungen mit Andachten und vieles andere. Bei alledem: wir sind eine sehr junge und sehr außergewöhnliche Gemeinde. Vieles entwickelt sich noch und wartet darauf, ausprobiert zu werden. Eines aber ist klar: Die Komturei ist das geistige und geistliche Zentrum der Johanniter. Aber kommen Sie, wir schauen uns jetzt das obere Stockwerk an."

Wir steigen eine Treppe hinauf, die zu einer großen, mit Eisen beschlagenen Eichentür führt. Fröhlich öffnet die Tür und wir betreten einen weiten, aber vergleichsweise niedrigen Raum, der durch zahlreiche Balken abgestützt wird.

„Hier befand sich also das Krankenlager. Inzwischen ist das der Kapitelsaal, der so heißt, weil hier Kapitelsitzungen des Ordens stattfinden. Übrigens: Wenn größere Pilgergruppen kommen, können sie gerne hier oben übernachten"

„Was heißt größere Gruppen?" – „So um die 20 Personen."
„Und worauf sollen die Pilger schlafen?"
„Wir stellen Feldbetten auf. Die Toilette ist nebenan. Eine Dusche gibt es jedoch nicht. Für das Essen sorgt das Tagungshotel."

„Können auch kleinere Gruppe bei Ihnen übernachten?"
„Ja klar, einmal im Johanniter-HOTEL*** und zwar gediegen, zum anderen preiswert in einem Sozialraum der Landesgeschäftsstelle der hessischen Johanniter Unfall-Hilfe."

„Na dann kann die Pilgersaison ja eröffnet werden. Werden Sie auch spezielle Veranstaltungen zu den Themen Luther und Pilgern anbieten?"
„Ja, wir bieten schon jetzt Pilgertage und Pilgerwochenenden an. Von Nieder-Weisel aus erkunden wir den Lutherweg in beiden Richtungen, bis nach Friedberg und Münzenberg. Übernachtet wird im Johanniter-HOTEL***. Weitere Angebote werden folgen." Ich bedanke mich bei Pfarrer Fröhlich und mache mich auf den Weg nach Ostheim.

Hinweis auf Müllers Alten Saal

Speierling, Apfelwein und Streuobstwiesen

In Ostheim ist einer der Marktführer des hessischen Apfelweins zu Hause, die Traditionsfirma Müller. Müller s Speierling war lange Zeit ein Begriff. Der Speierling ist eine nahe Verwandte der Vogelbeere. Setzt man die herben Früchte dem Apfelwein zu, so ergibt sich ein ganz spezifischer Geschmack, der in der Region viele Anhänger gefunden hat. Außerdem erhöht der Speierling die Haltbarkeit des Apfelweins.

Über die Weinstraße geht es wieder hinaus in die Feldflur, über die Weinstraße wohlgemerkt und nicht die Apfelweinstraße. Nicht dass jemand denkt, in Ostheim würden sie auch „richtigen" Wein machen.

Nein, die Weinstraße war ein mittelalterlicher und neuzeitlicher Handelsweg, der über Gießen, Butzbach und Friedberg nach Frankfurt führte. Die Weinstraße (eigentlich Wagenstraße) nahm bei Gießen die Langen Hessen auf, die Konkurrenzstraße der Kurzen Hessen. Die Weinstraße bei Ostheim sollte in Speierlingsweg umbenannt werden, zumindest was den hinteren Abschnitt betrifft. Dort nämlich hat man eine Allee aus Speierlingsbäumen gepflanzt, ein Unikat in Hessen, wenn nicht sogar in Deutschland. Von der Speierlingsallee aus hat man einen prächtigen Blick über die Wetterau. Im Osten erhebt sich über weiten Feldfluren die Münzenburg. Im Westen schaut man über Streuobstwiesen und Schafweiden hinunter ins Fauerbachtal und hinüber zu den bewaldeten Höhen des Taunus.

Reifer Speierling

Und genau dort treffe ich wieder auf einen Schäfer. Er stützt sich, wie es sich gehört, auf einen langen Stab, beobachtet die Herde und gibt seinen Hunden ab und an einen Befehl, worauf diese die Schafe enger zusammentreiben. Ein jüngerer Mann macht sich in einem Auto zu schaffen. Endlich hat er, was er sucht, eine große Flasche gelben Sprudel, die er dem Schäfer bringt, worauf der in großen Schlucken einen Teil der Flasche leert.

„Mein Name ist Weißelberg, Wilhelm Weißelberg aus Obermörlen", stellt sich der Schäfer vor. Seine Hunde kommen herbeigelaufen und blicken mich neugierig an. Einer, der Ältere, hat einen Maulkorb um. „Der zwickt die Schafe beim Treiben gern mal in die Hinterbeine und das soll er jetzt nicht, sie sehen ja, die Schafe haben Lämmer und dann dürfen sie nicht beunruhigt werden."
„Wie viele Schafe sind das? So um die 500?"
„Na, nicht ganz so viel, das sind so um die 300 Mutterschafe, die Lämmer natürlich nicht mit gerechnet."

Wilhelm der Dritte und die Schafe vom Galgenberg

„Und kann man davon leben?"
„Wenn man keine hohen Ansprüche hat schon. Aber das funktioniert alles nur, solange ich für meine Arbeit Fördergelder bekomme. Sie müssen wissen, wir schicken die Schafe hier über Magerrasen, also ungedüngtes Land, das sonst keiner bewirtschaften will. Wenn wir das nicht machen, dann wachsen die Wiesen hier ruck zuck zu. Drei oder vier Jahre, dann ist alles voller Gestrüpp. Und dann ist Schluss mit Blumen, Hummeln und Heuhüpfern. Das ganze Naturschutzgebiet wär nichts mehr wert. Außerdem ginge damit ein schöner Teil unserer Heimat verloren."

„Und von wem bekommen Sie die Förderung?"
„Von der EU, vom Land Hessen und vom Wetteraukreis."
„Aber einen Teil erwirtschaften sie doch sicher auch selber über den Verkauf der Wolle, oder?"
„Ach was. Das Schafscheren macht viel Arbeit und die Wolle bringt kaum etwas. 50 Cent bekomme ich gerade mal für ein Kilo. Nein, Schafhaltung lohnt nur, wenn man die Lämmer an Mastbetriebe verkauft. Die päppeln die Tiere marktgerecht auf, denn wenn die Leute Lammfleisch kaufen, muss schon mehr dran sein, als sie sich hier auf der mageren Weide anfressen können."
„Kann ich bei Ihnen auch Lammfleisch kaufen, das hier direkt von der Weide kommt, quasi Naturlamm?"

Lutherweg zwischen Ostheim und Ober-Mörlen

„Ja klar, aber nur, wenn Sie ein ganzes Tier abnehmen. Alles andere würde zu viel Arbeit machen. Ich bin da mit meinem 76-jährigen Vater, dem Wilhelm und meiner Hilfskraft hier am Rande der Kapazität."

„Wie, ihr Vater heißt auch Wilhelm?"
„Ja, und mein Großvater hieß auch so. Ich bin Wilhelm der Dritte. Übrigens, ich war genau wie mein Vater nicht immer Schäfer. Er hat bei der Bahn geschafft, ich war fast drei Jahrzehnte in einer Bad Nauheimer Klinik als Elektriker beschäftigt. Jetzt aber sind Schafe mein Leben. Inzwischen muss ich jeden Tag Schafe sehen, sonst werde ich krank."

Schafe von Schäfer Wilhelm III.

„Wann machen Sie Feierabend?"
„Na so gegen sechs. Dann kommen die Schafe in den Nachtpferch dort drüben."

„Dann haben Sie ja noch ein Stündchen vor sich. Machen Sie's gut. Ich muss heute noch nach Bad Nauheim."

Der Lutherweg führt nach Ober-Mörlen hinunter, leider durch die Feldflur und über Betonpisten. Ich suche mir einen Weg, der weiter durch die Streuobstwiesen führt, das heißt, ich halte mich geradeaus und folge einem unbefestigten Weg, der relativ steil bergab führt. Links verläuft - halb versteckt hinter Kiefern - eine Hohle. Es ist die

Trasse der alten Weinstraße bzw. der Wagenstraße. Wagenstraße wird in einigen hessischen Dialekten zur Wäähnstraß, was bei einer nachlässigen Aussprache der Weinstraße nahe kommt.

Schäfer Wilhelm Weißelberg, genannt Wilhelm III.

Ober-Mörlen gehörte wie Rockenberg bis Anfang des 17. Jahrhunderts zur Grafschaft Königstein und dann zum Kurfürstentum Mainz. Und wie Rockenberg hat Ober-Mörlen die Reformation und die Gegenreformation mitgemacht. Heute gibt es in dem Ort eine katholische Pfarrkirche und am östlichen Ortsrand, direkt an der Bundesstraße, eine Marienkapelle, die Anfang des 18. Jahrhunderts zur Zeit der Gegenreformation erbaut wurde. Wie zum Ausgleich hat man 1926 in der Nauheimer Str. 18 die evangelische Gustav-Adolf-Kirche errichtet. Noch schnell ein Blick auf das Schloss Ober-Mörlen, dann geht es weiter nach Bad Nauheim.

Bad Nauheim und der Große Sprudel

Nauheim war einst ein kleines Dorf. Aber es hatte eine heilkräftige Quelle. Heilkräftige Quellen spielen an Wallfahrtsorten oft eine wichtige Rolle. Man denke nur an Lourdes. Doch Nauheim hatte keinen Heiligen und auch keine Reliquien. Und so schlief Nauheim seinen Dornröschenschlaf, bis man Mitte des 19. Jahrhunderts eben diesen „Großen Sprudel“, erbohrte. Nauheim erhielt Stadtrechte und eine Spielbank, die junge Stadt bekam das Prädikat „Bad“ zugesprochen und Anfang des 20. Jahrhunderts wurde der „Große Sprudel“ in ein Jugendstil-Ensemble eingebettet. Unter der Ägide des kunstsinnigen Großherzogs Ernst Ludwig kleckerte man bei solchen Projekten nicht, man klotzte. Die heiß aus der Erde sprudelnden Quellen wurden in zwei mächtigen, mehrere Meter breiten Brunnenbecken gefasst, die von Brunnenfrauen oder Wassermännern getragen und flankiert werden. Treppen führen hinauf zu den Beckenrändern.

Becken des Großen Sprudels von Bad Nauheim

Badezimmer im Badehaus

Sechs mit Buntglasfenstern, Mosaiken und viel Deko versehene Badehäuser umgeben den Sprudelhof. Es gibt 264 Badezimmer, darunter luxuriöse „Fürstenbäder“. Nach dem Bad wurden die gekachelten Wannen im Boden versenkt, wo sie von unterirdisch agierendem Personal gereinigt wurden. Schauen Sie mal hinein, sicher ist eines der Bäder frei. Eine mit Mineralwasser gefüllte Badewanne; wenn das nicht gegen ein Zipperlein hilft. Für das Herz wäre es sicher hilfreicher, auf den Nauheimer Hausberg zu steigen und dort im Café-Restaurant Johannesberg den Wein zu probieren, den man am Hang unter dem Restaurant anbaut. Vom Johannesberg blickt man über die Stadt und die Wetterau hinüber zum Vogelsberg und nach Süden zur nahen Nachbarstadt Friedberg, unserer nächsten Station. Ganz im Süden, am Horizont, kann man die Hochhäuser des Frankfurter Bankenviertels ausmachen.

Der Lutherweg führt entlang der Usa durchs Kurviertel zum südlichen Stadtrand, wo sich das Café zum Ludwigsbrunnen und das Gradierwerk Nr. 5 befinden.

Kurbrunnen in der Trinkkuranlage

Tourist Info Bad Nauheim
In den Kolonnaden 1, Mo – Fr 10 - 18 Uhr,
Sa und So 11 - 16 Uhr, Tel. 06032-92992-0

Friedberg, Burg und Stadt

Das erste, was der von Bad Nauheim kommende Wanderer von Friedberg gewahrt, ist der Adolfs-Turm, der mächtige Bergfried der Burg Friedberg, das Wahrzeichen der Stadt. Dann kommt der basaltene Bergsporn in Sicht, auf dem die „kayserliche Burgk" thront. Auf einer historischen Auffahrt geht es steil zum Nordtor empor. Ich habe den größten Teil des Aufstiegs geschafft, da stoße ich auf einen Torbau (1534), der von zwei Anbauten flankiert wird, von der ehemaligen Burgschmiede und dem Burgbrauhaus. Hinter dem Brauhaus hängt Wäsche, an den Fenstern der alten Schmiede stehen Blumen. Ein Mann tritt heraus und grüßt freundlich. Ein paar Schritte weiter das nächste Tor, dieses Mal mit einem Türmchen (1480), in dem der Torwächter wohnte. Ich schreite durch Tor Nummer zwei und blicke auf Tor Nummer drei, ein Doppeltor, wieder mit „Anbau". Um den ganz im Blick zu haben, muss ich den Kopf weit in den Nacken legen. Vor mir ragt der Adolfsturm auf, mit Wetterfahne 58 m hoch. Ich zahle einen geringen Eintritt und steige nach oben. Der Blick vom Turm überrascht. Nach all den mittelalterlichen Mauern und Toren hatte ich eine Ritterburg à la Münzenberg erwartet, doch ich blicke auf ein Areal von der Größe mehrerer Fußballplätze , auf dem ich zahlreiche Häuser, ein Schloss, eine Kirche und eine Schule ausmache. An eine Burg erinnern nur die Befestigungsmauern. Gut, dass ich einen Termin mit Johannes Kögler, dem Leiter des Wetterau-Museums, vereinbart habe. Er wird mir das außergewöhnliche Burghofensemble erklären.

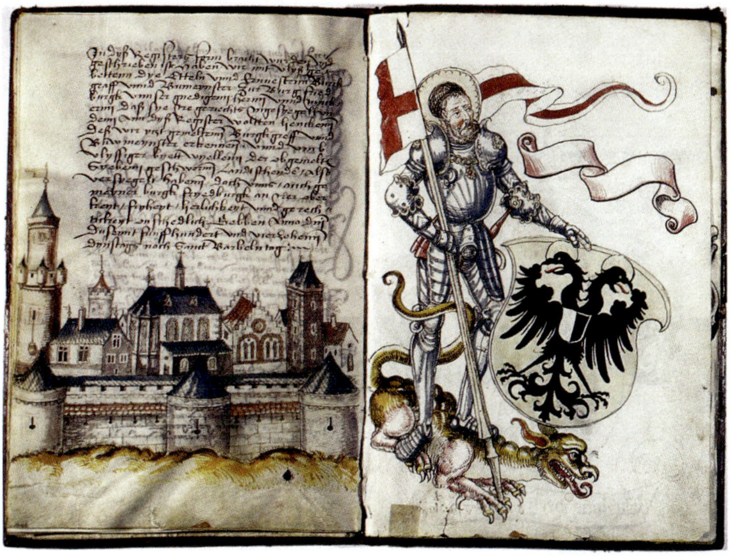

Die „kayserliche Burgk" Friedberg und deren Schutzpatron St. Georg, der Drachentöter. Aus einer 1514 im Kloster Naumburg (Wetterau) zu Kaichen erschienenen Handschrift, Staatsarchiv Marburg

Übernachtung in Friedberg
Hotel Hanauer Hof,
Fauerbachstr. 6,
Tel. 06031-5575
Hotel Goldenes Fass,
Haagstr. 43,
Tel. 06031-16880

Der Lutherweg führt durch die Nordtore in das Burggelände hinein und über das Südtor wieder hinaus. Dabei kommt man an der evangelischen Burgkirche vorbei, ein Gebäude im klassizistischen Stil und dezenter Farbgebung: Weißgrau und zartes Blau mit goldenen Applikationen. Die mittelalterliche St.-Georgskirche hatte man Ende des 18. Jahrhunderts abgerissen. Den Grundstein für den Bau der neuen Kirche legte man 1783.

Sechs Jahre darauf tobte in Frankreich die Revolution. Dann kam Napoleon. Kein Wunder, dass die Kirche erst 1808 fertig gestellt wurde.

Der Abriss der alten Kirche brachte den heiligen Georg um

Wie der Adolfsturm zu seinem Namen kam
Im Jahr 1347 lagen die Burgmannen der Frydburgk mit dem Grafen Adolf von Nassau-Wiesbaden-Idstein in Fehde. Den Friedbergern gelang es, den Grafen gefangen zu nehmen. Für seine Freilassung erpressten sie ein Lösegeld, mit dem sie den Bau des Wehrturms finanzierten.

Torbau der Burg Friedberg aus dem Jahr 1534, links das ehem. Burgbrauhaus, rechts die ehem. Burgschmiede

sein Gotteshaus. Aber auf dem Brunnen neben der Kirche wird ein in Stein gemeißelter St. Georg in Ehren gehalten. Der Georgsbrunnen befindet sich vor dem Schloss, auf das man vom Adolfsturm blickt. Und in diesem recht beachtlichen Renaissancebau befindet sich – ich kann es zunächst kaum glauben – das Finanzamt Friedberg.

Multi-Kulti am Fünffingerplatz

Im Bürgerpark und auch auf dem bebauten Burgareal geht es relativ ruhig zu. Doch kaum hat man das Südtor durchschritten, wird man mit dem quirligen Verkehr der Kaiserstraße konfrontiert. Die Kaiserstraße ist die Lebensader der Friedberger Altstadt, die Verkehrsachse von Friedberg. Die Straße hat Boulevard-Charakter mit breiten Bürgersteigen, Geschäften, Straßencafés und Autokolonnen. Ich biege in die Usagasse ab und tauche damit in eine andere Welt ein. In der verkehrsfreien Gasse stehen Gruppen junger Leute: Türken, Deutsche und andere Nationalitäten, eine bunte Mischung. Man unterhält sich, trinkt etwas, raucht. Ein Imbiss versorgt Neuankömmlinge und Passanten mit Döner. Ein paar Meter weiter, am Fünffingerplatz, kicken Jungen unterschiedlicher Nationalitäten um die Wette, Mütter schauen zu. Aus dem Restaurant gegenüber kommen derweil zwei gut gelaunte Männer und feuern die Fußballspieler an. Zwei Häuser weiter bleiben sie diskutierend stehend. Dann geht es in die nächste Gaststätte. In lauen Sommernächten, und nicht nur dann, ist hier nach Aussage eines Anwohners mächtig was los. Dann wummern aus offenen Fenstern die Bässe. Jugendliche stehen vor den Gaststätten, gut versorgt mit mitgebrachten Getränken.

Im ehemaligen Burggarten flanieren

Auf der Ostseite der Burg erstreckt sich der Bürgerpark, mit zwei Alleen und Ausblicken auf die Wetterau und Bad Nauheim. Er geht auf eine Wehranlage zurück, den Zwinger. Als die Zeiten der Burgen vorbei waren, legte man im Zwinger einen Barockgarten an. Der wurde zu Beginn des 19. Jh. in einen englischen Landschaftsgarten umgewandelt und 1921 schließlich in den Bürgerpark. Eingänge zum Park befinden sich unterhalb des Adolfturms und am Südtor.

Ein jüdisches Ritualbad, eine Mikwe

Mitten in diesem Multi-Kulti-Viertel befindet sich ein Denkmal jüdischer Kultur, ein jüdisches Ritualbad, eine Mikwe, die von der jüdischen Gemeinde Friedbergs im Jahr 1260 angelegt wurde. Vom Fünffingerplatz zur Mikwe in der Judengasse ist es nur ein Katzensprung. Die Mikwe befindet sich im oder besser unter dem Innenhof des Hauses Nr. 20. Das Wasser, in dem jüdische Frauen durch Untertauchen rituelle Reinheit erlangten, musste lebendig sein, das heißt, es musste einem natürlichen Vorkommen entspringen. Geschöpftes Brunnenwasser kam nicht in Frage, Grundwasser war dagegen koscher. Also begann man, einen Schacht in den basaltenen Fels zu treiben, der sehr tief wurde, denn erst nach 25 m stieß man auf lebendiges Wasser (Grundwasser). Der Schacht wurde ausgemauert und mit einer siebenläufigen Treppe versehen. Die Treppenabschnitte werden von Bögen überspannt und von den Säulen mit reich verzierten Kapitellen gestützt. Ein schräger Zugang führt zu einem Portal. Dann geht es 72 Stufen hinunter zum Wasser, das im roh behauenen Fels um die 5 m hoch steht. Die Wassertemperatur beträgt das ganze Jahr über 8-10 Grad Celsius. Es muss schon einige Überwindung gekostet haben, hier unterzutauchen. Oben, im Erdgeschoss des Hauses, befindet sich eine Ausstellung zum jüdischen Leben in Friedberg und den Leiden, die die Juden dort in der Zeit des Nationalsozialismus ertragen mussten. Von den 300 Juden Friedbergs wurden 78 ermordet. Die übrigen entkamen, weil es ihnen gelang zu emigrieren. Vom Mikwe aus sollte man der Judengasse zurück zur Kaiserstraße folgen. Man kommt so an der Stelle vorbei, wo einst die Synagoge stand. Sie wurde am 10. November 1938 geschändet, angezündet und im darauf folgenden Jahr abgerissen. Auf dem Platz, wo einst die Synagoge stand, wurde 1996 eine Gedenkstätte eingeweiht. Die Judenstraße und die Gasse „Judenplacken" waren übrigens bis in das 19. Jahrhundert hinein mit Toren verschlossen.

Öffnungszeiten der Friedberger Mikwe: *Di - Fr. 9 bis 12 Uhr und 14 bis 17 Uhr; Sa - So morgens erst ab 10 Uhr.*

Blick in den Schacht der Mikwe

Der Lutherweg folgt der Augustinergasse, in der die Gebäude des ehemaligen Augustinerklosters stehen. Ich ziehe es vor, der Kaiserstraße zu folgen, da ist einfach „mehr los". Beinahe hätte ich ein wichtiges Luther-Erinnerungs-Objekt übersehen, das Haus, in dem Luther auf seiner Rückreise (und wahrscheinlich auch auf seiner Hinreise) übernachtet hat. Heute ist es ein Geschäftshaus, Kaiserstraße Nr. 32 (Bettenhaus Decher). Am ersten Stock hat man eine unscheinbare Erinnerungstafel angebracht.

Die evangelische Stadtkirche Unserer Lieben Frau

Circa 200 m hinter dem „Lutherquartier" weitet sich die Kaiserstraße zu einem Platz, der nach Elvis Presley benannt ist. Luther hat es in Friedberg bisher nicht zu so einer prominenten „Patenschaft" gebracht. Nur eine schmale Lutheranlage in der westlichen Vorstadt gibt es. Aber, was nicht ist, kann ja noch werden. Am Elvis-Presley-Platz befindet sich ein Hinweis auf die evangelische Stadtkirche „Unserer Lieben Frau". Ein paar Schritte und ich stehe vor dem aus rotem Sandstein gefügten gotischen Bau. Die steinernen Wasserspeier an den Traufseiten sind bemerkenswert. Zudem scheint dem Kirchturm an der Nordwestecke das südwestliche Pendant zu fehlen. Aber sonst kann ich an der Kirche vorläufig nichts Außergewöhnliches entdecken.

Kaum bin ich im Innern der Kirche, ändert sich meine Einschätzung. Himmelwärts strebende rote Sandsteinpfeiler lassen das gotische Element perfekt zum Ausdruck kommen. Durch weite Pfeilerstellung und breite Seitenschiffe, die ebenso hoch sind wie das Mittelschiff, ergeben sich diagonale Durchblicke, die der Halle etwas Großartiges verleihen. Zum Altar hin, wo das Querschiff ansetzt, weitet sich der Blick nochmals. Wo ich auch stehe, ich habe das Gefühl, in einer hoch aufstrebenden, Gott zu Ehren geschaffenen Halle zu sein,

Luther und die Juden

Luther wandte sich 1523 noch gegen die gewaltsame Missionierung der Juden und gegen Ritualmord- Legenden. Stattdessen warb er für eine menschliche Behandlung der Juden, um viele zum evangelischen Glauben zu bekehren. Doch gut ein Jahrzehnt später unterstellte er den Juden kollektive Mordabsichten gegen Christen. 1543 forderte er die Fürsten dazu auf, Synagogen sowie jüdische Schulen und Häuser zu zerstören. Darüber hinaus trat er für ein Verbot der jüdischen Religionsausübung und der jüdischen Zinsgeschäfte ein. Private Gewaltakte gegen Juden lehnte er weiterhin ab (Von den Juden und ihren Lügen).

die mich trotz ihrer enormen Dimension nicht erniedrigt, sondern mich mit in die Höhe nimmt.

Maria mit dem Kinde, gotische Statue am linken Lettnerportald

Vor dem Altar werde ich dagegen in die Schranken verwiesen. Ein doppelt mannshoher Lettner stellt sich zwischen Chor und Kirchenschiff. Er stammt teilweise noch aus dem 13 Jahrhundert und schirmte bis zur Reformation die im Chor versammelte Priesterschaft von den normalen Gottesdienstbesuchern, den Laien, ab, eine Besonderheit, die es auf der 600 km langen Strecke Wittenberg-Worms sonst nur noch in der Erfurter Predigerkirche zu sehen gibt (S.80).

Aber das ist noch nicht alles. Die Mitte des Lettners ist zu einem Ziborienaltar ausgebaut. Das Ziborium ist ein Baldachin über dem Altar, der zugleich als Kanzel diente. Und über der uralten steinernen Altarkanzel, die an sich schon eine Besonderheit darstellt, schwebt ein überlebensgroßes gotisches Kruzifix. Das aus der Zeit um 1500 stammende Werk bringt den Schmerz und das Leiden Christi naturalistisch und ohne jeden Schnörkel zum Ausdruck. Mich fesselt dieser Anblick. Obwohl man weiß, dass man zu einem Stück geschnitztem Holz aufschaut, fühlt man irgendwie mit. Ganz anders wirkt auf mich die Lettnermadonna, eine Marienstatue mit dem Kinde, eine Steinmetzarbeit aus dem 13. Jahrhundert. Maria steht das Mutterglück ins Gesicht geschrieben. Das pausbackige Jesuskind, dessen Antlitz eher den Zügen eines Dreißigjährigen denn eines Neugeborenen ähnelt, lächelt ebenfalls. So kunstvoll die Arbeit ist, für mich bleibt eine emotionale Distanz, was sicher nichts mit Maria zu tun hat, sondern mit der frühgotischen Ausdrucksweise.

Die Mutter-Gottes-Statue, der Lettner, der Ziborienaltar, das Chorgestühl mit den Tafelmalereien und das Sakramentshäuschen, ein herausragendes vorreformatorisches Erbe

Durch eine der beiden Lettnerpforten gelange ich in den Chorraum. Das über 600 Jahre alte Chorgestühl, in dem die Priester ihre Stundengebete absolviert hatten, ist komplett erhalten. Mehr noch, zum Chorrundgang hin wird das Chorgestühl von hohen Holzwänden (seitliche Chorschranken) abgeschirmt. Diese Wände sind mit Tafelmalereien aus dem 15. Jahrhundert geschmückt. Die interessantesten Tafelbilder befinden sich

Eine Großkirche ohne Emporen

Der harmonische Eindruck der Kirchenhalle ist nicht zuletzt dem Fehlen von Emporen zu verdanken. Natürlich hatte man nach der Reformation auch in der Friedberger Stadtkirche Emporen eingebaut, sie wurden aber im 19. Jahrhundert von kunstsinnigen Restauratoren entfernt.

Gotik in der Friedberger Stadtkirche

auf der Rückseite der südlichen Chorschranke. Dort werden in einer oberen Reihe die zehn Gebote dargestellt, in der Reihe darunter die Plagen, die sich einstellen, wenn man die Gebote missachtet, z.B. „Das neunt, du solst nit begern fremdes gelt noch gut – Denn sonst stirbt erstgeburt.“

Eine drastische Strafe, die hier angedroht wird. Auf das Begehr fremden Besitzes hin soll das erstgeborene Kind, das männliche, wie das Bild deutlich macht, sterben! Ob diese Strafandrohung Wirkung gezeigt hat?

Vom Chorgestühl geht der Blick auf die mittelalterlichen Glasmalereien der Chorfenster, durch die die Morgensonne herein scheint. Und wo das Morgenlicht ist, da ist auch der Heiland und mit ihm die Hoffnung. Unter den Fenstern stand der Altar der Chorbrüder, von dem leider nur der Altartisch in der Kirche geblieben ist. Der Altaraufsatz befindet sich im Hessischen Landesmuseum in Darmstadt. Auf dem Altartisch haben die Chorherren das Sakrament des Abendmahls zelebriert. Nach römisch-katholischer Lehre geschieht während des Abendmahls eine unumkehrbare Wandlung von Brot und Wein in den Leib und das Blut Christi. Danach ist Jesus Christus ganz gegenwärtig: mit Leib und Seele, als wahrer Gott und Mensch, als Gekreuzigter und Auferstandener. Da die Gegenwart Christi für Katholiken auch nach der Heiligen Messe erhalten bleibt, wird die Hostie (eine Oblate), die dem Leib Christi entspricht, in einem Sakramentshäuschen in der Nähe des Altars aufbewahrt. Und dieses Sakramenthäuschen ist in der evangelischen Stadtkirche erhalten. Es ist ein bis in das Gewölbe aufragender filigraner Turm (ein Tabernakel) aus weißgrauem Tuff.

Wasserspeier

Für die Lutheraner ist das Sakramentshäuschen überflüssig. Sie gehen davon aus, dass Christus nur während des Abendmahls zugegen ist. Erstaunlich, dass in der Friedberger Stadtkirche auch das Sakramentshäuschen erhalten blieb, vielleicht weil es eine so kunstvolle Steinmetzarbeit ist. Von den bis zu 18 vorreformatorischen Altären ist dagegen kein

einziger mehr vorhanden. Sie wurden aber nicht während der Reformation entfernt, sondern fielen späteren „Ausräumaktionen" zum Opfer.

Kruzifix über dem Ziborienaltar

Im Wetterau-Museum

Direkt gegenüber der Stadtkirche befindet sich das Wetterau-Museum, wo ich Johannes Kögler treffe, den Leiter des Museums. Ein Besuch lohnt, denn es handelt sich hier nicht um ein gewöhnliches Heimatmuseum. Auf zwei Stockwerken macht man eine Reise durch die gesamte Geschichte der Wetterau, von der Vor- und Frühgeschichte bis Elvis Presley, der von 1958 bis 1960 in den Friedberger Ray Barracks seinen Militärdienst absolvierte. Meine Spezialführung beginnt in der Römerzeit, und das mit Bedacht, denn Kaiser Friedrich Barbarossa, der Gründer von Burg und Stadt Friedberg, war nicht der Erste, der auf dem Basaltrücken über der Usa ein Militärlager errichtet hatte. „Tausend Jahre zuvor waren bereits die Römer dort", so Kögler. „Auf dem Taunuskamm und in der Wetterau verlief nämlich der römische Limes, die Grenze des römischen Reiches."

„Hat man im Burgareal Funde aus römischer Zeit gemacht?", frage ich.

„Ja, neben Münzen und Scherben hat man die Mauern und auch die Fußbodenheizung eines Römerbades entdeckt. Aber das ist noch nicht alles. Neben dem Kastell, das 1000 Soldaten umfasste, gab es eine zivile Ansiedlung. Vor zwei Jahren ist man am Elvis-Presley-Platz bei Bauarbeiten auf die Grundmauern römischer Häuser gestoßen. Die Römer haben also die mittelalterliche Struktur von Friedberg vorgezeichnet, im Norden die militärische Ansiedlung, im Süden die Stadt. Kommen Sie, wir gehen mal ein Stockwerk höher. Dort befindet sich eine große Stadtansicht aus dem Jahr 1565, an der man das Verhältnis von Burg und Stadt anschaulich erklären kann."

Johannes Kögler führt mich zum Modell der Burganlage. „Kaiser Barbarossa war - wie den Römern - viel an der fruchtbaren Wetterau gelegen", sagt er, „und so hat der Kaiser in Friedberg eine ungewöhnlich große Burganlage bauen lassen, rechteckig wie ein römisches Militärlager."

„Wollen Sie damit sagen, dass die Burg die Ruinen des Kastells nachzeichnet?"
„Das kann man nur vermuten, aber es ist sehr wahrscheinlich, dass der

Die zehn Gebote, erste Bildzeile. Zweite Bildzeile: die Strafen bzw. Plagen, die resultieren, wenn man die Gebote missachtet. Vorreformatorische Tafelgemälde an den lateralen Chorschranken der Friedberger Stadtkirche.

für das Mittelalter untypische rechteckige Grundriss so zu erklären ist. Normalerweise haben die Römer ihre raumzehrenden Militärlager ja eher in der Ebene angelegt. Aber zur Burg Friedberg: Sie unterstand bis zum Jahr 1806 direkt dem römisch-deutschen Kaiser."

„Das heißt, Barbarossa hat die Burg nicht an einen verdienten Freiherrn oder Grafen zum Lehen gegeben."
„So ist es. Die Burg Friedberg war eine Reichsburg oder auch kaiserliche Burg."
„Aber irgendjemand musst doch die Burg verwalten?"

„Dazu hat der Kaiser Burgmannen eingesetzt, Vertreter des in der Region ansässigen Niederadels. Jeder von denen hat sich auf dem Gelände der Burg ein Haus errichtet. Platz genug war ja vorhanden."

„Und gab es unter den Burgmannen einen Chef?"
„Ja, den Burggrafen. Das Amt war aber nicht wie bei einem Grafen auf dem Lande erblich. Der Burggraf wurde aus den Reihen der Burgmannen immer wieder neu gewählt. Einer der Burggrafen hat sich als Wohnsitz ein richtiges Schloss gebaut, das später dauerhaft zum „Burggrafiat" wurde. Das ist der Renaissancebau, in dem heute das Finanzamt untergebracht ist. Ja, und auch die Stadt wurde von Barbarossa gegründet. Der Kaiser stellte der Burg eine städtische Siedlung gegenüber, die 1252 den Status einer Reichsstadt erhielt."

Burg und Stadt, wie Katz und Maus

„Dann gab es also im Mittelalter auf der Anhöhe über der Usa zwei politisch selbstständige Einheiten?"
„Nicht nur im Mittelalter, auch zur Lutherzeit und danach, bis 1803 bzw. 1806, als das Heilige Römische Reich zerfiel."

137 km nach Worms
38 km nach Frankfurt-Zentrum

„Hat das nicht zu Reibereien geführt?" - „Natürlich." - „Und wer hatte die Oberhand?"

„Die Burg erlangte im Laufe der Zeit mehr und mehr die Oberhand. Als die Stadt Anfang des 15. Jahrhunderts ihre neu errichtete Kirche mit einer Doppelturmfassade vollenden wollte, wussten die Burgherren dies mit dem Hinweis zu verhindern, dass man von den Türmen aus die Burg beschießen könne. Und so blieb es auf Beschluss des deutschen Königs Ruprecht bei einem Turm, dem Nordturm. Und auch der wurde nicht wie geplant ausgebaut, sondern erhielt anstatt einer steinernen Glockenstube eine aus Holz, die wie der Turmhelm mit Schiefer gedeckt wurde."

Johannes Kögler und ich haben noch lange miteinander diskutiert, über die Kaiserstraße und über das berühmte „Lutherschwert", das im Besitz des Museums ist. Die Sache mit dem Schwert kommt bei der Rückreise zur Sprache. Jetzt geht es erst mal weiter Richtung Worms.

Der Weg nach Frankfurt

Ober- und Nieder-Wöllstadt, Okarben und Petterweil, das sind Lutherwegorte hinter Friedberg. Man wandert durch Raps-, Rüben- und Getreidefelder, rechter Hand begleitet den Wanderer der bewaldete Höhenzug des Taunus, in allen anderen Richtungen erstreckt sich die weite Hügellandschaft der Wetterau. Im Ortskern von Petterweil lohnt ein Blick in die 1653 erbaute Martinskirche. Ein romanischer Sandstein-Torbogen in der Westfassade zeugt von einer mittelalterlichen Vorgängerkirche. Der Taufstein stammt aus dem hohen Mittelalter. Damals war die Martinskirche Taufkirche für eine ganze Reihe von Orten des Niddagaus.

Der nächste Ort am Lutherweg, Nieder-Erlenbach, gehört bereits zu Frankfurt. Wohnbauten von Besserbetuchten säumen den Ortskern, der sich immer noch ein wenig ländlich gibt. In der Bäckerei Moos in Alt-Erlenbach bekomme ich Kaffee und ein Ge-

Von Friedberg nach Frankfurt am Main

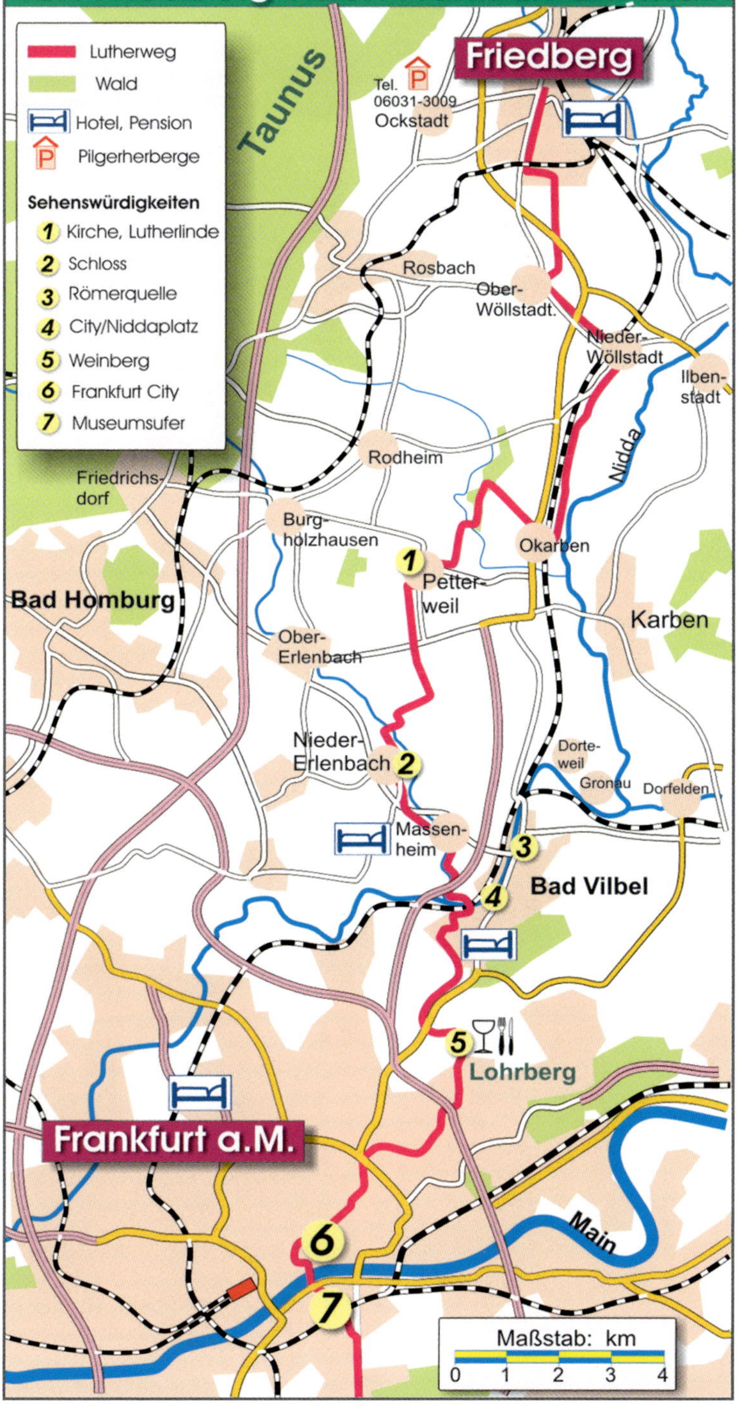

Tipp für Fußkranke
Am Bahnhof von Friedberg kann man in die S-Bahn steigen. In 36 Minuten ist man so in Frankfurts Innenstadt.

Wappen der Stadt Friedberg, am alten Rathaus in der Kaiserstraße

bäckstückchen. Eine ältere Frau am Nebentisch, die die Neue Revue liest, berichtet mir von König Juan Carlos und seinen Problemen wegen einer Elefantenjagd. Ein kleines Stück die Straße hinunter kommt man an zwei Herrenhäusern aus dem 18. Jahrhundert vorbei, dem Lersnerschen Schloss.

Weiter geht's nach Massenheim und dort auf Park- und „Schleichwegen" am Ufer des Erlenbachs entlang nach Bad Vilbel. Die B3 wird gequert, die Nidda und die Bahn; der Lutherweg führt am Klärwerk vorbei und durch die Siedlungen Heilsberg und Sudetenland hinauf zum Parkfriedhof Heiligenstock. Wer den Stadtkern von Bad Vilbel sehen will, muss einen Abstecher einplanen. Vom Heiligenstock ist es nicht mehr weit zum Lohrberg, dem ersten Highlight von Frankfurt.

Bad Vilbel

Vor den Toren der Stadt, am Niddatalradweg, kommt man an der Römerquelle von Hassia-Sprudel vorbei (Entfernung vom Lutherweg ca. 2 ½ km). Eine Fußgängerbrücke führt über die Nidda zum Quellsprudel. Am Radwegufer wird überschüssiges Mineralwasser in die Nidda geleitet. Dabei hinterlässt das mineralhaltige Wasser einen knallroten Belag aus Eisenverbindungen. Am Rand der Innenstadt stößt man auf die Ruine der Vilbeler Wasserburg. Seit 1987 finden hier während der Sommermonate Burgfestspiele statt. Auf der anderen Seite der Nidda steht das alte Fachwerkrathaus. Der Platz vor dem Rathaus ist recht schön, das Leben spielt sich aber inzwischen in der „Neuen Mitte" ab, und die liegt einen halben Kilometer flussab. Dort überbrückt die Stadtbibliothek mit ihrem großzügig zugeschnittenen Café die Nidda. Von der Caféterrasse aus blickt man auf den Fluss und hinüber zum neuen „Marktplatz", offiziell Niddaplatz genannt.
***Tourist-Info Bad Vilbel**, Tel. 06101-602-247.*

Am Brunnen vor dem alten Rathaus

Frankfurt und das hessische Ried

Auf dem Lohrberg, „Äppelbäum, Gaststätte un´ Rebhäng"

Der Autor im Garten des MainÄppelHaus-Bistros mit Lohrberg-Riesling und Äppelringen

Ein Weinberg, ein Volkspark und die Lohrberg-Schänke, in der man „Äppelwoi un grün Soß " bekommt. Dazu die Skyline der City, die sich hinter einem Grünzug wirkungsvoll in Szene setzt. Wein wird am Lohrberg seit dem 9. Jahrhundert angebaut. Die steilen, nach Süden ausgerichteten Rebhänge gehörten den Mönchen des Frankfurter Karmeliterklosters. Seit 1803 ist der Weinberg im Besitz der Stadt Frankfurt. Um die 10.000 Flaschen Lohrberg-Riesling werden von dem städtischen Weingut pro Jahr abgefüllt.

Ich kehre im Äppel-Bistro des MainÄppelHauses Lohrberg ein, das am östlichen Ende des Weinberges liegt. Im Schatten von Walnussbäumen wage ich mich an einen Handkäs mit Musik, wobei ich die gehackten Zwiebeln - die Musik- mit einem Apfelmost abmildere. Zum Nachtisch gibt es Apfelringe, die ich mir aus dem „Äppel-Hofladen" hole. Auch eine Flasche Lohberg-Riesling mit dem praktischen Schraubverschluss erstehe ich dort. Sie wandert ungeöffnet in den Rucksack. Traubenwein spielt im MainÄppelHaus sonst keine Rolle. Hier dreht sich natürlich alles um den Apfel. Hinter dem Hofladen/Bistro erstreckt sich ein großer Schaugarten, den die Macher des MainÄppelHauses, sechs engagierte Frauen, angelegt haben. Dort erfährt man Wissenswertes zu Apfelsorten, zum Gartenbau und zum Lebensraum Streuobstwiese, das Ganze mit herrlichem Blick über das Maintal, bis hin zum Odenwald.

Vom Lohrberg führt der Lutherweg hinunter nach Seckbach, ein tausend Jahre altes Dorf, das über einer ehemaligen Mainschleife liegt. Der Main wurde begradigt. Der Altarm verlandete. Geblieben ist das sieben Hektar große Naturschutzgebiet Seckbacher Ried. Seckbach, das 1900 von Frankfurt eingemeindet wurde, hat im Kern einiges von seinem dörflichen Charakter bewahrt. Der Lutherweg führt mitten hindurch. Wer sich den nicht sonderlich lauschigen Weg nach Bornheim, dem nächsten Frankfurter „Dorf", sparen möchte, der fährt mit dem Stadtbus Nr. 43. Die Haltestelle befindet sich direkt unterhalb der Seckbacher Kirche. Tagsüber verkehrt der Bus alle 20 Minuten. Eine Haltestelle vor „Bornheim Mitte", an der „Seckbacher Landstraße" kann man in die U-Bahn Linie 4 umsteigen. In wenigen Minuten erreicht die U-Bahn die Haltestelle „Konstabler Wache". Von dort folgt man der Zeil, der Frankfurter Einkaufsmeile, zur „Hauptwache" und der Katharinenkirche. Schon vor der Kirche trifft man wieder auf den Lutherweg.

Wer zu Fuß von Bornheim zur „Hauptwache" möchte, hat noch eine Stunde Stadtweg vor sich. Man wandert durch Parkanlagen und Gründerzeitviertel und kommt an Pfarrkirchen mit den beziehungsreichen Namen „Wartburgkirche" und „Martin-Lutherkirche" vorbei. Schließlich stößt man auf die Zeil und kurz darauf auf die Hauptwache, wo die evangelische Katharinenkirche tapfer den geschäftigen City-Platz behauptet (siehe Karte Sehenswürdigkeit 1).

Blick über die Rebhänge des Lohrbergs. Im Hintergrund die Skyline vom Frankfurter Bankenviertel, nebst Messeturm (rechts)

Luther in Frankfurt

Martin Luther erreichte Frankfurt am Sonntag, den 14. April. Wahrscheinlich ist er über die Friedberger Landstraße in die Stadt eingezogen. Übernachtet hat er in der Nähe des Römerbergs, am Kornmarkt in der Herberge „Zum Strauß".

Von dort schrieb er einen Brief an seinen alten Freund und Studienkollegen Spalatin, den Hofprediger von Friedrich dem Weisen, der bereits in Worms weilte:

„Wir kommen lieber Spalatin, wiewohl der Satan sich bemüht mich durch mehr als eine Krankheit daran zu hindern. Denn auf dem ganzen Wege von Eisenach hierher bin ich krank gewesen und bin es noch auf eine mir bis dahin unbekannte Weise. Ich meine, dass auch das Mandat Karls veröffentlicht worden ist, um mich abzuschrecken. Aber Christus lebt, und wir werden in Worms einziehen, auch gegen den Willen aller Pforten der Hölle und der Gewalten der Luft. Ich schicke Dir Abschriften der Briefe des Kaisers. Andere Briefe zu schreiben scheint mir nicht ratsam, bevor ich nicht dort bin und sehe, was zu tun ist. Wir dürfen doch nicht den Satan ermutigen, den vielmehr zu schrecken und verachten mein fester Vorsatz ist. Sorge also für eine Herberge. Gehabe Dich wohl."

Am Abend saß Luther mit Bürgermeister Hamman von Holzhausen und zwei weiteren Patriziern zusammen, die ihm alle sehr zugetan waren. Bis in die Nacht sollen sie über die Notwendigkeit ei-

MainÄppelHaus Lohrberg
Öffnungszeiten April bis Oktober
Hofladen und Bistro: Di bis So von 11 - 18 Uhr
Montag Ruhetag, November bis März
Hofladen: Di, Mi, Fr 11 - 15 Uhr
Do 11 - 18 Uhr; Sa - So 11 - 16 Uhr
Bistro: Sa - So 11 - 16 Uhr
Kontakt:
Streuobstzentrum e.V., Klingenweg 90
60389 Frankfurt a.M. / Seckbach, Tel. (069) 47 99 94
E-mail: info@MainAeppelHausLohrberg.de

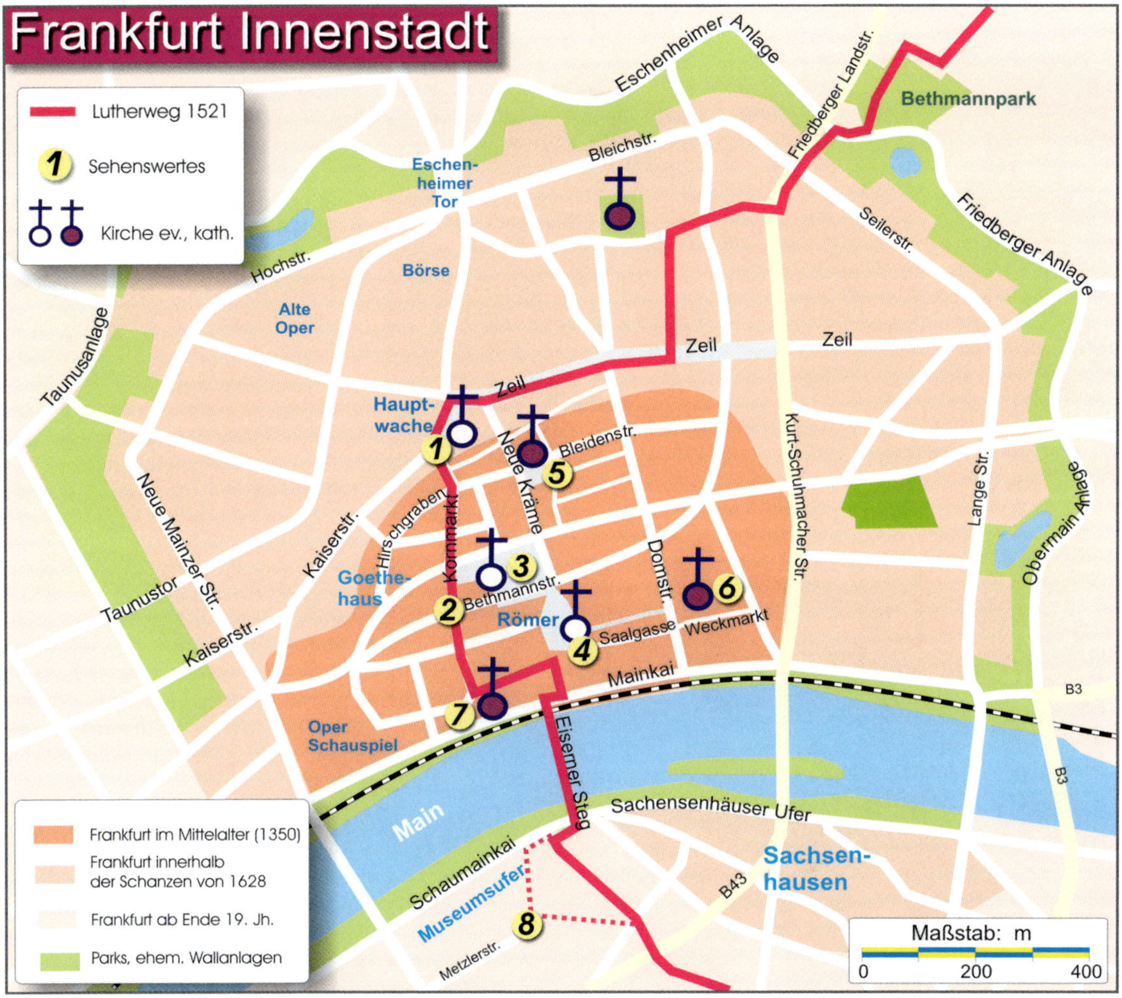

ner Kirchenreform diskutiert haben. Luther war auch in dem richtigen Stadtquartier abgestiegen. In der Buchstraße, die sich vom Gasthaus zum Main hin zog, hatten sich Ende des 15. Jahrhunderts Drucker und Buchhändler angesiedelt. Hier fand zweimal jährlich eine Buchmesse statt. Und da Frankfurt eine Freie Reichsstadt war, konnten in der Buchgasse sogar die verbotenen Schriften des Ketzers Luthers gehandelt werden. Bei der Messe im Jahre 1520 verkaufte ein Buchhändler über 1400 Exemplare von Luthers Schriften.

Touristinfo
Frankfurt am Main
Römerberg 27
Tel. 069-2123880

Luthers Herberge „Zum Strauß“

Am nächsten Morgen, es war Montag, der 15. April, besichtigte Luther noch die vom Bürgermeister gegründete Lateinschule, die sich gegenüber seiner Herberge befand. Danach machte sich Luther wieder auf den Weg nach Worms. Sein nächstes Ziel war Oppenheim am Rhein. Das Gasthaus „Zum Strauß“ existiert nicht mehr. Es musste 1896 der Anlage der Bethmannstraße weichen. Auch die Drucker und Verleger verschwanden aus dieser Ecke (Karte Ziffer 2). Heute dominieren hier das neue Rathaus mit seinem Turm und schräg gegenüber der Klinkerbau des ehemaligen Bundesrechnungshofs. Dahinter schießen die Hochhäuser der Banken in die Luft.

Die Mainmetropole steht aber nicht nur für die Finanzwelt, Frankfurt ist auch eine weltoffene Stadt, eine Stadt mit einem toleranten Klima. Und das hat Geschichte. Keine hundert Meter vom Standort der Luther-Herberge entfernt steht die Paulskirche, in der in den Jahren 1848-49 die Mitglieder des ersten frei gewählten Parlamente Deutschlands tagten (Karte, Ziffer 3). 585 Abgeordnete der damals 35 deutschen Staaten des Deutschen Bundes erarbeiteten hier einen Verfassungsentwurf, der zwar nicht verwirklicht wurde, aber zukunftsweisend war. Die in der Paulskirche formulierten Freiheitsrechte wie Glaubens- und Gewissensfreiheit, Abschaffung der Todesstrafe, Presse- und Versammlungsfreiheit blieben in den Gedanken der Deutschen verhaftet und fanden Eingang in die Verfassung der Weimarer Republik und der Bundesrepublik Deutschland. Formal ist die Paulskirche ein Gotteshaus, de facto ist sie eine Gedenkstätte für die Frankfurter Nationalversammlung.

Luthers Herberge, das Gasthaus „Zum Strauß“, Zeichnung Betha Bagge (1859-1939)

Um die Ecke, auf dem Römerberg, ist immer Betrieb. Scharen von Touristen recken ihre Digitalkameras oder Smartphones hoch, um das Rathaus und die gegenüber liegende Häuserzeile abzulichten, eine Riege Alt-Frankfurter Häuser, die nach ihrer Zerstörung im Zweiten Weltkrieg neu erstanden. Frankfurter und Anwohner aus dem Umland machen nach dem Einkauf gerne einen Bummel durch „Alt-Frankfurt“, obwohl jeder weiß, dass es sich um Neubauten handelt. Aber mit ihren Cafés und Restaurants ist diese Häuserzeile einfach ein Gewinn für die Innenstadt. Gerne wird auch der Brunnen der Gerechtigkeit fotografiert. Justitia mit der Waage und die Alte Nikolaikirche (Karte Ziffer 4) im Hintergrund geben etwas her. Nur wenigen Passanten fällt die nahe dem Brunnen ins Pflaster eingelassene Gedenkplatte auf, die an eine Bücherverbrennung am 10. Mai 1933 auf diesem Platz durch nationalsozialistische Studenten erinnert.

Die Alte Nikolaikirche, eine Stadtkirche für Touristen, Passanten und Liebhaber geistlicher Musik

In der Alten Nikolaikirche ist es ruhig. Eine Hand voll Menschen schaut sich die Tafeln einer Ausstellung zur jüdischen Geschichte Frankfurts an. Zwei Asiaten fotografieren den gotischen Chorraum. Eine Frau mittleren Alters und ein älterer Mann haben auf der modernen Bestuhlung Platz genommen. Die Kirche ist tagsüber geöffnet, im Sommer auch bis in den späten Abend hinein. Man ist auf Laufkundschaft eingestellt. Freitags organisiert die Kirchenleitung ein Programm für Passanten,

Touristen und Ruhesuchende. Abendkirche nennen sie das. Beginn ist jeweils um 20 Uhr, der Eintritt ist frei. Musikalische Darbietungen spielen in der Abendkirche eine große Rolle. Auch in der Adventszeit wird in der Alten Nikolaikirche musiziert.

> ***Die Nikolaikirchengemeinde** (St. Paulsgemeinde) bietet donnerstags gegen 12 Uhr eine Führung durch die Altstadt an, mit jeweils wechselnden Schwerpunkten.*
> *Treffpunkt ist die Nikolaikirche.*
> *Gottesdienst in der Nikolaikirche: sonntags um 9 Uhr 30.*

Im Zuge der Reformation wurde die Nikolaikirche für profane Zwecke verpachtet. Auf dem Turm war zu dieser Zeit ein Trompeter stationiert, der ankommende Kähne auf dem Main durch Hornstöße ankündigte. 1721 wurde die Kirche erneut geweiht und - obwohl evangelisch - wieder auf den Heiligen Nikolaus, den Schutzpatron der Fischer. Zum Main ist es von der Kirche auch nur einen Katzensprung.

Ein Pan, Fachwerkfigur am Römerberg

Im Kapuzinerkloster

Im Strom der Passanten zwischen Römerberg und Zeil. In der „Neuen Kräme" entdecke ich den Hinweis „Liebfrauen Klosterhof - Ort der Stille" (Karte Ziffer 5). Ein paar Schritte nur, und die Welt des schnellen Konsums liegt hinter mir. Unter einer Überdachung brennen hunderte Teelichter, daneben, in einer Nische, Blumensträuße und eine Marienstatue. Immer wieder kommen Menschen in den Hof, um ein Licht anzuzünden und ein stilles Gebet zu verrichten. Einige verlassen den Hof über eine Seitentür. Als ich die Tür öffne, blicke ich in eine Kirche, die so voll ist, wie ich es von zu Hause nur zu Weihnachten kenne. Selbst hinter der Bestuhlung stehen Menschen, und alle folgen aufmerksam der Predigt. Auf der Kanzel steht Bruder Paulus Terwitte, ein Kapuziner des Frankfurter Liebfrauenklosters und wettert über die sozialen Missstände in den Großstädten. Er skizziert Wege, wie dem abzuhelfen sei und er ermutigt die Mutlosen. Auch mich zieht dieser Vortrag in Bann. Bruder Paulus leitet die kleine, nur sechs Brüder umfassende Klostergemeinschaft. Doch die Frankfurter Kapuziner haben es drauf. Bruder Paulus hat eine eigene Talkshow, Titel: „Um Gottes Willen". In „So gesehen - Talk am Sonntag" ist er jeden zweiten Sonntag zu sehen. Aber nicht nur der Frontmann Paulus, getauft als Bernd Terwitte, die gesamte Gemeinschaft ist top. Man schaue sich nur den Werktags-Gottesdienstplan an.

Und damit ist die Arbeit der Kapuziner nicht erschöpft. Mit großer Selbstverständlichkeit widmen sie sich der Seelsorge und den Bedürftigen. Im Franziskustreff, dem Gebäude gegenüber den Teelichtertischen, bekommen sozial Schwache und Obdachlose jeden Morgen von 8-11 Uhr, werktags wie feiertags, ein reichhaltiges Frühstück. Zudem hat man für die Probleme der Gäste ein offenes Ohr. Leider passen nur 35 Personen in den Raum. Der Andrang ist groß, besonders im Winter.

> ***Gottesdienst in der Liebfrauenkirche***
> *Montag - Freitag*
> *07.00 Uhr: Eucharistiefeier*
> *08.00 Uhr: Laudes (Morgenlob)*
> *10.00 Uhr: Eucharistiefeier*
> *12.05 Uhr: Gebet am Mittag (Musik, geistlicher Impuls, Gebet)*
> *18.00 Uhr: Eucharistiefeier*
> *18.45 Uhr: Vesper mit Sakrament*

Die Katharinenkirche, Stadtkirchenarbeit im Schatten der Bankentürme

Wenn sich in der Frankfurter Fußgängerzone die Passanten drängen, fallen die Obdachlosen kaum auf, allenfalls als Bettler nimmt man sie

Die Alte Nikolaikirche

wahr. An einem Sonntagvormittag im November stellt sich die Sache anders dar. In einer Ladenpassage vor der evangelischen Katharinenkirche liegen eine Frau und ein Mann in dürftigen Schlafsäcken auf dem nackten Boden, drum herum ein Wall von Plastiktüten. An der vom Wind geschützten Südseite der Kirche hat es sich jemand auf einer Plastikmatte bequem gemacht. Sein Parka hat ihn wohl während der nasskalten Nacht vor Erfrierungen bewahrt. Begehrter sind die Plätze auf der Nordseite der Kirche, am Lüftungsschacht der U-Bahn oder in den Aufgängen zum U-Bahnhof, der B-Ebene. Hier drängen sich Romafamilien und andere Migranten. Gegen viertel vor 11 bildet sich vor dem Portal der Katharinenkirche eine Menschentraube. Männer und Frauen in abgewetzten Kleidern, mit billigen Reisetaschen oder Plastiktüten in der Hand. Aus allen Himmelsrichtungen kommen sie herbeigeströmt. Aber es sind nicht nur Obdachlose, Bettler, Roma, die vor dem Kirchenportal auf das Läuten der Glocken warten. Da stehen auch Hartz-IV-Empfänger und Menschen, die mit ihrer Rente nicht auskommen.

Als um 11 Uhr die Glocken läuten und sich die Kirchentür öffnet, bilden die Wartenden ein Spalier. Rasch verlassen die Frommen die Kirche. Und rasch drängen die Bedürftigen ins warme Gotteshaus. Dort werden sie von Frauen und Männern in Schürzen und vom Pfarrer oder der Pfarrerin mit freundlichen Worten begrüßt. Man heißt die, die am Rande der Gesellschaft stehen, herzlich willkommen. Im vorderen Teil der Kirche hat man Tische und Bänke aufgestellt. Fast alle finden dort Platz. Die Tische sind mit Tassen und Tellern gedeckt. Als ich dort bin, hält Pfarrer Schneider-Quindeau eine kurze Andacht, ein Adventslied wird gesungen. Dann schwirren die ehrenamtlichen Helfer los. Sie bedienen ihre Gäste. Es gibt heißen Kaffee, Tee, Brot und Brötchen, dazu Wurst, Käse, Marmelade und was sonst noch alles zu einem ordentlichen Brunch gehört. Es ist wie bei dem Gleichnis vom großen Gastmahl, in dem Jesus die Menschen vom Rande der Gesellschaft an den Tisch Gottes eingeladen hat.

Es herrscht eine gelöste, ja fast heitere Stimmung. Das ist keine Armenspeisung. Hier tritt man den Schwachen wie gern gesehenen Gästen gegenüber. Hier erhalten sie etwas, was sie sonst nie bekommen: Ehrerbietung. Für zwei Stunden sind sie vollwertige Mitglieder einer Ge-

Der Römer

meinschaft. Das zählt sicher genau so viel wie der Kaffee oder das Wurstbrötchen.

Gemanagt wird die Aktion von Ehrenamtlern der Katharinenkirchengemeinde. Ich frage Georgia von Holtzapfel, die junge „Chefin" der Truppe, ob es möglich wäre, für das Lutherwegbuch ein Foto zu machen? Das sei nicht ganz einfach, so die Antwort. Die meisten Gäste wollten nicht öffentlich dargestellt werden. Sie hätten Angst vor Diskriminierung in der Nachbarschaft oder vor der Identifizierung durch die Behörden. Ohne Absprache herumfotografieren, das ginge nicht. Das Vertrauensverhältnis, das Ihre Truppe inzwischen zu den Gästen aufgebaut hätte, das wollten sie nicht verletzen. Aber wenn ich mich beim Fotografieren auf zwei oder drei Leute beschränken würde, dann wisse sie jemanden, den man fragen könne. Und dann geht sie durch die Tischreihen zu einem Mann mittleren Alters, der sich mit zwei anderen unterhält. Frau von Holtzapfel winkt mich heran. Ich erkläre, warum ich das Foto machen will und alle drei sind einverstanden. Ich solle nur nicht blitzen, das würde zu viel Aufmerksamkeit erregen.

„Was ihr getan habt einem von diesen meinen geringsten Brüdern, das habt ihr mir getan."
Matthäus 25, 31 -46; 40a

Nachdem alle Gäste versorgt sind, hat Pfarrer Schneider-Quindeau Zeit für mich. Der Brunch für die Obdachlosen, die sozial Bedürftigen und psychisch Verelendeten finde alle vier Wochen statt. Und seit dem kalten Winter 1987 stehe die Kirche von Mitte Januar bis Mitte Februar den Bedürftigen täglich offen. Sie erhielten dann eine warme Mahlzeit, sie könnten sich in der Kirche wärmen und ohne Angst, überfallen zu werden, ausruhen. Und dank der entspannten Atmosphäre kämen Menschen, die sich sonst argwöhnisch beäugten, miteinander ins Gespräch. Wie viele Personen an den Wärmetagen in die Kirche kämen, will ich wissen.

Kontakt zum Team der Stadtkirchenarbeit der Katharinengemeinde
über die E-Mail georgia.holtzapfel@st-katharinengemeinde.de

Georgia von Holtzapfel , Pfarrer i. R. Schneider-Quindeau, Carolin Killmer vor der Katharinenkirche (Collage)

„Na, so zwischen zweihundert und vierhundert Personen täglich."
„Und wie wird das Ganze finanziert?"

„Durch Spenden und Zuwendungen. Übrigens, es gibt auch Tage, da wird unser ehrenamtliches Team durch Angestellte der Deutschen Bank unterstützt. Einige Banker kommen während ihrer Pausen in unsere Kirche, einfach um sich zu sammeln."
„Die Kirche ist tagsüber offen?"
„Ja, montags bis freitags von 14 bis 19 Uhr. Die Katharinenkirche ist einerseits eine Gemeindekirche für mehr als dreitausend Mitglieder. Gleichzeitig ist sie eine Kirche für Passanten, ein Ort der Zuflucht in der Betriebsamkeit der Einkaufsmeile, ein Ort des Gebets und der Ruhe."

Gastmahl in der Katharinenkirche

Aber für Schneider-Quindeau bedeutet Stadtkirchenarbeit weit mehr. Die Kirche müsse sich den vielfältigen Aspekten des urbanen Lebens stellen und die Berührungsängste zu Konsum und Kommerz überwinden. Zudem gehe es darum, die Menschen zu Fragen anzuregen, die sonst kaum gestellt werden. In der Kirche werde das Übersehene und Überhörte, das Verdrängte und scheinbar Überflüssige wahrnehmbar. Ein Ansatz hierzu sei das „Gebet für Frankfurt", das einmal im Monat stattfinde. Zudem werden

Gottesdienste veranstaltet, die sich mit Literatur, bildender Kunst, Theater, Oper und Kino beschäftigen. Und schließlich sei da noch die klassische Domäne der lutherischen Kirche die Musik. Mit dem Einsatz all dieser Elemente könne die Kirche wieder etwas von ihrer Strahlkraft für das Leben in der Stadt gewinnen. Gott sei auch in der vielstimmigen, bunten und lauten Stadt anwesend. Berührt hat mich an diesem Tag der Einsatz des ehrenamtlichen Teams. Es war, als ob ich hier etwas von dem gefunden habe, nach dem ich auf meiner „Pilgertour" gesucht habe: von Herzen kommende Mitmenschlichkeit, lebendig gelebter Glauben.

Auf dem Weg zu dem am Museumsufer liegenden Bibelmuseum habe ich in Luigi Orellis extraordinärem Liebfrauencafé Station gemacht. Luigi hat mir seine Spezialität Himbeersahne-Torte serviert und er hat mich davon überzeugt, dass ich ihm das Buch über seine Lebensgeschichte abkaufen müsste. Ein Buch über einen Arbeitsmigranten, der, obwohl er eine deutsche Frau heiratet, der italienischen Lebensart verhaftet bleibt.

„Das Leben ist ein Cappuccino", sagt Luigi, „er muss heiß genossen werden, wenn man ihn liebt."

Auf dem Eisernen Steg, einer Fußgängerbrücke, die sich mit zahllosen „Liebesschlössern"schmückt, gelange ich über den Main zum Schaumainkai und dem berühmten Museumsufer. Der Blick zurück zur Altstadt macht den Wandel Frankfurts zur Finanzmetropole anschaulich. Vor den in den Himmel strebenden Häusern der Banken duckt sich klein, aber standhaft, die Kirche St. Leonard (Karte Ziffer 8). Bevor ich durch Sachsenhausen dem Frankfurter Stadtwald zustrebe, unternehme ich noch einen Abstecher zum Bibelhaus (Karte Ziffer 9), das sich hinter dem Museum für angewandte Kunst in der Metzler Straße befindet. Fußwege führen vom Schaumainkai durch den riesigen Kunst-Museums-Komplex hindurch zu dem kleinen Bibelmuseum. Dort kann, wer Zeit hat, an einer zweistündigen Führung teilnehmen. Mich hat vor allem die aktuelle Sonderausstellung zu Lutherbibel-Originalen aus dem 16. Jahrhundert und zu den zwischen 1450 und 1500 bereits in Deutsch erschienenen Bibeln beeindruckt. Leider war diese auf Leihgaben basierende Ausstellung nur drei Monate zu sehen. Sicher wird es im Bibelhaus zum Reformationsjubiläum aber weitere interessante Ausstellungen geben. Schauen Sie einfach unter www. bilbelhaus-frankfurt.de nach.

Luigi und seine Himbeertorte

Der Lutherweg führt mitten durch Sachsenhausen und an Äppelwoi-Wirtschaften vorbei. Dann geht es über den Hainer Weg und am Südfriedhof entlang zum Stadtrand und in den Frankfurter Stadtwald hinein. Ich bin erstaunt, wie schön der Stadtwald ist. Rechts und links prächtige Altbuchen und in jeder Lücke, die das Kronendach lässt, schießt Jungwuchs empor.

Dann eine Waldwiese auf der in Steinwurfweite Damhirsche grasen, und gleich darauf ein Teich, auf dem sich Enten und Rallen tummeln. Eine Oase der Natur, wenn da nicht über mir die Triebwerke dröhnen würden. Alle zwei Minuten setzt ein Flugzeug auf dem Frankfurter Flughafen zur Landung an, und ich befinde mich jetzt genau unter

der Einflugschneise. Wenig später muss ich mich auch noch mit Straßenverkehrslärm abfinden. Auf einer Fußgängerbrücke geht es über die A3, die hier, kurz vor dem Frankfurter Kreuz, achtspurig ausgebaut ist. Doch anstatt schnell wieder in den rettenden Wald einzutauchen, bleibe ich eine Zeit lang auf der Brücke stehen und schaue fasziniert hinauf zu den dicht über mir einschwebenden Jets. Auch ich bin, obwohl sonst Naturmensch, nicht ganz frei von Technikbegeisterung. Aber die Schaulust währt nicht lange und ich mache mich auf zu meinem nächsten Ziel, der Hugenottenstadt Neu-Isenburg.

Neu Isenburg - die Hugenottenstadt

Neu-Isenburg wurde 1699 von französischen Protestanten gegründet, die nach der Aufhebung des Toleranzedikts von Nantes (1685) aus Frankreich fliehen mussten. Graf Philipp von Isenburg-Offenbach hatte den als Hugenotten bezeichneten Glaubensflüchtlingen gestattet, sich im Dreieichwald anzusiedeln, dort wo im Mittelalter die Wallfahrtskapelle „Zum Heiligen Kreuz" stand. Neu-Isenburg war zunächst rein Französisch. Als sich im Laufe des 18. Jh. deutsche Familien in der Stadt ansiedelten, wurde in der Kirche abwechselnd auf Deutsch und Französisch gepredigt. Ab 1829 wurde schließlich Deutsch als Amtssprache festgelegt.

Der Lutherweg führt ins alte Stadtzentrum, wo man noch die Struktur der Hugenottensiedlung erahnen kann. Dann geht es wieder zum Waldrand. Neu-Isenburg ist ringsum von Wald umgeben. Der bis in die Mitte des 20. Jh. noch vorhandene Gürtel aus Wiesen und Gärten

Auf dem Eisernen Steg über den Main, am Ufer St. Leonard, dahinter die Türme der Banken

ist komplett zugebaut worden. Wegen der Nähe zu Frankfurt und zum Flughafen sind Eigenheime und Dienstleistungsbetriebe wie Pilze aus dem Boden geschossen. Dies gilt auch für den Neu-Isenburger Ortsteil Zeppelinheim und die Trabantenstadt Walldorf-Mörfelden, durch die der Lutherweg Richtung Mönchbruch führt. Auf dieser Strecke ist der Wald längst nicht mehr so abwechslungsreich wie in der Nähe von Frankfurt. Schnurgerade Schneisen führen durch Kiefernforste und ebenso schnurgerade geht es durch die Orte.

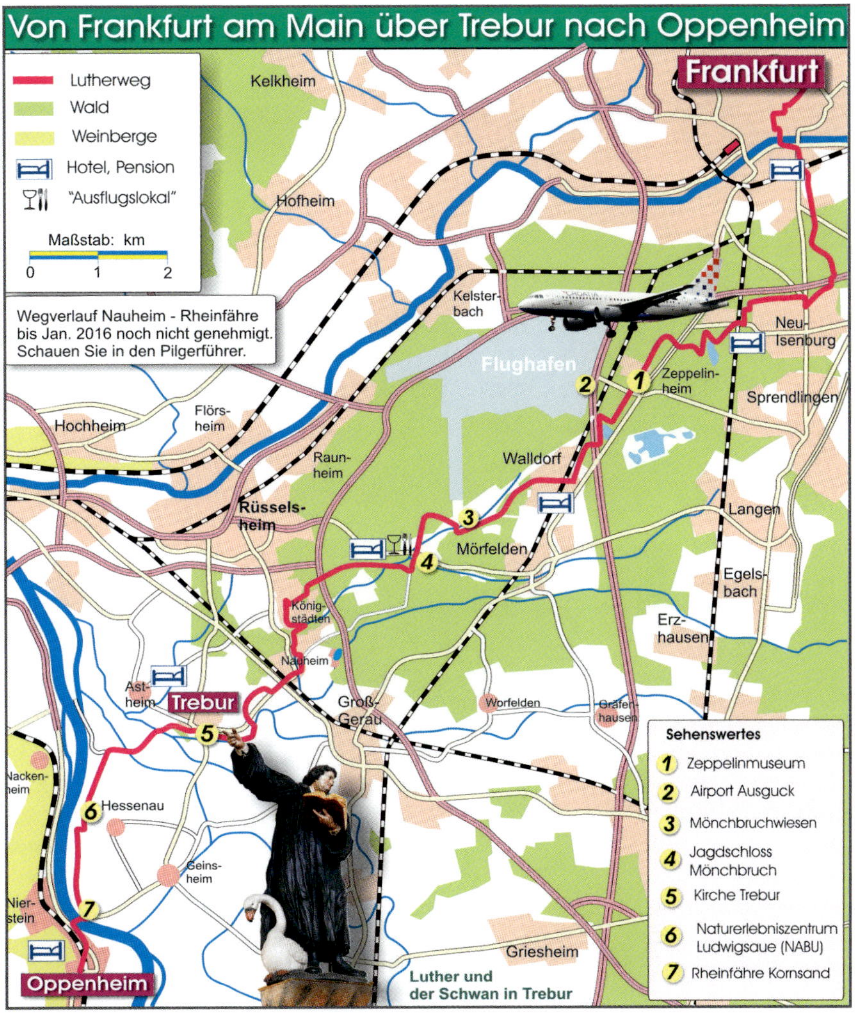

Der Mönchbruch und die Startbahn West

Abwechslungsreicher wird es hinter Mörfelden. Dort geht es durch die Mönchbruchwiesen, das größte Naturschutzgebiet (NSG) im Ballungsgebiet Rhein-Main und, da das NSG an die Startbahn West grenzt, auch das lauteste. Den Tieren scheinen die im Minutentakt startenden Maschinen wenig auszumachen. Jedenfalls sind die Feuchtwiesen ein Eldorado für seltene Vogelarten und Fledermäuse. Auch das Damwild grast völlig unbeeindruckt vom Lärm der Interkontinentalmaschinen.

(von Frankfurt-Zentrum)
99 km nach Worms
45 km nach Trebur
12 km nach Oppenheim

Der Lutherweg führt zum Jagdschloss am Mönchbruch, wo ich in dem Biergarten eines Restaurants Station mache. Dann wandere ich durch Kiefernforsten nach Königstädten. Der Ort war im zweiten Weltkrieg noch ein kleines Bauerndorf, das wegen der Flughafennähe durch einen alliierten Luftangriff zerstört wurde. Mit dem Wiederaufbau wuchs Königstädten rasch an. Heute hat der zu Rüsselsheim gehörende Ort über 9000 Einwohner. Der Lutherweg führt mitten durch den Ortskern, vorbei an wieder hergerichteten Fachwerkhäusern, an der Terrasse des Gasthauses „Zur Krone“ und an der im Stil der fünfziger Jahre wieder aufgebauten Kirche. Auf Königstädten folgt nahezu unmittelbar der 10.000 Einwohner zählende Ort Nauheim. Vor Trebur geht es dann

Naturschutz und Erholung am Rande der Startbahn

durch eine kleinteilige Agrarlandschaft mit Spargelfeldern und Apfelplantagen.

"Luther und der Schwan", Statue in der Kirche von Trebur

Trebur und der Weg zum Rhein

Trebur ist ein uralter Ort. Dort, wo heute die Kirche steht, befand sich einst eine Kaiserpfalz. Heinrich IV., der Canossagänger, war hier 1053 zum König gekrönt worden. 1066 heiratete er in Trebur. Und 10 Jahre später wurde er in Trebur von oppositionellen Fürsten zum Ausgleich mit dem Papst gezwungen. Diese Angelegenheit war für Heinrich IV. so demütigend, dass er Trebur fortan mied. Auch seine Nachfolger kamen nicht mehr in die einst so beliebte Pfalz. Treburs Glanz verblasste und der Ort geriet in Vergessenheit.

Dagegen haben die Treburer nicht vergessen, dass Luther im Frühjahr 1521 auf seiner Wormsreise durch das hessische Ried gezogen ist. Jedenfalls haben sie ihm mit der Statue „Luther mit dem Schwan“, die der Frankfurter Künstler Schnorr um 1750 geschaffen hat, in ihrer Kirche ein Denkmal gesetzt. Es ist die größte und schönste Luther-Statue dieser Art. Mit dem Schwan hat es folgende Bewandtnis: Jan Hus, der tschechische Reformator, der auf dem Konzil von Konstanz trotz freien Geleits als Häretiker verbrannt wurde, soll auf dem Scheiterhaufen gesagt haben: „Heute bratet ihr eine Gans, aber über 100 Jahr wird ein lauterer Schwan kommen, der wird euch ander Liedlein singen.“

Pfarrerin Monika Lüdemann, die sich mit ihrer Gemeinde für den Lutherweg engagiert, führt mich durch die Treburer Laurentiuskirche, wo der Schwanen-Luther über den Köpfen der Kirchenbesucher thront. Frau Lüdemann berichtet von einer Publikation des in Rüsselsheim lebenden emeritierten Professors Ernst Erich Metzner, in der dieser die Meinung vertritt, dass das Bannerlied der Protestanten „Ein feste Burg ist unser Gott“ Luther bei seiner Fahrt durch Trebur in den Sinn gekommen sei. Die Erinnerung an die Demütigung von Kaiser Heinrich IV. durch den Papst habe ihn auf die Idee gebracht.

Übernachtung in Trebur
Hotel zum Erker,
Hauptstr. 1,
Tel. 06147-91480.
Weitere Übernachtungsmöglichkeiten auf dem Streckenabschnitt Frankfurt - Trebur siehe Pilgerführer.

Der Trewwerer (Treburer) Äpplergarten
Kurz vor Trebur kommt man am Erlenhof und dessen Äpplergarten vorbei. Dort stehen Biertische, an denen Apfelwein Marke Eigenbau ausgeschenkt wird, ein herber mit 6 % Alkohol, ein halbtrockener mit 5% und süßer mit 4%. Wem der „Süße“ immer noch zu viel Alkohol hat, bekommt Kaffee und Kuchen. Der Äpplergarten ist im Sommer Do u. Fr ab 14 Uhr, Sa, So u. Feiertags ab 11 Uhr geöffnet. Bei schlechtem Wetter bietet die Äpplerscheune Unterschlupf.

Nach Metzner sei Luther auch nicht über Groß Gerau gefahren, sondern er sei der alten Königsstraße gefolgt, die über Königstädten, Nauheim und Trebur führte. Aber hatte Luther Zeit für einen Umweg? Luther war in Frankfurt nicht ganz so früh weggekommen. Er hatte ja noch eine Schule besichtigt. Und schon auf dem direkten Weg über Groß Gerau musste man sich sputen, wenn man noch vor dem Hereinbrechen der Nacht an der Oppenheimer Rheinfähre ankommen wollte. Was hätte Luther also zu dem Umweg über Königstädten bewegen sollen? Metzner führt hierzu den von Luther am 14. April in Frankfurt geschriebenen Brief an, in dem es heißt: „…wir werden in Worms einziehen, auch gegen den Willen aller Pforten der Hölle und der Gewalten der Luft…" Metzner interpretiert diesen Satz als eine Umschreibung von Regenwetter. Und das habe Luther bewegt, eine hochwassersichere Route zu wählen, und die hätte nicht über Groß Gerau, sondern über Königstädten geführt.

Die Gemeinde der Laurentiuskirche hat sich trotz ihrer berühmten Luther-Statue dafür entschieden, bei der Aktion „Offene Kirche" mitzumachen.

Von der Laurentiuskirche folge ich dem Lutherweg durch Alt-Trebur. Ich komme an einigen, wie man sagt, liebevoll restaurierten Fachwerkhäusern vorbei und lege an einem kleinen italienischen Eiscafé eine Rast ein. Dann geht es zum Rhein, wobei ich leider mit einer relativ stark befahrenen Straße vorlieb nehmen muss. Dass es sich um eine Anliegerstraße handelt, tröstet mich nicht, denn alle Ausflügler, die zum Rhein wollen, meinen ein berechtigtes Anliegen zu haben. Hinter einem Wäldchen passiere ich die eingedeichte Schwarzbachaue. Die Deiche sind weniger gegen ein mögliches Schwarzbachhochwasser gerichtet, sondern gegen das über die Bachmündung hereindrängende Hochwasser des Rheins. Was nur wenige wissen: Vor 2000 Jahren floss

Rheinfähre am Kornsand

Das Naturerlebniszentrum Ludwigsaue
Nach anderthalb km Deichwanderung führt der Lutherweg ins Deichvorland hinunter. Dort kommt man an einem großen Fachwerkhof vorbei. Wieso liegt der Hof vor dem Deich? Ganz einfach: Der alte Deich verlief nahe dem Ufer, womit der Hof vor normalen Hochwässern geschützt ist. Auf dem Hof hat sich der Naturschutzbund (NABU) einquartiert. Der NABU betreibt auf dem denkmalgeschützten Dreiseithof ein Naturerlebniszentrum für Kinder und Familien. Und wie auf einem richtigen Bauernhof leben hier Ziegen, Hühner, Tauben und Gänse. Weitere Infos unter der Telefon-Nummer 06147-204879.

hier der Neckar entlang. Ich durchquere gerade sein altes Flussbett. Zur Zeit der Römer mäanderten Rhein und Neckar zwischen Odenwald und den rheinhessischen Hügeln wild hin und her. In Luftbildern kann man die ehemaligen Flussschlingen von Neckar und Rhein noch gut ausmachen. Heute mündet der Neckar bei Mannheim stracks in den Rhein und der Rhein ist begradigt. 10 km südlich von Trebur existiert mit dem Naturschutzgebiet Kühkopf noch ein kompletter, allerdings vom Hauptstrom weitgehend abgeschnittener Mäander des Rheins.

Der Lutherweg führt nicht sofort zum Rhein, sondern folgt zunächst dem neu erbauten Hauptdeich flussaufwärts. Auf dem Deich lässt es sich schön wandern. Am Wegrand blüht es in allen Farben: blauer Salbei, rote Nelken, rosa Hauhechel und gelber Hornklee, um nur einige Arten zu nennen. Links geht der Blick über das Ried zum Odenwald, rechts schaut man auf das breite Deichvorland hinüber zu den rheinhessischen Weinbergen. Nackenheim und Nierstein heißen die Orte am gegenüber liegenden Ufer des Stroms, für Weinkenner klangvolle Namen.

An der Siedlung Kornsand, bei Flusskilometer 480,7 erreicht der Lutherweg die Oppenheimer Rheinfähre. An einer Imbissbude, die an schönen Wochenenden als Biker-Treff fungiert, kann man sich schnell noch ein Getränk holen. Lange Wartezeiten gibt es bei der Fähre nicht. Die Fahrt über den Rhein ist ein Erlebnis. Viel zu schnell ist man auf der anderen Seite.

Das hessische Ried, durch Begradigung des Rheins der Natur abgerungen

Naturschutzzentrum Ludwigsaue am Rhein (Sommerdeichland), im Hintergrund die rheinhessischen Weinberge

Durch die rheinhessischen Weinberge nach Worms

Luther in Oppenheim

Luther hatte für die Schönheit des mächtigen Stroms wohl keinen Blick. Er dachte an Worms, die Stadt, in der sich sein Schicksal entscheiden würde. Im Laufe des nächsten Tages würde er dort ankommen. Jetzt ging es aber erst mal darum, Quartier zu machen. Vor Luther lag Oppenheim, dessen Mauern sich zwischen Rebhängen hügelaufwärts zogen. Am oberen Ende der Stadt stand und steht die Katharinenkirche, ein gotischer Prachtbau mit aufwändigem Ostchor, Querhaus, Vierungsturm, Westwerk (Doppelturm) und einem gewaltigen Westchor. Ganz oben, auf dem „Gipfel" des Hügels, thronte die Reichsburg Landskron, heute eine Ruine. Caspar Sturm, der Reichsherold, der Luther nach Worms begleitete, wusste wo man am besten Quartier bezog: im Gasthof „Zur Kanne" in der Mainzer Straße. Der Gasthof existiert nicht mehr, aber das Haus, in dem Luther übernachtet hat, steht noch (Nr. 11/13).

Der Reichsherold, der Luther von Wittenberg abgeholt hatte, war Oppenheimer

45 km nach Worms
10 km nach Guntersblum

Am Abend bekam Luther Besuch von Martin Bucer, dem Elsässer Reformator, der die Konfirmation „erfunden" hat. Die beiden Martins kannten sich. Bucer hatte drei Jahre zuvor an der von Luther geleiteten Heidelberger Disputation teilgenommen. Aufgrund des wissenschaftlichen Streitgesprächs hatte sich Luthers Lehre im Südwesten Deutschlands ausgebreitet, wozu Bucer kräftig beigetragen hatte. Bucer versuchte Luther zu überreden, unverzüglich mit ihm auf die Ebernburg zu kommen. Der Beichtvater des Kaisers, der Spanier Glampion, der seit einer Woche mit dem kaiserlichen Kämmerer Paul von Armerstorff auf der Ebernburg weile, habe Wichtiges mit ihm zu bereden. Und auf der Ebernburg sei er in Sicherheit, schließlich gehöre die Ebernburg Franz von Sickingen, der ihm ja schon mehrfach versichert hätte, dass

Oppenheim keine 100 Jahre nach Luther, Merian (1593-1650), Topographia Gemaniae

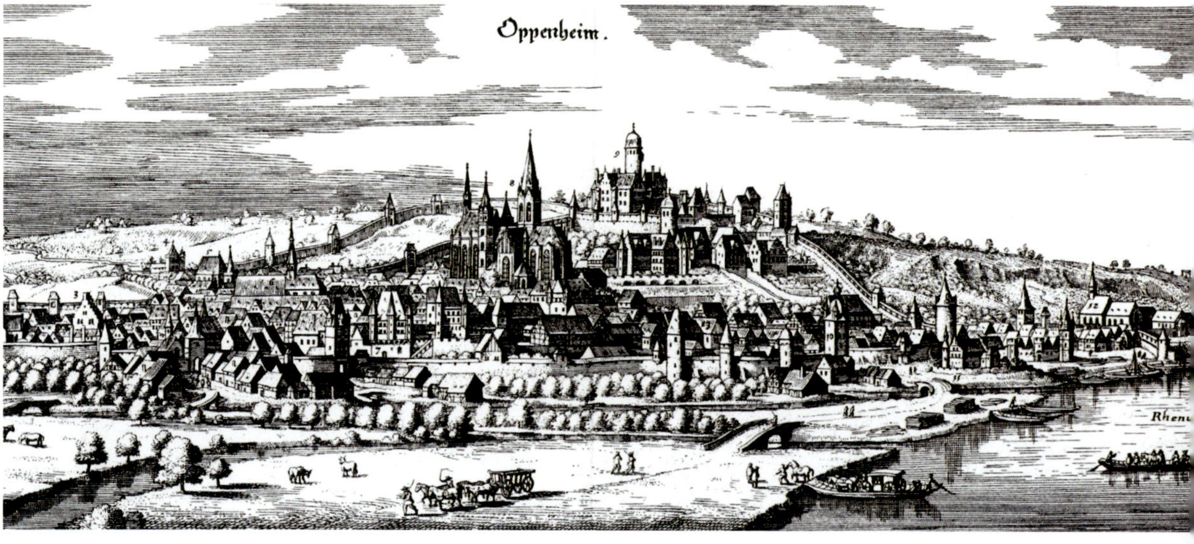

Oppenheimer Rose

er ihm zu Dienste stehe. Zudem, so Bucer zu Luther, wäre er dort in guter Gesellschaft. Menschen, die für die Erneuerung der Kirche stünden wie der dichtende Ritter Ulrich von Hutten , der Gelehrte Ökolampadus und auch er selber, hielten sich dort auf.

„Hat des Kaisers Beichtvater etwas mit mir zu bereden, so mag er es in Worms tun", soll Luther geantwortet haben. Angesichts solch markiger Worte spricht einiges dafür, dass Luthers Bannerlied „Ein feste Burg ist unser Gott" in Oppenheim entstanden ist. Auf jeden Fall war Luther fest entschlossen, vor dem Kaiser und den Reichsfürsten seine Schriften zu verteidigen. Dennoch war die Nacht in Oppenheim für ihn sicherlich nicht leicht. Bestimmt hat er in der Katharinenkirche gebetet und zu den Glasmalereien mit ihren neu- und alttestamentlichen Szenen hinauf geschaut. Sicher ist ihm dabei auch die eindrucksvolle Oppenheimer Rose aufgefallen, eine Glasmalerei in einem der beiden Rosettenfenster auf der der Stadt zugewandten Seite des Kirchenschiffs. Der Künstler, der dieses Fenster im Jahr 1322 schuf, hat sich in der Grundgestaltung vom Blütenaufbau einer Heckenrose inspirieren lassen, dem Symbol der Liebe Gottes zu den Menschen. Die Motive, die er verwendet, sind allerdings weltlicher Natur. Im Zentrum steht der Reichsadler, der die Macht des Kaisers symbolisiert. Um ihn gruppieren sich die Wappen von Wormser Ratsherren. Und da war er schon wieder, der Kaiser, der „Schutzpatron" des Papstes, vor dem Luther sich in den nächsten Tagen rechtfertigen sollte. Luther ist in der Katharinenkirche auch heute noch präsent, auf Glas gemalt, mehrfach, in Form verschiedener Motive.

Ich bin für einen Euro auf den Vierungsturm der Katharinenkirche gestiegen. Aus luftiger Höhe geht der Blick hinunter auf die Stadt und über die Weinberge, die sich längs des Rheins in Richtung Worms ziehen. Zwischen den Häusern am Marktplatz schaut die katholische Kirche St. Bartholomäus hervor, eine ehemalige Klosterkirche des Franziskanerordens mit schmuckloser Fassade und einem bescheidenen Dachreiter. Wie anders präsentiert sich da die Katharinenkirche mit ihren drei Türmen. Im Verein mit zahlreichen Filialen (Schmucktürmchen) streben sie himmelwärts. Dazu die filigrane, mit Maßwerkfenstern und Wasserspeiern versehene Süd-Fassade des Langhauses, der zur Stadt gerichteten Schauseite; hier haben die Bauherren, der Kaiser und die Burgmannen der Landskron wohl nicht so sehr an die Ehrung Gottes gedacht, sondern an die Repräsentation der eigenen Macht.

Die Ebernburg

Die Ebernburg, die zu Luthers Zeiten im Besitz des Reichsritters Franz von Sickingen war, liegt auf einem Bergsporn an der Nahe über dem Ort Bad Münster am Stein, 5 km südlich von Bad Kreuznach und ca. 40 km westlich von Oppenheim. Die Burg wurde während der Reformation als „Herberge der Gerechtigkeit" bezeichnet, da dort eine ganze Reihe von Reformatoren Asyl gefunden hatten. Heute befindet sich auf der Ebernburg eine Bildungsstätte der evangelischen Kirche im Verein mit der evangelisch-theologischen Fakultät der Gutenberg-Universität Mainz. Im Jahr 2006 wurde die Burg als einer der wichtigsten Orte der Reformation mit dem europäischen Kultursiegel ausgezeichnet. Die unmittelbare Umgebung ist grandios: Dazu gehören die Weinberg-Steillagen und zwei Felsformationen mit alpinem Format. Vulkanfelsen ragen am Ufer der Nahe weit über 100 m senkrecht in die Höhe.

Ulrich von Hutten und Franz von Sickingen vor der Ebernburg (Collage)

Auf der schmuckarmen Nordseite der Katharinenkirche befindet sich die Michelskapelle. Sollte die Gotik der Schauseite erhebende Gefühle aufgebaut haben, an der dem Erzengel Michael geweihten Kapelle wird der Mensch wieder ganz klein. Die Kapelle ist ein Totenhaus, in dem die Gebeine aus den Jahren 1400 bis 1570 gestapelt sind; 20.000 verstorbene Oppenheimer, im Vorbeigehen durch eine vergitterte Tür dem Blick frei zugänglich.

Der Lutherweg führt mitten durch die Altstadt: steile Gassen, ein von Gaststätten gesäumter Marktplatz, Bürgerhäuser und das mittelalterliche Gautor, durch das man in die Weinberge gelangt. Mir kommt auf dem Weg zum Marktplatz eine Truppe gelb behelmter Touristen entgegen. Ich frage den Führer der Gruppe, wo es hingehen soll. „In die Katakomben!" - „In die was?" – „In das Kellerlabyrinth von Oppenheim". Und schon verschwindet die Gruppe in einer Kellerstiege. Wie ich später erfahre, hat man schon 2 Jahrhunderte vor Luther damit begonnen, unter den Häusern von Oppenheim tief reichende Keller anzulegen. Da der Untergrund aus leicht abbaubarem Löß besteht, der zugleich standfest ist, entstand mit der Zeit ein mehrere Stockwerke umfassendes Labyrinth von Kellern und Kellergängen, das heute besichtigt werden kann. Bei den Führungen bewegt man sich auch unter den Straßen und dem Marktplatz. Die Häuser, unter denen die Keller angelegt wurden, existieren nämlich seit langen nicht mehr. 1689 wurde die Stadt von den Franzosen vernichtet. Beim Wiederaufbau hat man sich nicht mehr an die alten Baufluchten gehalten und in der Oberstadt Straßen und Plätze verbreitert.

Am Vorabend der Ankunft Luthers in Worms. Links Martin Bucer, rechts der Teufel. Teufel aus einem Gemälde von Michael Pacher (1435-1498). Hintergrund: Gebeine im Beinhaus hinter der Katharinenkirche.

Oppenheimer Krötenbrunnen und Guntersblumer Gastlichkeit

Von Oppenheim bis Worms folgt der Lutherweg dem „RheinTerrassenWeg", der sich entlang der „Rhoifront" (Rheinfront) des rheinhessischen Hügellandes südwärts zieht. Ich wandere durch die berühmte Weinlage „Oppenheimer Krötenbrunnen". Vor mir, soweit das Auge reicht: Weinberge. Neuerdings baut man sogar unten in der Rheinebene Wein an. Der Weg führt an einem Brunnen vorbei, auf dem ein schwarzes Ungeheuer und eine in Stein gemeißelte Kröte hocken. Das Wasser fließt nur spärlich. Der Sommer war heiß und trocken. Dem tief wurzelnden Wein hat das nichts ausgemacht. Der Ertrag war gut, der Most zuckersüß.

Bei Guntersblum steige ich auf den Römerturm - eher ein Türmchen. Der Blick geht über das Rheintal hinüber zum Odenwald, eine Aussicht, die ich an vielen Stellen des RheinTerrassenWegs genossen habe. Dann geht's hinunter nach Guntersblum. Bald sind die ersten Häuser erreicht. Ich habe schon einen schönen Biergarten und ein Glas frischen Weins vor Augen, da wendet sich der Terrassenweg wieder bergwärts und strebt erneut den Weinbergen zu. Gut, man möchte einen Weinlehrpfad präsentieren. Und in gewisser

„Lutherwein"
Pilger können im Weingut Schwanhof „Lutherwein" verkosten, eine milde Weißwein-Cuvée. Zudem soll Martin Luther auf seinem Weg zum Wormser Reichstag dort Rast gemacht machen. Dafür spricht, dass das Wohnhaus des Gutes früher ein Gasthaus mit dem Namen „Zum Schwan" war.

Hinsicht bin ich selbst schuld. Ich habe die Hinweise für den Zuweg zum Ort übersehen. Aber dass ich nun um meine Rast kommen soll, drückt doch etwas auf die Stimmung. Ich tröste mich damit, dass man vom Lehrpfad aus einen schönen Blick auf den Ort hat, wo zwischen dem Gewirr von Dächern zwei Türme einer Kirche hervorragen, deren Hauben anders gestaltet sind als sonst üblich. Wenn ich doch noch in den Ort gelangen sollte, werde ich mir auch die Kirchtürme aus der Nähe anschauen.

Ein paar hundert Meter weiter existiert dann auch wirklich ein weiterer Ortszugang. Rasch hinunter nach Guntersblum, am alten Schloss vorbei (Sitz der Gemeindeverwaltung) und in der Alsheimer Straße in die Hofwirtschaft des Weinguts Burghof, wo ich auch Quartier mache. Die Kirche mit den zwei außergewöhnlichen Turmhauben liegt quasi um die Ecke.

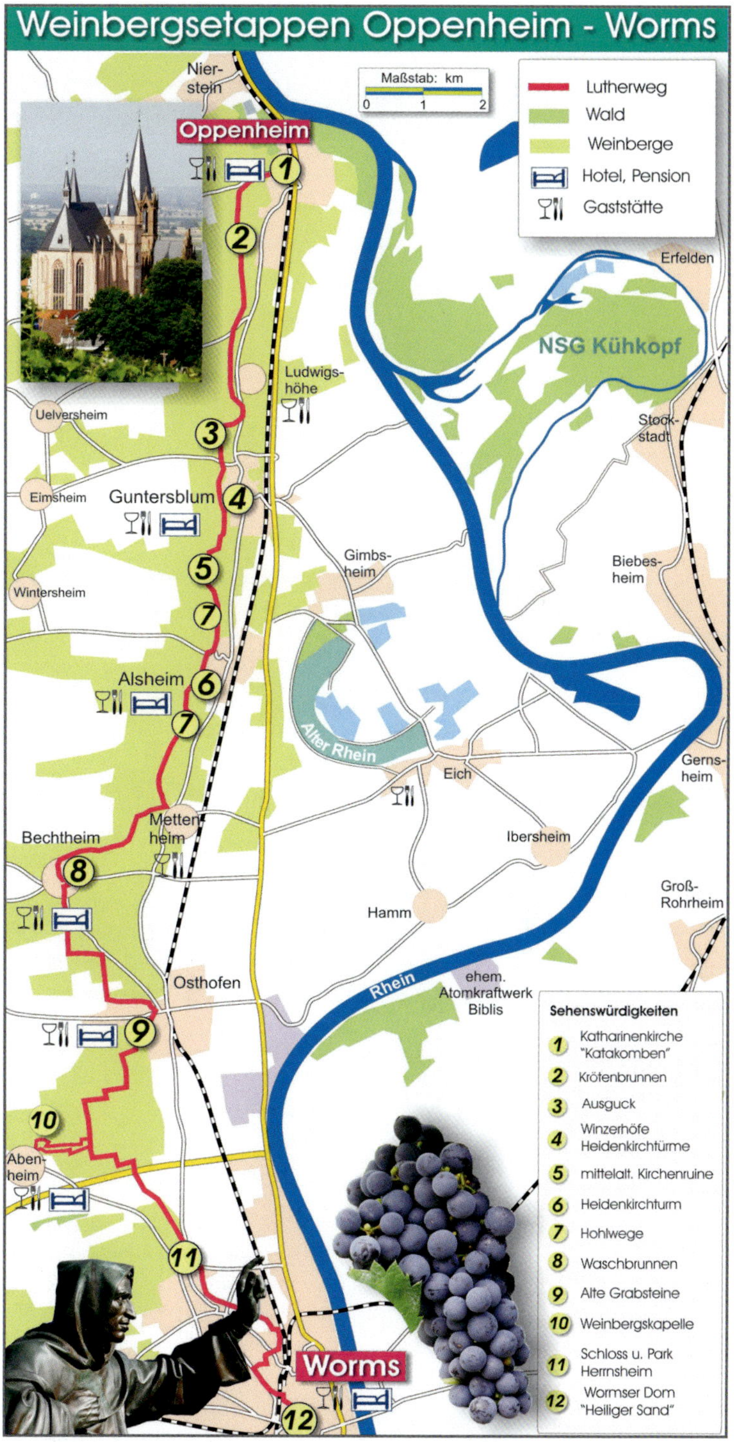

Sarazenentürme und Lutherwein

Später, als ich, den Kopf im Nacken, zu den Spitzen der romanischen Doppelturmfassade der evangelischen Kirche St. Victor hinaufschaue, steht plötzlich der Pfarrer vor mir. „Gell, die Turmspitzen sehen aus, als ob sie aus dem Morgenland stammen", sagt der Pfarrer. „Die Leute hier bezeichnen sie auch als Heiden- oder Sarazenentürme. Man geht davon aus, dass Kreuzfahrer die Bauherren zu diesem Stil inspiriert haben. Sarazenentürme gibt es sonst nur noch im benachbarten Alsheim, in Worms sowie in zwei anderen rheinhessischen Orten." Dann macht der Pfarrer - er heißt Johannes Hoffmann - mich auf das Tympanon am Kirchenportal aufmerksam. Er führt mich zu dem extraordinären Taufbecken im Kircheninneren und kommt auf das Engagement der Gemeinde für den Lutherweg zu sprechen. Als wir uns

Touristinfo Oppenheim
Merianstraße 2,
Tel. 06133 49090
www.stadt-oppenheim.de

Bärbel und Will Schuppert in ihrer "Gewölbe-Kuhstall-Vinothek"

Die Sarazenentürme der evang. Kirche von Guntersblum

Will zapft mir den neuen Riesling ab

verabschieden, bietet mir Pfarrer Hoffmann eine Flasche Lutherwein zum Kauf an. Der werde von den Schupperts vom Weingut Schwanhof hergestellt. Wie ich zum Schwanhof komme, möchte ich wissen. „Folgen Sie der Kirchstraße und der Mittelstraße bis zur Hauptstraße, dort rechts und ein paar Häuser weiter in der Wormsstraße, dann sind Sie da. "

> ***Kellerwegfest Guntersblum***
> *In der Kellerstraße feiern die Guntersblumer an den beiden letzten Augustwochenenden ihr Weinfest. Dann wird jedes der alten Kelterhäuser zu einer Straußenwirtschaft.*
> *Infos unter www. kellerweg-fest-guntersblum.de*

Das Tor des Schwanhofs steht offen. Im Hof schraubt ein hochgewachsener Mann mittleren Alters an einem Hänger herum. Es ist Will Schuppert, der mich mit einem herrlichen „rhoihessischen" Akzent begrüßt. Wie er auf die Sache mit dem Lutherwein gekommen wäre, will ich wissen?

„Ganz einfach, weil der Luther auf seinem Weg nach Worms im Gasthaus zum Schwan eingekehrt ist. Unser Wohnhaus dort, das war das Gasthaus."

„Und was macht Sie so sicher, dass der Luther gerade in dieser Gaststätte eingekehrt ist?"
„Weil sich um die Ecke die Posthalterei befand. Und an der Post wurden die Pferde gewechselt. Da blieb Zeit für einen Imbiss. Außerdem, der Schwan ist ja ein Luther-Symbol. Und somit erinnert der Name des alten Gasthauses und natürlich auch der von unserem Hof an Luther. "

„Pfarrer Hoffmann hat mir gesagt, dass Sie der Schöpfer und Produzent des Guntersblumer Lutherweins sind. Wie würden Sie den Wein charakterisieren?"
„Das ist eine milde Weißwein-Cuvée, die ich aus Traubensorten hergestellt habe, die es zur Zeit Luthers gab."

„Verraten Sie mir, welche Trauben Sie gewählt haben?"
„Nein, das bleibt ein Familiengeheimnis. Auf jeden Fall ist es genau der richtige Wein für einen Pilger. Die Halbliterflache mit dem praktischen Schraubverschluss kann man auch gut im Rucksack verstauen."

Will Schuppert und seine Frau Bärbel haben mich zu einer deftigen Vesper mit Weinverkostung eingeladen und mich dann durch ihr Weingut geführt. Eine Besonderheit ist der aus dem 19. Jahrhundert stammende Kreuzgewölbe-Kuhstall, den die Schupperts zur Vinothek ausgebaut haben.

„Früher haben die Winzer noch Rüben angebaut und Kühe gehalten", erzählt die Mutter von Will.

„Und warum hat man sich die Mühe gemacht, den Kuhstall mit einem Kreuzgewölbe auszustatten?"

Druckteufel bleib´ im Kasten
Hubertushof Tel. 06249-5095
Gästehaus Weinreich
Zum Schwanen Tel. 06242-9140
So ist´s richtig!

> **Übernachtung am rheinhessischen Lutherweg**
> *Guntersblum siehe www.guntersblum.eu*
> *Tel. 06249- 902-112 (Bürgermeisteramt)*
> *Alsheim: Gasthof Hubertushof , Mainzerstr. 1,*
> *Tel., 06249 805887. www.hubertushofalsheim,de*
> *Bechtheim: Gästehaus Weinrich, Riederbachstr.33, Tel. 06242-7675, www.gaestehaus-weinreich.de; Gasthof Duerkes Kuhpfortenstr. 16, www.gasthof-Duerkes.de*
> *Tel. 06242-915250*
> *Osthofen: Landhotel „Zum Schwanen", Friedrich-Ebert-Str. 40,*
> *Tel. 06249 805887, www.zum-schwanen-osthofen.de*
> *Worms: Tourist Information, Neumarkt 14,*
> *Tel. 06241-8537306,www.worms.de/tourismus*

Die Glocke von Hangen-Wahlheim

„Weil man sich Gedanken darüber gemacht hatte, wie man die Verdauungsgase der Kühe ableiten könnte", mischt sich Bärbel Schuppert - die Hausherrin - ein. „Mit Hilfe der Gewölbestruktur wurden die Gase kanalisiert und dann hier oben, sehen Sie, durch Belüftungslöcher nach außen abgeleitet. Ja und hier verköstigen wir heute unsere Gäste. Bei schönem Wetter geht es natürlich in den Garten."

Nach der Runde durch den Hof fahren wir zum Kelterhaus, das sich in der Kellerstraße befindet. In der Kellerstraße, die sich am Fuß der Weinberge entlang zieht, reihen sich auf einen Kilometer die Kelterhäuser der Winzer. Das Kelterhaus der Schupperts, das 1894 errichtet wurde, ist eines der größten und es ist daher auch noch in Betrieb. Wir steigen dort in den 10 m tiefen Lagerkeller hinunter, wo Will aus einem der riesigen Weinfässer eine Probe des diesjährigen Rieslings herausholt. Der junge Wein schmeckt noch fast wie ein Federweißer, nur ein klein wenig herber. Ich könnte noch einiges von Guntersblum und dem rheinhessischen Wein erzählen (mehr dazu in meinem Buch zu den Tages- und Rundtouren am Lutherweg). Jetzt geht es aber erst mal weiter Richtung Worms.

Alsheimer Hohlwege und der Bechtheim Pilgerpfad

Zwischen Guntersblum und dem Nachbarort Alsheim führt der Rhein-TerrassenWeg am Weiler Hangen-Wahlheim vorbei. Ich folge einem mit Gras bewachsenen Stichweg zur Kirchenruine St. Magdalena (13. Jh.), der ehemaligen Pfarrkirche des Weilers. Der Kirchhof, in dem neben uralten Gräbern auch Grabsteine aus dem vergangenen Jahrhundert

Zwischen Alsheim und Mettenheim, Blick über die Rheinebene zum Odenwald

stehen, grenzt an einen Garten, in dem Hühner gackern und scharren. Einige Grabstätten werden noch gepflegt, andere beginnen zu verwildern. In einer Fensteröffnung über dem Portal der Kirchenruine hängt eine kleine Glocke, ein Bild, das ich irgendwie mit Wildwestszenen assoziiere. Doch das Dach der Kirche ist nicht im Zuge einer Auseinandersetzung mit Banditen abhandengekommen, sondern im kurpfälzischen Erbfolgekrieg (1689).

Im Weinbergs-Hohlweg

Bei Alsheim geht es durch Hohlwege, die sich tief in den Lößboden eingegraben haben. In den hängigen Lagen der „Rhoifront" war das bis in die Mitte des vergangenen Jahrhunderts überall so. Mit der Flurbereinigung wurden die meisten Hohlwege zugeschüttet und an ihrer Stelle asphaltierte und betonierte Wirtschaftswege angelegt, auf denen heute auch die Wanderwege verlaufen. Dass einige Hohlwege erhalten blieben, ist nicht zuletzt dem unermüdlichen Einsatz des Alsheimers Gehard Kissel zu verdanken. Kissel hatte erkannt, dass die Hohlwege ein wertvolles Refugium für die Tier- und Pflanzenwelt darstellen. Düngung und Pestizideinsatz haben Schmetterlinge, Wildbienen und Weinbergsblumen von den meisten Produktionsflächen vertrieben. Im Bereich der Hohlwege finden Schmetterlingsraupen noch ihre Wirtspflanzen. Hummeln und Bienen graben Brutröhren in die Lößwände. Auch Füchse, Kaninchen, Dachse und Käuzchen nutzen die lehmigen Steilwände zur Anlage ihrer Kinderstuben.

Hinter Alsheim geht es durch die Goldberghohl auf den Michelsberg hinauf und durch die berühmte Weinlage „Bechtheimer Pilgerpfad" nach Bechtheim. Dort steht bei mir die katholische Pfarrkirche St. Lambert im Mittelpunkt des Interesses, denn bei St. Lambert handelt es sich um eine romanische Basilika, also um einen sehr ursprünglichen Kirchenbau. Zudem war St. Lambert wohl auch eine Wallfahrtskirche am Pilgerweg Worms - Bingen. Oberhalb und unterhalb der Kirche befinden sich zwei bemerkenswerte Brunnenanlagen: der Lambertus- und der Aegidiusbrunnen. Steile Treppen führen in eine 2 ½ Meter tief eingesenkte Waschanlage von beträchtlichem Ausmaß hinunter. Unten erstrecken sich eine viele Meter lange steinerne Bank und ein steinerner Laufsteg. Rechts und links steht das Wasser, im Lambertusbrunnen, von Fischen bevölkert und von Schilf bewachsen. Hier haben früher

„Naturerlebnis Hohlwege"
Eine Broschüre von Gerhard Kissel. Kissel beschreibt dort Rundwanderwege, die er selbst ausgearbeitet hat und die inzwischen professionell markiert sind. Die Broschüre ist reich bebildert und man erfährt viel über die Tiere und Pflanzen, die man auf den Wegen antrifft. (Bestellung unter Tel. 06249-6114 oder E-Mail kisselkissel@web.de).

Frau Lenthmer in ihrem Atelier

die Frauen von Bechtheim ihre Wäsche gewaschen und die Pilger ihre Füße.

Bechtheim – Osthofen, die Hügel werden flacher und in der Rheinebene kann ich die Türme des Wormser Doms ausmachen. Bei Herrnsheim, der letzten Station vor Worms, führt der RheinTerrassenWeg, von den „Weinbergen“ aus in einen Schlosspark hinein. Es geht an Teichen vorbei, über große Wiesen und unter den Wipfeln hoch aufragender Bäume entlang. Plötzlich ein Zetern und Kreischen. Ich blicke nach oben und traue meinen Augen nicht. In die Kronen der Parkbäume fällt ein großer Trupp grüner Papageien ein. Es sind Halsbandsittiche, Käfigflüchtlinge, die von Natur aus in Afrika und Indien leben. Sie haben sich im Rheintal ausgebreitet und dort die Stadtparks erobert. Im Herrnsheimer Schlosspark scheinen sie sich offensichtlich recht wohl zu fühlen.

Die Papageien sind lebhaft grün gefärbt. Das Schloss, ein mächtiger Kasten im britischen Empire-Stil (Ende 19. Jh.) ist olivgrün gestrichen. Mich spricht eher das hinter dem Schloss gelegene Barockensemble an. Es sind die Nebengebäude des im französischen Stil errichteten Vorgängerschlosses. Und dort herrscht Leben. Es gibt zwei Cafés, einen Feinkostladen - Wonnegauer Ölmühle genannt - und ein Haute-Couture-Atelier. Mit der quirligen Mode-Künstlerin, die in meinem Alter ist, komme ich ins Gespräch. Ihr Geschmack ist exquisit, ihre Lebenseinstellung bewundernswert. Ich freue mich, Frau Lehntmer kennen gelernt zu haben.

Halsbandsittich, aus: Onze vogels in huis en tuin (Garten), John .G. Keulemanns 1876

Am Schloss von Herrnsheim endet der Rheinterrassenweg. Der Lutherweg folgt nun einem Zuweg in die Wormser City. Zunächst geht es durch das alte Herrnsheim, das bis 1942 noch ein selbständiger Ort war. Trotz Eingemeindung nach Worms hat Alt-Herrnsheim seinen dörflichen Charakter halbwegs bewahrt. Die Neubaugebiete reichen jedoch bis an den historischen Ortsrand heran. Der Lutherweg und der Rheinterrassen-Zuweg verlaufen nun auf einem Radweg, auf Bürgersteigen und entlang eines Flüsschens zum Hauptbahnhof, wo es unter den Geleisen hindurch zu einer Fußgängerzone (Wilhelm-Leuschner-Straße) geht. Auf ihr dann immer geradeaus in die Wormser „Altstadt“.

Luther in Worms

Luther vor dem Reichstag, Mosaik über der Orgel der Wormser Dreifaltigkeitskirche

Luther ist über die Mainzerpforte (Außenmauer) und die Martinspforte (Innenmauer) in Worms eingezogen. Von dort ging es über die Kämmerergasse zum Johanniterhof, wo bereits zwei kursächsische Räte Quartier gemacht hatten.

Zum Einzug Luthers in die Stadt ein Bericht des Nuntius Aleander, des päpstlichen Botschafters beim Kaiser, Luthers Intimfeind:

„Ich schickte einen meiner Leute aus, der mir hinterbrachte, dass Luther gegen hundert bewaffnete Reiter bis an das Stadttor das Geleit gaben. Mit drei Genossen in einem Wagen sitzend zog er in die Stadt ein, umgeben von etwa 8 Berittenen, und nahm Herberge in der Nähe seines sächsischen Fürsten. Beim Verlassen des Wagens schloss ihn ein Priester in die Arme, rührte drei Mal sein Gewand an und rühmte sich im Weggehen, als hätte er eine Reliquie des größten Heiligen in den Händen gehabt; es wird bald von ihm heißen, er tue Wunder. Dieser Luther, als er vom Wagen stieg, blickte mit seinen dämonischen Augen im Kreise umher und sagte „Gott wird mit mir sein." Dann trat er in die Stube, wo ihn viele Herren aufsuchten. Mit denen er zehn oder zwölf auch speiste, und nach der Mahlzeit lief alle Welt hin, ihn zu sehen."

Luther zum Verhör
Der erste Termin vor dem Kaiser

Am Nachmittag des nächsten Tages, also am 17. April, führte man Luther gegen vier Uhr zum Bischofshof, wo das erste Verhör stattfinden sollte. Der Bischofshof lag im Domviertel, und zwar zwischen der Stephansgasse und dem Dom. Dort hatte der Kaiser Quartier bezogen. Aus Angst vor einem Volksauflauf vermied man den Weg durch die Kämmerergasse, die bereits damals den Rang einer Flaniermeile hatte. Stattdessen führte man Luther durch den Garten des Johanniterhofs und von dort durch das Gasthaus „Zum Schwan" - dem Quartier Friedrichs des Weisen - in die Martinsgasse. Nun eilte man - vermutlich über Obermarkt und Kreuzgasse - zur Stephansgasse, wo sich ein Hintereingang des Bischofhofs befand. Luther musste zwei Stunden warten, bis man ihn in den Sitzungsaal führte, wo der Kaiser und die Reichsfürsten tagten. Auf einer langen Bank hatte man die Schriften Luthers aufgereiht. Luther war fahrig und nervös. Ein Beamter des Kaisers eröffnete das Verhör:

Kaiser Karl V. als 19-jähriger, Gemälde von Bernard von Orley 1492-1542

„Martin Luther, der Kaiser hat dich vor seinen Thron rufen lassen, um dir zwei Fragen zu stellen: Sind das Deine Bücher? Hast du sie geschrieben?"
„Ja, das habe ich geschrieben."
Kaiserlicher Beamter: „Bist du bereit, Deine Bücher zu widerrufen? Oder bleibst du bei alldem was Du geschrieben hast?"
„Ich möchte nicht leichtfertig antworten. Ich möchte die Wahrheit sagen. Ich möchte es dem Kaiser recht machen und ich möchte es Christus recht machen. Ich erbitte von Kaiserlicher Majestät aufs Demütigste Bedenkzeit, damit ich recht antworten kann."

Der Beamte besprach sich mit dem Vertreter des Papstes und dem Kaiser, was einige Zeit in Anspruch nahm. Man muss wissen, der Kaiser war gerade 21 Jahre alt, und er konnte kein Deutsch. Er war Spanier. Aber dann flüsterte der kaiserliche Übersetzer dem Beamten, der das Verhör führte, etwas ins Ohr. Der räusperte sich und:
„Der Kaiser gewährt Dir einen Tag Bedenkzeit."

Am nächsten Tag führte man Luther gegen sechs Uhr abends in die Aula maior, einen größeren Saal. Luther erschien jetzt innerlich gefestigt. Bei der kaiserlichen Mannschaft und den Reichsfürsten herrschte dagegen gespannte Erwartung. Würde Luther heute klein beigeben oder würde er standhaft bleiben? Und da ist Luthers Antwortrede, die er natürlich in Latein hielt:

„Allergnädigster Herr und Kaiser! Durchlauchtigste Fürsten! Gnädigste Herrn! Ich erscheine gehorsam zu dem Zeitpunkt, der mir gestern Abend bestimmt worden ist, und bitte die allergnädigste Majestät und die durchlauchtigsten Fürsten und Herren um Gottes Barmherzigkeit, sie möchten meine Sache, die hoffe ich, gerecht und wahrhaftig ist, in Gnaden anhören…"

Luthers Auftritt vor dem Kaiser und den Reichsfürsten Der zweite, entscheidende Termin

Es ist nicht möglich hier alles darzustellen, was Luther gesagt hat. Dafür reicht der Platz nicht. Aber da, wo Luther es auf den Punkt bringt, wird jedes Wort wiedergegeben.

Luther: „Weil denn Eure allergnädigste Majestät und fürstlichen Gnaden eine einfache Antwort verlangen, will ich sie ohne Spitzfindigkeiten und unverfänglich erteilen, nämlich so: Wenn ich nicht mit Zeugnissen der Schrift oder mit Vernunftgründen besiegt werde, so bleibe ich bei den Schriftstellen, die ich angeführt habe, und mein Gewissen bleibt gefangen in Gottes Wort. Denn ich glaube weder dem Papst noch den Konzilien allein, weil es offenkundig ist, dass sie öfters geirrt und sich selbst widersprochen haben. Widerrufen kann und will ich nichts, weil es weder sicher noch geraten ist, etwas gegen sein Gewissen zu tun."

Luther-Denkmal in Worms

Und leise fügte er angeblich auf Deutsch hinzu:
„Hier steh´ ich, ich kann nicht anders, Gott helfe mir, Amen."

In der Aaula maior herrschte nun aufgeregtes Durcheinander. Die evangelisch gesinnten Fürsten freuten sich, dem Kaiser und den päpstlichen Vertretern stand der Ärger im Gesicht geschrieben. Doch der Kaiser erklärte das Verhör für beendet und Luther wurde abgeführt. In der Herberge reckte Luther die Arme in Siegerpose und rief „Ich bin hindurch, ich bin hindurch!"

Am nächsten Tag rief der Kaiser die Kurfürsten zur Beratung und ließ einen Schriftsatz verlesen, dass er das Luther zugesagte Geleit nach Wittenberg aufrechthalten wolle. Danach würde man mit ihm aber wie mit einem Ketzer verfahren. Eine „Mehrheitsfraktion" innerhalb der Reichsstände gab daraufhin zu bedenken, dass deshalb im Volk ein Aufruhr entstehen könnte. Und sie erreichten beim Kaiser, dass er ihnen eine Frist von drei Tagen gab, in denen eine Kommission des Reichstages versuchen könnte, Luther zum Einlenken zu bewegen. Die Kommission, die von dem Kurfürsten von Trier geleitet wurde, mutete Luther nicht einen einfachen Widerruf zu, sondern machte zahlreiche Kompromissvorschläge z.B. dass seine Schriften von Richtern oder einem künftigen Konzil geprüft werden sollten. Doch Luther ging auf keinen der Vorschläge ein. Am 25. April brach die Kommission die Verhandlung ab. Noch am selben Tag teilte man Luther mit, dass er am nächsten Tag Worms wieder verlassen sollte und dass der Kaiser ihm für die Rückkehr nach Wittenberg eine Frist von 21 Tagen gegeben hätte. Danach würde man ihn wie gesagt von Seiten des Reichs als Ketzer verfolgen.

Spurensuche

Der Lutherweg endet an der Reformations-Gedächtniskirche zur Heiligen Dreifaltigkeit, die Anfang des 18. Jahrhunderts von der protestantischen Bürgerschaft gegenüber dem Domviertel, in der Nähe des heutigen Rathauses, errichtet wurde (3, Karte). Die Wormser gingen damals davon aus, dass Luther dem Kaiser im Bürgerhof gegenüber gestanden hat und nicht im Bischofshof. Nach den historischen Dokumenten ist die Lage jedoch klar. Luthers Verhöre fanden im Quartier des Kaisers statt, also im Bischofshof. Die Häuser des Bischofhofs existieren nicht mehr. Sie wurden auf Befehl von Ludwig IVX., dem Sonnenkönig, zerstört. Der Platz, wo die Gebäude standen, wird heute von einem Park eingenommen, der sich zwischen dem Dom und dem Kunsthaus Heylshof befindet. Dort entdecke ich an einer niedrigen Mauer eine unscheinbare Tafel mit der Inschrift „Aula minor, der kleine Saal". Hier befand sich also der Raum, in dem Luther den Kaiser um Bedenkzeit bat. Ein paar Schritte weiter, am Rande eines Kieswegs, nochmals zwei Tafeln. Sie sind in den Boden eingelassen. „Aula maior, der große Saal" steht auf der einen. Auf der anderen lese ich: „Hier stand vor Kaiser und Reich Martin Luther 1521". Hier hat Luther dem Kaiser gesagt,

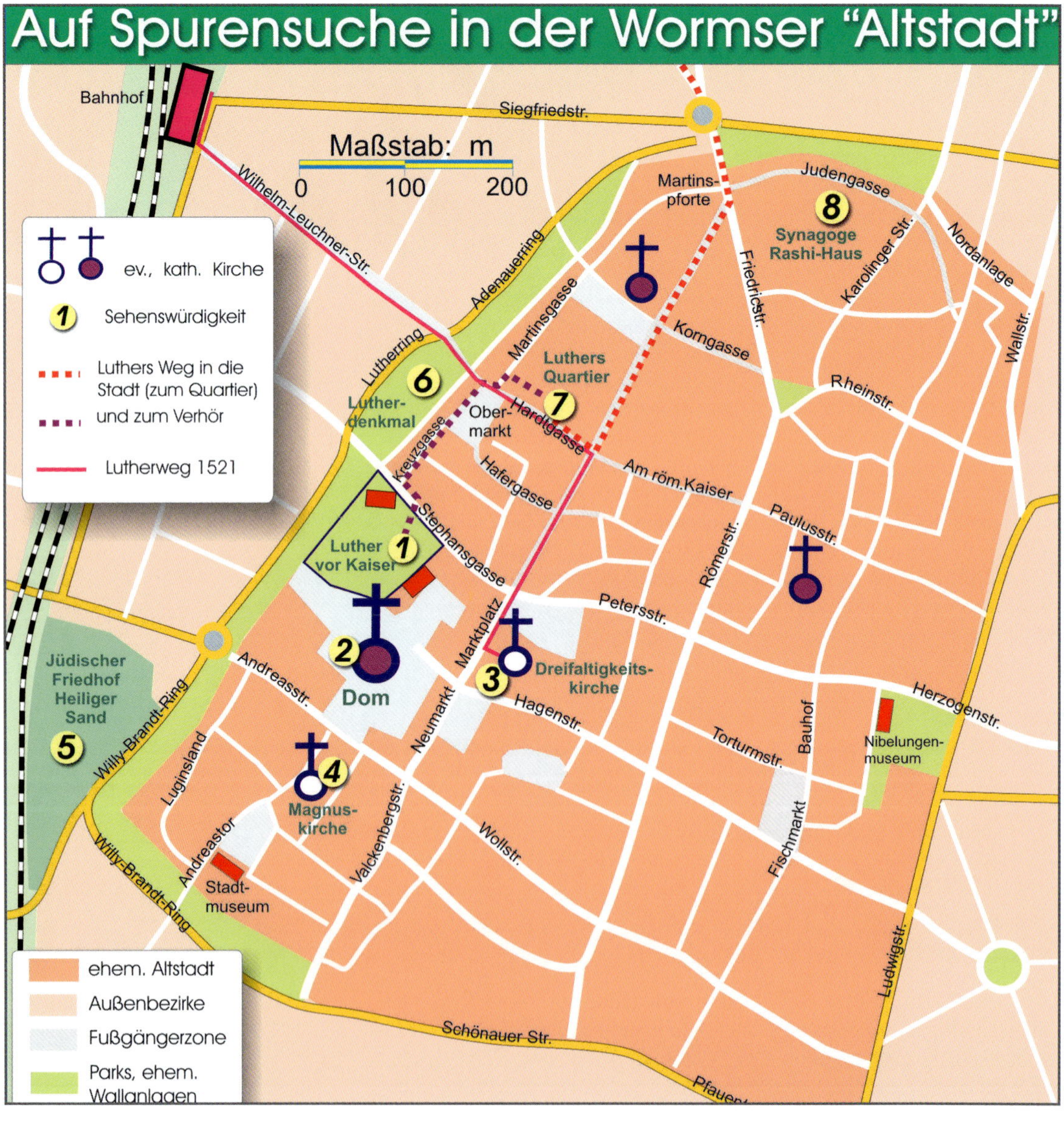

dass er nicht daran denkt seine Schriften zu widerrufen (1, Karte). Heute wächst hier schütterer, von hohen Bäumen überschatteter Parkrasen. Ein Hund scharrt im Rasen. Er hat wohl eine Maus gewittert. Herrchen ist derweil mit dem Smartphone beschäftigt. Das Hier und Jetzt ignoriert die Authentizität des Ortes und seine geschichtliche Bedeutung. Außer den Tafeln keine Mauer, kein Stein, an dem das Auge das Gedenken an Luther unterstützt. Lediglich die Silhouette des nahen Doms verleiht ein wenig historische Atmosphäre.

Ich steuere auf den Eingang des Doms zu (2, Karte). Natürlich muss der Lutherwegwanderer den Dom auch von innen gesehen haben. Ich erhoffe mir Eindrücke, die mir das Geschehen von 1521 näher bringen. Doch ich werde enttäuscht. Die Franzosen hatten 1689 versucht, den Dom zu sprengen. Der Dom hielt zwar stand, brannte jedoch völlig aus. Und so stammt das Inventar der romanischen Kirche überwiegend aus dem 18. Jahrhundert, also aus der Zeit des Barock, eine Diskrepanz zum romanischen Stil des Kirchenbaus. Vor allem aber lässt der überbordende Barock des Hauptaltars und der Nebenaltäre keinen Gedanken an die Reformation aufkommen. Dazu ein ständiges Kommen und Gehen von großen Besuchergruppen.

Ein Tapies in der Magnuskirche

Ich beschließe daher, die evangelische Magnuskirche aufzusuchen, eine über 800 Jahre alte romanische Basilika, in der schon ein Jahr vor Luthers Auftritt in Worms evangelisch gepredigt wurde (4, Karte). Sie steht in der Dechaneigasse, keine 200 m vom Dom entfernt. Ich betrete einen Raum ohne schmückendes Beiwerk, schlichte romanische Rundbögen sorgen für eine Atmosphäre, in der man zur Ruhe kommt, sich sammeln kann. Im südlichen Seitenschiff gibt es eine Meditationsinsel mit einem Objekt des katalanischen Künstlers Antoni Tapies. Doch die Kunst ist mir zu wild. Zudem nimmt auch hier eine Touristengruppe

„Heiliger Sand", der jüdische Friedhof in Worms

den Kirchenraum in Beschlag. Ich weiß, die Magnuskirche steht in Worms für die evangelische Stadtkirchenarbeit und dazu gehört auch die Öffnung für den Tourismus. Aber...

"Heiliger Sand" Der älteste jüdische Friedhof Europas

Ebenfalls nur 200 m vom Dom entfernt, aber hinter der Stadtmauer und auch hinter dem verkehrsreichen Stadtring liegt der jüdische Friedhof „Heiliger Sand" (5, Karte). Den wenigen Besuchern scheint es wie mir zu gehen. Die über 2000 Grabsteine, die ohne erkennbare Ordnung auf Parkwiesen und unter Bäumen verteilt stehen, machen einen tiefen Eindruck. Man wagt es nicht, schnell zu gehen oder laut zu reden. Es gibt keine Grabeinfriedung. Um die Grabsteine wächst Gras, liegt dürres Laub. Es sind Grabmale aus acht Jahrhunderten, der älteste von 1076, der jüngste von 1930. Viele Grabmale stehen schief. Einige sacken in die Erde ein. „Haus der Ewigkeit", besagt das hebräische Wort für Friedhof. Alte Gräber werden nicht ausgehoben. Bei den Juden darf die Totenruhe nicht gestört werden. Wo sich ein Grab befindet, da ist heilige Erde, in Worms heiliger Sand.

Auf einigen Grabmalen liegen kleine Steine. Sie stammen von jüdischen Besuchern. Es ist eine Tradition, die auf die Zeit zurück geht, in der die Juden durch die Wüste zogen. Zwei Grabsteine ragen heraus, die der Rabbiner Meir von Rothenburg und Alexander Ben Solomon Wimpfen Süßkind. Auf ihnen wurden besonders viele Steine aufgehäuft. Dazwischen befinden sich kleine zusammengerollte Zettel, Quittlech genannt, auf denen geheime Wünsche und Bitten niedergeschrieben wurden. Die Schreiber hoffen, dass die toten Rabbi ihre Bitten Gott vortragen. Die fremde Sitte, die ewige Totenruhe beschäftigen mich. Der Heilige Sand trifft mein Inneres weit mehr als der Dom. Warum? Weil es hier um ein Thema geht, das alle beschäftigt? Sicher hat dies aber auch mit dem Leid zu tun, das Juden in Deutschland erfahren haben.

Die Jüdische Gemeinde in Worms gehörte im Mittelalter zu den bedeutendsten in Deutschland. Über lange Zeit lebten Christen und Juden friedlich nebeneinander. Doch dann kam es zu Pogromen. Mehrere Male mussten die Juden aus Worms fliehen. Viele wurden ermordet, vor allem während des ersten Kreuzzugs. Aber sobald sich die Verhältnisse gebessert hatten, kamen die Juden wieder in die Stadt. Luther hatte in seinen späten Jahren kein gutes Haar an den jüdischen Mitbürgern gelassen. Religiöse Toleranz war während der Reformation kein Thema. Man nahm für sich die Freiheit in Anspruch, die Wahrheit erkannt zu haben. Und der rechte Weg musste sich durchsetzen, man musste ihn gegenüber Andersdenkenden verteidigen.

Nach dem Holocaust etablierte sich in Worms keine jüdische Gemeinde mehr. Erst nach dem Zusammenbruch der Sowjetunion kamen wieder jüdische Migranten in die Stadt. Inzwischen leben in Worms wieder gut hundert Bürger jüdischen Glaubens. Schon zuvor hat man die zerstörte Synagoge wieder aufgebaut, ein jüdisches Museum eröffnet und das alte Judenviertel restauriert (8, Karte). Die Einstellung der Deutschen zur religiösen Toleranz hat sich nach schlimmen Rückschlägen inzwischen deutlich gebessert. Toleranz ist bei einer großen Mehrheit kein Fremdwort mehr, sei es im Verhältnis zu Juden oder zu Migranten aus dem Nahen Osten und Afrika. Evangelische und katholische Christen haben hier inzwischen deutlich Position bezogen.

Weinbergskapelle Worms-Abenheim

Wormser Dom

Luthers Rückreise

Luther-Denkmal in Worms

Als Luther sich am Morgen des 26. April auf den Heimweg machte, hat ihn der päpstlichen Nuntius Aleander erneut beobachtet. Lassen wir also Aleander noch einmal zu Wort kommen:

„So ist denn der ehrwürdige Schurke gestern drei Stunden vor Mittag mit zwei Wagen abgereist, nachdem er sich eigenhändig in Gegenwart vieler Personen viele Brotschnitten geröstet und manches Glas Malvasier-Wein , den er außerordentlich liebt, getrunken; vor den Toren empfingen ihn zwanzig Reiter, die ihm vermutlich Sickingen auf Huttens Betrieb geschickt hatte…"

Dass der Malvasier zu Luthers Lieblingsweinen gehörte, bestätigt eine Notiz zur Trauung Luthers mit Katharina Bora.

„…Der Rath der Stadt (Wittenberg) schickte zum Feste vier Maß Malvasier, vier Maß Rheinwein und sechs Maß Frankenwein; der Preis ist in den vorhandenen Stadtrechnungen mit dreiunddreißig Gulden verzeichnet. Der Malvasier kostet zwanzig, der Rheinwein sechs und der Frankenwein sieben Gulden."

Das Preisverhältnis Malvasier/ Frankenwein zeigt, dass der Malvasier damals hoch geschätzt wurde. Heute findet man diesen Wein nur noch in südlichen Urlaubsländern, auf den Kanarischen Inseln, in Istrien oder in Österreich. In Deutschland ist der „Lutherwein" praktisch vom Markt verschwunden. Am Lutherweg, zwischen Worms und Oppenheim, genauer gesagt im Weingut Menger in der Gemeinde Eich ist der Malvasier noch zu haben. Eich liegt unweit von Alsheim an einem Altarm des Rheins. Nicht dass jemand denkt, die Weinberge des Gutes befänden sich in der Rheinebene. Nein, der Lutherwegwanderer

Wer mehr über den Malvasier und den Weingenuss zu Luthers Zeiten wissen möchte, der wende sich an Dagmar Rückrich-Menger Hauptstr. 12, 67575 Eich, Tel. 06246-298

www.weingut-menger.de

kommt direkt an ihnen vorbei, zum Beispiel an der Lage Alsheimer Frühmesse.

Dagmar Rückrich-Menger, die Chefin des Weingutes, betreibt den Anbau und die Vinifizierung der Malvasier-Traube mit Leidenschaft. Aus der rötlichen Traube stellt sie einen edelsüßen, goldgelben Wein her, so wie ihn Luther liebte, einen Dessertwein würden wir heute sagen. Zu Luthers Zeiten waren süße Weine gefragt. Natürlich hat das Weingut den Malvasier auch in trockenen Varianten vorrätig.

Luther in Frankfurt und die Verhängung der Reichsacht

Luther ist vermutlich wieder über Oppenheim gefahren. Jedenfalls war er am 27. April in Frankfurt, was durch einen Brief belegt wird, den Luther an Lukas Cranach schrieb. In diesem Brief heißt es unter anderem:

„Ich lass mich eintun und verbergen, weiß selbst noch nicht wo."

Luther hatte wohl von seinem Freund Spalatin, dem Vertrauten von Friedrich dem Weisen, erfahren, dass der Kaiser inzwischen seine Legaten beauftragt hatte, ein Edikt abzufassen, das ihn mit der Reichsacht belegen sollte. Die Legaten brauchten nicht lange, um das Edikt auszuarbeiten. Der Kaiser, der die Zustimmung des Reichstages brauchte, zögerte die Abstimmung jedoch bis zum 25. Mai hinaus. Da war der Reichstag zwar noch nicht geschlossen, aber die wichtigsten Personen, so auch Friedrich der Weise, waren schon abgereist. Und so erhielt der Kaiser für das Wormser Edikt, mit dem Luther geächtet wurde, rasch eine Zustimmung. Da man das Edikt mit dem Datum 8. Mai versah, konnte der Kaiser in aller Öffentlichkeit behaupten, dass die Reichsstände dem Edikt mehrheitlich zugestimmt hatten. Dass Luther „eingetan" werden sollte, war also sehr weise.

Luther in Friedberg und das Lutherschwert

Am Sonntag, den 28. April, kam Luther in Friedberg an, was durch Briefe belegt ist: einen langen an den Kaiser, in dem er die Angelegen-

Luthers Brief an Spalatin ins Deutsche übersetzt

„Zu Händen des Magisters Spalatin in Worms.

Sei gegrüßt. Hier hast Du das gewünschte Schreiben, mein Spalatin. Um das Übrige wirst Du Dich kümmern. Ernthолt (Kaspar Sturm) haben wir entlassen. Heute fahren wir nach Grünberg (Original „Hodie ad gronbergung vehimur"). Mehr habe ich nicht zu schreiben (...). Leb wohl im Herrn. Friedburg Montag nach Cantate, den 29. April 1521, Martin Luther, Augustiner."

heit auf dem Reichstag noch einmal aus seiner Sicht Revue passieren ließ, und eine Kurznachricht an seinen Freund Spalatin. Beide Briefe waren in Latein geschrieben. Für uns ist der Brief an Spalatin interessant, weil er dort sein nächstes Reiseziel mitteilt. (siehe S. 251)

In Friedberg soll Luther Caspar Sturm, den Reichsherold, entlassen haben. Ein Begleitschutz war nicht mehr notwendig, da der hessische Landgraf Philipp Luther in Worms mit einem Geleitbrief (Schutzbrief) versehen hatte. Das Schwert, das Caspar Sturm damals mit sich führte, ein Bihänder, ist im Wetterau-Museum ausgestellt, sofern es nicht als Leihgabe irgendwo in Deutschland unterwegs ist. Ich will nicht unerwähnt lassen, dass vor kurzem Zweifel aufkamen, dass es sich wirklich um das Schwert des Reichsherolds handelt. Aber wie mir der Leiter des Wetterau-Museums sagte, könne es genauso gut sein, dass demnächst wieder jemand kommt und die illustre Herkunft des Schwertes bestätigt.

Schloss Eichhof bei Bad Hersfeld

Wenn Luther vom 29. auf den 30. April in Grünberg übernachtet hat, dann ist er der „kurzen Hessen" gefolgt und über Hungen gefahren. Anders war diese Strecke kaum zu schaffen. Nächste Station war aller Wahrscheinlichkeit nach Alsfeld. Von dort aus muss Luther am Morgen des 1. Mai nach Hersfeld aufgebrochen sein, denn für dieses Datum ist Luthers Ankunft in der Lullusstadt verbrieft.

Luther in Hersfeld

Über seinen Aufenthalt in Hersfeld informiert uns Luther in einem am 14. April von der Wartburg aus an Spalatin in Latein geschriebenen Brief. Darin heißt es:

„Du kannst dir nicht vorstellen, mit welcher Freundlichkeit uns der Abt des Klosters Hersfeld aufnahm. Seinen Kanzler und seinen Verwalter schickte er uns eine Meile entgegen, dann hieß er uns selbst in der Nähe seines Schlosses willkommen und geleitete uns in die Stadt. Der Rat begrüßte uns zwischen den Toren. In seinem Kloster bewirtete er uns großartig. Und er quartierte mich in seinem Zimmer ein. (Früh um fünf oder am Donnerstagmorgen *) musste ich eine Predigt halten. Vergeblich wandte ich ein, er könne vielleicht seine Rechte verlieren, wenn die kaiserlichen Beamten diese Tatsache als Bruch des Geleits auslegen würden, weil sie mir untersagten, während der Reise zu predigen. Doch ich sagte, ich hätte nicht eingewilligt, dass Gottes Wort gebunden werde und das ist auch wahr…"

Mit dem Schloss, an dem Luther von Abt Crato empfangen wurde, ist das eine Wegstunde vor den Toren der Stadt gelegene Schloss Eichhof gemeint, die Sommerresidenz der Hersfelder Äbte. Ob Crato, bevor er Luther nach Hersfeld begeleitet hat, in seiner Sommerresidenz bewirtet hat oder ob sie gleich zusammen nach Hersfeld gefahren sind, um dort im Abtschlösschen ausgiebig zu tafeln, wissen wir nicht. Jedenfalls hat der Abt Luther mit Erfolg zu einer Predigt gedrängt. Ob Luther in der Klosterkirche oder in der Stadtkirche gepredigt hat, wissen wir wiederum nicht. Für beides gibt es Argumente.

Und noch eine nicht ganz geklärte Sache: *Nach dem aus Fulda stammenden Historiker Dr. Michael Fleck hat Luther nicht früh um fünf gepredigt, sondern am Donnerstagmorgen. Original heißt es in Luthers Brief: Mane quinta sermonem facere coegerungt. Hinter Quinta fehlt ein Wort. Man kann hora für Uhr einsetzen oder aber feria, (Feiertag), in Verbindung mit quinta bedeutet dies Donnerstag. Und dann folgt der Satz „Ita denique altera die nos ad silvam usque prosecutus est…" In Deutsch „So hat uns am nächsten Tag (der Abt) bis an den Wald geleitet und…" Daraus schließt Fleck, dass Luther erst am 3. Mai nach Eisenach weiter gezogen ist und nicht wie bisher behauptet am 2. Mai.

Quartier Luthers in Hersfeld (rechts) und Fassade des Abtschlösschens (links)

Bei Abt Krato Myles ließ es sich auch gut sein. Er war ein zuvorkommender Gastgeber und, obwohl getreuer Katholik, den Reformvorstellungen Luthers aufgeschlossen. Zudem stand Luther mit der Fahrt nach Eisenach eine besonders große Etappe bevor (ca. 55 km). Da war es gut, einen Tag auszuruhen. Luther hat entweder in einem der Gemächer des Abtes im Abtschlösschen übernachtet oder im neuen Gästehaus, das wenige Jahre vor Luthers Wormsreise erbaut wurde.

Hersfelder Stiftsruine

Luther auf dem Weg nach Eisenach

Folgt man der Logik von Dr. Fleck so machte sich Luther am 3. Mai auf den Weg nach Eisenach. „So hat uns am nächsten Tag der Abt bis an den Wald geleitet und ließ uns durch seinen Kanzler bis Berka begleiten, wo er uns alle noch einmal bewirten ließ. Von Eisenach kamen uns Leute zu Fuß entgegen und begrüßten uns. Endlich kamen wir in Eisenach an. Auch in Eisenach habe ich gepredigt. Aber der furchtsame Pfarrer protestierte in Gegenwart vor Notar und Zeugen vor mir, entschuldigte sich dann demütig, er habe dies tun müssen aus Furcht vor seinem Tyrannen…" 1. Fortsetzung des Luthers Briefs vom 14. Mai 1521 an Spalatin

Luther kam gegen Abend in Eisenach an. Nach seiner Predigt verfasste er einen in Deutsch geschriebenen Brief an den Grafen von Mansfeld: „Acht wol, sy werden mich beschulden , Ich hab das glaidt geprochen

Drachenschlucht

mitt predigen zu Hirßfeld (Hersfeld) und Eyßnach…ich muß mich lassenn einthuen einzceyt lang, weyß selbst nicht, wie es bestellet ist, und also muss ich ander leute Rathe hir innen, wiewol ungerne folgen….Eylents geschriben in eyßnach"

Luthers Abstecher in den Stammort seiner Eltern

Am nächsten Morgen: „In der Frühe zogen alle Reisegefährten weiter. Ich begab mich über den (Thüringer) Wald zu meiner Verwandtschaft, denn sie wohnt dort in der ganzen Landschaft. Ich trennte mich von ihr, als wir den Weg nach Waltershausen einschlugen." 2. Fortsetzung des in Latein geschriebenen Brief Luthers vom 12. Mai 1521 an Spalatin.

Martin Luther ist also von der nach Gotha und Erfurt führenden Straße abgewichen. Er hat einen Umweg über den Kamm des Thüringer Waldes in Kauf genommen, um nach Möhra zu fahren, dem Ort, aus dem seine Eltern stammen. Und so habe auch ich mich noch einmal nach Eisenach begeben, um auch das letzte Wegstück, das Luther im Frühjahr 1521 gefahren ist, nachzuvollziehen. Ich habe in Beschreibungen von Eisenacher Historiker gekramt und herausgefunden, dass die alte „Straße" Eisenach – Breitungen (Werra) – Meiningen zu Luthers Zeiten bereits den Verlauf der Bundesstraße 19 vorgezeichnet hat.

Luther ist danach über das Eisenacher Mariental und oberhalb der Drachenschlucht zu dem Pass hinauf gefahren, an dem das ehemalige Wirtshaus „Hohe Sonne" steht. Von dort ging es hinunter nach Wintershusen – heute Schloss Wilhelmsthal- und über Etterwinden nach Möhra. Im Mariental habe ich, wenn man von der Wartburg absieht, die über dem Tal thront, noch nichts entdeckt, was an Luther erinnert. Dann die Überraschung: Zwischen Landgrafenschlucht und „Hohe Sonne" sind die Geleise der „Straße", auf der Luther gefahren ist, noch deutlich zu erkennen, meist als zwei parallel verlaufende Hohlwege, die am Hang oberhalb der Drachenschlucht und der B 19 verlaufen. Ein mit einem gelben Punkt markierter Wanderweg führt entlang der Hohlwege zur Hohen Sonne hinauf.

Luther fährt auf Hohlwegen am Rande des Absturzes zur Drachenschlucht

Am Pass an der „Hohen Sonne" queren die Geleise den Rennsteig. Zudem stößt der Thüringer Lutherweg, der nach Schmalkalden und Thambach-Dietharz führt –Westschlaufe genannt- hinzu. Der Lutherweg führt zwar über Wilhelmsthal nach Möhra, aber er folgt im Abstieg nicht der „Straße", die Luther gefahren ist. Zugegeben, wer hier den Spuren Luthers treu bleiben will, muss einiges in Kauf nehmen. Die Gleise der alten Trasse sind teilweise zugewuchert und sie verlaufen ein längeres Stück direkt neben der B 19. Auch die Schlüsselstelle der alten Passstraße, ein extrem steiler und für die damalige Zeit auch extrem kurviger Talabstieg liegt abseits der Lutherweg-Westschlaufe. Der vom Schloss Wilhelmsthal ausgehende und mit Wegweisern versehene „Felsenpfad" führt jedoch direkt an diese interessante Stelle heran.

Über einen Zubringerweg ist man im Nu am Felsenpfad. Man quert an der „Hohen Sonne" die B19 und folgt dann sofort rechts einem markierten Pfad in ein Tal hinunter. Nach fünf Minuten stößt man auf eine Holzbrücke und den „Felsenpfad“. Man folgt dem „Felsenpfad“ über die Brücke auf die rechte Talseite, wo dann der Pfad seinem Namen Ehre macht. Über eine Felsentreppe mit Felsgeländer geht es durch eine alpin anmutende Steilwand. Noch eine Querung unterhalb der Wand, dann stößt man auf ein Seitental, in dem ein Bächlein fließt. Direkt hinter dem Steg, der über den Bach führt, stößt man auf einen Fächer von Hohlwegen, die in weiten Bögen den steilen Hang hinunter kommen. Diesen gefährlichen Abstieg ist Luther mit seinem Rollwagen hinunter gerumpelt. Eine Alternative gab es nicht. Das Tal, in dem der Felsenpfad verläuft, war für Reisewagen zu steil und zu eng.

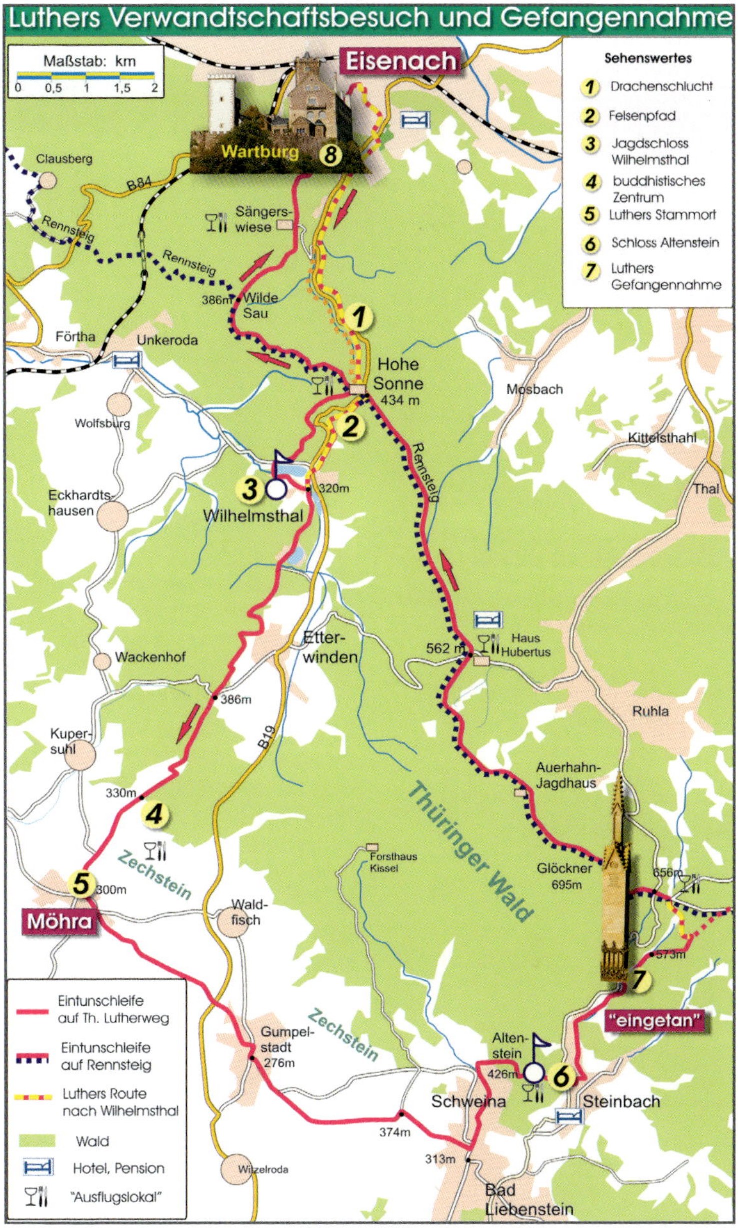

Solange es durch den Wald geht, sind die Geleise der alten Straße noch deutlich zu erkennen. Auf den Wiesen von Wilhelmsthal verliert sich die Spur. Luther hat auf seiner Fahrt weder das Schloss Wilhelmsthal noch den künstlich angelegten See gesehen, der unterhalb des Parks liegt. Zu Luthers Zeiten befand sich hier noch der Ort Wintershusen. Später erkoren die Herzöge von Sachsen-Eisenach und Sachsen-Weimar die Wälder um die Hohe Sonne zum herrschaftlichen Jagdgebiet. Und da die Bauern von Wintershusen den Jagdbetrieb störten, siedelten sie sie kurzer Hand um. Anfang des 18. Jahrhunderts ließen die Herrschaften im ehemaligen Wintershusen 16 mehrstöckige Pavillons und einen Konzertsaal errichten, den man zu Ehren eines bis heute bekannten Komponisten Telemann-Saal nannte. Telemann hatte in seinen jungen Jahren (1706-1711) am herzoglichen Hof in Eisenach eine Anstellung. Später fügte man dem Ensemble noch einen Marstall, eine Orangerie, eine Remise und ein Schweizer Haus hinzu, halt alles, was der Hochadel so brauchte. Zu DDR-Zeiten wurde Wilhelmsthal als Pionierlager genutzt. Nach der Wende begannen die Gebäude zu verfallen. Da sich kein Käufer fand, versucht die Stiftung Thüringer Gärten und Schlösser das Ensemble vor dem Verfall zu bewahren.

Das Gasthaus Hohe Sonne ist leider immer noch verwaist. Aber es existiert ein Imbiss.

Die Eltern Martin Luthers, Gemälde von Lukas Cranach d. Ä.

Vom Schloss Wilhelmsthal bis zu der Stelle, an der Luther „eingetan" wurde, folge ich nun der Markierung des Lutherwegs „Westschlaufe". Der Weg führt mich an einem Camping-Badesee vorbei, ich wandere durch Wald und über Wiesen und vom Waldrand aus blicke ich auf das Dorf Etterswinden und hinüber zu den steilen Höhen des Thüringer Waldes. Luther ist hinter Etterswinden von der großen Straße abgebogen und einer lokalen Verbindung nach Möhra gefolgt. Im Wald geht es steil in ein einsames Wiesental hinunter. Dort begegne ich einer Frau mit kurz geschorenem weißen Haar und dunkelrotem Leinengewand. Sie grüßt mild lächelnd zurück, ihr Blick offenbart tiefe Seelenruhe. Ein paar Schritte weiter gewahre ich nahe dem Weg ein großes Gebäude mit graublauer und dunkelroter Fassade. Der Lutherweg führt hier am „Karma Schedrub Tschöpel Ling" vorbei, ein Ort, an dem Buddhas Lehre durch Studium und Meditation verbreitet wird (wwww.dharmazentrum-möhra.de). Neugierig habe ich das Gebäude umrundet und hinter dem Haupthaus eine Reihe von Bungalows entdeckt. Bitte Ruhe! Nicht betreten! Retreat Bereich (Rückzugsgebiet für diejenigen, die für einige Tage in sich gehen wollen.)

Am Buddhazentrum vorbei ins Lutherdorf Möhra

Die Buddhisten haben sich für ihr Meditationszentrum einen Platz ausgesucht, wie er besser kaum sein könnte: Fernab von großen Straßen, in einer ländlichen Gegend am Rande des Waldes. Der Blick geht über eine weite, offene Landschaft hinüber zur Rhön. Und auf der benachbarten Höhe findet der Blick an der kugelförmigen Silhouette einer alten Linde, dem Liethebaum, einen Ruhepunkt. An schönen Wanderwochenenden kann es jedoch passieren, dass es in der Nachbarschaft lebhaft zugeht. Dann streben nämlich zahlreiche altgediente Thüringer-Wald-Wanderer der an diesen Tagen bewirtschafteten Liethe-Hütte zu. Die Hütte war zu DDR-Zeiten Ausgangspunkt für den Rennsteig.

Möhra, links Luthers „Stammhaus"

Vom Karma-Zentrum gelange ich über einen Fahrweg in einer halben Stunde in den Luther-Stammort Möhra. Luther soll in Möhra gepredigt und genächtigt haben.

Für die Übernachtung gibt es keinen Beleg. Wenn man davon ausgeht, dass Luther am 4. April morgens in Eisenach aufgebrochen ist, war eine Übernachtung nicht möglich, denn am Abend des 4. April ist Luther entführt worden. Für einen Besuch bei der Tante und dem Onkel und für ein Stück Kuchen hat die Zeit aber sicher gereicht. Auch eine Predigt war sicherlich „drin".

Orgel in der Kirche von Möhra

Die Kirche von Möhra ist wunderschön. Auf eine Renovierung nach westdeutschem Geschmack hat man bisher, Gott sei Dank, verzichtet. Das Tonnengewölbe, das die Illusion vermittelt, in einem Lichtschacht hinaufzuschauen, über dem das Auge Gottes ruht, der barocke Orgelprospekt und die grob gezimmerten Balkenhocker auf den Emporen, das hat was. Original wirkt auch das unter der Kirche stehende Lutherstammhaus, obwohl es wohl das Haus des Onkels war. Das übrige Dorf hat sich seit der Wende dagegen ziemlich herausgeputzt. Doch nach wie vor wacht die Statue von Martin Luther auf dem Platz unter der Kirche über das Dorf. Und wenn dann am letzten Oktoberwochenende in Möhra mit Bratwurst und Bier der Reformationsmarkt veranstaltet wird, und Tausende kommen, dann geht für Möhra der Traum in Erfüllung, einmal im Jahr der Mittelpunkt Thüringens zu sein.

Schloss Altenstein

Schloss Altenstein

Über Gumpelstadt ziehe ich weiter nach Schweina, einem Ortsteil von Bad Liebenstein. Dann führt der Lutherweg zum Schloss Altenstein hinauf. Als Luther am 4. Mai 1521 den Altenstein passierte, stand dort noch eine Burg. Die Meininger Herzöge machten aus der Burg ein Schloss, das sie mit einem großen Park umgaben. Dort arrangierten sie weitere Bauten wie den Marstall, die Orangerie und eine Ritterkapelle. Der Lutherweg führt mitten durch den Park und an dem im englischen Landhaustil gehaltenen Schloss vorbei, an kugelförmig geschnittenen Eiben, einem Springbrunnen und Buchsbaumornamentik. Auf einem felsigen Hügel hinter dem Schloss steht die auf alt getrimmte Ritterkapelle. Und auf der Anhöhe gegenüber verbindet eine wackelige Hängebrücke zwei Kalkfelsen. Bisher war ich auf dem Lutherweg völlig allein. Hier, im Schlosspark Altenstein, herrscht Betrieb. Die Flaneure kommen von den Häusern des Hofmarschallamtes. Dort befinden sich eine Gaststätte und Parkplätze.

Auch der Lutherweg führt zum Marstall, dann geht es hinunter nach Steina, ein typisches Thüringer-Wald-Dorf, dessen Häuser sich in zwei engen Tälern drängen. Hinter Steina, im Kallenbachtal, wird der Lutherweg zum Gebirgswanderweg mit Bergwiesen, Kuhherden und murmelndem Bachlauf. Das Tal verzweigt sich, Felsen türmen sich auf, ich bin im Glasbachtal. Es ist ein schmales und zu Anfang recht steiles Waldwiesental, das jedoch schon bald sanfter wird. Hier muss es passiert sein. Und da kommt auch schon der Obelisk in Sicht, der seit 1857 an den Überfall auf Luther erinnert.

Luther wird „eingetan“

3. Fortsetzung des Luthers Briefs vom 12. Mai 1521 an Spalatin. „Bald darauf (nach dem Verwandtenbesuch in Möhra) wurde ich in der Nähe der Burg Altenstein gefangen genommen… Als mein Ordensbruder Petzensteiner die Reiter kommen sah, sprang er vom Wagen und soll am Abend, ohne jemand getroffen zu haben, zu Fuß nach Waltershausen gekommen sein. So bin ich nun hier. Meine Kutte hat man mir abgenommen. Und ein Reitersgewand angezogen. Ich lasse mir Haare und Bart wachsen. Du würdest mich schwerlich erkennen, da ich mich selber schon nicht mehr erkenne.“

Ritterkapelle neben Schloss Altenstein

Hinter dem Obelisken sprudelt der Lutherborn. Noch ein Schluck aus der Quelle, die 1817 zum 300jährigen Reformationsjubiläum gefasst wurde, dann geht es in den Wald hinein und steil bergan. Bei einer Höhe von 634 m stoße ich auf einen Abzweig. Hier sage ich dem Lutherweg ade und folge dem Hinweis „Zum Rennsteig 800m“. Nach 400 m führt der Weg über eine Waldwiese, auf der sich einst das Bergmann- und Köhlerdorf Glasebach befand. Bei Ausgrabungen fand man die Grundmauern einer Kirche und ein Pilgerzeichen. Ob die Kirche als Wallfahrtsstätte galt oder ob ein durchziehender Pilger das Zeichen verloren hat? Man weiß es nicht. Glasbach ist noch vor Luthers Zeiten aufgegeben worden.

Ein paar hundert Meter weiter und ich bin am Altensteiner Pass, wo ich auf den Rennsteig und die Altensteiner Passstraße stoße. Dieser Straße wollte Luther eigentlich nach Waltershausen folgen – zumindest hatte er das verlauten lassen. Stattdessen wurde Luther von seinen „Entführern“ auf die Wartburg gebracht. Gegen 11 Uhr nachts soll er dort angekommen sein. Vielleicht hat man ihn über den abgelegenen Rennsteig gelotst, denn schließlich sollte die Aktion geheim bleiben. Zudem

An dieser Stelle wurde Luther „überfallen“

war und ist der Rennsteig vom Altensteiner Pass aus der kürzeste Weg zur Wartburg. Und so ist für mich der Weiterweg klar: über den Rennsteig zurück nach Eisenach und am nächsten Morgen noch einmal zur Wartburg hinauf.

Auf der Wartburg

In der Frühe ist der Betrieb auf der Wartburg nicht allzu groß. Man braucht nicht lange für eine Führung anzustehen und meist hat man auch das Glück, mit einer kleinen Gruppe durch den Palas geführt zu werden. Die ersten Eindrücke: ein karger, von einem Kreuzgewölbe überspannter Saal, ein mit Steinen ausgelegter Fußboden, der in gewachsenen Fels übergeht. In der Raummitte eine Säule mit Ornamenten. Durch ein schmales Fenster dringen ein paar Sonnenstrahlen hinein. Der übrige Saal liegt im Dämmerlicht. An den Wänden sind Steinmetzarbeiten ausgestellt: Ein Ritter, der von einem Drachen verschlungen wird, Männer mit Zipfelmützen, die von einem Wolf verfolgt werden - die Grabplatten von Ludwig dem Springer und seinem Enkel Ludwig dem Eisernen. Stimmiger Schmuck in einem Raum, der durch seine Schlichtheit besticht. Dieser Raum, das sei Mittelalter pur, sagt die Fremdenführerin.

Dann geht es in die „Elisabeth-Kemenate“. Der Kontrast könnte kaum größer sein. Die Wände und das Gewölbe sind wie in einer byzantinischen Kapelle mit farbenprächtigen und goldglänzenden Mosaiken geschmückt. Dargestellt wird das Leben der Heiligen Elisabeth. Doch das Mosaik ist nicht mittelalterlich; es wurde zu Beginn des 20. Jahrhunderts geschaffen. Ein Stockwerk höher erneut Szenen aus dem

Luther als Junker Jörg, Gemälde von Lukas Cranach d. Ä., Wartburgstiftung

Leben der Heiligen Elisabeth, dieses Mal in Form von Fresken. Geschaffen hat sie der Wiener Maler Moritz von Schwind Mitte des 19. Jahrhunderts. Nebenan, im „Sängersaal", ein Schwindsches Monumentalbild vom legendären „Sängerkrieg auf der Wartburg", eine eindringliche Darstellung, die vergessen lässt, dass der Wettstreit Dichtung und Mythos ist. Das Fresko ist meisterhaft in die Raumarchitektur eingepasst, was auch für das Bild im benachbarten „Landgrafenzimmer" zutrifft. Im Obergeschoss des Palas werden wir schließlich in einen reich ausgestatteten Saal geführt, einen Konzert- und Veranstaltungssaal, den der Weimarsche Großherzog Carl Alexander Ende des 19. Jahrhunderts hat schaffen lassen.

Dann endlich, nach all dieser Pracht, geht es hinüber in die Lutherstube, die in einem der Fachwerkbauten liegt. Was für ein Kontrast zum Festsaal von Carl Alexander. Ein Tisch, ein Stuhl, die Bibel und ein Bild Martin Luthers an der holzverkleideten Wand. Ein authentischer Ort der Reformationsgeschichte. Ein Fliederstrauß mildert die Sachlichkeit des Raums. Ein Ort der Ruhe und der Andacht - sofern man von Nachdrängenden nicht weiter geschubst wird.

In der Lutherstube

Hier hat Luther im Jahre 1521, als Junker Jörg das Neue Testament aus dem griechischen Originaltext ins Deutsche übersetzt. Der berühmte Tintenfleck, den man früher im Lutherzimmer immer wieder erneuert hatte, ist verblasst. Ob Luther wirklich mit einem Tintenfass nach dem Teufel geworfen hat? Auf der Wartburg war Luther vor seinen Häschern

Wartburg

Lutherstube

in Sicherheit. Dort bewunderte man ihn wegen seiner Standhaftigkeit. Selbst dem Kaiser hatte er sich nicht gebeugt. Aber Luther war innerlich aufgewühlt. Nach den schweren Kämpfen vor den Reichsständen, den Fürsten und dem Kaiser plötzlich die erzwungene Untätigkeit, die Einsamkeit, die Isolation. Auf der einen Seite die Euphorie „Ich bin hindurch, ich bin hindurch!“ Menschenmassen, die ihm zugejubelt hatten, seine neue Lehre in Aller Munde. Auf der anderen Seite der Zweifel, die Angst, was wird mit ihm werden? Ist er doch zu weit gegangen? Luther versucht, Klarheit zu gewinnen. Dabei wird er hin und her gerissen. In seinem Innern kämpft er gegen das Böse, den Teufel, der ihn immer wieder heimsucht. Der Teufel, das ist für Luther nicht nur eine Metapher, der Satan ist für ihn Realität. Die Legende vom Wurf mit dem Tintenfass ist daher gar nicht so weit hergeholt. Vielleicht hat Luther damit wieder Boden unter den Füßen gewonnen. Das wichtigste aber war, dass er angefangen hat zu schreiben.

Teufel aus der Jüterboger Kirche

Da bleibt etwas!

Die Pilger- oder Wanderfahrt ist zu Ende, wenn auch nur im Buch. Als ich die letzten Zeilen geschrieben hatte, stellte sich zunächst ein gewisses Gefühl der Leere ein. Zwei Jahre war ich auf Luthers Spuren unterwegs, ein Jahr habe ich für das Buch am Schreibtisch gesessen. Was bleibt?

Goethe hat einmal gesagt: Kein Genuss ist vorübergehend; denn der Eindruck, den er zurücklässt, ist bleibend. Recht hat er. Ich meine aber, was bei einer Pilger- oder Wanderfahrt bleibt oder bleiben kann, ist mehr als die Erinnerung an schöne Erlebnisse. Welchen Nachhall die Fahrt hat, hängt zum einen davon ab, was ich unternehme. Werde ich mich „nur" auf eine Städtereise begeben und mir Luther-Highlights anschauen? Oder plane ich eine mehrtägige Wanderfahrt? Was bleibt, wird auch von den Intentionen und der Empfänglichkeit jedes Einzelnen bestimmt. Wer aus Abenteuerlust auf Tour geht, der wird sicher anderes erleben als Menschen, die sich selbst erfahren wollen oder vielleicht sogar auf der Suche nach Gott sind. Nicht zu vergessen diejenigen, die sich mitten in einer Lebenskrise auf den Weg machen.

Werfen wir noch einmal einen Blick auf die in der Einleitung skizzierten sieben Schritte einer Pilgerfahrt. **Der Aufbruch (1)**: Jeder kennt den nervösen Zustand vor einer Reise. Und ob Kulturtourist, Wanderer oder Pilger, alle haben Reisefieber. Dann **das Gefühl unterwegs zu sein (2)**: Die Ablösung von Zuhause stellt sich unabhängig von der Art des Reisens oft schon nach der ersten Übernachtung ein. Doch es machen sich auch gleich Unterschiede bemerkbar. Wenn wir im Auto vor dem Hotel vorfahren und im Sternerestaurant essen, bleiben wir einem Teil unserer Gewohnheiten treu. Wir lösen uns nicht vom Zwang, jemanden darzustellen. Wir wollen als Dr. Soundso erscheinen, als Karrierefrau oder als glückliches Paar, das sich etwas leisten kann.

Draußen, auf der Pilger- oder Wanderfahrt, ist das anders. Unser Titel, unser Beruf, ja selbst unsere Nachnamen werden nach und nach zur Nebensache. Wir sind nur noch Inge und Hans. Ob Regierungsrat oder Postbote, alle sind per Du. Während der Wanderwoche(n) haben wir unsere Zwangsjacken abgelegt, die Masken zu Hause gelassen und damit eine neue Freiheit gewonnen. Unterwegs zählen nur die gemeinsamen Erlebnisse, die Mühen des Wegs und das Ziel. Was uns zu Hause bedrückt hat, ist fern und unwichtig. Wir öffnen uns stattdessen für Themen, für die wir sonst keine Zeit übrig haben.

Sofern wir aus der Luthertour keinen sportlichen Wettkampf machen und nach Rekorden streben – z.B. von der Wartburg nach Worms in 10 Tagen – dann wird uns **der Besuch authentischer Luther- und Reformationsstätten (3)** einiges bringen. Wir bekommen eine Ahnung davon, was Luther bewegt haben mag. Und wir werden auf die großen kirchlichen und ethischen Fragen gestoßen, wie religiöse Toleranz und Solidarität mit dem Nächsten. Um sich ein Bild von der Situation während der Reformation zu machen, sind nicht nur die Paradestationen wie die Wartburg oder der Wormser Dom von Bedeutung. Oft sind es gerade die als lokal bedeutsam oder nebensächlich eingestuften Ereignisse wie der Hersfelder Pfaffensturm oder der Begleitschutz Luthers durch den Reichsritter von Sickingen, die helfen ein Bild von der realen Situation des Reformationsgeschehens zu zeichnen.

Doch es geht wie eingangs gesagt nicht nur um Geschichte, sondern auch um das Hier und Heute. Was ist der Kern der Reformation? Was ist evangelisch? Lesen Sie dazu im vorliegenden Buch auf den Seiten 118 und 119 noch einmal die Antworten des Hersfelder Dekan Dr. Frank Hofmann. Besorgen Sie sich auch entsprechende Publikationen der Landeskirchen. Und wenn Sie dann auf Pilgerfahrt sind und mit anderen Menschen in Kontakt kommen, sprechen Sie sie ruhig auch mal auf diese Fragen an. Sie werden wahrscheinlich recht unterschiedliche Antworten erhalten. Das macht nichts! Das Wichtige ist, überhaupt ins Gespräch zu kommen, **die Begegnung mit Menschen (4)**. Der Austausch mit Wanderkameraden, mit Gastgebern, Pfarrern und engagierten Christen bringt uns auf neue Gedanken, er erweitert unsern Horizont, er verschafft uns Impulse. Mit einigen der neuen Bekannten werden wir vielleicht in freundschaftlicher Verbindung bleiben. Da entsteht etwas!

Und wenn wir dann durch die Lande ziehen und unsere Augen und Ohren offen halten, dann offenbart sich auf dem Weg eine Vielfalt, die man so sicherlich nicht erwartet hätte. **Stadt, Land, Fluss - Kultur und Natur – all dies verschafft Lust am Leben und Freude an der Schöpfung (5)**. Und sicher wird manch einer für Fragen des Naturschutzes in Zukunft ein offeneres Ohr haben als vor der Pilgerfahrt.

Wanderer am Weltenrand, kolorierter Holzstich im Stil des 16. Jh., anonym, aus Flammarions L' atmosphere, Paris 1888

Pilgerführer
zum Lutherweg 1521

Reiner Cornelius hat für den Lutherwegverein auch einen Pilgerführer im Taschenformat verfasst. Der Führer ist auf das vorliegende Buch abgestimmt und enthält neben 36 Karten im Maßstab 1:50.000 Hinweise zu Übernachtungs-, Einkehr- und Einkaufsmöglichkeiten, zu Rastplätzen, kirchlichen Kontakten und Verschiedenes mehr.

***Zu beziehen** beim Auwel-Verlag, Tel. 06625-5812, Email gunhild-classen @web.de , bei der Geschäftsstelle des Lutherwegvereins in Romrod, Tel. 06636-9189630, E-Mail buero-lutherweg1521@t-online.de und im örtlichen Buchhandel.*

Und da ist noch etwas: Vielleicht ergeht es ja denjenigen, die suchenden Auges auf Luther Spuren unterwegs sind, so wie dem Mann auf dem Bild „Wanderer am Weltenrand“, (Original „au pèlerin“, auf Pilgerschaft) der, nach dem er durch das Land gestreift ist, an eine Stelle kommt, wo er die Grenze zwischen Himmel und Erde durchstoßen kann. Neugierig schiebt er Kopf und Schultern durch die Lücke und schon weitet sich sein Horizont. Er bekommt neue Sphären zu Gesicht, Flammenbänder, Scheiben, Räder, die Welten des Himmels, die überwältigen, die aber auch Hoffnung und Zuversicht ausstrahlen. Der mittelalterliche Mensch hat den Himmel noch irgendwo zwischen dem Sirius und dem Polarstern gesucht. Wir müssen bis in den eigenen Seelengrund vordringen. Das wusste auch schon Meister Eckhart, der große deutsche „Mystiker“ des 13. und 14. Jahrhunderts. Und Meister Eckhart verriet auch, wie man zum Seelengrund gelangt. Man müsse alle Zielvorgaben loslassen (aufgeben), um in der Seele Raum zu schaffen. Eine Pilgerfahrt auf dem Lutherweg 1521, abseits des Tagesgeschehens, bietet die Voraussetzung, gelassener zu werden, womit sich die Chance **auf innere Wandlung (6)** ergibt, Meister Eckhart würde sagen: die Chance auf die Gottesgeburt im Seelengrund. Und wenn eine solche Wandlung stattgefunden hat, wenn ich weiß, was mir im Leben wirklich wichtig ist, dann verblasst die Pilgerfahrt im Alltag auch nicht gänzlich. Da bleibt etwas!

Bildnachweis

Damschen, Dieter, Wendland:** S. 99 Vögel u. Frosch, S. 103, 105, 126 Storch, S. 125; S. 169 u., S. 171; S. 180 u. 181 Vögel; **Findeis, Gisela, Neudietendorf:** S. 89; **Gemeinde Niederaula:** S. 128; **Gutsche, Bernhard, Pfarrer v. Jüterbog:** S.13, S.31; **Käsescheune Hungen:** S.173; **Kirchengemeinde Nonnenroth:** S.164, S.165 o. ; **Lutherweg in Hessen e.V. :** S. 94 Karte; **Marienstiftsgemeinde Lich:** S. 189; **Museum Grünberg:** S. 163 o.; **Nationalpark Harz:** Auerhahn S. 140; **Rückrich-Menger, Dagmar, Eich/Rheinhessen:** S. 250; Störmer, **Wilfried, Goslar:** S.137 Fuchs; **unbekannt:** S.8 o., S. 19; **Wellenkötter, Trautel u. Burkhard, Laubach:** S. 165 o.; **Wikipedia gemeinfreie „Commons“:** S.8 u., S.9 o.u., S. 17 auf Karte, S.21 o.u., S.22, S.24, S.25, S.26, S.27, S.29, S.32, S.33, S.37 auf Karte, S.38, S.39, S.49 Nietzsche auf Karte, S. 50 Collage, S.52, S.54 auf Karte, S. 57, S.69 u., S.74 o., S.81, S. 86, S. 87 auf Karte, S. 92, S. 93, S. 95, S. 97, S.102 o., S.112 u., S.115 Collage, S.117 o., S.137 Hase; S. 149, S. 160 u., S. 165 u., S. 166, S. 167 Stachelschwein von C. Gessner 16. Jh. in Karte, S. 197, S. 209, S.235, S. 238 Bucer/Teufel, S.244, S.246, S. 251, S. 252 o., S. 256 o., S. 260 o.; alle übrigen **Cornelius, Reiner

Dank

Ich möchte mich bei allen Gesprächspartnern, die mich zwischen Jüterbog und Worms mit ihrem Wissen unterstützt haben, recht herzlich bedanken. Ohne sie wäre das Buch nicht entstanden. Auch das „Nachschlagen“ bei Wikipedia hat mir bei den Recherchen sehr geholfen. Ein großes Dankeschön an Autoren und Organisatoren der digitalen Enzyklopädie.